Carsten Peter Thiede
Jesus und Tiberius

Carsten Peter Thiede

Jesus und Tiberius

Zwei Söhne Gottes

Luchterhand

Meinen Eltern,
Zeugen des Jahrhunderts
und Vorbilder der Lebensführung,
in großer Dankbarkeit.

Alle hebräischen, aramäischen, griechischen und lateinischen Quellen wurden vom Autor übersetzt, mit Ausnahme der alttestamentlichen Zitate, die der Bibel nach der Übersetzung Martin Luthers, revidierte Fassung von 1984, entnommen sind.

in der Verlagsgruppe Random House GmbH
Satz: Filmsatz Schröter, München
Druck und Bindung: GGP Media GmbH, Pößneck

ISBN 3-630-88009-6

Inhalt

1 Einleitung: Die Söhne Gottes und die Quellen

2 »Wegen ausschweifenden Lebenswandels«: Skandale und Propheten

3 Im Osten nur Neues: Varus, Tiberius und die Jugend des Jesus

4 Meuterer und Rebellen: Der Kaiser und seine Gegner von Gallien bis Judäa. Ein Zwischenspiel

1 Einleitung: Die Söhne Gottes und die Quellen

Lustig in die Welt hinein
Gegen Wind und Wetter!
Will kein Gott auf Erden sein,
Sind wir selber Götter!

Wilhelm Müller, »Mut!«
(drittes Quartett), aus:
Die Winterreise, 1828

»Wir schwören bei Cäsar, Gott,
von einem Gott abstammend.«

Papyrus Oxyrhynchus 1453,
30/29 v. Chr., auf Cäsar Octavian
(Kaiser Augustus)

Fragezeichen

Brauchen wir einen realen, historischen Jesus, oder sollten wir uns damit zufriedengeben, daß Jesus im Bewußtsein vieler Menschen zur mythischen Hauptperson einer der Weltreligionen geworden ist? Neueste archäologische Entdeckungen, die Wiederentdeckung vergessener Quellen, unerwartete Erkenntnisse aus dem Zusammenspiel internationaler Forscher geben die Antwort: Die Zeit des Jesus von Nazareth gehört heute zu den Epochen, über die uns mehr bekannt ist als über jede andere der Antike. Daß es so ist, wissen jedoch nur wenige. Viel weiter verbreitet sind die alten Vorurteile aus der ersten Hälfte des 20. Jahrhunderts, nach denen es wenig Gewißheit über den Jesus der Geschichte gibt. Wer unbedingt will, so heißt es, möge sich an den Christus des Glaubens halten. Nach einem alten Scherz, der unter Historikern erzählt wird, wisse man zwar, daß Jesus gekreuzigt wurde, aber ob er jemals geboren wurde, sei schon weniger sicher.

Die Althistoriker, die Experten für antike Geschichte also, und die klassischen Philologen, die sich mit den Texten der Antike befassen, haben dieses Spiel lange mitgespielt: »Christiana non leguntur« hieß das geflügelte Wort: Christliches wird nicht gelesen. Schließlich gab und gibt es dafür an den Universitäten eine eigene Fakultät, die theologische.[1] Unter den Theologen hatten die Spezialisten für das Neue Testament ihrerseits wenig Interesse daran, ihre Texte als Quellen der antiken Geschichte ernstzunehmen. Man behandelte sie lieber als etwas ganz Eigenes, das nach besonderen Spielregeln zu untersuchen sei. Sogar eine eigene Sprache, die es nie gab, wurde zu diesem Zweck unterrichtet: Neutestamentliches Griechisch.[2]

Befremdlicher als die Langsamkeit, mit der sich Altertumswissenschaften und Theologie aufeinanderzubewegen (manche

Kritiker meinen, sie bewegen sich eher noch immer auseinander), ist der Verzicht auf Erkenntnisse, die längst schon einmal gewonnen waren.[3] Die Selbstisolation in der neutestamentlichen Forschung hat auch eine ironische Seite: Je internationaler die vernetzte Welt in anderen Lebensbereichen wird, desto geringer wird hier die Bereitschaft, sich mit Forschungen zu befassen, die nicht in der eigenen Sprache veröffentlicht werden und nicht der eigenen Meinung entsprechen. Angelsächsische Wissenschaftler lesen in der Regel nichts Deutsches (von anderen Sprachen zu schweigen), deutschsprachige Forscher nehmen vielleicht den einen oder anderen englisch verfaßten Text zur Kenntnis, sind aber gegenüber der französischen, italienischen oder spanischen Literatur weitgehend immunisiert. Nicht erfunden ist der Fall eines deutschen Neutestamentlers, der sich weigerte, einen finnischen Aufsatz zur Kenntnis zu nehmen: Um gegebenenfalls seine Meinung ändern zu müssen, werde er diese Sprache nicht lernen. Der vergleichsweise geringe Aufwand, sich notfalls auch einmal etwas übersetzen zu lassen, war schon zuviel – man ist sich selbst genug.

Hier ist also noch manches nachzuholen. Unbequem mag das durchaus sein, denn es könnte ja zu dem Ergebnis führen, daß Althistoriker und klassische Philologen recht haben, wenn sie die neutestamentlichen Schriften für alt, für unverfälscht überliefert und historisch glaubwürdig halten und ohne Vorurteile neben die griechischen und römischen Historiker der gleichen Zeit stellen. Doch es lohnt sich auch um der Sache willen. Denn die Geschichte des Galiläers Jesus entstand nicht in einem historischen Vakuum. Sie gehört in die antike Geschichte ebenso wie das Leben des Augustus, unter dem er geboren wurde, und des Tiberius, unter dem er öffentlich auftrat und getötet wurde. Darum geht es in diesem Buch: das Panorama einer parallelen Geschichte zu entwickeln, in der Jesus von Nazareth nicht anders behandelt wird als der römische Kaiser Tiberius. Aber auch sein Gegenüber Tiberius könnte davon profitieren, denn sein

Ruf hat unter den Verleumdungen seiner nachgeborenen Kritiker bis heute gelitten.

Die parallele Zeitgeschichte beginnt bereits mit der Geburt Jesu: Jesus wurde nicht im Jahr 0 geboren, sondern im Winter 7 v. Chr., unter dem Amtsvorgänger des Tiberius, jenem Gaius Iulius Caesar Octavianus, den man seit 27 v. Chr. »Augustus« nannte, auf deutsch den »Anbetungswürdigen«, und der in der Weihnachtsgeschichte des Lukasevangeliums eine Nebenrolle spielt (Lukas 2,1).[4] Zu dieser Zeit war Tiberius Claudius Nero – so sein vollständiger Name – dreiunddreißig Jahre alt und noch einundzwanzig Jahre von seinem Machtantritt als Nachfolger des Augustus entfernt. Er war bereits »Pontifex«, also ein Mitglied des Priesterkollegiums, das die Aufsicht über Religion und Kultus innehatte. Geschieden und seit 11 v. Chr. in zweiter Ehe mit Julia, einer Tochter des Augustus, verheiratet, hatte er gerade vier Jahre lang als Legat in Pannonien und Dalmatien gedient, also Teilen des heutigen Ungarn, Slowenien, Serbien und Kroatien. Ein Jahr vor der Geburt Jesu in Bethlehem wurde er Befehlshaber der Truppen in Germanien und feierte am 1. Januar 7 v. Chr. den »Triumph ex Germania«, den Festzug vom Marsfeld über das Forum zum Kapitol, der einem siegreichen Feldherrn als höchste Ehre gewährt wurde: Tiberius war es, der in den Jahren vor der katastrophalen Niederlage des Varus gegen Hermann (Arminius) den Cherusker die römischen Truppen noch siegreich über den Rhein und die Elbe hinausgeführt hatte.

Die Jugend Jesu, sein öffentliches Wirken und seine durch den Präfekten Pilatus am 7. April 30 n. Chr. nach den Regeln römischen Rechts bewirkte Hinrichtung geschahen zu Lebzeiten dieses Tiberius und seit 14 n. Chr. unter dessen Kaiserherrschaft. Der Kaiser, 42 v. Chr. geboren, überlebte den in seinem Namen gekreuzigten Jesus um fast sieben Jahre; Tiberius starb am 16. März 37 n. Chr. in Misenum am Nordrand des Golfs von Neapel. Als Tiberius seinen Vorgänger und Adoptivvater Augustus am 17. September 14 n. Chr. vom Senat zum »Divus«, zum

Vergöttlichten, ausrufen ließ, wurde er selbst »Filius Divi«, Sohn des Göttlichen. Im griechischsprachigen Osten lautete diese Bezeichnung schon viel eindeutiger »Hyios Theou«, Sohn Gottes. Das entsprach wörtlich dem Titel, den schon der noch ungeborene Jesus im Lukasevangelium erhält (Lukas 1,35). So gab es im Bewußtsein der ersten Christen offensichtlich die politische und religiöse Konkurrenz zweier »Söhne Gottes«.

Es ging also sehr früh schon um Machtkämpfe, um Religionspolitik, Intrigen und um den tödlichen Konflikt des römischen Kaiserkults mit dem jüdischen Gottes- und Messiasglauben. Bei einer »parallelen« Betrachtung der beiden auf den ersten Blick unvergleichbaren Kontrahenten werden die Konturen schärfer erkennbar; und auf diese Weise können nicht nur Tiberius und das Römische Reich ganz anders als üblich gesehen werden. Es ist auch möglich, Jesus und seine Rolle aus Sicht der Juden *und* der Römer zu verstehen. Damit gerät manches verschüttete Quellenmaterial wieder in den Blick. Und im Vergleich der Quellen über Tiberius stellt sich heraus, daß die Dokumente über Jesus nach gleichen Maßstäben verfaßt sind. Mit anderen Worten: Wir befinden uns nicht auf einem ungleichen Terrain, mit einem Kaiser und einem am äußersten Rand des Imperiums hingerichteten Juden. Der Konflikt zweier Söhne Gottes wird erkennbar als der Beginn eines Wandels in der Weltgeschichte.

Die Grundidee zu diesem Buch stammt immerhin schon aus der Antike. Plutarch, der Anfang des 2. Jahrhunderts n. Chr. mit seinen dreiundzwanzig parallelen Biographien (das bekannteste Beispiel: Alexander – Caesar) berühmt wurde, machte den Anfang. Im 20. Jahrhundert schuf Lord Alan Bullock ein Meisterwerk der Gattung, *Hitler and Stalin. Parallel Lives*. Kann man einen neuen Zugang zu einer der entscheidenden Epochen der abendländischen Geschichte gewinnen, wenn man nach solchen »Modellen« Jesus und den römischen Kaiser Tiberius einander gegenüberstellt?

Zerreißproben und Untergänge

Als Jesus auf die Welt kam, war seine Welt ein Teil des Römischen Reichs. Sie war nicht, wie man das lange glaubte, ein verlorener Winkel am östlichen Ende, wo sich Fuchs und Hase gute Nacht sagten, sondern im Gegenteil ein wesentlicher Wirtschaftsfaktor, ein mehrsprachiges, multikulturelles Gebiet, in dem sich Menschen entlang der große Handelsstraßen trafen – an der Via Maris zum Beispiel, die Syrien mit Ägypten verband und die jüdischen Kernlande durchquerte, oder in den bedeutenden Mittelmeerhäfen wie Caesarea und Jafo. Auf den folgenden Seiten soll ein Panorama der Konflikte gezeigt werden, in die Jesus und Tiberius hineingeboren wurden.

Kulturell lag der erste wesentliche Einschnitt schon lange zurück: Alexander der Große hatte zwischen 334 und 331 v. Chr. den östlichen Mittelmeerraum in sein Herrschaftsgebiet eingegliedert. Auf dem Weg nach Ägypten besuchte er 332 v. Chr. auch Jerusalem und opferte dem Gott der Juden im Tempel.[5] Eine Hinwendung zur jüdischen Religion war mit diesem rituellen Akt nicht verbunden: Wenig später ließ sich Alexander öffentlich als Sohn des Gottes Zeus darstellen. Entscheidend war, daß mit Alexander und auch nach seinem frühen Tod 323 v. Chr. die griechische Sprache und griechisches Denken auch die jüdischen Gebiete von Galiläa, Samaria und Judäa erfaßte. Versuche frommer jüdischer Bewegungen, in der Zeit der Kriege und Aufstände unter den Nachfolgern Alexanders den Einfluß des »Hellenismus« zurückzudrängen, fruchteten nicht. Auch die ägyptischen und seleukidischen Reiche waren vom Geist des Griechentums geprägt, vor allem die Sprache nutzten alle diese Völker als ein Instrument der Macht, der Wirtschaft und des Handels und nicht zuletzt religiöser Einflußnahmen. Als beispielsweise 198 v. Chr. bei Caesarea Philippi (vgl. Markus 8,27; Matthäus 16,13), das damals noch Paneas hieß, die Ägypter von den Seleukiden unter Antiochus III. entscheidend geschlagen wurden, erhielten die Juden zwar erneut Privilegien, darunter die Genehmigung, allen Nichtjuden, den »Unbeschnittenen«, den Zugang zum Tempel zu verbieten. Die Sprache jedoch, in der das geschah, war keine babylonische, auch nicht Hebräisch, sondern Griechisch.[6]

Die politischen Entwicklungen, die sich seit 198 v. Chr. mit dem Sieg der Seleukiden abgezeichnet hatten, wurden auch von den nachfolgenden Umstürzen nicht aufgehalten. Kaum hatte Antiochus einen überflüssigen Krieg gegen die Römer verloren, vergriff er sich an den Kultstätten seiner Untertanen, um die römischen Reparationsforderungen erfüllen zu können. Als er den Tempel der Elamiter (vgl. Apostelgeschichte 2,9) ausrauben wollte, wurde er umgebracht. Auch die Juden waren nun nicht mehr sicher. Als der abgesetzte Hohepriester Jason mit seiner Miliz Jerusalem überfiel und die Seleukiden mitsamt dem von ihnen eingesetzten Hohenpriester Menelaus vertrieb, griff 169 v. Chr. König Antiochus IV. ein. Dieser Seleukide hatte sich den griechischen Beinamen »Epiphanes« zugelegt, »die Erscheinung (Gottes)« – ein Wort, das wir heute noch im griechischen Namen des Dreikönigsfestes am 6. Januar erkennen: »Epiphanias«. Wer aber entscheidet, wann, wo und in wem Gott sich offenbart? Die Christen im Westen des Römischen Reichs erklärten später, daß Gott selbst die Entscheidung traf und am Tag der drei Weisen aus dem Morgenland in seinem Sohn Jesus auch den nichtjüdischen Völkern erschien. Für alle Juden war jedoch der Anspruch des Fremdherrschers Antiochus IV., eine Erscheinung Gottes zu sein, nichts anderes als eine abscheuliche Gotteslästerung. Als er den Jerusalemer Tempel leerräumen ließ und den Tempelgottesdienst verbot, heidnische Tieropfer einführte und mitten in der Stadt seine eigene Burg baute, die »Akra«, war Jerusalem zu einer griechischsprachigen Militärkolonie geworden. Die endgültige Hinwendung zu fremden Götterkulten im mittlerweile von Juden gänzlich verlassenen Jerusalem kam am

6. April 167 v. Chr., als der Tempel dem Olympischen Zeus geweiht wurde.

Einhundertsechzig Jahre vor der Geburt des Jesus von Nazareth, einhundertfünfundzwanzig vor der des Tiberius, waren das nicht nur vorübergehende Ereignisse. Im Bewußtsein der Juden setzte sich die Entweihung des Tempels, der zum Kultort des Zeus geworden war – als dessen Sohn sich zuvor Alexander der Große bezeichnet hatte – unauslöschlich fest.[7] Für die künftigen Beziehungen der Juden zu anderen Kulturen in »Eretz Israel«, ihren Kernlanden also, heute umgangssprachlich meist noch »Heiliges Land« genannt, war hier vielleicht erstmals unübersehbar ein Riß entstanden. Jene Juden, die sich für die fremden, griechischsprachigen Kulturen geöffnet hatten, ohne dabei ihre eigene Religion zu verleugnen, die Juden, die in der griechischen Sprache und in der Auseinandersetzung mit dem Denken und Glauben des Hellenismus eine Chance sahen, sich intellektuell weiterzuentwickeln, sie hatten sich nicht durchsetzen können gegen die orthodox-fromme Mehrheit in der Stadt des Tempels. Die Gewaltmaßnahmen der siegreichen Seleukiden trafen nun aber gerade die Frommen, die sich vom Hellenismus so weit wie möglich fernhalten wollten. Bedeutete es da nicht eine Verleugnung der gemeinsamen Jüdischkeit, die auf der »Tora« gründete, den fünf Büchern des Mose, wenn man in kritischer Zeit weiterhin griechisch las und schrieb und die hellenistische Kultur nicht grundsätzlich ablehnte? Der Konflikt, plötzlich und ungewollt in das Judentum eingedrungen, blieb ungelöst bis in die Zeit Jesu und darüber hinaus.

Die Römer hielten sich zu dieser Zeit aus den Konflikten zwischen Judentum und Hellenismus heraus. Ihr Sieg über Antiochus III. hatte ihnen den nötigen Einfluß auf die Seleukiden gesichert, und Mitglieder des Herrscherhauses gingen zum Studium nach Rom. Vor allem Antiochus IV. Epiphanes, die »Erscheinung Gottes«, hatte sich in Rom nicht nur politisch ausbilden lassen. Als sein Bruder Seleukos IV. ermordet wurde, kehrte er aus der Reichshauptstadt zurück, um die Macht zu übernehmen. In Jerusalem ging die prohellenistische Gruppe unter dem Hohenpriester Jason rücksichtslos zur Sache. Die Priesterschaft und der Adel beantragten beim König die Errichtung eines Gymnasiums, also eines Sportgeländes, in der die Wettkämpfer nach antikem Brauch nackt auftraten. Einige der Juden gingen aus diesem Grund sogar so weit, sich die beschnittene Vorhaut durch einen operativen Eingriff künstlich wiederherzustellen zu lassen.[8] Alles Jüdische wurde zurückgedrängt, und es wurde auch keinerlei Anstrengung unternommen, den Kult der Götter Herakles (Herkules) und Hermes (Merkur) zu unterbinden, die traditionell als Schutzgottheiten mit dem Gymnasium verbunden waren. Daß auch die Tempelpriester offenbar vergnügt mitmachten, berichtet das Zweite Buch der Makkabäer, das vor Ende des 2. Jahrhunderts v. Chr. entstand: »So kümmerten sich die Priester nicht mehr um ihre Altardienste. Von den neuen Gedanken völlig eingenommen, vernachlässigten sie die Opfer und beeilten sich, wenn das Diskuswerfen angekündigt war, an dem ungesetzlichen Spiel auf dem Sportplatz teilzunehmen.«[9]

Der Konflikt zwischen dem Beharren auf dem Judentum und der Anpassung an den Hellenismus wurde nicht selten gewaltsam ausgetragen. Der Aufstand der Makkabäer gegen die Seleukiden und ihre Mitläufer 166 v. Chr. begann damit, daß ein noch altfrommer Priester namens Mattatias in der Stadt Modi'in einen Mitjuden erdolchte, der am heidnischen Götteraltar opfern wollte. Mattatias stach auch den königlichen Aufseher nieder, der den Kult überwachte. Damit war das Signal für den bewaffneten Widerstand gegen die Fremdherrscher, ihre Gottheiten und ihre »Gotteserscheinungen« gegeben.[10] Unter der Führung des Mattatias-Sohnes Judas, der den Beinamen »der Hammer« erhielt (»Makkabi« / »Makkabäus«), sammelten die Söhne eine erfolgreiche Truppe um sich, die innerhalb eines Jahres alle Anhänger der Seleukiden, unter ihnen viele Juden, umbrachte oder vertrieb. Höhepunkt ihrer Aktion war die Rückeroberung des von heidnischen Götterbildern und den Spuren ihrer Opfer entweihten Tempels.

Die Gewaltsamkeit der erfolgreichen Revolte tat dem Ruf der Makkabäer keinen Abbruch – friedliche Revolutionen waren auch damals weitgehend unbekannt. Im Gegenteil, es war vor allem die erfolgreiche Rückeroberung des Tempels, die die Makkabäer bis heute zu den größten Helden aus der Zeit des Zweiten Tempels werden ließ: Den Namen Makkabi versteht man unter gläubigen Juden noch immer als einen Lobpreis Gottes, der sich aus der Zusammenfassung von Buchstaben des Verses 2. Mose / Exodus 15,11 ergibt – »M(i) ka(mocha) b(a'elim Adona)i«, »Wer ist wie du unter den Göttern, Herr?«[11] Wer aber nun vermutet, daß die Vertreibung aller Götter und ihrer Kulte, bis hin zum Sport unter dem Schutz von Herkules und Hermes, zugleich eine Verdrängung des Griechischen als der Sprache dieser Kultformen nach sich gezogen hätte, sieht sich allerdings getäuscht. Selbst die Heldentaten der Makkabäer wurden nicht in hebräischer oder aramäischer Sprache aufgezeichnet, sondern in gutem hellenistischem Griechisch.[12] Die beiden Makkabäerbücher gehören zwar nicht zum Kanon der jüdischen Bibel und sind auch in protestantischen Bibeln nur in Ausgaben mit »Apokryphen« enthalten, doch die griechische »Septuaginta«, jene von Juden für Juden im Ägypten des 3. und 2. vorchristlichen Jahrhunderts angefertigte Übersetzung der hebräisch-aramäischen Bücher in die griechische Weltsprache, nahm sie unter die ursprünglich griechisch verfaßten Schriften auf – eine Praxis, der die römisch-katholische Kirche mit ihrem Kanon folgte. So belegt gerade der Kontrast zwischen der orthodoxen Politik, von der diese Bücher berichten, und der Sprache, in der sie es tun, daß die Juden auch und gerade in ihrer Frömmigkeit nicht außerhalb der Kommunikationswege der damaligen Welt stehen wollten und nicht die Absicht hatten, sich von den anderen Kulturvölkern unter die »Barbaren« rechnen zu lassen, die Ungebildeten, die das Griechische nicht beherrschten. Hinzu kam ein weiteres Argument:

Immer mehr Juden wohnten inzwischen in der »Diaspora«, der »Verstreuung« unter anderen Völkern, und auch deren Verkehrssprache war längst das Griechische.

Mit der neu demonstrierten Orthodoxie, der Rückkehr zum Tempelkult des einen und einzigen Gottes, der nach dem Dekalog keine anderen Götter neben sich zuließ (2. Mose / Exodus 20,1-5), hatten die Juden einen schweren Stand. Man darf hier nicht vergessen, daß allein unter den griechisch geprägten Völkern zu jener Zeit Zehntausende Gottheiten verehrt wurden, die alle bildlich dargestellt waren. Viertausend Gottheiten sind durch Inschriften und aus literarischen Quellen bekannt. Der griechische Dichter Hesiod, der um 700 v. Chr. schrieb, nannte »dreimal zehntausend« Gottheiten.[13] Und Maximus von Tyros, ein Autor des 2. nachchristlichen Jahrhunderts, beschuldigte Hesiod nicht etwa einer Übertreibung, im Gegenteil: »Nicht nur dreißigtausend Götter, Söhne von Göttern und ihre Freunde gibt es, sondern sie sind unzählbar.« In ihrer Grenzenlosigkeit seien Himmel und Erde voll von Göttern.[14] Ein Volk, das dagegen nur einen einzigen Gott besaß und ihn noch nicht einmal im Tempel darstellen durfte, galt nicht etwa als bewundernswert nüchtern, sondern als verschroben und unkultiviert, eben als barbarisch.[15] So verfaßte der griechische Rhetor und Grammatiker Apollonius Molon, der im späten 2., frühen 1. Jahrhundert v. Chr. lebte, eine Schrift *Über die Juden*, in der er feststellte, die Juden seien »gottlos« (d. h. eben: ohne Götter) und menschenfeindlich, sie seien »die ungebildetsten unter den Barbaren und hätten deshalb allein keinen Beitrag zu den für das Leben nützlichen Erfindungen geliefert«.[16] Der römische Philosoph und Politiker Cicero (106–43 v. Chr.) nannte das Judentum eine »barbara superstitio«, einen barbarischen Aberglauben.[17]

Die souveräne Selbstverständlichkeit, mit der sich jüdische Denker auf der gesicherten Grundlage ihres Glaubens an den einen Gott mit der Welt befaßten, demonstrierten wohl am besten zwei Zeitgenossen – der um oder kurz nach 50 n. Chr. verstorbene Philosoph Philo von Alexandria und der um 67 n. Chr. hingerichtete Pharisäer Paulus von Tarsus. Beide kamen nicht aus den jüdischen Kernlanden: Der eine war in der römisch gewordenen Provinz Ägypten zu Hause, der andere stammte aus dem gleichfalls römisch regierten Zilizien auf dem Gebiet der heutigen Türkei. Und beide waren sie geistige Erben der Makkabäerzeit, die bei aller Treue gegenüber der Tora, dem Gesetz Gottes in den fünf mosaischen Büchern, den hellenistischen Einfluß keineswegs behinderte. So verliefen die Entwicklungen zwar nebeneinander und häufig auch gegeneinander, und die zum Teil blutigen Kämpfe der um die Vorherrschaft ringenden Bewegungen gehören zu den dunkleren Seiten der jüdischen Geschichte dieser Zeit, aber von nun an gab es keine eindeutige Bevorzugung einer der Sprachen und Sprachkulturen. Wer in den Kernlanden von Galiläa, Samaria und Judäa Einfluß in der Gesellschaft haben wollte, mußte dreisprachig sein und neben Hebräisch und Aramäisch auch Griechisch beherrschen; in anderen Regionen und Ländern dagegen, ob es die benachbarten Syrien und Ägypten waren oder jedes andere Gebiet der »Diaspora«, reichte allein Griechisch, um als praktizierender Jude zu leben.

Sha'ul, der später Paulus genannte, war nachweislich in allen drei Sprachen zu Hause; in zwei besonders eindrücklichen Szenen führt er seine Mehrsprachigkeit mit größter Selbstverständlichkeit vor: Mit dem Offizier der römischen Tempelwache, der ihn in Schutzhaft nimmt, spricht er Griechisch, er erhält die Erlaubnis, vor der Festung Antonia zu den anwesenden Mitjuden zu sprechen, die ihn bedroht hatten, und wechselt umstandslos ins Aramäische (Apostelgeschichte 21,37-40). Als er, nunmehr in Caesarea Maritima inhaftiert, vor dem römischen Prokurator Felix und dem jüdischen Vasallenkönig Agrippa redet, zitiert er ein Wort, das der erhöhte Jesus auf der Straße nach Damaskus an ihn gerichtet hatte: »Saulus, Saulus, warum verfolgst du mich? Es wird dir schwerfallen, wider den Stachel zu löcken.« Paulus betont, daß Jesus Aramäisch gesprochen hatte, er selbst aber zitiert den Satz auf griechisch, und erst so wird für den König und den Prokurator erkennbar, daß es sich um ein Zitat aus einer griechischen Tragödie handelt, dem *Agamemnon* des Aischylos.[18] Daß dieser Paulus vor dem Philosophenkongreß des Areopag in Athen wörtlich aus einer naturphilosophischen Schrift des Arat zitiert, wundert da ebensowenig wie sein Zitat aus einem Theaterstück des Euripides.[19] Wenn ein solcher Denker von Gott und Göttern spricht und von dem einen Sohn Gottes (Römer 1,3 u. a. m.), dann kennt er das Umfeld, in dem solche Begriffe außerhalb des Judentums gebraucht wurden, und weiß, welche Assoziationen seine Hörer und Leser damit verbinden. Philo von Alexandria dagegen, unbezweifelt der größte jüdische Denker seiner Zeit außerhalb des jüdischen Christentums, sprach und las wohl weder Hebräisch noch Aramäisch. Seine philosophischen Schriften beruhten auf der Lektüre der griechischen Philosophen und der griechischen Fassung des »Alten Testaments«, der Septuaginta.

Darin, in dieser Selbstverständlichkeit, mit der das Griechische als Schrift- und Umgangssprache benutzt wird, berührte Philo sich mit Paulus. Beide waren sie unter Kaiser Tiberius großgeworden, und sie hatten eine weitere realpolitische Gemeinsamkeit: Beide appellierten sie an einen römischen Kaiser, beide reisten sie nach Rom: Paulus, um 59 n. Chr. als römischer Bürger seinen Fall nach geltendem Recht vom Kaiser entscheiden zu lassen (inzwischen kein anderer als Nero; Apostelgeschichte 25,11; 26,32), Philo, um 40 n. Chr. im Auftrag der jüdischen Gemeinde von Alexandria vor Kaiser Caligula gegen ein Judenpogrom in seiner Stadt zu protestieren.[20] Beide Kaiser, Nero und Caligula, hielten sich für göttlich, beide starben sie auf unnatürliche Weise und wurden nach ihrem Tod der »damnatio memoriae« unterworfen, der Entfernung ihres Namens von öffentlichen Inschriften.[21] Mit dieser Phase war allerdings bereits eine zumindest vorübergehende Dekadenz des römischen Kaisertums eingetreten, die zur Zeit des Tiberius noch nicht zu beobachten war. Auch dies ist immerhin eine erstaunliche Feststellung: Zu der Zeit, als die römische Kaisermacht, noch konvulsivisch zukkend, in mörderischem Chaos versank, in den Jahren unter Caligula und Nero, entstanden die Hauptwerke zweier jüdischer Autoren, deren einer mithalf, die Weltgeschichte zu verändern: Philo und Paulus.[22]

Bruderkriege und Gottessöhne

Mit Paulus kommt eine weitere Konfliktlinie in den Blick. Fast schon hätten wir mit ihm und Philo die Zeit des Kaisers Tiberius verlassen, wäre da nicht die Kontinuität, die von der Makkabäerzeit bis zur römischen Herrschaft über das Heilige Land in die Epoche des Tiberius und seiner Nachfolger führt. Die Verbindungen lassen sich an einem Stichwort festmachen: Paulus war nicht nur ein römischer Bürger und damit, historisch betrachtet, der erste Römer, der Christ wurde (noch vor dem Hauptmann Cornelius in Caesarea), er war auch ein ausgebildeter Pharisäer, und er war stolz darauf, Pharisäer zu sein, selbst noch als Christusanhänger (Philipper 3,5; Apostelgeschichte 23,6). Ebenso wie die Sadduzäer hatte die Pharisäerbewegung immerhin einen noblen Ursprung – als geistiger Adel, der sich vom Land- und Stadtadel der Sadduzäer absetzte. Ihr gräzisierter Name, vom hebräischen »P'ruschim«, die Abgesonderten, drückt diese selbstbewußte Trennung aus, die sie vollzogen, als sich die Sadduzäer (so genannt nach dem Namen des Priesters Zadok, dem Hohenpriester unter König Salomo) nach der erfolgreichen Makkabäerrevolte, deren religiöse Speerspitze sie gewesen waren, immer mehr auf ihre aristokratischen Privilegien besannen und das Volk allenfalls für ihre Interessen instrumentalisierten, statt sich als priesterliche Diener des Volkes zu sehen.[23] Für die fromme Bevölkerung waren diese Sadduzäer ohnehin schwer einzuschätzen. Sie waren einerseits erzkonservativ und buchstabengenau: Ihnen galt nur die Lehre der fünf Bücher des Mose, der griechisch »Pentateuch« genannten Tora; mündliche Überlieferungen und Lehren weiser Lehrer – das also, was man heute zusammenfassend als rabbinische Traditionen bezeichnet, lehnten sie ab. Diese Exklusivität immunisierte sie weitgehend auch gegen Kultur- und Bildungseinflüsse des Hellenismus. Doch andererseits waren sie ausgesprochen liberal und entschieden nach eigenem Gutdünken, welche Lehren der anderen biblischen Bücher außerhalb des Pentateuch als verbindlich zu gelten hatten.

Besonders befremdlich war es für die Mehrzahl der Juden, daß die Sadduzäer neben den Engeln und endzeitlichen Prophezeiungen auch die leibliche Auferstehung der Toten ablehnten, obwohl das alles ausdrücklich zu den Bestandteilen biblischer Lehre aus der Zeit noch vor dem Ende des zweiten Babylonischen Exils gehörte.[24] Die Sadduzäer hatten zudem immer wieder strategische Fehler begangen, die sie im jüdischen Volk verhaßt werden ließen. Bürgerkriegsähnliche Zustände, die letztlich zum Ende der politischen Unabhängigkeit des Hasmonäerstaates führten, waren von ihnen ausgegangen, nicht von den Pharisäern.[25]

Trotz mancher Rückschläge gaben die Sadduzäer auch später nie ihre Versuche auf, sich mit den politischen Machthabern zum eigenen Vorurteil zu arrangieren, selbst dann nicht, als über den Vasallenkönigen die Präfekten und Prokuratoren standen, deren oberste Dienstherren in Rom göttliche Kaiser waren. Ein Tiefpunkt dieser Entwicklung war das enge Verhältnis zwischen der sadduzäischen Hohenpriestersippe des Hannas und seines Schwiegersohnes Kaiaphas mit dem römischen Präfekten Pontius Pilatus. Der Talmud sprach später das mehrfache »Weh!« über diese Sippe aus.[26] Die skrupellose Politik, die theologischen Sonderlehren der Sadduzäer, die sich auf die Tora und den Tempelkult beschränkten und dem Volk die endzeitliche Hoffnung nehmen wollten, entzog ihnen jede Existenzgrundlage, als der Tempel im Jahre 70 n. Chr. von den Römern zerstört wurde. Sie verschwanden spurlos aus der Geschichte.[27] Die Pharisäer dagegen, die heute selbst noch umgangssprachlich einen schlechten Ruf genießen – niemand käme darauf, »pharisäerhaft« für ein positives Attribut zu halten –, waren in jener entscheidenden Phase seit 164 v. Chr., d. h. seit der Rückeroberung und Neuweihe des Tempels unter den Makkabäern, nie der Versuchung erlegen, Machtpolitik über die vorbildhafte Ausübung der Religion zu stellen. Auch die kurze Episode unter Salome Alexandra, als die Pharisäer auf Seiten der Machthaberin in die Tagespolitik hineingezogen wurden, war ihnen offenbar eher unangenehm. Ihr Protest gegen Herodes in dessen letzten Amtsjahren war nicht politisch, sondern religiös motiviert. Das machte sie nicht zu einer apolitischen Bewegung, auch ihnen blieb wichtig, daß die Menschen sich im Gemeinwesen engagierten und an der Gestaltung ihrer Welt mitwirkten. Die Mittel dazu sollten jedoch nicht die prorömischen Ränkespiele der Sadduzäer sein, mit der stillschweigenden, billigenden Inkaufnahme des kaiserlichen Götterkultes, sondern die Unterordnung unter das Gesetz des einen und einzigen Gottes.

Ihren schlechten Ruf verdanken die Pharisäer der übertriebenen Religionspraxis einiger ihrer Vertreter, die von Jesus als heuchlerisch kritisiert wurde. Diese vereinzelten Urteile wurden in der Kirchengeschichte leichtfertig verallgemeinert. Dabei mag durchaus eine Rolle gespielt haben, daß nach dem Untergang der Sadduzäer und der dritten großen jüdischen Bewegung, der essenischen, nur die Pharisäer das Ende des Tempels überlebten. Judentum zur Zeit der frühkirchlichen Entwicklung war pharisäisches Judentum; es waren die Pharisäer, die mit römischer Genehmigung eine neue, nunmehr tempellose Religionspraxis erarbeiteten und die mündliche Überlieferung in den beiden Talmuden, dem Jerusalemer und dem Babylonischen Talmud, über mehrere Jahrhunderte hinweg schriftlich zusammenfaßten. Es waren aber auch die Pharisäer, die schon vor der Zerstörung des Tempels bereit waren, Jesus und seinen Anhängern wenigstens die Chance zu geben, von Gott als gerechtfertigt erwiesen zu werden. Rabbi Gamaliel, einer der großen Gelehrten unter den Pharisäern der Spätzeit des Zweiten Tempels, sprach es aus (Apostelgeschichte 5,34-39), nicht wenige bekehrten sich sogar zum Glauben an Jesus als Messias und Sohn Gottes – neben Paulus auch viele andere (Apostelgeschichte 15,5). In den Evangelien gibt es keine Stelle, an der Jesus die pharisäische Bewegung in ihrer Gesamtheit kritisiert. Die Gemeinsamkeiten seiner Lehre und der ihren waren sichtbar größer als die Unterschiede. Nicht zuletzt die Distanz gegenüber den Römern und den mit ihnen kollaborierenden Juden verband sie, und auch der Glaube an die leibliche Auferstehung war ihnen gemeinsam. Gerade hier, im Glauben an die körperliche Auferstehung der Treuen des Gottesvolkes, konnten sich die Pharisäer und die Jesusanhänger auf vielgelesene Bibeltexte beziehen, die von den Sadduzäern mit ihrem torafixierten, ansonsten aber unbiblischen Standpunkt ignoriert wurden. Jesaja und Hesekiel – die wichtigsten der Propheten, die von frommen Juden als erläuternde Prophetenlesung (hebräisch »Haftara«) in den Synagogen neben der Tora vorgetragen wurden – gehörten zu den beliebtesten Schriften des Judentums. Ihre Auferstehungslehre (zu den oben schon genannten Stellen Hesekiel 37,1-14 und Jesaja 26,19 im 8. vorchristlichen Jahrhundert auch Hosea 6,1-3) galt ihnen als eindeutige Grundlage. Und sie wußten, daß auch in ihrer jüngeren Vergangenheit eine Körperlichkeit der Auferstehung betont wurde, die mit seelischen oder visionären Wunschvorstellungen wenig zu tun hat: Daniel 12,2-3 ist hier ebenso eindeutig wie unter den apokryphen Schriften 2. Makkabäer 7,9 und 2. Makkabäer 12,39-46.

Gewaltbereiten Widerstand leisten gegen die Römer als Besatzungsmacht und schließlich als Vertreter eines anmaßenden, blasphemischen Kaiserkults: Das war nicht die Sache der Pharisäer. Auch mit Worten provozierten sie nicht. Was sie taten, war dennoch mehr als »innere Emigration«, denn sie zeigten ihr gesetzesfrommes Leben öffentlich und gelegentlich so extrovertiert, daß ein frommer Jude wie Jesus die Auswüchse als Heuchelei verurteilen konnte. Eine nachweisbare Bereitschaft zur Gewaltausübung zeigte sich unter den Pharisäern erst rund fünfunddreißig Jahre nach Tod und Auferstehung Jesu. In den führenden Positionen schlossen sich viele dem Aufstand gegen die Römer an, auch der spätere Historiker Josephus, einer der wenigen Priester unter den Pharisäern, kämpfte als General in Galiläa. Anders hielt es schon seit den Jahren vor der Geburt Jesu die Bewegung der Essener. Auch die Essener, die als dritte große Bewegung aus den Konflikten der Makkabäerzeit hervorgegangen waren, führten sich wie die Sadduzäer auf den Priester Zadok zurück, trennten sich aber von der sadduzäischen Hauptbewegung zur Zeit des hasmonäischen Hohenpriesters Jonathan (152–134 v. Chr.). Über Damaskus kamen sie schließlich nach Sechachah (Josua 15,61), das heute arabisch »Qumran« genannt wird, und nach Jerusalem, in ihr eigenes Viertel auf dem Südwesthügel, der heute »Zionsberg« heißt. Anders als die Sadduzäer, aber gemeinsam mit den Pharisäern und der neuen, jungen messianischen Bewegung im Judentum, die später »Christen« genannt wurde, glaubten sie an die leibliche Auferstehung als wesentlichem Zeichen des endzeitlichen Handelns Gottes an seinem Volk. Das Qumranfragment 4Q521 erklärt: »Der Herr wird die Toten auferwecken«, und wird gegen Ende noch deutlicher: »Und Er wird öffnen die Gräber.« Ihr ganzes Lehren und Handeln galt der Vorbereitung auf das Kommen des messianischen Zeitalters; mit hoher missionarischer Intensität verbreiteten sie ihre Schriften, die bis nach Rom und Kairo gelangten und auch nach dem Untergang der Bewegung noch gelesen wurden. Ihren Texten, die in großer Zahl – wenngleich bei weitem nicht vollständig – zwischen 1947 und 1956 in den Höhlen bei Qumran am Toten Meer gefunden wurden, ist eine Entwicklung zu entnehmen, die in einer radikalen, kompromißlosen Bekämpfung der Römer gipfelte.

Ursprünglich wurden die Römer, die in den Qumranrollen

»Kittim« genannt wurden, noch als ein Mittel Gottes verstanden, andere – auch innere – Feinde des wahren Judentums auszuschalten.[28] Doch die Römer verhielten sich nicht wunschgemäß als endzeitliche Handlanger, und so wurden sie spätestens seit der eigentlichen Kaiserzeit und mit dem Zeitpunkt der im östlichen Reich unübersehbaren Verehrung des Augustus als Sohn Gottes und Gott – d. h. spätestens ab den frühen dreißiger Jahren des ersten Jahrhunderts v. Chr. – zu Todfeinden. Die sogenannte »Kriegsrolle« 1QM (und zahlreiche weitere Fragmente wie 4Q285) beschreibt den militärischen Endkampf gegen die Römer, der mit Hilfe der himmlischen Heerscharen gewonnen wird, und der Text 4Q246 spitzt die Radikalpolemik bis zur Herabrufung des Todesurteils Gottes über die römischen Gottkaiser zu. In der zweiten Kolumne dieses in aramäischer Sprache auf Leder geschriebenen Textes heißt es – lückenhaft, da einige Wörter durch Beschädigung verloren sind: »›Sohn Gottes‹ wird er genannt werden, und ›Sohn des Höchsten‹ werden sie ihn nennen. Doch wie die Sternschnuppen der Vision wird ihr Königreich sein. Sie werden nur für einige Jahre auf Erden herrschen, und sie werden alles niedertreten. Ein Volk wird das andere niedertreten, und eine Provinz die andere Provinz [...] bis das Volk Gottes aufstehen wird und alle Ruhe haben werden vor dem Schwert.«[29] Als 4Q246 kurz vor der »Zeitenwende« entstand, war Augustus (44 v. Chr.–14 n. Chr.) Herrscher über das Römische Reich. In Kolumne 1 werden zwei Königreiche genannt: »Ein Fürst der Nationen [...] der König von Assyria und Ä[gypten (?) ...] wird der Herrscher über die Erde sein [...].« Assyrien und Ägypten gehörten zum Einzugsbereich des Imperiums. Beide, die syrischen und ägyptischen Gebiete, umfaßten das jüdische Kernland von Süden, Südwesten, Norden und Nordosten. Jede militärische Bedrohung kam aus einer dieser Richtungen – oder aus beiden. Zur Zeit des Qumrantextes 4Q246 hatten die Römer das Heilige Land nicht nur umzingelt, sondern es längst auch, ursprünglich von Norden her, erobert.

Der Text beschreibt also eine realpolitische Situation. Die größte Macht, die die Menschheit bis dahin gesehen hatte, das Römische Reich, die »kittim«, waren zu einer apokalyptischen Bedrohung jüdischen Daseins in den Kernlanden geworden. Und ihr Kaiser hatte sich zum Gott gemacht und ließ sich als Gott verehren. Schon sein Adoptivvater, Julius Cäsar, war in der Stadt Demetrias in Thessalien mit einer griechischen Dankesinschrift geehrt worden, die deutlich genug ist: »Gaius Iulius Cäsar – Alleinherrscher – Gott«.[30] Es ist anzunehmen, daß ähnliches auch an anderen Orten geschah. Augustus selbst wurde noch zu seinen Lebzeiten, also bis 14 n. Chr., mit nicht weniger als siebenunddreißig Tempeln geehrt, nach seinem Tod kamen neunzehn weitere hinzu.[31] Das Zitat, das als zweites Motto über diesem Kapitel steht, unterstreicht die Verehrung des Augustus als Gott zur Zeit der Entstehung von 4Q246 – es ist ein im oberägyptischen Oxyrhynchus gefundener Papyrus aus dem Jahr 30/29 v. Chr. Vier Lampenanzünder zweier Tempel erklären: »Wir schwören bei Cäsar, Gott, von einem Gott abstammend.« Cäsar ist hier natürlich Octavian, der Cäsar Augustus. Ein solcher Schwur auf den Gottkaiser galt als besonders wirkungsvoll, denn anders als andere Götter war der Kaiser eine reale Person – es gab ihn nun einmal wirklich.[32] Dabei spielte es keine Rolle, ob der Kaiser diese Verehrung wünschte oder förderte – zumindest im lateinischsprachigen Westen hielt sich Augustus ebenso wie sein Nachfolger Tiberius noch ausdrücklich zurück. Doch diese Zurückhaltung wurde nicht immer konsequent durchgehalten – die lateinische Silberdenarprägung des Tiberius, in der er als »Ti(berius) Caesar Divi Aug(usti) F(ilius) Augustus« bezeichnet wird, also als »Tiberius, Kaiser, Sohn der Gottheit Augustus (und selbst) Augustus«, kann wohl kaum ohne Veranlassung durch Tiberius entstanden sein.[33] Für die Bevölkerung und nicht zuletzt für religiöse Gruppierungen wie die Essener zählte jedenfalls allein, daß es geschah und daß die jeweiligen Statthalter und Vasallenherrscher nichts dagegen unternahmen, sondern es sogar, wie etwa Herodes der Große mit seinen Augustustempeln in Caesarea Maritima, Caesarea Philippi und Samaria / Sebaste, intensiv kultivierten.

In Ansätzen bei Julius Cäsar, dann nachhaltig seit Augustus und seinem Adoptivsohn Tiberius, kam noch etwas anderes hinzu, daß nicht nur die Essener, sondern alle frommen Juden – also auch Jesus und sein Umfeld – irritieren mußte: Der Kaiser war nun auch der Heiland, griechisch »Sôtêr«. In einer Inschrift, die vom Rat der Stadt Ephesus veranlaßt worden war, wird Cäsar 48 v. Chr. gepriesen als der »von Ares und Aphrodite abstammende, offenbar gewordene Gott und Allheiland des menschlichen Lebens«.[34] Bei Augustus bereits zu erkennen, kam diese Heilandstitulatur unter Nero, dem Kaiser, an den Paulus appellierte, überall zur vollen Blüte; immer öfter wurde aus dem noch schlichten Heiland der Heiland des Kosmos, also der ganzen Welt – griechisch der »Sôtêr toù kósmou« –, ganz so, wie der Evangelist Johannes später den Messias Jesus nennt (Johannes 4,42).[35] Der Konflikt war hier demnach deutlich formuliert: Gegen den Anspruch der Kaiser, Weltenheiland und Friedensbringer zu sein – also aus jüdischer Sicht Messiasgestalten –, stellte der Jude Johannes den einzigen vom jüdischen Gott eingesetzten Heiland – Jesus den Messias, d. h. griechisch den Christus. Und das hatte eine Konsequenz, die keinem Leser der neutestamentlichen Schriften entgehen konnte: Nicht nur als »Söhne Gottes« wurden die Kaiser in Frage gestellt, sondern auch in ihrem Anspruch, Messiasse zu sein. Die Evangelien präzisieren und formulieren eine brisante Gleichsetzung: Zuerst nämlich ist Gott selbst der »Sôtêr«, der Heiland und Retter: »Meine Seele erhebt den Herrn«, ruft Maria aus, »und mein Geist freut sich Gottes, meines Heilandes.« (Lukas 1,46-47) Doch schon wenig später, Jesus ist kaum geboren, heißt es im Wort des Engels an die Hirten: »Fürchtet euch nicht! Siehe, ich verkündige euch große Freude, die allem Volk widerfahren wird; denn euch ist heute der Heiland geboren, welcher ist Christus, der Herr, in der Stadt Davids.« (Lukas 2,10-11) Auch der Pharisäer und Apostel Paulus kann Jesus als Heiland und Messias bezeichnen (Philipper 3,20) und weiß selbstverständlich, daß die alten jüdischen Schriften in der griechischen Übersetzung der »Septuaginta« so von Gott sprechen.[36]

Was die ersten christlichen Autoren hier erkannten und aussprachen, hatten sich auch die Essener zu eigen gemacht – schließlich war die Beweislast erdrückend. Und anders als die Römer maßten sie sich nichts an; sie beriefen sich auf die Urteile Gottes, die nun auf die Kaiser angewandt werden konnten. Jesaja 14, 12-21 war so eine Stelle oder auch Hesekiel 28,1-10. Vor allem aber war es ein Psalm, den sie vor Augen hatten, um den Kaiser, der »Sohn Gottes« und »Sohn des Allerhöchsten« sein wollte, als Pseudomessias, als »Antichrist« stürzen zu lassen: »Ich hatte gedacht: Seid ihr Götter, seid ihr Söhne des Allerhöchsten? Nein! Ihr werdet sterben wie die Menschen. Wie ein Mensch, Fürsten, werdet ihr fallen.« Psalm 82,6-7 ist das, und der Qumrantext 4Q246 interpretiert ihn ganz im Sinne des Nachsatzes des Psalmisten in Vers 8: »Mache dich auf, Gott, richte die Welt, denn alle Nationen gehören dir.« Der Sohn Gottes Augustus, der noch zu Lebzeiten als Gott und Heiland angebetet wurde, und sein Nachfolger, der Gottessohn Tiberius, sie mußten sich aus jüdischer Sicht messen lassen an dem Richtspruch des einzigen Gottes. Denn hatte Gott nicht selbst gesprochen? Hatte er nicht in 2. Samuel 7,14 verkünden lassen: »Ich will sein Vater sein, und er soll mein Sohn sein«, hatte nicht Psalm 2,7 prophetisch erklärt: »Du bist mein Sohn, heute habe ich dich gezeugt«? Waren nicht auch die Essener schon davon überzeugt, daß solche Aussagen messianisch waren und einen Messias aus dem Hause Davids meinten, keinesfalls jedoch einen Messias aus römischer Cäsarenfamilie?[37]

Tiberius und Jesus, die sich nie begegneten, traten vor dem Hintergrund solcher Erwartungen, Verehrungen und Verurteilungen auf dem Forum der Götter und Göttersöhne gegeneinander an. Und schon die Entwicklungen, die zu dieser Auseinandersetzung führten, haben deutlich genug gezeigt: Es ging dabei nicht um Randerscheinungen religiöser Praktiken, sondern um Realpolitik, um weltliche und ewige Macht.

2 »Wegen ausschweifenden Lebenswandels«: Skandale und Propheten

Ich habe euch niemals geliebt, ihr Götter!
Denn widerwärtig sind mir die Griechen,
Und gar die Römer sind mir verhaßt.
Doch heil'ges Erbarmen und schauriges Mitleid
Durchströmt mein Herz,
Wenn ich euch jetzt da droben schaue,
Verlassene Götter,
Tote, nachtwandelnde Schatten,
Nebelschwache, die der Wind verscheucht –

Heinrich Heine, Die Götter Griechenlands
(Die Nordsee, Zweiter Zyklus, 1826)

Wenn also, wie man sagt, wegen des überragenden Grades ihrer Vollkommenheit aus Menschen Götter werden, so hätten wir offenbar in einer solchen Vollkommenheit das zu erkennen, was zum Tierischen den Gegensatz bildet.

Aristoteles (384–322 v. Chr.),
Nikomachische Ethik 7,1

Im Dickicht der Familien

Die Jugend des Tiberius Claudius Nero war ebenso privilegiert wie unruhig. Seine Vorfahren waren Claudier, und die »gens Claudia« war eines der berühmtesten Adelsgeschlechter der römischen Republik. Jeder Römer kannte zum Beispiel den großen Appius Claudius Caecus, der 312 v. Chr. Censor wurde, 307 v. Chr. und erneut 296 Consul und 295 v. Chr. Praetor.[1] Seine große Rede über die Ablehnung eines Friedensvertrags mit Pyrrhus (278 v. Chr.) galt bis ins erste vorchristliche Jahrhundert als Muster einer politischen Rede; noch Cicero, selbst ein begnadeter Rhetoriker, zitierte sie. Neidlos wurde anerkannt, daß dieser Claudius ein einzigartig erfolgreicher Censor war; unter seiner Amtsführung wurde unter anderem die Via Appia gebaut und das Aquädukt entlang dieser Straße, die Rom mit Capua verband und später bis nach Brindisi ausgebaut wurde. Die Marktstation »Forum Appii«, die auf seine Veranlassung knapp 70 km vor Rom errichtet wurde, war noch dreihundertsechzig Jahre später ein wichtiger Halt für Romreisende, die über das Mittelmeer kamen und von der südwestitalienischen Küste aus den Landweg wählten, statt bis Ostia auf dem Wasser zu bleiben: »Und als wir nach Syrakus kamen, blieben wir drei Tage da«, beschreibt Lukas die gemeinsame Reise mit dem Apostel Paulus. »Von dort fuhren wir die Küste entlang und kamen nach Rhegion; und da sich am nächsten Tag der Südwind erhob, kamen wir in zwei Tagen nach Puteoli. Dort fanden wir Brüder und wurden von ihnen gebeten, sieben Tage dazubleiben. Und so kamen wir nach Rom. Dort hatten die Brüder von uns gehört und kamen uns entgegen bis Forum Appii und Tres Tabernae.[2] Als Paulus sie sah, dankte er Gott und gewann Zuversicht.« (Apostelgeschichte 28,12-15)

Appius Claudius Caecus baute nicht nur die bis heute berühmteste aller römischen Transversalen, er reformierte den römischen Senat und ließ die Söhne Freigelassener in dieses illustre Entscheidungsgremium aufnehmen. Als Förderer der Verehrung alter Götter, Halbgötter und Heroen sorgte er dafür, daß der Kult des Herkules der öffentlichen Aufsicht unterstellt wurde und errichtete für die römische Kriegsgöttin Bellona einen Tempel. Kenner wissen aber auch zu schätzen, daß er ein begabter Schriftsteller war, der nebenbei ein beliebtes Sprichwort erfand. »Jeder ist seines Glückes Schmied.«[3] Auch militärische Traditionen wurden bei den Claudiern gepflegt, war doch ein Appius Claudius Apex unter den Vorfahren, der 264 v. Chr. als Konsul amtierte und als der erste römische Befehlshaber im Ersten Punischen Krieg kämpfte. Im gleichen Krieg diente auch Marcus Claudius Marcellus, der als einer der erfolgreichsten römischen Feldherren gerühmt wurde und zugleich als der erste große Kunsträuber in die abendländische Geschichte einging: Nach seiner Eroberung von Syrakus, 212 v. Chr., wählte er die bedeutendsten griechischen Kunstwerke aus und ließ sie nach Rom transportieren. Auch ein Admiral war unter den Vorfahren des Tiberius: sein Vater nämlich, jener Tiberius Claudius Nero, der im Alexandrinischen Krieg die Flotte des Julius Caesar kommandierte.

Ruhm und Größe war den Claudiern also zweifellos zugestanden worden. Von solchen Vorfahren geprägt, war sich die Sippe ihrer Verpflichtung für das Gemeinwohl und ihrer herausgehobenen Stellung bewußt; Kritiker meinten allerdings schon früh, daß der Adelsstolz vielleicht doch etwas zu deutlich gezeigt wurde. Der junge Tiberius mußte damit leben, daß die alten Historiker die ganze Sippschaft für arrogant und gewalttätig hielten. Schon Titus Livius (64 v. Chr. – 12 n. Chr.) stellte sie so dar, und falls der künftige Kaiser versucht hätte, die lateinische Geschichtsschreibung zu umgehen, so wäre ihm die Kritik an den großen Namen der Familie auch beim griechischschreibenden Dionysius Halikarnassus begegnet.[4]

Immerhin fand Tiberius unter seinen unmittelbaren Zeitgenossen auch sympathische Familienangehörige: der gleichaltrige Marcus Claudius Marcellus beispielsweise, ein Sohn Octavias, der Schwester des Augustus. Er diente 25 v. Chr. mit Tiberius gemeinsam in Spanien. Augustus gab ihm seine einzige Tochter Julia zur Frau und bevorzugte den Hochbegabten auch in der Ämterlaufbahn gegenüber Tiberius. Als Ädil veranstaltete Marcus Claudius Marcellus 23 v. Chr. prachtvolle Spiele, die ihn auch beim Volk beliebt machten.[5] Doch als es schien, der ohne Söhne gebliebene Augustus könnte ihn zu seinem Nachfolger aufbauen wollen, starb er 43 v. Chr. unerwartet mit einundzwanzig Jahren. Der vielleicht beliebteste aller Claudier – als jugendlicher Held früh genug gestorben, um seinen Ruhm nicht mehr gefährden zu können – wurde von Augustus in seinem eigenen Mausoleum bestattet. Noch heute ist sein Name im Stadtbild Roms erhalten: Das Marcellustheater, ein Prachtbau mit 14 000 Plätzen, wurde von Augustus zu seinen Ehren eingeweiht. Die Kunst- und Kulturliebe dieses Claudius Marcellus wurde auch von seiner Mutter Octavia gewürdigt, die ihm zu Ehren eine nicht mehr erhaltene Bibliothek bauen ließ. Eine wehmütige Klage auf ihn hob Vergil in seiner *Aeneis* an, und der Elegiendichter Properz besang ihn in einem mythengesättigten Trauerlied.[6]

Ein solcher Nachruhm blieb nicht nur im Umkreis des Tiberius eine Ausnahme – sieht man einmal von Julius Cäsar und Augustus selbst ab. Nicht überliefert ist, ob Tiberius den Erfolg des Gleichaltrigen beneidete; zu einer echten Rivalität konnte es nicht mehr kommen. Eine exzellente Ausbildung, die alle damals bekannten Wissenschaften umfaßte, auch die Künste und die beiden Weltsprachen Latein und Griechisch, genoß jedenfalls auch Tiberius. Und wie wichtig ihm die geistige und musische Bildung stets blieb, demonstrierte er, inzwischen selbst Kaiser, als er den Astronomen und Musiktheoretiker Thrasyllus auf Rhodos traf, ihn nach Rom mitnahm, zum römischen Bürger machte, ihn unter dem Adoptivnamen Tiberius Claudius Thrasyllus in die eigene Familie aufnahm und ihn zu seinem Hofastrologen ernannte. Thrasyllus bedankte sich mit einer Abhandlung über *Die Sieben Töne* und editorischen Arbeiten an den Dialogen Platons, die wohl er als erster in Vierergruppen aufteilte, wie er dies auch mit dem Katalog der Schriften des Demokrit tat.[7] Auch die Schulastronomie beeinflußte er; seine Theorien wurden noch im 2. Jahrhundert n. Chr. zitiert und prägten dank der Inanspruchnahme durch Vettius Valens die Astronomie und Astrologie bis ins späte Mittelalter.[8] Sein Sohn Tiberius Claudius Balbillus setzte die Familientradition erfolgreich fort, kämpfte unter Claudius in Britannien und war Leiter der Bibliothek von Alexandria. Es war, mit anderen Worten, ein vielschichtiges Umfeld, in dem die politische Macht, die militärischen Erfolge und die Pflege dessen, was man heute wohl kulturelles Engagement nennt, sich nicht ausschlossen.

Schon der junge Tiberius profitierte davon. Beide Eltern entstammten verschiedenen Zweigen der claudianischen Großfamilie; der Vater, Tiberius Claudius Nero, hatte sich als Flottenkommandant Cäsars ausgezeichnet, nach Cäsars Tod jedoch die Seiten gewechselt und anfangs mit Antonius und Sextus Pompeius gegen Octavian gekämpft, den späteren Augustus. Die Mutter, Livia Drusilla, trug den Namen einer anderen großen Familie der republikanischen Ära, der Livii Drusii, doch ihr Vater war ein Claudier, jener Claudius Pulcher, der vom Tribun Marcus Livius Drusus 91 v. Chr. adoptiert worden war und seitdem Marcus Livius Drusus Claudianus hieß, auf seiten von Brutus und Cassius gegen Octavian kämpfte und nach der Schlacht von Philippi 42 v. Chr., dem Geburtsjahr seines Enkels Tiberius, Selbstmord beging. Die Kindheit des Tiberius verlief also alles andere als beschaulich. Eltern und Großeltern standen gegen Cäsar und sein Erbe und mußten Octavian, dem künftigen Kaiser Augustus, suspekt erscheinen, schon ehe sie sich offen auf die Seite seiner Gegner stellten. Auf die Erziehung des kleinen Jungen hatte das allerdings keinen schädlichen Einfluß: Beide Eltern hatten, wie üblich, stets die besten greifbaren Ammen und Privatlehrer um sich herum. Heutige Psychologen dürften ein anderes familiäres Ereignis für schwerwiegender halten: Kaum waren Vater und Mutter mit dem Dreijährigen nach dem Vertrag von Misenum, der sich bekämpfende Parteien zur Zusammenarbeit im Interesse des Gemeinwohls bringen sollte, endlich aus Sizilien in die Hauptstadt zurückgekehrt, da hatte Octavian sich die Herrschaft über Italien und die westlichen Territorien gesichert. Kaltblütig realpolitisch und dynastisch denkend, ließ er sich 39 v. Chr. von seiner Frau Scribonia scheiden. Er hatte sie zwar ohnehin nur aus politischen Erwägungen geheiratet, doch den Zeitzeugen, die sich die Restauration der vorcäsarianischen Republik unter Octavian zunehmend schwerer vorstellen konnten, fiel unangenehm auf, daß er sich unmittelbar nach der Geburt der Tochter Julia scheiden ließ. Es war, mit oder ohne Machtpolitik, schlechter Stil.

Darüber hätte man vielleicht noch hinweggesehen, wäre Octavian nicht im nächsten Jahr noch einen Schritt weitergegangen. Er zwang Tiberius Claudius Nero, sich von der mittlerweile mit ihrem zweiten Sohn schwangeren, neunzehnjährigen Livia scheiden zu lassen, und heiratete sie. Damit verstieß er gegen den moralischen und religiösen Kodex der Zeit. Noch war Octavian nicht Alleinherrscher, und so hatten es seine zahlreichen Gegner natürlich leicht, mit moralischen Bedenken gegen den rücksichtslosen Adoptivsohn Julius Cäsars Anhänger zu gewinnen.[9] Wenige Monate nach dieser eigenartigen Heirat, die Octavian dynastisch mit der altrömischen Adelsschicht verband, wurde Drusus geboren. Tiberius, der mit der Mutter zu Octavian gezogen war, und sein jüngerer Bruder wuchsen am Hof des künftigen Augustus Cäsar als dessen Stiefsöhne auf.

Bildungswege: Tiberius und der Vatergott

Trug Tiberius durch diese Vorgänge psychischen Schaden davon? Modernen Spekulationen sollte man hier nicht vorschnell nachgeben. Er hielt den Kontakt zu seinem leiblichen Vater, und als dieser 32 v. Chr. starb[10], hielt der Neunjährige die Totenrede. Die frühreife Meisterleistung bestätigte, daß hier eine Führungspersönlichkeit heranwuchs, sie war aber auch eine Bestätigung der hervorragenden Ausbildung, die Tiberius genoß. Augustus, der nie einen Sohn zeugte, hatte in Tiberius und Drusus wenigstens zwei Stiefsöhne, und Livia, die sich ihrer Macht am Hof durchaus bewußt war, tat ihrerseits alles, um beiden Kindern jeden Karriereweg zu öffnen. Die Namen, die hier im Umfeld der Heranwachsenden auftauchen, sind bis heute unvergessen: Horaz (65–8 v. Chr.) und Vergil (70–19 v. Chr.) waren die beiden herausragenden Heroen der zeitgenössischen Literatur; obwohl beide die Nähe Roms vermieden, waren sie neben Ovid die Bestsellerautoren, mit denen Tiberius aufwuchs. Als Octavian 29 v. Chr. von den Kämpfen im Osten des Reichs zurückkehrte, nach dem Sieg in der Schlacht bei Actium 31 v. Chr. längst gefeiert als der Mann, der den Bürgerkrieg beendet hatte, und als der unumstrittene Alleinherrscher über das ganze Römische Reich, las ihm Vergil in seiner Villa in Atella bei Capua die *Georgica* vor, sein programmatisches Gedicht über die Landwirtschaft. Es ist anzunehmen, daß Tiberius und Drusus dabei waren, als der große Vergil Zeilen vortrug wie diese Anrufung Octavians, die unmittelbar auf die Beschreibung von Göttern des Landes und der Landbevölkerung wie Bacchus, Ceres, Pan und Minerva folgt:

> Auch du nahe dich, Caesar, von dem noch nicht sicher ist,
> ob du demnächst
> Den Rat der Götter oder der Stadt aufzusuchen gedenkst,

Oder die Pflege der Länder wünschst, und dich der Erdkreis begrüßt
Als den vollmächtigen Herrn der Feldfrucht und Herrscher über die Stürme,
Mit der Myrte der Mutter die Schläfe bekränzend,
Oder ob du kommst als Gott des unermeßlichen Meeres, oder ob die Schiffer
Allein deine Göttlichkeit verehren und dir das äußerste Thule dient,
Und dich Thetys erwirbt für ihr Geschlecht, die Göttin aller Wellen,
Oder ob du als neues Gestirn dich den langsamen Monatssternen hinzufügst,
Wo noch Raum ist zwischen der Jungfrau und den Scheren des Skorpion,
Scherenarme, die der funkelnde Skorpion nur für dich zurückzieht
Und dir einen Platz läßt, der am Himmel mehr als ein gerechter Teil ist.
...
Gib du den günstigen Wind, und gib Erfolg den wagemutigen Anfängen,
Tritt mit Erbarmen den Bauern zur Seite, die wie ich den Weg nicht kennen,
Und gewöhne dich schon jetzt daran, daß man dich anbeten wird.[11]

Deutlicher konnte es kaum gesagt werden, so kurz nach der absoluten Machtergreifung des Octavian: Völlig unmißverständlich wird er hier als Gott unter Göttern gefeiert, als Sohn der Venus, deren mütterliche Myrte er tragen soll, als würdig, neben Thetys, der Frau des Gottes Okeanos, über die Wellen zu herrschen, bis zu den Grenzen der damals bekannten Welt im hohen Norden, dem sprichwörtlichen »ultima Thule«.[12] Auch am Himmel hat dieser Octavian seinen Platz, als Gottesgestirn, und schließlich soll er wissen, daß er schon jetzt (»iam nunc«), noch zu Lebzeiten, die Apotheose erfährt: Man wird ihn in Gebeten anrufen. Octavian ist, so erklärt es Vergil, ein Gott – elf Jahre, nachdem er durch die »consecratio«, die Vergötterung, seines Adoptivvaters Julius Caesar bereits zum Sohn Gottes geworden war.

Für den jungen, inzwischen dreizehnjährigen Tiberius war das eine einschneidende Erfahrung. Selbst wenn er das alles nur als Dichtkunst hätte abtun wollen und trotz der Versuche des Octavian Augustus, die Verehrung seiner Person zumindest im lateinischsprachigen Westen zurückzudrängen, war die Götterverkündigung Vergils, der dem derart Vergöttlichten persönlich vorgetragen hatte, nicht mehr zurückzunehmen. Die *Georgica* wurden schnell zum beliebtesten Werk des Dichters, noch vor den bereits publizierten *Eklogen*; erst spät wurden sie von der *Aeneis* verdrängt, die er zu diesem Zeitpunkt noch nicht begonnen hatte. Literarisch also, in der Schullektüre der Römer, war nicht nur Augustus, sondern implizit auch der Stiefsohn Tiberius und sein Bruder Drusus, göttlichen Geschlechts.[13] Tatsächlich fällt in die Zeit der *Georgica* kaum zufällig auch die älteste erhaltene Bezeugung eines Schwurs auf den Gott Octavian: der auf 30/29 v. Chr. zu datierende griechische Papyrus aus dem ägyptischen Oxyrhynchus, in dem er als »Gott, von einem Gott abstammend« bezeichnet wird.[14]

Das »Goldene Zeitalter« des Augustus, das nun erst beginnen sollte, brachte Tiberius auch mit den anderen Größen der Literatur in Berührung, neben Horaz mit den beiden Elegikern Tibull (ca. 54–19 v. Chr.) und Properz (ca. 46–15 v. Chr.), die fast alle zum Kreis des Maecenas gehörten, jenes Kunstförderers, dessen Name sprichwörtlich zum Begriff des »Mäzens« wurde und dem die *Georgica* Vergils gewidmet sind. Gaius Cilnius Maecenas, ein Ritter vornehmer etruskischer Abstammung, war früh zum Berater und Freund Octavians geworden. In der Übergangszeit zwischen der zugrunde gegangenen Republik und dem entstehenden Reich des Augustus versammelte er die begabtesten Literaten um sich und finanzierte ihren Lebensunterhalt. Vergil, Properz und Horaz, dem er ein Landgut in den Sabinerbergen schenkte, wurden von ihm gefördert und beim Hof des neuen Herrschers eingeführt, aber auch begabte Männer der Ämterlaufbahn wie ein Verwandter jenes Varus, der später noch in der jüdischen und germanischen Geschichte eine ebenso tragende wie tragische Rolle spielte. Der Varus, der 22–19 v. Chr. mit Augustus den Orient bereiste, 13 v. Chr. zusammen mit Tiberius Konsul war, wie dieser eine Tochter des Marcus Vipsianus Agrippa heiratete[15] und mit seinem Schwager die aufwendigen Spiele veranstaltete, die Augustus zum Dank für seine Rückkehr aus Gallien erhielt, war der gleiche Varus, der von 6 bis 4 v. Chr. als Legat des Augustus der Provinz Syrien vorstand und auf Bitten Herodes des Großen in Jerusalem den Prozeß gegen dessen Sohn Antipater leitete, den er zum Tode verurteilte. Und es war dieser Varus, der während der Unruhen, die nach dem Tod des Herodes 4 v. Chr. ausbrachen, Jerusalem besetzte und neben Emmaus auch Sepphoris (Zippori) zerstörte, nur 6 km von Nazareth entfernt, wo der damals dreijährige Jesus lebte. Im September 9 n. Chr. war es dann wiederum Varus, der als Zerstörer auftrat, auch wenn es dieses Mal drei seiner eigenen Legionen waren, drei Reiterschwadronen und sechs Hilfskohorten, die von den Cheruskern unter Arminius in einen Hinterhalt bei Kalkriese nahe des Teutoburger Waldes gelockt wurden, wo die Germanen sie restlos vernichteten – die größte Katastrophe der augusteischen Epoche, die sich auch noch auf die spätere Politik des Kaisers Tiberius auswirkte.[16]

In den späteren Jugendjahren des Tiberius stieß auch noch der Dichter Ovid zum literarischen Hofstaat.[17] Um 16 v. Chr. wurde er geradezu über Nacht mit seinen Liebeselegien berühmt, den *Amores*, die wohl im kleinen Kreis bereits seit 25 v. Chr. kursierten. Auch die erfundenen Liebesbriefe weiblicher Helden der antiken Geschichte an ihre Geliebten, die *Heroides* und die *Kunst der Liebe*, die *Ars amatoria* und deren Gegenstück, das *Heilmittel gegen die Liebe, Remedia amoris*, die zwischen 1 v. Chr. und 2 n. Chr. erschienen, machten ihn nach dem Tod von Vergil und Horaz in der Reifezeit des Tiberius zum bedeutendsten und beliebtesten Dichter Roms. Sein Nachruhm, durch die Antike und das Mittelalter und die Gegenwart, beruht aber auf einem Werk, das die Götterbilder des griechisch-römischen Kulturkreises revolutionierte: die *Metamorphosen*, die kurz vor 8 n. Chr. abgeschlossen waren, ehe Ovid aufgrund eines ungeklärten Skandals von Augustus in das nie aufgehobene Exil in die Schwarzmeerküstenstadt Tomis im heutigen Rumänien verbannt wurde. Nie zuvor, und auch nicht später, wurde das Wechselspiel zwischen Göttern und Menschen, die Grenzen zwischen Mensch, Tier und übernatürlicher Welt so virtuos anhand alter mythologischer Stoffe vorgeführt wie in Ovids Meisterwerk, dessen Höhepunkt die Verwandlung des Julius Cäsar in ein Himmelsgestirn ist. Auch Tiberius las die *Metamorphosen*, und es ist gut denkbar, daß es diese den Göttermythen mit unterhaltsamer Distanz begegnende Lektüre war, die ihn allen religiösen Ritualen gegenüber skeptisch zurückhaltend werden ließ, allerdings ohne ihnen den von der Tradition vorgeschriebenen Respekt zu versagen. Aus der Verbannung wandte sich Ovid bittend erst an Augustus, dann nach 14 n. Chr. an Tiberius, ohne jedoch zurückgeholt zu werden; verbittert starb er 17 n. Chr. im Exil. Im Herbst 14, Augustus war gerade erst, am 19. August, gestorben, schreibt er die vier Bücher der *Epistulae ex Ponto*. Im neunten Brief des vierten Buchs, der an Graecinus gerichtet ist, steht der Appell an Tiberius, ihn nach Rom zurückkehren zu lassen. Bewegend beteuert er seine Frömmigkeit:

> Auch ist meine Frömmigkeit nicht unbekannt: Ein fremdes Land sieht
> In meinem Haus einen Schrein des Caesar stehen.

Ebenso stehen der fromme Sohn und die priesterliche
Ehefrau,
Gottheiten, die nicht weniger gelten als er, der ein Gott
geworden ist.
Und um den Haushalt vollkommen zu machen, stehen auch
beide Enkel dort,
Einer zur Seite der Großmutter, der andere beim Vater.
Diesen biete ich täglich Weihrauch und Gebete,
So oft sich die tägliche Morgenröte im Osten erhebt.
Das ganze Land des Pontus – und es steht dir frei, dich zu
erkundigen – wird sagen,
Daß ich das nicht erfinde, und wird meinen Gottesdienst
bezeugen.
Das Land des Pontus weiß, daß ich auf diesem Altar
Mit allen Festlichkeiten, die ich kenne, den Geburtstag des
Gottes feiere.[18]

Der Liebesdichter und Spötter Ovid zeigt sich hier mit dem Hinweis auf Augenzeugen als frommer Anbeter des Gottes Caesar Augustus und seines Gottsohnes Tiberius, er beschreibt seinen Hausaltar, auf dem Augustus neben Tiberius und seiner Frau Livia steht, mit den Enkeln Germanicus und Drusus. Ihnen allen gilt sein von Weihrauch begleitetes Gebet. Und er hofft, daß Graecinus davon dem Tiberius berichten wird. Zugleich soll auch der Gott Augustus, der vom Himmel aus zusammen mit den anderen Göttern alles sieht, erkennen, daß die Gebete seiner Lippen aufrichtig sind. »Und so«, fährt Ovid an den Caesar gerichtet fort, »prophezeie ich, daß dein göttlicher Wille diesen Gebeten Gehör schenkt, denn du trägst nicht unverdient den milden Namen ›Vater‹.«[19]

Es nützte ihm nichts; doch die tiefreligiöse Sprache bietet uns einen erhellenden Hintergrund, vor dem wir die Verwurzelung des Kaiserkults um so deutlicher erkennen können. 14 n. Chr., also vierzehn Jahre, ehe Jesus zum erstenmal öffentlich in Galiläa auftritt, wird Tiberius von einem Dichter wie Ovid als Gott auf dem Altar verehrt und wird Augustus, der vom Himmel aus alles sieht,[20] als Vater angesprochen, der Gebete erhört. Am 5. Februar 2 v. Chr. war Augustus der Titel »Pater Patriae«, »Vater des Vaterlandes«, verliehen worden. Ovid nennt ihn nun schlicht den Vater, er ist, im Kontext der Appellation, der Vater im Himmel. Anderthalb Jahrzehnte später lehrt Jesus seine Jünger, wie sie beten sollen. In der alten lateinischen Fassung dieses »Vaterunsers«, die bis ins 2. Jahrhundert zurückreicht, heißt es: »Pater noster, qui es in caelis« – »Unser Vater, der du im Himmel bist«.[21] Ein gebildeter römischer Christ, der Ovids Briefe *Ex Ponto* (die wie alle Werke Ovids im frühen Christentum weiterhin gelesen wurden) neben dem lateinischen Matthäusevangelium (6,9) in seiner Bibliothek hatte, konnte die Parallelität kaum übersehen. Es war zweifellos für solche Leser ein weiterer Stein des Mosaiks, auf dem der Gott der Juden und der Christen als religiöse und politische Herausforderung an den Kaiserkult und das Götterbild der Römer zu erkennen war.

Auch die in den Städten öffentlich aufgestellten Tempel und Altäre waren nicht zu übersehen. Einen der ersten hatte Tiberius in der Hafenstadt Ostia bauen lassen. Neben Augustus stand in diesem Tempel eine Figur der Roma. Hier in Ostia war sie dargestellt als Siegerin, gewandet wie eine Amazone; schließlich wollte man all denen, die über Ostia nach Rom gelangten oder von hier aus über das Mittelmeer reisten, den Triumph Roms über die Welt vor Augen führen. Die römische Göttin, die »Dea Roma«, war ihrerseits eine elegante Lösung, die Kaiserverehrung unter dem Deckmantel der Bescheidenheit auf Umwegen zuzulassen. Augustus hatte im Westen des Reichs keine Tempel für sich bauen lassen, und auch in den Provinzen des Ostens gestattete er sie in der Regel nicht, »es sei denn, sie wurden für ihn zusammen mit der Roma geweiht«.[22] Doch auch zu Lebzeiten des Augustus gab es offensichtlich westliche Ausnahmen: 12 v. Chr. entstand der Tempel für Augustus und Roma in Lyon, dem römischen Lugdunum; siebzehn Jahre nach den östlichen Augustus- und Romatempeln in Nikomedia und Pergamon, zwei Stätten der Provinz Asia. Wieder im Westen folgte Narbonne 11 n. Chr., drei Jahre vor dem Tod des Augustus. Ostia Antica paßte sich also in die Reihe der uns heute noch bekannten Tempel zu Ehren des Kaisers Augustus und der Göttin Roms reibungslos ein, es ist einer der neunzehn Verehrungsorte, die nach dem Tod des Kaisers zu den siebenunddreißig hinzukamen, die es bereits zu seinen Lebzeiten gab.

Die Hinzufügung der Roma und ihrer Statuen lenkte die Erbauer selbstverständlich nicht vom eigentlichen Zweck der Unternehmung ab, den Kaiser auf diese Weise selbst zur göttlichen Verehrung freizugeben. Die machtpolitische Komponente war für jeden Beobachter des ganzen Reichs leicht erkennbar: Nur in den Provinzen, nicht in Rom selbst, wurde die Dea Roma verehrt. Der Tempel des Augustus und der Roma in der Hafenstadt Ostia, nicht mehr in Rom selbst, aber doch vor den Toren der Stadt, war eine seltene Ausnahme von dieser Regel, setzte also in der Tat ein religions- und machtpolitisches Zeichen. Tiberius, der Erbauer, erinnerte die Reisenden daran, wer überall in den Provinzen zu ehren und zu verehren war, als weltlicher und überweltlicher Herrscher. Als legitimer Nachfolger stand er im Glanz des Mannes, der vom meistgelesenen lateinischen Autor jener Zeit, dem gut fünfunddreißig Jahre zuvor verstorbenen Vergil, geradezu programmatisch gepriesen wurde, in Worten, die das kaiserliche Reich und seinen Herrscher neben die Götter des Himmels, ja sogar neben den Träger des Firmaments selbst stellen:

Dies ist der Mann, er ist es, der so oft dir verheißene,
Augustus Caesar, der Sohn des Vergöttlichten, der das
Goldene Zeitalter
Wieder nach Latium bringen wird, dort, wo über die Felder
Saturn einst herrschte. Über die Grenzen der Garamanten
und Inder hinaus

Erweitern wird er das Reich; sein Gebiet wird außerhalb der
Sternbilder liegen,
Außerhalb der Bahnen von Jahr und Sonne, wo der
Himmelsträger Atlas
Auf der Schulter das Firmament dreht, das an flammende
Sterne gebundene.[23]

Weisheit aus Gadara: Theodorus, Tiberius und Jesus

Die größten unter den Dichtern seiner Zeit hatte Tiberius persönlich kennengelernt, ihre Werke waren ihm vertraut. Im Unterricht geprägt wurde er jedoch von einer anderen internationalen Berühmtheit – dem Rhetor Theodorus von Gadara. Durch ihn lernte der junge Adlige nicht nur die römische Heimatelite kennen, sondern auch die Kultur weit entfernter Teile des Imperiums. Denn Theodorus kam aus dem griechischsprachigen Gadara beim See Genezareth und war vom jahrhundertealten Kultur- und Wissenschaftsbetrieb dieser Stadt geprägt worden, ehe er für kurze Zeit nach Rom zog und sich schließlich auf Rhodos niederließ. Seine innovative Rhetorik wurde von Zeitgenossen wie Seneca d. Ä. (55 v. Chr.–40 n. Chr.), dem Vater des Philosophen Seneca anerkannt, und bis weit in die nachchristliche Zeit von stilprägenden Rednern und Theoretikern wie M. Fabius Quintilianus (35–96 n. Chr.) immer wieder zitiert.[24] Nur einer spottete, ohne dabei jedoch die Leistung des Theodorus in Frage zu stellen, der Satiriker Juvenal (ca. 60–140 n. Chr.):

… Prüfe nach,
Für welches Geld ein Chrisogonus und für wieviel ein Pollio
die Söhne

Der Reichen unterrichten, und du wirst das Lehrbuch des Theodorus zerreißen.[25]

Denn Chrisogonus und Pollio waren Kitharöden, beliebte Musiker, die das Kitharaspiel, den Gesang und die szenische Aufführung lehrten. Und mit populärer Musik konnte man schon damals mehr Geld machen als mit Grammatik und Rhetorik. Auch ein vom Kaiser protegierter Mann wie Theodorus war arm im Vergleich; da wollte wohl selbst ein Juvenal lieber zur Kithara greifen als zum kunstvollen Lehrbuch. Offenbar kannte er es wenigstens, das Handbuch der Rhetorik, das Theodorus auf griechisch geschrieben hatte, von dem aber auch eine lateinische Übersetzung kursierte.[26] Was das Buch und den Autor so nachhaltig berühmt machte, ist mangels vollständiger Texte nicht mehr im einzelnen nachzuprüfen. Immerhin modernisierte er die Fachsprache und gestattete den Rednern größere gestalterische Freiheiten, als sie bis dahin üblich waren. Die besondere Gegebenheit der Redesituation, der »kairós«, sollte nun wichtiger sein als das starre Schema. Und sicher faszinierte die Zeitgenossen auch, daß Theodorus in einer erbitterten öffentlichen Auseinandersetzung mit dem Rivalen Apollodorus von Pergamon stand. »Alt« gegen »neu«, konservativ gegen modern (und dennoch regelbewußt) – das ist nicht erst heute ein Faszinosum der öffentlichen Meinungsbildung.

Theodorus von Gadara stand zugleich für eine Kulturgeschichte ein, die es im griechischsprachigen Osten außerhalb Athens kaum ein zweites Mal gab. Das heute jordanische Umm Qeis, gut 8 km südöstlich des Sees Genezareth am unteren Jarmuk, wurde zu Beginn des 1. Jahrhunderts vom jüdischen König Alexander Jannai (Jannaeus) um 97 v. Chr. erobert und teilweise zerstört,[27] ehe schließlich Pompeius 63 v. Chr. die Stadt unter römische Herrschaft stellte. Ihrem Rang nahm das nichts; anders als den Gebieten in den jüdischen Kernlanden westlich des Jordans wurde der Stadt das Münzrecht und die kommunale Selbständigkeit bestätigt. Gadara wurde Teil des Zehnstädtebunds, der »Dekapolis«, einem einflußreichen Verband von ursprünglich zehn hellenistischen Städten mit jüdischen Minderheiten, dem nur eine Stadt westlich des Jordans angehörte: Skythopolis, das heute israelische Bet-Shean südlich vom See Genezareth. Zwischenzeitlich war Gadara sogar die Hauptstadt der Konföderation, ehe Damaskus diese Funktion übernahm. Es besaß zwei Theater, ein Hippodrom, mehrere Bäder und eine eindrucksvolle Säulenstraße. Besonders wichtig war der großflächig ausgebaute Hafenvorort am See Genezareth, südlich des Ausgrabungsgebiets von Tell Samra, in dessen Mitte sich jetzt auf israelischem Staatsgebiet der »Haon«-Campingplatz befindet. Er wurde erst 1985–1986 während eines Tiefstands des Wasserspiegels von dem Fischereiexperten und Archäologen Mendel Nun entdeckt.[28] Zwischen 30 und 4 v. Chr. gelangte Gadara noch einmal unter »jüdische« Herrschaft, als der von den Orthodoxen nicht als Jude anerkannte Idumenäer Herodes der Große es mit Hilfe des Augustus seinem Regierungsbereich einverleibte und bis zu seinem Tod 4 v. Chr. verwaltete.[29] Mit dem Tod des prachtliebenden Herodes ging auch die Herrlichkeit Gadaras langsam zu Ende; die Römer übernahmen erneut die direkte Herrschaft und gliederten es endgültig in die Provinz Syrien ein. Zu Beginn des jüdischen Aufstands 66–73 n. Chr. wurde es von Revolutionären verwüstet, was nach der Niederwerfung des Aufstands zu Racheaktionen der Bevölkerung gegen die jüdische Minderheit führte.[30]

Theodorus war aufgewachsen, als die Stadt unter Pompeius und bis in die Zeit Herodes des Großen die Künste, die Literatur, das Theater förderte. Die Zeiten des Menippos (um 250 v. Chr.), des Gründungsvaters einer neuen literarischen Gattung, der »menippeischen Satire«, waren noch in bester Erinnerung, der kynische Philosoph und Satiriker Meleager, Begründer der »Anthologia Graeca« (ca. 140–70 v. Chr.), und der Epikureer Philodem (ca. 110–35 v. Chr.) waren ältere Zeitgenossen, mit deren unmittelbarem Erbe Theodorus in selbstverständlicher Verbindung stand. Von Meleager sind auch folgende Zeilen über Gadara erhalten:

> Thyros hat mich erzogen, doch Gadara war meine Heimat,
> Jenes neue Athen in der Assyrier Land.[31]

Wer sich heute ein Bild vom Einfluß der Denker aus Gadara auf das Römische Reich machen will und sich nicht mit den wenigen erhaltenen Theodoruszitaten oder den Bruchstücken des Menippos und dem Nachlaß des Meleager begnügen möchte, kann das gut am Beispiel des Philodem tun: Dank der Wiederentdeckung von über 800 Rollen seiner Werke in der vom Ausbruch des Vesuvs 79 n. Chr. verschütteten Villa der Pisonen in Herculaneum, die mit neuen technischen Verfahren in den vergangenen Jahrzehnten teilweise geöffnet und gelesen werden konnten, ist dieser populäre Philosoph, von dem vorher nur weniges bekannt war, wieder eine feste Größe in der Literatur jener Epoche.[32] Auch Philodem zog es, wie etwas später Theodorus, nach Italien; wie der jüngere Theodorus blieb er allerdings nicht lange in Rom. In Neapel und Herculaneum bildete er einen Kreis von Epikureern, zu dem auch sein Freund und Förderer Lucius Calpurnius Piso gehörte, der Schwiegervater Julius Cäsars, dem wohl die in Herculaneum wiederentdeckte Bibliothek seiner Schriften gehörte. Horaz, der ihn persönlich kannte, zitiert eines seiner Epigramme, und mindestens auf diesem Wege hat auch der Vielleser Tiberius von ihm erfahren.[33]

Gadaras Ruhm war ungetrübt, als Jesus von Nazareth dort um 29 n. Chr., wohl im 15. Herrschaftsjahr des Tiberius, ein besonders auffälliges Wunder vollbrachte: die Heilung des Besessenen von Gadara. Drei Evangelien berichten davon – Markus (5,1-20), Matthäus, der noch einen zweiten Besessenen erwähnt (8,28-34), und Lukas (8,26-39).[34] Es soll für den Augenblick nicht um die Glaubwürdigkeit des Wunders an sich gehen, sondern um die

Rahmenhandlung und die historischen Details. Doch wenigstens kurz muß darauf eingegangen werden, daß für viele heutige Leser der Evangelien die Wunderberichte des Neuen Testaments umstritten sind und es Interpreten gibt, die sie für gänzlich unhistorische Legenden halten. Die neuere Altertumswissenschaft hat sich von dieser überskeptischen Einschätzung längst wieder getrennt. So konnte der Altphilologe Ulrich Victor mit dem Hinweis auf weitere Forscher jüngst notieren: »Der Historiker hat keine andere Möglichkeit, als die Wunderheilungen Jesu im NT als tatsächliche Geschehen zu nehmen, die alltägliche menschliche Erfahrungen, in welcher Weise auch immer, überschritten. Heutige Philologen und Historiker, wenn sie das Feld nicht von vornherein den Theologen überlassen, halten die synoptischen Evangelien und die Apostelgeschichte im Gegensatz zu den meisten Theologen nicht nur für Quellen wie andere Quellen der Antike auch, sondern sogar für besonders zuverlässige.«[35] Vor diesem Hintergrund ist der Bericht über das Wunder von Gadara als zeithistorischer Text zu verstehen, als eines der Zeugnisse über die damalige religiöse, kulturelle und geographische Wirklichkeit.[36] So liest sich das bei Lukas, in einem Bericht, der mit Anspielungen und Verweisen auf das Götterdenken in der römisch-hellinistischen Umwelt Gadaras geradezu gesättigt ist:

> Und sie fuhren in das Gebiet der Gadarener, das Galiläa gegenüberliegt. Und als er an Land ging, kam ihm ein Mann aus der Stadt entgegen, der von Dämonen besessen war, seit langem keine Kleider mehr trug und in keinem Haus lebte, sondern in den Grabhöhlen. Als er aber Jesus sah, fing er an zu schreien, warf sich vor ihm nieder und rief laut: ›Was willst du von mir, Jesus, du Sohn Gottes, des Allerhöchsten? Ich bitte dich: Quäle mich nicht!‹ Denn er [Jesus] hatte dem unreinen Geist befohlen, den Mann zu verlassen. Denn der hatte ihn über lange Zeit gequält, und man hatte ihn mit Ketten an Händen und Füßen gefesselt und eingesperrt, doch er zerriß

seine Fesseln und wurde von dem Dämon in die Einöde getrieben. Jesus aber fragte ihn: »Wie heißt du?« Er antwortete: »Legion.« Denn es waren viele Dämonen in ihn gefahren. Und sie baten ihn [Jesus], er möge ihnen nicht befehlen, in den Abgrund [die Unterwelt] zu fahren. Es wurde nun aber nicht weit entfernt an einem Hügel eine große Schweineherde geweidet. Und sie baten ihn, ihnen zu erlauben, in die Schweine zu fahren, und er erlaubte es ihnen. Da verließen die Dämonen den Menschen und fuhren in die Schweine, und die Herde stürzte sich den Abhang hinunter in den See und ertrank. Als aber die Hirten sahen, was geschah, flohen sie und erzählten alles in der Stadt und in den Dörfern. Daraufhin kamen die Leute angelaufen, um zu sehen, was geschehen war, und kamen zu Jesus und sahen den Menschen, den die Dämonen verlassen hatten, wie er ordentlich angezogen war und ganz ruhig zu den Füßen Jesu saß, und sie fürchteten sich. Diejenigen aber, die alles gesehen hatten, berichteten ihnen, wie der Besessene geheilt wurde. Daraufhin baten ihn alle, die im Gebiet von Gadara wohnten, sie zu verlassen, denn es hatte sie eine große Furcht ergriffen. Da stieg er ins Boot, um zurückzufahren. Aber der Mann, von dem die Dämonen ausgefahren waren, bat ihn, bei ihm bleiben zu dürfen. Er aber schickte ihn weg und sagte: »Geh nach Hause zurück und berichte, was Gott an dir getan hat.« Und er ging weg und erzählte in der ganzen Stadt, was Jesus für ihn getan hatte.

Lukas schreibt seinen Bericht für einen hochrangigen, gebildeten und wohlhabenden Widmungsempfänger, der vermutlich in römischen Diensten stand, »Seine Exzellenz« Theophilus.[37] Rund fünfundzwanzig Jahre nach Lukas, ca. 98 n. Chr., redet der jüdisch-römische Historiker Flavius Josephus seinen Wohltäter Epaphroditus, dem er die *Jüdischen Altertümer*, eine Streitschrift *Gegen Apion* und seine Autobiographie widmete, mit der gleichen Formel an.[38] Über Epaphroditus wissen wir mehr als über

Theophilus. Er war ein Freigelassener des Kaisers Nero, wurde dessen Sekretär, half ihm beim Selbstmord und erwarb einen immensen Besitz, zu dem die »Gärten des Epaphroditus« gehörten. Seine hohe Bildung und seinen Wohlstand setzte er für die zeitgenössische Philosophie und Geschichtsschreibung ein; er war es, der Josephus zur Abfassung seiner *Jüdischen Altertümer* anregte und den herausragenden stoischen Philosophen Epiktet (ca. 50–130 n. Chr.) förderte, der sich unter seinen privilegierten Sklaven und späteren Freigelassenen befand. Da Lukas Theophilus mit derselben Formel anspricht wie Josephus Epaphroditus, wird man wohl auch für Theophilus zumindest dies annehmen dürfen: Er gehörte zur Oberschicht der Männer im Römischen Reich, die reich und einflußreich waren und über eine hohe Bildung verfügten. Anders gesagt: Einen solchen Widmungsempfänger kann man nicht mit Informationen täuschen, deren Tatsachengehalt jederzeit überprüfbar war. Und das macht diesen Aspekt des Gadaraberichts bei Lukas um so aufschlußreicher.

Der aus dem Besessenen sprechende Dämon redet Jesus als »Sohn Gottes, des Allerhöchsten« an.[39] Das war für den Juden Jesus und für alle jüdischen Leser wiedererkennbar als eine Formel aus der griechischen Übersetzung der hebräischen Bibel, der sogenannten Septuaginta des 3./2. vorchristlichen Jahrhunderts, die natürlich im griechischsprachigen Umfeld Gadaras und der Dekapolis den Juden vertraut war.[40] In Psalm 82,6 wird von den Söhnen des Allerhöchsten geschrieben, auch in Esther 16,16, und für Juden war besonders wichtig, daß schon in der Tora, in Deuteronomium / 5. Mose 3,93, so gesprochen wird. Der Gedanke vom Sohn Gottes als rettendem Messias ist in der für die spätere christliche Verkündigung mitentscheidenden Stelle 2. Samuel 7,14 ausgesprochen, denn da sagt Gott vom messianischen Nachfahren Davids: »Ich will sein Vater sein, und er soll mein Sohn sein.« Auch der Titel »Allerhöchster«, für sich allein stehend, war seit dem ersten Buch der Bibel als ein Name Gottes bekannt (Genesis / 1. Mose 14,8).

Für griechisch-römische Leser öffnete sich hier der Blick auf die ihnen vertraute Welt des Götter- und Kaiserkults. »Sohn Gottes« war der regierende Kaiser – zur Zeit des Gadaraereignisses Tiberius. Und »Allerhöchster« war bereits ein Titel für Zeus, den höchsten der griechischen Götter: Der griechische Reiseschriftsteller Pausanias nennt einen schon vor seiner Zeit errichteten Tempel für den allerhöchsten Zeus in Theben.[41] Auch eine Inschrift von 29 v. Chr. bestätigt die Anrede des Zeus als »Allerhöchster«, und zur Zeit Jesu entstand eine Vereinigung, die sich nach dem Allerhöchsten Zeus nannte. Inschriften, die allgemein den Allerhöchsten Gott benennen, sind gleichfalls erhalten, u.a. aus Milet und aus Bizye in Thrakien. Auf der Insel Rheneia bei Delos sind inschriftlich sogenannte Rachegebete belegt, in denen Gott mit genau dem gleichen Namen wie in Lukas 8,28 angesprochen wird: »Ich rufe und bete zu Gott, dem Allerhöchsten, dem Herrn der Geister und allen Fleisches«, lesen wir in den Gebeten für die ermordeten Jüdinnen Heraklea und Marthine von Delos.[42] Zwei Welten kommen hier also zusammen, und ein Leser wie Theophilus wird die Szene wohl so verstanden haben, daß diese beiden Welten nicht getrennt bleiben sollen. In Jesus ist der Sohn des jüdischen Gottes gegenwärtig, des Allerhöchsten, der zugleich die personifizierte Herausforderung an den höchsten der griechischen Götter ist – und an den römischen Kaiser als Gegenstand kultischer Verehrung.

Die Römer sind schon vier Sätze später wieder im Blick: Auf die Frage Jesu, wie er denn heiße, antwortet der Dämon: »Legion«. Und Lukas erklärt: »Denn er war von vielen Dämonen besessen.« Damals wie heute konnte »Legion« eine große Zahl meinen, und dem Widmungsempfänger Theophilus braucht er die unmittelbare Bedeutung des Wortes selbstverständlich nicht zu erläutern, denn der wußte, daß Legion zuerst einmal wörtlich die größte römische Truppeneinheit bezeichnet. Römische Truppen standen seit Pompeius und mit Ausnahme der Herrschaftszeit Herodes des Großen immer in dieser Gegend. Tatsächlich wurde in Gadara das Grab eines Offiziers der 14. Römischen Legion gefunden.[43] Zum Realismus des Wunderberichts gehört denn auch, daß die dämonische Vielzahl für ihre Austreibung einer ganzen Schweineherde bedarf. Lukas führt das nicht näher aus, doch der Evangelist Markus nennt in seinem Parallelbericht (5,13) immerhin die Zahl von »etwa zweitausend« Tieren, also ungefähr das Drittel einer in voller Truppenstärke aufgestellten Legion. Daß es sich bei den Tieren um Schweine handelt, wirkt ebenfalls in die römische Welt hinein: Für Juden sind sie nicht koscher, also gewissermaßen verzichtbar, aber hier weidet eine ganze Schweineherde, die zum Lebensunterhalt der nichtjüdischen Bewohner beiträgt, die dann anschließend lieber kein weiteres Wunder dieser Art erleben wollen und Jesus bitten, ihre Gegend zu verlassen.

Für Römer und Griechen hatten Schweine noch eine ganz besondere, mit Tod und Bestattung verbundene Bedeutung: Schweineknochen gab man Verstorbenen mit ins Grab.[44] Das »Schweineopfer«, das der Dämon und seine Legion an sich vollziehen lassen, beinhaltet daher aus der Sicht Jesu und der multikulturellen Leser des Lukas noch eine geradezu ironische Pointe: Sie bitten Jesus darum, nicht in den Abgrund, griechisch den »ábyssos«, fahren zu müssen und meinen damit die Unterwelt, das Reich der Toten, als den Ort, an dem die bösen Mächte gefangen sind.[45] Das ist gewissermaßen jüdisch gedacht, denn die Gleichsetzung dieses griechischen Begriffs mit der Unterwelt gab es in der römisch-griechischen Literatur zu dieser Zeit noch nicht – in den hellenistischen Texten meinte das Wort ganz einfach »Abgrund«, »große Tiefe«. Der Jude Jesus versteht und reagiert: In die jüdische »Unterwelt« wollen sie nicht, diese dämonischen Mächte; so sollen sie denn in eine Schweineherde fahren, mit ihr im See ertrinken und damit den heidnischen, griechisch-römischen Tod sterben, von dem es keine Wiederkehr gibt.

Dagegen gibt es für einen Menschen, der den umgekehrten

Weg gehen will, jederzeit eine begründete Hoffnung: Der Besessene wohnt in Grabhöhlen (wie sie von Archäologen bei Gadara auch gefunden wurden), also unter den Toten, und wenn es römische Grabhöhlen waren, dann lagen da auch Schweineknochen, aber er läßt sich heilen und kehrt zurück zu den Lebenden. An dieser Stelle folgt die nächste Zuspitzung in diesem zwischen den Welten der Juden, der Griechen und Römer virtuos wandelnden Bericht. Jesus trägt dem Geheilten auf, in die Stadt zu gehen und dort zu berichten, »was Gott an dir getan hat«. Der Mann geht und erzählt überall in Gadara, »was Jesus für ihn getan hatte«. Innerhalb weniger Worte wird hier Jesus mit Gott gleichgesetzt. Und das heißt, wiederum aus römischer Perspektive, unmißverständlich für einen Adressaten wie Theophilus, aber auch für alle anderen halbwegs gebildeten jüdischen, griechischen und römischen Leser: Jesus ist erkannt als die Antwort auf den römischen Anspruch des Kaiserreichs, den weltlichen Herrscher zugleich als Gott und Gottessohn zu verehren. Ist jetzt, zur Zeit des Wunders, Tiberius ein Sohn Gottes und war vor ihm Augustus, wie es im Oxyrhynchuspapyrus heißt, »Gott von einem Gott abstammend«, so heißt es nun von Jesus, daß er Sohn des Allerhöchsten ist, Sohn Gottes und Gott. Deutlicher kann man es kaum noch sagen. Der Ort des Geschehens, die Sprache und die historischen, religiös-politischen Anspielungen enthalten eine Botschaft, die der einst Besessene versteht. Denn geheilt ist er nicht nur von den Dämonen, geheilt ist er auch von der Idee, der Kaiser könne in irgendeinem wirklichen, rettenden Sinne Gott und Sohn Gottes sein.

Der Mann, der hier lernte, geheilt wurde und darüber sprach, war kein Jude. Er gelangte in der hellenistischen Gegend von Gadara, mitten in der Dekapolis, zu einer Einsicht, die unter Juden schon vor dem Auftreten Jesu vertreten wurde: Nur Gott ist Gott: »Höre Israel, der Herr ist unser Gott, der Herr allein« (das »Sch'ma Jisrael«, Deuteronomium / 5. Mose 6,4); »Ich bin der Herr, dein Gott, der ich dich aus dem Land der Ägypter, aus der

Knechtschaft geführt habe. Du sollst keine anderen Götter haben neben mir.« (Exodus / 2. Mose 20,2-3, das 1. Gebot) Und nur Gott bestimmt, wer sein Sohn ist (»Kundtun will ich den Ratschluß des Herrn. Er hat zu mir gesagt: ›Du bist mein Sohn, heute habe ich dich gezeugt.‹« (Psalm 2,7); »Er wird mich nennen: ›Du bist mein Vater, mein Gott und mein Hort, der mir hilft.‹ Und ich will ihn zum erstgeborenen Sohn machen, zum Höchsten unter den Königen auf Erden.« (Psalm 89,27-28); »Wenn deine Zeit um ist und du dich zu deinen Vätern schlafen legst, will ich dir einen Nachkommen erwecken, der von deinem Leibe kommen wird; dem will ich sein Königtum bestätigen. Der soll meinem Namen ein Haus bauen und seinen Königsthron auf ewig bestätigen. Ich will sein Vater sein, und er soll mein Sohn sein.« (2. Samuel 7,12-14) Die Heilung bei Gadara läßt erkennen, wie in der Person Jesu die Herausforderung zur persönlichen Stellungnahme, zur Hinwendung oder Ablehnung, für Juden und Nichtjuden Gestalt annahm. Die Meßlatte lag hoch, denn auch dies hatte Gott im Psalter seinem Volk gesagt: »Ich hatte gedacht: ›Seid ihr Götter, seid ihr alle Söhne des Allerhöchsten?‹ Nein! Ihr werdet sterben wie die Menschen. Wie ein Mensch, Fürsten, werdet ihr fallen.« (Psalm 82,6-8)[46] In Jerusalem bezieht sich Jesus auf diesen Psalm – es ist die endgültige Zuspitzung der Frage nach seiner Stellung unter den Mitjuden. Als sie ihn steinigen wollen, fragt er sie, welche seiner Taten sie dazu veranlasse. »Nicht wegen eines guten Werkes steinigen wir dich«, antworten sie, »sondern wegen Gotteslästerung, denn du bist ein Mensch und machst dich selbst zu Gott.« Jesus antwortet: »Ist es nicht in eurem Gesetz geschrieben: ›Ich hatte gedacht: Seid ihr Götter?‹[47] Wenn er die Götter nennt, an die das Wort Gottes ergangen ist, und wenn die Schrift nicht aufgehoben werden kann, wie sagt ihr dann zu dem, den der Vater geheiligt und in die Welt gesandt hat: ›Du lästerst Gott‹ – weil ich sage: ›Ich bin Gottes Sohn.‹?« (Johannes 10,33-36).

Vor dem Hintergrund des Gadarawunders, von dessen jüdisch-heidnischer Vielschichtigkeit die drei Evangelien des Markus, Matthäus und Lukas übereinstimmend berichten, führt es nicht sehr weit, wenn manche Bibelausleger noch immer glauben, diese Sätze Jesu seien nachträglich erfunden worden. Aus historischer Sicht gehören sie ebenso zum authentischen Bild von Jesus als das eines von Gott gesandten Herausforderers griechisch-römischer Kulte wie seine Bestätigung der Proklamation durch Petrus in Caesarea Philippi. »Du bist der Messias, der Sohn des lebendigen Gottes«, hatte Simon Petrus dort erklärt (Matthäus 16,16), und Jesus hatte zugestimmt: »Selig bist du, Simon Sohn des Jona, denn nicht Fleisch und Blut haben dir das offenbart, sondern mein Vater im Himmel.« Matthäus, der die ausführlichste Fassung des Berichts über dieses Ereignis bietet, zitiert einen Schlüsselsatz des Petrus, der zum Kontext von Gadara paßt: Jesus ist der Sohn des lebendigen Gottes – die Pointe liegt hier im Attribut. Um Sohn Gottes werden zu können, mußte der römische Kaiser einen toten (Adoptiv-)Vater vorweisen können, der vom Senat vergöttlicht wurde. Der Vater des Messias Jesus war dagegen nicht tot, sondern der höchst lebendige und gegenwärtige Gott. Daß Simon Petrus diese Aussage im Gebiet von Caesarea Philippi macht (Matthäus 16,13), bei den Dörfern und Gehöften dieser Stadt (Markus 8,27), lag an der von Jesus bewußt gewählten Route, die von Bethsaida in die Hauptstadt der Tetrarchie des Philippus führte. Von Süden kommend, und den ganzen Weg entlang stets auf dem Gebiet dieses prorömischen, Griechisch sprechenden Sohns Herodes des Großen, der sich mit Kaiser Tiberius prächtig arrangiert hatte, steht er mit den Jüngern vor dem – jüngst wieder ausgegrabenen – Tempel des Gottes und Gottessohnes Augustus, den Herodes dort gebaut hatte, und vor dem gegenüberliegenden, mit tiefen Höhlen und zahlreichen Nischen in den massiven Felsen geschlagenen Heiligtum des Gottes Pan, der gerade zu dieser Zeit als »Allgott« verehrt wurde.[48]

Gadara ist die Stadt, die auffälliger als andere sichtbar macht, wie sich römisch-griechische und jüdische Kultur in einer vernetzten Welt begegneten. Je eher wir wieder einsehen, was die Menschen in der Antike und im frühen Mittelalter noch ganz selbstverständlich wußten – daß nämlich Jesus und die ersten Christen in diesem Umfeld nicht ahnungslose Außenseiter waren, sondern auf die gleichen sprachlichen und kulturellen Informationen Zugriff hatten wie ihre Zeitgenossen und daß ein Kaiser wie Tiberius für sie nicht ein fremdes Wesen aus einer unbekannten Welt war, desto eher erschließt sich uns auch wieder der revolutionäre Gehalt der Jesusbotschaft und der staatspolitische Verteidigungsakt des römischen Präfekten Pilatus, der diesen Jesus wegen Majestätsbeleidigung als »König der Juden« hinrichten ließ.

Theodorus, der Rhetoriklehrer des jungen Tiberius, war ein Repräsentant dieser Welt. Und seine Schüler vergaßen ebenso wenig wie die Nachwelt, daß er aus Gadara stammte: Noch Sueton nennt ihn in seiner Biographie des Tiberius »Theodorus Gadareus«.[49] Tiberius traf ihn 30 v. Chr. zuerst in Rom. Der Vierzehnjährige war offensichtlich beeindruckt genug, um seine Studien bei ihm zehn Jahre später auf Rhodos fortzusetzen, wo der Rhetor mittlerweile seine Akademie eingerichtet hatte. Zu diesem Zeitpunkt hatte er sich längst mit der lateinischen Literatur vertraut gemacht, kannte neben den lateinischen Philosophen und Dichtern auch die Historiker und Juristen, von Livius Andronicus über Ennius bis zu Cato und Cicero. Noch in späteren Jahren konnte er das Erlernte aus dem Gedächtnis abrufen. So zitierte er beispielsweise aus einer Komödie des Terenz (ca. 195–159 v. Chr.) das Sprichwort »Ich halte den Wolf bei den Ohren.«[50] Sein Stiefvater Augustus schrieb ihm Briefe, in denen er ihn wie selbstverständlich mit einem griechischen Homerzitat oder einem lateinischen Enniusgedanken ansprach: »Wenn sich etwas ereignet, worüber man sorgfältiger nachdenken sollte, oder etwas, was mich ärgert, wünsche ich mir, Gott sei mein Zeuge, meinen Tiberius zur Seite, und da kommt mir jener Vers des

Homer in Sinn: ›Wenn mich dieser begleitet, sogar aus flammendem Feuer / kehrten wir beide zurück, weil keiner ihm gleicht an Erfindung.‹«[51] Vom lateinischen Historiker Ennius (239–169 v. Chr.) übernahm er eine Äußerung, mit der er Tiberius und seiner Literaturkenntnis schmeichelte, denn er veränderte sie vielsagend an der entscheidenden Stelle. Augustus preist sein Geschick bei der Wiederherstellung der Ordnung in einem Winterlager entmutigter Truppen: »Ich meine, niemand hätte klüger handeln können, als du es getan hast. Das gestehen auch alle zu, die mit dir waren. So kann auf dich der Vers des Ennius ausgesprochen werden: ›Ein Mann hat für uns den Staat durch seine Wachsamkeit gerettet.‹«[52] Ennius selbst hatte nicht vom wachsamen Mann gesprochen, sondern vom zögernden, als er Fabius Maximus Verrucosus »Cunctator« rühmte, der in den Kämpfen gegen Hannibal den Staat durch seine Ermahnung zur vorsichtigen, abwartenden Zurückhaltung vor einer entscheidenden Niederlage bewahrt hatte – Tiberius sollte und konnte durch die Veränderung des Zitats also verstehen, wie viel Augustus tatsächlich von ihm hielt.

Die lateinische Sprache und ihre Kultur standen Tiberius später näher als die griechische, bis hin zu einem Purismus, der an heutige Sprachreiniger erinnert – aus lateinischen Dokumenten ließ er jedenfalls alle griechischen »Fremdwörter« entfernen. Dennoch liebte er wohl spätestens seit der ersten Begegnung mit Theodorus von Gadara auch griechische Literatur, lernte Griechisch zu sprechen wie ein Grieche, blühte später auf Rhodos im Umkreis desselben auf und kleidete sich noch im Alter gern wie ein griechischer Adliger. Als er 7 v. Chr. von seinem siegreichen Dienst in Germanien zurückgekehrt und in Rom mit dem Triumph »ex Germania« gefeiert worden war, zog er sich für fast acht Jahre, von 6 v. Chr. bis 2 n. Chr., auf die Insel Rhodos zurück, um dort in Ruhe und fern der Reichspolitik weiter Philosophie, Geschichte, Literatur und Rhetorik zu studieren. Und er tat es offensichtlich mit Vergnügen und Leidenschaft. Der verblüfften

Öffentlichkeit, die Tiberius als Vertrauten des Augustus und inzwischen auch als Mitregenten kannte, wurde tatsächlich mitgeteilt, der von Ehrungen erschöpfte Triumphator wolle sich zur Erholung und zu Studien auf die Insel zurückziehen. Der tagespolitische Anlaß dieses selbstgewählten Exils war allerdings ein anderer: Die beiden Söhne seiner zweiten Frau Julia, der Tochter des Augustus, aus deren früherer Ehe mit Vipsanius Agrippa, nämlich Gaius Caesar (geboren 20 v. Chr.) und Lucius Caesar (geboren 17 v. Chr.), die von Augustus längst adoptiert waren, schienen ihm seine bevorzugte Stellung am Kaiserhof streitig zu machen; vor allem Gaius war im Volk beliebt – man kannte ihn auch dank der Münzprägungen mit seinem Porträt, die Augustus 8 v. Chr. veranlaßt hatte.

Tiberius beschloß, sich diesen familiären Problemen nicht länger auszusetzen. Nach einem viertägigen Hungerstreik ließ Augustus ihn abreisen. Kaum hatte das Schiff in Ostia abgelegt, wurde es von einem Schnellruderer eingeholt: Der Kaiser sei schwer erkrankt. Tiberius durchschaute, daß Augustus ihn am Hof unter Kontrolle haben wollte, und reiste weiter, ohne sich Illusionen darüber zu machen, daß damit seine ohnehin nur theoretischen Aussichten, des Kaisers Nachfolger werden zu können, so gut wie verschwunden waren. Es schien ihn nicht zu stören. Als Feldherr erfolgreich, von den Legionen geachtet, hatte er sich nichts mehr zu beweisen. Zurück zu den Büchern und den literarischen, philosophischen Gesprächen im Kreis des Theodorus von Gadara, so weit wie möglich von seiner Frau und den Hofintrigen entfernt: Das allein war alles, was ihn nun noch reizte. Niemand konnte zu diesem Zeitpunkt ahnen, daß der frühe Tod des Lucius (2 n. Chr.) und wenig später der des Gaius (4 n. Chr.) den gelehrten Soldaten wieder an die Seite des Augustus bringen würde. Auf Lucius hielt Tiberius, gerade erst von Rhodos nach Rom zurückgekehrt, die vielfach gerühmte Leichenrede, und vier Monate nach dem Tod des Gaius wurde er von seinem Stiefvater Augustus adoptiert. Nun war er der Sohn des Kaisers.

Seine Liebe für die Dichtkunst litt darunter nicht. Mühelos verfaßte er lateinische und griechische Verse. Seine griechischen Lieblingsdichter, neben Homer, den er so gut kannte, daß er seinen Hofgelehrten schwierige Testfragen aus der *Ilias* und der *Odyssee* stellte, sind heute kaum noch bekannt – Euphorion, Rhianos und Parthenios.[53] Er ließ ihre Bildnisse und ihre Schriften unter den Großen der Antike ausstellen, und seine Vorliebe machte sie zu Modedichtern. Sueton berichtet, wie die Gelehrten im Reich darin wetteiferten, über diese drei zu publizieren und ihre Studien dem Tiberius zu widmen.[54] Diesem immensen Wissen und Können entsprach allem Anschein nach nicht ein vergleichbar ausgeformter Charakter. Es heißt, Theodorus habe sich mehr als einmal kritisch über seinen Schüler geäußert: »Er war von Natur aus hart und eigensinnig und konnte das auch als Junge nicht verbergen«, schreibt Sueton und fügt dann hinzu: »Theodorus von Gadara hat das als erster durchschaut und es scharfsinnig in einen Vergleich gefaßt – im Tadel nannte er ihn immer wieder ›Lehm, der mit Blut eingeweicht ist‹.«[55]

Unglückliche Jahre: Die Frauen des Tiberius

Julia, die Tochter des Augustus aus dessen erster Ehe mit Scribonia, hatte schon abwechslungsreiche Erfahrungen mit Männern hinter sich, ehe sie Tiberius heiratete. Keine zwei Jahre alt, wurde sie mit Marcus Antonius Antyllus verlobt, heiratete dann aber im für damalige Verhältnisse nicht mehr allzu zarten Alter von vierzehn Jahren Marcus Claudius Marcellus, der bis zu seinem frühen Tod zwei Jahre später, 23 v. Chr., als einer der Favoriten des Augustus galt. Zwei Jahre danach heiratete sie Marcus Vipsanius Agrippa, ihres Vaters engsten Freund und Vertrauten. Mit ihm, der Herodes den Großen unter seine Freunde rechnete und sich während seiner Orientreise vom Herbst 17 bis zum Frühjahr 13 v. Chr., auf der Julia ihn begleitete, als ein überzeugter Freund der Juden erwies, hatte sie die schon erwähnten zwei Söhne Gaius Caesar und Lucius Caesar und die Töchter Vipsania Julia und Agrippina. Kaum war Vipsanius Agrippa 12 v. Chr. gestorben, verlobte Julia sich mit Tiberius und brachte einen noch von Vipsanius gezeugten Sohn zur Welt, Agrippa Julius Caesar, der jedoch aus den kaiserlichen Annalen verschwand, als er 7 v. Chr. vom Senat auf Bitten des Augustus exiliert und sofort nach dem Tod des Kaisers hingerichtet wurde. Sie heiratete Tiberius 11 v. Chr. Ein gemeinsamer Sohn wurde 10 v. Chr. in Aquileia geboren, starb aber kurz nach der Geburt.[56] Julia, damals 29 Jahre alt, bekam keine weiteren Kinder, weder von Tiberius noch von einem anderen Mann – letzteres war nicht unbedingt selbstverständlich, denn schon wenige Jahre später kursierten erste Gerüchte über das, was man heute als außereheliche Verhältnisse beschreibt und damals »ausschweifenden Lebenswandel« nannte – Sueton benutzt das Wort »libido« und gebraucht es im Plural, »libidines«. Den Vorwurf mehrerer Ehebrüche, »adulteria«, fügt er gleich noch hinzu.[57]

Die Ehe zwischen Tiberius und Julia war nichts anderes als eine Zweckheirat. Augustus wollte nach dem frühen Tod seines Freundes Vipsanius Agrippa dessen Söhnen Gaius und Lucius einen Erzieher und seiner Tochter einen Mann geben, dem er vertraute. Tiberius war allerdings mit Vipsania glücklich verheiratet, er war Familienvater und in seiner bisherigen Karriere ohne übermäßigen Ehrgeiz erfolgreich und zufrieden. Das von Augustus aufgezwungene neue Arrangement zerstörte sein privates Glück und machte ihm klar, welche öffentliche Rolle im Rahmen der Staatsräson er nun zu übernehmen hatte. Von wirklicher Liebe zu Julia war keine Rede – im Gegenteil, er versuchte, den Kontakt zu Vipsania Agrippina aufrechtzuerhalten. Sueton, dessen Biographie des Tiberius kaum von besonderem Wohlwollen gekennzeichnet ist, berichtet von einer rührenden Szene: »Nach der Scheidung tat es ihm leid, Agrippina verstoßen zu haben. Als sie ihm einmal begegnete, konnte er den Blick nicht von ihr lassen und sah ihr mit geschwollenen Augen nach. Daraufhin sorgte man dafür, daß sie ihn künftig nie wieder zu sehen bekam.«[58] Julia ihrerseits, über deren Promiskuität bereits zu Zeiten der Ehe mit Vipsanius Agrippa geredet wurde, soll Tiberius schon begehrt haben, als ihr Mann noch lebte. Aus ihrer Sicht war er keine schlechte Partie, sie zeigte sich stolz an seiner Seite, als er für seine militärischen Erfolge öffentlich gefeiert wurde. Ob die Ehe gehalten hätte, wenn der gemeinsame Sohn nicht bereits im Kindbett gestorben wäre, ist müßige Spekulation. Sie zog sich zunehmend von ihm zurück, je mehr er in seinen Pflichten aufging, und schrieb einen vorwurfsvollen Brief an ihren Vater, doch nun wurden erste Namen von Liebhabern gehandelt.[59] Tiberius' plötzlicher Aufbruch ins freiwillige Exil nach Rhodos, 6 v. Chr., von dem ihn Augustus trotz aller teils schmeichelnden, teils drohenden Versuche nicht abhalten konnte, war denn auch, so gesehen, eine gewollte Abnabelung vom Hof des Kaisers und den familienpolitischen Ränkespielen.

Es dauerte nicht lange, bis auch Vater Augustus das Verhalten seiner Tochter nicht länger ignorieren konnte. Er reagierte mit aller Schärfe. Julia wurde auf die Insel Pandateria verbannt, die Scheidung von Tiberius wurde angeordnet und der Julia im Namen des unbefragten Ehemanns per Scheidebrief mitgeteilt. Trotz des unkonventionellen Verfahrens freute sich Tiberius über diese Lösung, obwohl er wußte, daß damit seine engste Bindung an Augustus zerschnitten war und alles kaiserliche Wohlwollen in Zukunft von seiner Mutter Livia abhing. In zahlreichen Briefen bat er trotz allem den Kaiser um Nachsicht für Julia – vergebens natürlich. Julia kehrte nie aus dem Exil zurück, obwohl sie 3 n. Chr. Pandateria verlassen durfte. Sie ging an die Südwestküste Italiens nach Rhegion (vgl. Apostelgeschichte 28,13), wo sie 14 n. Chr. starb.[60]

Bethsaida und die doppelte Julia

Um die Zusammenhänge zwischen kaiserlicher Provinzialpolitik und innerjüdischen Bestrebungen zu verstehen, müssen wir uns die Entwicklungen in der Heimat von Jesus genauer ansehen. Während Tiberius das kulturelle Leben auf Rhodos auskostete, starb 4 v. Chr. Herodes der Große nach langer, schwerer Krankheit in Jericho. Er war auch nach antiken Maßstäben einer der zynischsten Mörder seiner Zeit, und niemand – außer späteren Kunsthistorikern, die seine Bauwerke bewunderten, und manchen Bibelforschern, die heute eigenartigerweise beteuern, daß es seinen Kindermord von Bethlehem (Matthäus 2,16-18) nie gegeben hat –, kann sein Attribut »der Große« für gerechtfertigt halten. Dieser Mann, der im Wortsinn über Leichen ging und nebenbei drei seiner eigenen Söhne hinrichten ließ, hatte zwar ein Testament hinterlassen, aber mit seinem Tod auch ein revolutionäres Chaos ausgelöst, das von den Römern unter Quinctilius Varus schnell und brutal unterdrückt wurde. Schließlich wurde mit Genehmigung des Augustus seine Nachfolgeregelung in Kraft gesetzt[61], und drei vom Vater nicht ermordete Söhne teilten sich die Herrschaft. Archelaus erhielt Judäa und Samaria, Herodes Antipas bekam Galiläa und Peräa, und Philippus übernahm die nordöstlichen Gebiete der Gaulanitis mit Ituraea und der Batanaia. Archelaus wurde bereits 6 n. Chr. von Augustus abgesetzt, er hatte seine Untertanen so rücksichtslos ausgebeutet und unterdrückt, daß man lieber unter direkter römischer Herrschaft lebte. Eine Delegation reiste zu Augustus nach Rom, und das Gebiet des Archelaus wurde römische Provinz, die einem in Caesarea am Meer residierenden Präfekten unterstand. Dies war denn auch die Sachlage, die Jesus vorfand, als er öffentlich auftrat und bei seinen Reisen nach Jerusalem durch Samaria und Judäa kam. »Sein« Präfekt war kein anderer als Pontius Pilatus, den Tiberius persönlich ernannt hatte.[62]

Antipas dagegen hielt sich vergleichsweise lange im Amt und arrangierte sich geschickt mit Tiberius, zu dessen Ehren er die neuerbaute Hauptstadt Galiläas 20 n. Chr. »Tiberias« nannte.[63] Er war es, der Johannes den Täufer hinrichtete und auf Bitten des Pilatus in Jerusalem Jesus verhörte.[64] Erst 39 n. Chr., zwei Jahre nach dem Tod des Tiberius, wurde auch er ausgeschaltet: Sein Neffe Agrippa denunzierte ihn gegenüber Kaiser Caligula als Verschwörer. Obwohl sichere Beweise fehlten, wurde er abgesetzt und ging ins Exil.[65] Der Denunziant seinerseits war in Rom am Kaiserhof aufgewachsen, mußte 23 n. Chr. die Stadt wegen seiner Schulden vorübergehend verlassen, kehrte 36 n. Chr. in die Hauptstadt zurück, sprach in kleinem Kreis davon, wie sehr er sich danach sehne, daß Caligula an die Stelle des Tiberius trete, wurde nun selbst denunziert und von Tiberius – inzwischen 72 Jahre alt – gefangengesetzt. Ein Jahr später wurde er vom neuen Kaiser, Gaius Caligula, wieder freigelassen. Caligula und dessen Nachfolger, sein vertrauter Jugendfreund Claudius, protegierten ihn, doch wohl erst 41 n. Chr., im ersten Herrschaftsjahr des Claudius, kehrte er, nun als König über Judäa und Samaria, Galiläa und Peräa, in die Heimat zurück. Sein »Entréebillet«, mit dem er sich das Wohlwollen der Priesteraristokratie verschaffte, war die Hinrichtung eines einflußreichen Mitglieds der christlichen Urgemeinde, des Zebedaiden Jakobus, und die Gefangennahme des Simon Petrus, der allerdings aus dem Gefängnis fliehen konnte (Apostelgeschichte 12,1-17). Nur drei Jahre später starb er, offenbar an einer Magenkrankheit, von deren plötzlich tödlichen Verlauf Lukas und Josephus berichten. Beide antiken Berichterstatter sind sich darin einig, daß die Todeskrankheit eine Strafe Gottes dafür war, daß Agrippa sich widerspruchslos als Gottheit feiern ließ.[66]

Alle diese Söhne und Enkel Herodes des Großen übernahmen die ebenso rücksichtslosen wie erfolgreichen Strategien, die sich gegenüber der jüdischen Bevölkerung und den römischen Machthabern bewährt hatten. Das Ungeschick Agrippas I., der sich mit

Tiberius anlegte und wohl nur dank der Amtsmüdigkeit des Kaisers im Gefängnis überlebte, statt hingerichtet zu werden, blieb dagegen Episode. Ein einziger der Herodessöhne sticht aus dieser Mischung von hohem Podest und moralfreiem Sumpf als vergleichsweise positive Gestalt heraus: Philippus, der Sohn Herodes des Großen aus seiner Ehe mit Kleopatra von Jerusalem. Auch er wurde in Rom erzogen. In seiner Regierungszeit, siebenunddreißig Jahre bis zu seinem natürlichen Tod im Winter 33/34 n. Chr., galt er als gemäßigt und umgänglich, als gerechter Richter, großer Freund griechischer Kultur und Baumeister, der wenigstens zwei Städte prachtvoll erweiterte, Paneas (Caesarea Philippi) und Bethsaida, und sich als treuer Verehrer des Augustus und des Tiberius erwies.[67] In dem Wissen, daß auf seinem Gebiet nur wenige Juden lebten, die er mit einem »Götterbildnis« kränken konnte, prägte er sogar Münzen mit den Porträts der beiden Kaiser; einige dieser Münzen zeigen auch den Tempel des Augustus in Caesarea Philippi. Beide Städte hatten, wie wir oben bereits sahen, auch für Jesus eine bedeutende Funktion. Von Caesarea und seinen Bauten war schon kurz die Rede. Bei Caesarea Philippi ließ er sich von Simon Petrus zum Messias und Sohn des Allerhöchsten anrufen. Aus Bethsaida kamen drei seiner Jünger (Simon Petrus, Andreas, Philippus: Johannes 1,44; 12,21), spätere Traditionen außerhalb des Neuen Testaments wollen wissen, daß auch Johannes und sein Bruder Jakobus, die Söhne des Zebedäus, hier aufgewachsen waren. Hier und in der Nähe (Lukas 9,10) wirkte er Wunder und sprach schließlich den Weheruf über die Stadt aus, weil sie sich trotz aller Wunderzeichen nicht bekehrte (Matthäus 11,20-22; Lukas 10,13-14). Mit Bethsaida ist allerdings auch eine Maßnahme des Philippus verbunden, die sein Verhältnis zu Augustus und Tiberius deutlicher hervortreten läßt, ein Schlaglicht auf die kaiserliche Familiengeschichte wirft und den politischen Wirklichkeiten, mit denen Jesus sich auseinanderzusetzen hatte, zusätzliche Konturen verleiht. Es geht um die beiden Damen namens Julia: Livia Julia, die als Mutter des Tiberius zur Frau des Augustus geworden war, und jene Julia, die als Tochter des Augustus in dritter Ehe zur zweiten Frau des Tiberius wurde.

Philippus war nämlich auf den Gedanken gekommen, das bewährte Verfahren der Umbenennung einer Stadt zu Ehren einer kaiserlichen Persönlichkeit auch auf die weibliche Linie auszuweiten. Hatte sein Vater die Hafenstadt am Meer zu Ehren des Augustus »Caesarea« genannt – ein Ortsname, der bis ins heutige Israel erhalten blieb – und aus der Stadt Samaria zum gleichen Zweck »Sebaste« gemacht, was griechisch nichts anderes bedeutet als die »Anbetungswürdige«, lateinisch also »Augusta«, hatte sein Stiefbruder, der Sohn der Malthake, die neue galiläische Landeshauptstadt am See Genezareth dem Tiberius zu Ehren Tiberias genannt, wie sie heute noch heißt, so durfte er als Freund der Kaiser nicht zurückbleiben. Den Ort des Panheiligtums und des von seinem Vater gebauten Augustustempels, Paneas, in ein zweites Caesarea umzubenennen, war da eine leichte Übung. Daß es nicht lange so blieb, weil dieses Caesarea um 66 n. Chr. unter Nero vorübergehend zu »Neronias« wurde und seit dessen unrühmlichem Tod bis heute wieder Paneas bzw. arabisiert Banjas heißt, das konnte er nicht ahnen. Innovativer schien die zweite Maßnahme zu sein: Bethsaida, seine Lieblingsstadt am See Genezareth, der er 3 v. Chr. das Stadtrecht gegeben hatte, sollte Julias heißen, nach Julia – nur: nach welcher? Josephus hatte keine Zweifel: Auch der Stiefbruder Herodes Antipas benannte eine Stadt nach einer Julia – Bet-Haram nämlich (Numeri / 4. Mose 32,36; Jodua 13,27), 12 km nordöstlich der Mündung des Jordans in den See Genezareth. Herodes nannte sie »Julias«, und Josephus erklärt, daß damit »die Frau des Kaisers« gemeint war.[68] Aber um welchen Kaiser geht es? Augustus oder Tiberius? Der nächste Satz des Josephus könnte die Lösung bringen. Da heißt es: »Philippus […] erhob das Dorf Bethsaida am See Gennêsaritis in den Rang einer Stadt, wobei er zusätzliche Einwohner ansiedelte und die Befestigungen verstärkte. Er gab ihr den Namen Julia, nach der Tochter des Kaisers.« So geht es wohl um den gleichen Kaiser, der eine Frau und eine Tochter namens Julia hatte, nämlich Augustus. Doch kann das so stimmen? Auch damals schon war das Namensrecht nicht immer leicht zu durchschauen.

Wollte Josephus, der rund neunzig Jahre nach den Ereignissen schrieb und möglicherweise im kaiserlichen Archiv zu Rom, wo er seine »Altertümer« verfaßte, keine präzisen Unterlagen mehr vorfand, einfach für ein wenig Abwechslung sorgen und die beiden Brüder je eine andere Julia ehren lassen? Die Mutter des Tiberius hatte, wie wir oben sahen, ihren Mann verlassen und Augustus geheiratet, als sie bereits mit ihrem zweiten Sohn Drusus schwanger war. Ihr Geburtsname war Livia Drusilla, und so hieß sie bis zum 17. Januar 38 v. Chr., dem Tag ihrer Heirat mit Augustus, als sie den Beinamen »Drusilla« – nach ihrem Vater Marcus Livius Drusus Claudianus – fallen ließ. Erst im Testament des Augustus wurde Livia von Augustus adoptiert. Als das Testament am 3. oder 4. September 14 n. Chr. im Senat verlesen wurde, erhielt sie den neuen Namen Julia Augusta und wurde Priesterin der Gottheit Augustus, »sacerdos divi Augusti«. Sie starb 29 n. Chr. in Rom. Wenn folglich Herodes Antipas die Stadt Bet-Haram nach der Frau des Augustus in »Julias« umbenannte, kann er das nicht vor 14 n. Chr. getan haben.[69]

War also Philippus schneller als Antipas? Eine gewisse Rivalität zwischen den beiden gab es nicht zuletzt in der Gegend von Bethsaida: Als nach dem Tod des gemeinsamen Vaters 4 v. Chr. das herodianische Gebiet unter den Söhnen aufgeteilt wurde, fiel die Gegend direkt am See, mit dem Hafenvorort der Stadt, der heute als kaum sichtbares Ruinenfeld und archäologisches Grabungsgebiet »El Aradsch« heißt, an Herodas Antipas und gehörte künftig zu dessen Tetrarchie. Im Evangelium des Johannes (12,21) wird dieser Teil Bethsaidas, die Hafenstadt, folglich »Bethsaida in Galiläa« genannt.[70] Die eigentliche Stadt, die inzwischen intensiv ausgegraben wird und als Nationalpark der Öffentlichkeit zugänglich ist, lag dagegen knapp 2 km auf einem Hügel, der arabisch später schlicht »Et Tell« genannt wurde.[71] Dieses Gebiet gehörte zur Gaulanitis, also zur Tetrarchie des Philippus. Eine unüberwindliche Grenze bestand zwischen den beiden selbstverständlich nicht; die Stadt nutzte den Hafen wie bisher weiter. Josephus setzt in seinem autobiographischen Bericht über die Kämpfe am und auf dem See Genezareth in den ersten Jahren der Revolte gegen die Römer (66–68 n. Chr.) jedenfalls voraus, daß Bethsaida-Julias einen Hafen hatte, der zur Stadt gehörte.[72] Soviel ist bei alldem allerdings klar: Sollte der Tetrarch Philippus die Hügelstadt Bethsaida nach der Tochter des Augustus – und Frau des Tiberius – in »Julias« umbenannt haben, wie Josephus behauptet, dann muß das vor 2 n. Chr. geschehen sein. Denn in diesem Jahr war es zu einem öffentlichen Skandal gekommen, der den Ruf des Kaiserhauses im ganzen Römischen Reich erschütterte.

Der Skandal, in dessen Umfeld auch vermutet wurde, daß Julia mit ihren hochadligen Liebhabern die Ermordung des Tiberius und möglicherweise sogar ihres Vaters geplant haben könnte,[73] sprach sich schnell auch unter den Söhnen Herodes des Großen herum, die auf ein gutes Verhältnis zum Kaiserhaus achteten. Julia wurde zur Unperson im gesamten Römischen Reich. Es ist daher kaum vorstellbar, daß der umsichtige Philippus zu einem Zeitpunkt, als die durchaus zutreffenden Gerüchte über ihren Lebenswandel längst bis nach Caesarea Maritima, Sepphoris, Jerusalem, Caesarea Philippi und Bethsaida gedrungen waren, in dem kurzen Zeitraum zwischen seinem und seiner Brüder Machtantritt 4 v. Chr. und der Strafverbannung der Julia 2 v. Chr., seine aufwendig ausgebaute Lieblingsstadt am See Genezareth nach der Tochter des Augustus umbenannte – auch wenn Josephus das sagt und die meisten heutigen Forscher ihm glauben. Und selbst wenn er so unvorsichtig gewesen sein sollte, hätte er die Umbenennung sofort wieder rückgängig gemacht. Es ist aber sicher, daß die Stadt noch über den Tod des Philippus hinaus »Julias« hieß. Damit bleibt nur eine Lösung: Philippus ehrte mit dem neuen Namen die Frau des Augustus und Mutter des Tiberius. Wie wir sahen, kann er das nicht vor 14 n. Chr. getan haben, als Livia durch die testamentarische Verfügung des Augustus den Namen Julia erhielt, im gleichen Jahr, in dem die geschiedene Frau des Tiberius starb und Tiberius Kaiser wurde.

Der frühestmögliche Zeitpunkt für die Benennung steht also fest. Wann aber geschah es genau? Neuere Münzfunde, die im Zuge der Ausgrabungen auf dem Tell von Bethsaida gemacht wurden, geben sicheren Aufschluß. Es sind Gedenkmünzen, die Porträts von Augustus und Julia tragen, auch von beiden gemeinsam, und im Jahr 30 n. Chr. geprägt wurden. Innerhalb dieses Jahres läßt sich der Zeitraum weiter einengen: Zu Lebzeiten, aber auch noch nach seinem Tod, wurde der Geburtstag des Augustus jedes Jahr zwei Tage lang am 23. und 24. September gefeiert. Am 22. wurde die Geburtstagsfeier der Livia-Julia vorangestellt, obwohl ihr eigentlicher Geburtstag der 30. Januar war. Diese dreitägigen Feiern, die reichsweit begangen wurden, hatten im Jahr 30 ihren ersten Jahrestag nach dem Tod der Livia-Julia. Möglicherweise hatte Philippus geplant, das große Fest der Umbenennung Bethsaidas zur Stadt Julias erst im Jahr 33 n. Chr. durchzuführen, in dem er dann ja tatsächlich zum zweitenmal Julia- und Augustusmünzen prägen ließ, denn das wäre der 70. Hochzeitstag des Kaiserpaares und der 90. Geburtstag der Julia gewesen. Da sie aber bereits 29 n. Chr. starb, zog er die Feierlichkeiten auf den ersten Todestag vor.[74] Die Juliamünzen sind die ersten jüdischen Münzen mit dem Bildnis einer Frau. Auf der Vorderseite ist griechisch »Iulia Sebastê« zu lesen, was dem lateinischen »Iulia Augusta« entspricht, auf der Rückseite sind drei in einer Hand gehaltenen Ähren und die Umschrift »Karpophoros« zu sehen, »fruchttragend« – die symbolische Aussage, daß auch die verstorbene Julia noch immer Wohlergehen stiftet und als eine Personifizierung der Göttin Demeter verehrt wird. In den tatsächlichen Rang einer Gottheit wurde Julia dann erst

42 n. Chr. durch Kaiser Claudius erhoben; sie hieß seitdem Diva Augusta.

So kann die Umbenennung der Stadt Bethsaida zu (Bethsaida-)Julias auf die Feiern des 22. bis 24. September 30 n. Chr. datiert werden. Da Philippus zur gleichen Zeit auch Münzen mit dem Bildnis des Tiberius prägen ließ, gelang ihm eine umfassende Großehrung: Der Kaiser, der nun der seine war – der Gottessohn Tiberius –, dessen Mutter, in »Personalunion« auch die Frau des Augustus, und schließlich der Gott Augustus selbst wurden gefeiert, und der neue Name der Stadt verband elegant beide Kaiser miteinander. Auch für die Berichterstattung der Evangelien ergibt sich eine aufschlußreiche Schlußfolgerung: Als Jesus sich in Bethsaida aufhielt, 28 und 29 n. Chr., allenfalls noch Anfang 30, ehe er zum letztenmal nach Jerusalem zog, hießen die Stadt auf dem Hügel und der Hafenvorort ganz einfach beide Bethsaida, jenes auf dem Hügel im Herrschaftsbereich des Philippus in der Gaulanitis, jenes am See in dem des Herodas Antipas in Galiläa. Erst mehr als fünf Monate nach der Kreuzigung Jesu am 7. April 30 n. Chr. erhielt die Stadt ihren neuen Namen. In gewohnter Präzision – und wie präzise die Evangelien bei Orts- und Namensangaben sind, hat die neuere Forschung immer wieder festgestellt – nennt keines der vier Evangelien den Namen »Julias«.[75] Als sich dort die Ereignisse um Jesus abspielten, regierten zwar Tiberius in Rom und Philippus in der Gaulanitis, doch vom Namen »Julias« war noch nicht die Rede. Wenige Jahrzehnte später, als die Evangelien entstanden, hielt man an diesem Sachverhalt nüchtern fest. Für uns ist heute, dank archäologischer Forschungen, diese enge Vernetzung der Welten des Tiberius und des Jesus wieder anschaulich zu begreifen.

Familienbildung – Jesus, die Ehe und die Enthaltsamkeit

Parallel zu den unerquicklichen Ehe- und Familiengeschichten des Tiberius verliefen die Kindheits- und Jugendjahre Jesu in Nazareth. Als Tiberius nach Rhodos ging, war Jesus ein Jahr alt, als die Scheidung von Julia vollzogen wurde, fünf. Tiberius kehrte im August 2 n. Chr. nach Rom zurück und wurde am 26. Juni 4 n. Chr. von Augustus adoptiert; da war Jesus zehn Jahre alt. Und er war nur noch drei Jahre vom Erwachsenenalter entfernt: Nach dem Talmud wurde ein Mann am Tag nach seinem 13. Geburtstag erwachsen.[76] Erst im Mittelalter entwickelte sich daraus das noch heute begangene Fest der »Bar Mitzwa«, mit dem das Kind wörtlich als »Sohn der Pflicht« mit allen Rechten und Aufgaben in die Gemeinschaft der Erwachsenen eintritt. Doch schon in frühester Zeit konnte ein Junge, der reif genug war, die Vorgänge zu verstehen, auch vor dem 13. Geburtstag im Gottesdienst zu Lesungen aus der Tora, dem Fünfbuch des Mose, herangezogen werden. Er mußte also fließend hebräisch lesen können, in vielen Gegenden des Römischen Reichs auch griechisch, und wissen, wie man mit einer Schriftrolle umgeht.[77] In den »Pirke Awot«, den »Sprüchen der Väter«, die seit dem frühen 2. Jahrhundert v. Chr. gesammelt und spätestens seit dem Beginn des 2. Jahrhunderts n. Chr. veröffentlicht wurden, findet sich dazu eine Erläuterung:

> Ferner ist von ihm – Jehuda ben Tema – das Wort überliefert:
> »Mit fünf ist man reif für die Heilige Schrift *(ha-Mikra)*,
> mit zehn ist man reif für die *Mischna*,
> mit dreizehn ist man reif für die Gebote,
> mit fünfzehn ist man reif für die *Gemarra*.«[78]

Ein jüdischer Junge wurde jedenfalls sehr früh auf diese Aufgaben vorbereitet. Der historisch genaue Bericht des Lukas in seinem Evangelium (2,41-51) paßt in diesen zeitgeschichtlichen Zusammenhang: Der zwölfjährige Jesus ist mit seiner Familie und einer großen Reisegruppe aus Nazareth zum Passafest in Jerusalem; dort bleibt er drei Tage lang im Tempel, um sich mit den Gelehrten zu unterhalten, »ihnen zuzuhören und sie zu fragen«. Lukas fügt hinzu: »Und alle, die ihm zuhörten, waren erstaunt über seinen Verstand und seine Antworten.«

Lukas erklärt nicht, warum und worüber sie erstaunt waren, und er deutet nicht an, daß er diese Reaktion auf übernatürliche Kenntnisse des Gottessohnes Jesus zurückführen will. Denn daß Jesus nun etwa umgekehrt den Lehrern etwas beibringt, sagt er gerade nicht. Geistig frühreife Zwölfjährige konnte es auch nach rein menschlichem Ermessen geben: Tiberius war erst knapp zehn Jahre alt, als er die Leichenrede auf seinen Vater hielt. Eher war es wohl so, daß man einen galiläischen Akzent heraushörte – und sich deswegen über die geistige Beweglichkeit des Jungen wunderte, denn die Galiläer galten im damaligen Jerusalem als nicht sonderlich intelligent.[79]

Jesus, Maria und Joseph waren nicht allein gekommen, man könnte hier durchaus von einer Art Karawane frommer Juden aus Nazareth sprechen, die nach und von Jerusalem reisten – Lukas gebraucht die griechische Formulierung *en tê synodía* (2,44), was nicht wie in der revidierten Lutherbibel »unter den Gefährten« heißt, sondern ganz plastisch »in der Karawane«. Da konnte ein Kind, das man bei anderen in der Gruppe glaubt, schon einmal unvermißt abwesend sein, ehe man das Fehlen bei der Abendrast entdeckte und sich auf die Suche machte. Lukas berichtet hier realistisch aus der Kenntnis damaliger Gegebenheiten. Viel interessanter ist, daß die drei offenbar ohne Vorbehalt in diese Pilgergruppe aufgenommen wurden. Denn so, wie wir bei Tiberius komplizierte Kindheits- und Jugendumstände beobachteten, gilt es auch für Jesus: Er war nicht in einfachen, überschaubaren Familienverhältnissen aufgewachsen. Die neutestamentlichen Schriften machen daraus kein Geheimnis, und man sollte sich aus der Sicht der Zeit ohne die Krücken moderner liberaler Uminterpretierungen deutlich machen: Ohne über biologische Abläufe zu spekulieren, notiert Matthäus, daß Jesus zwar eine leibliche Mutter hatte, aber keinen greifbaren, irdischen Vater (1,18-25). Ein zweiter Evangelist, Lukas, bestätigt diese Information, nicht ohne das anfängliche Unverständnis der Betroffenen ausdrücklich festzuhalten (1,26-38). Um Mißverständnisse auszuschließen, betonen beide, Matthäus und Lukas, daß Maria eine Jungfrau war, als sie Jesus gebar. Obwohl bis heute von manchen Bibelforschern behauptet wird, daß solche »Jungfrauengeburten« in antiken Göttermythen nichts Ungewöhnliches waren, stellt sich bei genauerem Hinsehen heraus, daß in Wirklichkeit noch nie zuvor von etwas Vergleichbarem berichtet wurde. Aber Matthäus unterstreicht, daß man es durchaus erwarten durfte: Er bezieht sich auf eine alte jüdische Prophetie, die von Jesaja notiert wurde (7,14): »Siehe, eine Jungfrau ist schwanger, und sie wird einen Sohn gebären, den wird sie nennen ›Gott mit uns‹.«

Matthäus habe da einen Fehler begangen, heißt es in der Kritik, denn das hebräische Wort, das Jesaja gebraucht, *alma* nämlich, bedeute nur »junge Frau«. Ein damaliger Leser, ob Jude oder Götterliebhaber und am Kaiserkult und seinen Gegnern interessierter Römer, hätte diese Kritik nicht verstanden. Wer hebräisch konnte, der wußte, daß *alma* in der hebräischen Bibel die unverheiratete junge Frau meinte, die noch Kinder zur Welt bringen konnte. Für Jungfrauen insgesamt, also auch für Greisinnen, die keine Kinder mehr bekommen konnten, gab es ein anderes, rein biologisch-technisches Wort, *betula*. Da Jesaja jedoch vom Gebären spricht, schreibt er *alma*. Als im 3./2. vorchristlichen Jahrhundert die hebräische Bibel von Juden für Juden ins Griechische übersetzt wurde, mußten sich die Übersetzer entscheiden, wie das Wort zu verstehen war. Ohne von Maria und Jesus etwas ahnen zu können, entschieden sie sich für *parthenos*, »Jungfrau«. Diesen griechischen Text des Propheten Jesaja zitiert Matthäus und deutet ihn auf Jesus. Der Historiker und Philologe kann also diesen Evangelisten von einem sprachlichen Irrtum freisprechen. Was auch immer geschah, als Jesus gezeugt wurde – und keiner der Evangelisten, auch keiner der Jünger und Briefschreiber im Rahmen des Neuen Testaments, spekuliert darüber –, man war sich darin einig, daß Jesus keinen leiblich-irdischen Vater hatte. Noch der Apostel Paulus verzichtet auf Beweisführungen und Vermutungen; er notiert einfach den Sachverhalt: Ohne einen irdischen Vater zu benennen, betont er, daß Jesus von Gott kam und eine leibliche Mutter hatte, also nicht irgendwie vom Himmel gefallen war (Brief an die Galater 4,4). Joseph legitimierte diese, wenn man so will, außereheliche Zeugung durch seine Ehe mit Maria; und indem er den Sohn adoptierte, übertrug er ihm nach geltendem jüdischem und römischem Recht seinen eigenen Stammbaum. Eine Unterscheidung zwischen leiblichem Kind und Adoptivkind kannte das Recht nicht.

Während dieser Teil des Verfahrens daher ohne Probleme geregelt werden konnte, blieb offenbar auch über das kleine Dorf Nazareth hinaus nicht verborgen, daß Joseph nicht der leibliche Vater Jesu war. In der Polemik gegen Jesus und das Christentum wurde eine Stelle im Johannesevangelium dahingehend gedeutet: »Wir sind nicht unehelich geboren«, antworteten einige Mitjuden, als Jesus sie aufgefordert hatte, ihn und seine Botschaft zu akzeptieren, »sondern wir haben einen Vater, Gott.« (Johannes 8,41) Im griechischen Text klingt das noch drastischer: Die Juden beanspruchen, nicht *ek porneías*, also nicht aus einem Ehebruch geboren zu sein. Um 175 n. Chr. deutet der christenfeindliche Philosoph Celsus den Vers als Angriff von Juden auf Jesus.[80] Celsus, griechisch auch Kelsos geschrieben, nennt sogar den Namen des angeblichen Vaters: Er soll ein Soldat namens Panthera gewesen sein. Wohl schon vor Celsus, der nachweislich jüdische Schriften las, taucht »Panthera« oder »Pandera« auch in der rabbinischen Literatur als Name des leiblichen Vaters Jesu auf.[81] Allerdings ist keineswegs sicher, daß die jüdischen Texte, bei aller Ablehnung der Messianität des Jesus von Nazareth, mit der Bezeichnung »Jesus ben Pantera« den leiblichen Vater benennen wollen. *Pantera* heißt »Panther« und kommt bereits im Alten Testament vor, beim Propheten Hosea (13,7; vgl. 5,14). So könnte im übertragenen Sinn der Vorwurf des zerstörenden, schädlichen Aufruhrs mit dem Attribut »Sohn des Panthers« gemeint sein. Viel wahrscheinlicher ist jedoch, daß es sich bei der Wortform »Pantera« um eine Verballhornung des griechischen *parthenos*, Jungfrau, handelt.[82] Erst der Nichtjude Celsus schuf daraus die angebliche Vaterschaft, aber das reichte, um dieses Gerücht bis in die Neuzeit immer wieder einmal für Gegner des Christentums attraktiv zu machen.

In Wirklichkeit ist die Ausgangsstelle im Evangelium des Johannes ohnehin nicht als Vorwurf gegen die uneheliche Herkunft Jesu zu verstehen. Die innerjüdischen Gegner greifen nicht Jesus an, sondern verteidigen sich gegen seinen Vorwurf, Abraham sei nicht ihr Vater, da sie sich nicht wie seine wahren Kinder verhalten. Sie verweisen apologetisch auf den ersten Teil der uralten, bis heute im Judentum verbindlichen, täglich zu zitierenden Formel des »Sch'ma Jisrael«, die natürlich auch Jesus kannte (Deuteronomium / 5. Mose 6,4: »Höre, Israel, der Herr ist unser Gott, der Herr als einziger«), und sie distanzieren sich auch gegenüber Jesus vom Vorwurf des Propheten Hosea, der von der Untreue Israels gesprochen hatte und einzelne Israeliten, die sich von Gott als einzigem Vater abgewandt hatten, als »Kinder des Ehebruchs« bezeichnete.[83] Der Satz eines Streitgesprächs verselbständigte sich und wurde so zu einer Anklage der Unehelichkeit, die schließlich in die antichristliche Polemik Eingang fand.[84]

Eine andere Spur der Familienverhältnisse Jesu findet sich im Markusevangelium (6,1-5). Der Abschnitt ist randvoll mit Informationen: »Und […] er kam in seine Vaterstadt, und seine

Jünger gingen mit ihm. Und als der Sabbat kam, begann er, in der Synagoge zu lehren, und viele, die zuhörten, waren überwältigt und sagten: ›Woher hat er das alles, und was ist das für eine Weisheit, die ihm gegeben ist, und die machtvollen Taten, die durch seine Hände geschehen? Ist dieser nicht der Bauhandwerker, der Sohn der Maria und der Bruder des Jakobus und des Joses und des Judas und des Simon? Und leben nicht seine Schwestern hier unter uns?‹ Und sie ärgerten sich über ihn. Jesus aber sagte zu ihnen: ›Ein Prophet ist nirgends weniger als in seiner Vaterstadt und bei seinen Verwandten und in seinem Hause.‹ Und er konnte dort keine einzige Wundertat vollbringen, außer daß er einigen Kranken die Hände auflegte und sie heilte.« Mit der Vaterstadt, griechisch *patrís,* beginnt dieser Text, in dem der Vater dann nicht mehr vorkommt. Markus gebraucht das Wort bewußt. Im allgemeinen Sprachgebrauch kann es auch als »Heimat« verstanden werden, aber an den nur acht Stellen, an denen es im Neuen Testament vorkommt, meint es stets den Heimatort des Vaters.[85] Der Text, der mit der Anspielung auf die Heimat des Vaters beginnt, nennt dann aber noch Maria, seine Mutter, und seinen Beruf, den er vom Vater übernommen hatte – Bauhandwerker, nicht einfach nur Zimmermann. Diese für jüdische und hellenistische Texte ganz ungewöhnliche Identifizierung, als Sohn der Mutter, nicht des Vaters, ließ natürlich schon die ersten Leser aufmerken. Der Vater spielt hier keine Rolle. In der Forschung ist die Deutung dieser Redeweise umstritten. War Joseph längst tot, so daß man seinen Namen nicht mehr zu nennen brauchte? Die Nennung der Mutter allein kam in seltenen biblischen Fällen vor (z. B. Richter 11,1-2; Lukas 7,12), allerdings nicht, wenn es um die namentliche Zuordnung ging. »Bar Miriam«, Sohn der Maria, statt des Vaterbezugs, »Bar Jehosaf«? Das hatte nichts mit Witwerstand oder beruflich bedingter Abwesenheit des Vaters zu tun. Die Formulierung besagt, daß hier irgend etwas grundlegend anders war als in normalen jüdischen Familien. Markus führt das nicht näher aus, ihm genügt der subtile

Hinweis darauf, daß auch die Menschen in der Vaterstadt von Ungewöhnlichem wußten oder es ahnten. Eine Polemik gegen Jesus und Maria ist damit nicht unbedingt gemeint. Der Beruf des Bauhandwerkers war damals hoch geachtet, diese Männer galten als Mitglieder des unteren Mittelstands, und es hieß von ihnen, daß sie besonders bibelkundig waren. Jesus mit seinem Beruf zu benennen beinhaltete daher zumindest soviel wie skeptisch abwartenden Respekt.[86]

Die Menschen in Nazareth wußten aber auch, daß der vorübergehend Zurückgekehrte Geschwister hatte. Die Namen der vier Brüder werden genannt, die der unbekannten Zahl von Schwestern nicht – ein damals nicht unübliches Verfahren angesichts der vergleichsweise noch geringen Stellung der Frau. Die unkomplizierte, direkte Formulierung des Markus läßt nicht ahnen, daß aus dieser Auflistung in späteren Jahrhunderten bis heute ein Konflikt darüber entstehen konnte, was »Brüder und Schwester« meint. Zuerst doch wohl soviel: In den frühen Jahren wuchs Jesus nicht als Einzelkind auf, er hatte, anders als Tiberius in Rom, aber wie die meisten Juden, eine intakte Großfamilie um sich herum, die zusätzlich in die Ortsgemeinschaft eingebunden war. Aber waren diese Geschwister wirklich die Kinder aus der Ehe zwischen Joseph und Maria, gezeugt nach der Geburt Jesu? Die große Mehrheit protestantischer Bibelforscher der Gegenwart und eine wachsende Zahl ihrer römisch-katholischen Kollegen versteht das so. Ein Satz im Matthäusevangelium scheint es zusätzlich zu rechtfertigen: »Und er [Joseph] schlief nicht mit ihr, bis sie ihren Sohn gebar. Und er gab ihm den Namen Jesus.« (1,25)[87] Hat er dann also hinterher die Ehe mit ihr vollzogen und weitere Kinder gezeugt? Der fromme Jude und gebildete Pharisäer Paulus, der sich noch als Christ einen Pharisäer nannte (Brief an die Philipper 3,5; vgl. Apostelgeschichte 26,5), scheint damit keine Probleme gehabt zu haben: In seinem Brief an die Galater bezeichnet er Jakobus ohne weitere Umstände als »Bruder des Herrn« (1,19), und im 1. Brief an die Korinther (9,5) weiß er nicht nur, daß Jesus Brüder hatte, sondern auch, daß sie verheiratet waren und – nach Ostern – ihre Frauen auf Reisen mitnahmen. Doch manchmal ist das scheinbar so Einfache eben etwas komplizierter. Schon früh nämlich kam in der Kirche der Gedanke auf, daß Maria ihr Leben lang Jungfrau blieb.

Auch die Protestanten teilten in der Reformationszeit diese Auffassung: In den *Schmalkaldischen Artikeln* Martin Luthers von 1537 heißt es auf lateinisch von Maria, sie sei »die reine, heilige, immerwährende Jungfrau«.[88] Der erste uns bekannte Autor, der sich dazu äußerte, war der unbekannte Verfasser des zwischen 120 und 140 n. Chr. entstandenen *Protevangeliums des Jakobus*. Er erzählt, ohne Quellen zu nennen, Joseph sei ein Witwer gewesen, als er Maria kennenlernte, und habe Söhne und Töchter aus der ersten Ehe mitgebracht. Auf diese Weise kamen diese Kinder zu einer Stiefmutter, und Jesus erhielt ältere Stiefgeschwister.[89] Da die griechische Sprache zwischen Halb- bzw. Stiefgeschwistern und leiblichen Brüdern und Schwestern nicht trennt (es sei denn, das Verhältnis wird ausdrücklich beschrieben), könnte der Evangelientext durchaus in diesem Sinne gedeutet werden. Noch Bischof Gregor von Nyssa (ca. 335–398), einer der großen Wissenschaftler, Philosophen und Theologen der griechischsprachigen Kirche, beschrieb eine Familienidylle, die sich auf diese Deutung stützte: Jakobus und Joses hätten Maria »Mutter« gerufen, und Maria hätte Jakobus »den Kleinen« genannt.[90]

Später verteidigt der lateinisch schreibende Hieronymus (ca. 347–419), der die ganze Bibel aus dem Hebräischen und Griechischen ins Lateinische übersetzte, in einer Streitschrift gegen den Römer Helvidius aus dem Jahre 383 die ewige Jungfräulichkeit der Maria. Helvidius hatte nämlich unter Berufung auf die Bibel zu behaupten gewagt, daß Ehe und Kinder Vorrang vor dem »mönchischen« Verzicht auf Familiengründung haben müßten. Hieronymus verteidigt nun nicht nur die ehe- und kinderlose, ewige Jungfräulichkeit. Er geht einen Schritt weiter und behauptet, daß die Geschwister Jesu weder leibliche Brüder und Schwestern aus dem Vollzug der Ehe von Maria und Joseph waren noch auch Halbgeschwister, von Joseph in die Ehe mitgebracht, sondern Vettern und Cousinen. Ihre wirkliche Mutter sei Maria, »die Mutter Jakobus' des Kleinen und des Joses«, gewesen, die im Markusevangelium 15,40 erwähnt wird und, so jedenfalls Hieronymus, eine ganz andere Maria war als die Mutter des Jakobus und des Joses (und der anderen), von der Markus früher in seinem Evangelium berichtet hatte. Damit stellt sich Hieronymus gegen das Protevangelium des Jakobus, gegen Gregor von Nyssa, gegen den Text des Markusevangeliums, das sich große Mühe gibt, gerade nicht zwei Marien miteinander zu verwechseln,[91] und gegen den allgemein üblichen Gebrauch der griechischen Wörter für »Brüder« und »Schwestern«, aber er erreicht, daß nun auch Joseph keine Kinder hatte, nicht einmal aus erster Ehe, und damit das ganze heilige Paar, Joseph und Maria, immerwährend jungfräulich blieb. Dieser Auffassung schloß sich die römisch-katholische Kirche bis heute an. Mit viel philologischem Geschick ist die Deutung des Hieronymus immer wieder von katholischen Bibelforschern verteidigt worden, und das muß man zumindest zur Kenntnis nehmen. Welcher Auffassung man sich letztlich anschließen will, mag von vielen Faktoren auch der Kirchenzugehörigkeit abhängen; unbestritten ist allerdings, daß diese Kontroversen bestätigen, wie unklar und ungewöhnlich die Familienverhältnisse des Jesus von Nazareth selbst für findige Denker einer Zeit waren, die näher an den Quellen lag als unsere nachaufklärerische Epoche.

Ein besonders inniges Verhältnis bestand zwischen Jesus und seinen Geschwistern nicht. Nur von zwei Brüdern, Jakobus und Judas, erfahren wir, daß sie sich ihm anschlossen – und auch das erst nach Ostern: Sie nahmen an der ersten Versammlung der Gemeinde nach der Himmelfahrt statt (Apostelgeschichte 1,14). Jakobus wurde zusammen mit Petrus Leiter der Urkirche in Jerusalem, nach der Flucht des Petrus aus dem Gefängnis Herodes Agrippas I., 41 n. Chr. sogar ihr einziger »Bischof« und der Verfasser eines im Neuen Testament enthaltenen Rundbriefs an die Judenchristen in der Diaspora; Judas scheint keine Leitungsaufgaben übernommen zu haben, gilt aber in der neueren Forschung zu Recht wieder als der Verfasser des neutestamentlichen Judas-Briefs, eines zupackenden Warnschreibens, das wie nebenbei auch noch Belesenheit in jüdischer Literatur außerhalb der Bibel erkennen läßt.[92] Vor der Auferstehung schienen auch Judas und Jakobus die öffentlichen Auftritte ihres Bruders eher als ein wenig peinlich angesehen zu haben. So berichtet es jedenfalls Johannes, der kaum einen Grund gehabt haben dürfte, nach Ostern, als die Dinge sich geändert hatten, eine solche Begebenheit zu erfinden: »Es war aber das Laubhüttenfest der Juden nahe. Da sagten seine Brüder zu ihm: ›Geh von hier [Galiläa] fort und ziehe nach Judäa, damit deine Jünger [auch] dort die Werke sehen, die du vollbringst. Denn niemand wirkt im verborgenen und will doch öffentlich angesehen sein. Wenn du dies tust, offenbare dich der Welt.‹ Denn auch seine Brüder glaubten nicht an ihn.« (Johannes 7,2-5) Der Evangelist versteht diesen guten Rat der Brüder wie eine faule Ausrede, um Jesus loszuwerden, und tatsächlich sah auch Jesus das so, verweigerte sich und blieb zuerst in Galiläa (7,6-10). Eine gewisse Distanz wahrte Jesus seinerseits, als er sich aus dem Familienverband löste, um am See Genezareth und dann im »Ausland« – in der Dekapolis, der Gaulanitis und im Gebiet von Tyrus –, später auch in Samaria und Judäa, öffentlich zu wirken (Markus 4,31-35; 10,29-30). Allerdings sollte nicht behauptet werden, Jesus sei von seiner Familie verstoßen worden. In Nazareth mögen einige der von seiner Art des Auftretens enttäuschten Ortsbewohner aggressiv geworden sein (Lukas 4,16-30). Die Brüder dagegen verfolgten die Tätigkeit Jesu offenbar trotz allem sehr aufmerksam, und sie wußten sogar, daß er bereits Anhänger in Judäa und Jerusalem hatte (Johannes 7,3).

Rund um Jesus heiratete man und hatte Kinder. Wenigstens in zwei Richtungen besitzen wir Information bis in die Generation der Söhne und Enkel: Da sind zwei Enkel des Judas, die um 96 n. Chr. vor Kaiser Domitian auftauchen, wo sie verhört und freigelassen werden.[93] Und Kleopas, einer der beiden Emmausjünger (Lukas 24,13-35), war der Überlieferung zufolge ein Bruder des Joseph, also des Adoptivvaters Jesu. Der Sohn dieses Kleopas, Simeon Bar Kleopha, folglich ein Vetter Jesu, leitete die Urgemeinde von Jerusalem nach dem Tod des Herrenbruders Jakobus, 62 n. Chr. Vom Bruder zum Vetter – die Urgemeinde blieb im ersten Jahrhundert in der Familie. Denn auch nach der Rückkehr aus dem freiwilligen Exil der Urgemeinde in Pella (66 bis ca. 73 n.Chr), als die Judenchristen nach Transjordanien ausgewichen waren, um nicht am gewaltsamen Aufstand gegen die Römer mitwirken zu müssen, behielt Simeon die Leitung.[94] Der judenchristliche Historiker Hegesipp sprach um 160 n. Chr. in diesem Zusammenhang ausdrücklich davon, daß sich nach der Ermordung des Jakobus die Christen Jerusalems und jene trafen, die zur »Blutsverwandtschaft des Herrn, von der noch viele lebten« gehörten, um die Nachfolge zu regeln. Und er nennt Simon Bar Kleopha »den Cousin des Erlösers«.[95]

Sichere Nachrichten über weitere Nachfahren, sei es des Judas oder des Kleopas, fehlen über das Ende des 1. Jahrhunderts hinaus. Nur eines ist klar: Auch wenn noch so oft in Romanen und pseudogelehrten Büchern das Gegenteil behauptet wird: Jesus selbst war unverheiratet, und er hatte auch keine »unehelichen« Kinder, weder mit Maria Magdalena noch mit irgendeiner großen Unbekannten. Es gibt nur einen ernsthaften Grund, über die Ehelosigkeit des Jesus von Nazareth nachzudenken: Im Judentum dieser Zeit war es ausgesprochen ungewöhnlich, es war, zugespitzt gesagt, gegen die Normen der jüdischen Gesellschaft, daß ein Mann keine Familie gründete. Die ersten Worte, die Gott zu den Menschen sprach, lauten im Buch Genesis / 1. Mose 1,28: »Seid fruchtbar und mehret euch.« Daraus wurde eine der grundlegenden »Mitzwot«, der Handlungsgebote, die das Leben frommer Juden bestimmen. Die Rabbinen, deren Lehren zwar erst in den Jahrhunderten nach Jesus schriftlich festgelegt wurden, aber zum Teil auch älteren Ursprungs sind, lassen an Eindeutigkeit nichts zu wünschen übrig. »Niemand darf sich der Befolgung des Gesetzes enthalten: ›Seid fruchtbar und mehret euch‹«, heißt es in der »Mischna«.[96] Im Babylonischen Talmud wird festgelegt, daß ein Mann, der das zwanzigste Lebensjahr erreicht, ohne geheiratet zu haben, ein Gebot Gottes überschreitet und Gottes Zorn auf sich herabbeschwört.[97] An diesen vom ersten Buch der Bibel bis in die Zeit des Talmud und in unsere Gegenwart führenden Lehren kann kein Zweifel bestehen. Dennoch liegt der Fall nicht so einfach. Da jeder auch nur geringste bzw. fadenscheinigste Hinweis darauf fehlt, daß die Evangelien eine Ehefrau Jesu vor dessen öffentlichem Auftreten unterschlagen haben könnten, muß ganz nüchtern festgehalten werden: Als Jesus sich zum erstenmal öffentlich als Lehrer und Wundertäter zeigte, 28 n. Chr., war er ziemlich genau fünfunddreißig Jahre alt. Wer in diesem für damalige Lebensverhältnisse fortgeschrittenen Alter als Mann unverheiratet ist und dennoch Zuhörer findet, die ihm in großen Scharen folgen, dessen Sexualverhalten kann nicht einfach als abnormal gelten. Und tatsächlich gibt es gute Gründe für die Annahme, daß Jesus sogar auf wohlwollendes Verständnis stieß:

Für den freiwilligen Verzicht auf ehelichen Verkehr unter besonderen Umständen gab es nämlich das Vorbild des Mose. Schon in Exodus / 2. Mose 19,14-15 erteilt er, der gerade von seinem ersten Gespräch mit Gott vom Berg Sinai herabgekommen war, dem Volk der Israeliten einen Befehl: »Seid bereit für den dritten Tag, und keiner rühre eine Frau an!« Am dritten Tag kommt es dann zur entscheidenden Offenbarung mit den Zehn Geboten. Diese Form der rituellen Reinheit war hier zwar zeitlich begrenzt, doch genau zur Zeit Jesu und der ersten Evangelien konnte der um 50 n. Chr. verstorbene jüdische Theologe und

Philosoph Philo vom Alexandria in seinem »Leben des Mose« schreiben, Mose hätte rein sein müssen, um die Offenbarungen Gottes zu empfangen, und hätte sich aus diesem Grund von Frauen, Essen und Trinken ferngehalten. Da nun aber dieser Zustand der Offenheit für die Worte Gottes in seinem Fall nicht kurzfristig oder vorübergehend sein sollte, hätte er sich seit seiner Berufung auf ewig des Geschlechtsverkehrs enthalten.[98] Die Rabbinen schlossen sich dieser Auffassung offensichtlich an. Im »Midrasch« zur Torastelle Numeri / 4. Mose 12,1-2 (in der es um die Frau des Mose geht, die er vor seiner Berufung durch Gott geheiratet hatte), stellt Miriam, seine Schwester, nach einem Gespräch mit der Frau fest, daß Mose nicht mehr mit ihr schlief und damit dem Gebot aus Genesis / 1. Mose 1,28 bewußt zuwiderhandelte. Die herausragende Rolle des Mose wird dann noch dadurch unterstrichen, daß er mit den Patriarchen verglichen wird, die in gewisser Weise auch von Gott eingesetzt waren und dennoch heirateten bzw. verheiratet blieben und weiter mit ihren Frauen schliefen.[99] Noch direkter betont ein anderer jüdischer Text diese Sonderstellung des herausragend Berufenen. Moses habe sich folgendes gesagt: »Wenn wir am Berg Sinai die Anweisung erhielten, nicht zu unseren Frauen zu gehen, was nur bei dieser einen Gelegenheit geheiligt war, wegen der Offenbarung des Gesetzes [der Tora], dann sollte doch um so mehr ich, zu dem Gott ständig spricht, von meiner Frau fernbleiben.«[100]

Wenigstens so viel darf also angenommen werden: Jemand, der sich von Gott dazu berufen sah, zu jeder Zeit eine prophetische Botschaft oder eine andere Handlungsanweisung zu erhalten, konnte das in der Weiterführung ältester biblischer Präzedenzfälle als Auftrag zu ständiger Enthaltsamkeit verstehen. Und das umfaßte folglich Ehelosigkeit ebenso wie den Verzicht auf die Fortsetzung des Geschlechtsverkehrs in einer bereits geschlossenen Ehe. Zugleich muß festgehalten werden: Es war eine Ausnahme und stets eine individuelle Entscheidung. Auch Paulus traf später eine solche Entscheidung und hütete sich davor, aus seiner privaten Empfehlung, ihm darin zu folgen, eine verbindliche Lehre zu machen (1. Brief an die Korinther 7,25-40). Wie wir sahen, hielten auch die rabbinischen Schriften ansonsten unzweideutig am Vorrang des biblischen Gebots der Familiengründung fest. Und so sollten wir uns daran erinnern, daß alle zwölf Jünger Jesu und nachweislich wenigstens einer seiner Brüder verheiratet waren und von ihm keineswegs zu einem ewigen »Zölibat« aufgefordert wurden. Die Jünger unterbrachen ihre Ehen für den Zeitraum, als sie mit Jesus durch die Lande zogen (Markus 10,28-30), doch nach den Ereignissen um Tod und Auferstehung Jesu kehrten sie nach Galiläa zurück und nahmen dort ihr früheres Berufsleben wieder auf; später reisten sie mit ihren Frauen.[101] Ein berühmter Satz Jesu lautet: »Einige sind von Geburt an zur Ehe unfähig, andere sind durch Menschen zur Ehe unfähig gemacht, und andere haben sich selbst unfähig dazu gemacht um des Himmelsreiches willen. Wer das fassen kann, der fasse es.« (Matthäus 19,12) Für die Unfähigkeit zur Ehe wird ein griechisches Wort gebraucht, das dem deutschen »Eunuchen« entspricht. Diese drastische Redeweise bezieht sich also auf Dauerzustände, aber es ist gerade nicht davon die Rede, daß nun alle seine Nachfolger oder jeder, der sich nach dem Himmelreich sehnt, Eunuchen werden sollten. Auch die Zuspitzung in diesem Jesuswort kennt nur drei Möglichkeiten: ein Zustand seit der Geburt (also vor dem selbständigen bewußten Handeln), die Handlung anderer und die Freiwilligkeit.[102] Wie wenig Jesus daran dachte, unter seinen Begleitern und Nachfolgern die Ehe und den ehelichen Verkehr (»ein Fleisch sein«) auszuschließen, macht er wenige Sätze vor dieser Aussage unmißverständlich klar (Matthäus 19,3-9). Er reagiert auf die ganz konkrete Unsicherheit seiner Jünger über die Wünschbarkeit und Legitimität der zweiten Ehe nach einer Scheidung und gibt Handlungsanweisungen. Grundsätzlich sieht er im Sinne der Ausnahmeregelungen auch für seine Anhänger die Möglichkeit, »zölibatär« zu leben, aber es ist kein Rezept für alle, sondern muß als individuelle Gabe empfangen werden.

Jesus sah sich in der Nachfolge des Mose und lehrte, daß Mose bereits prophetisch von ihm geschrieben hatte (Johannes 5,45-47; 7,22-24, u.a.m.). So dürfte er von Anfang an für sich in Anspruch genommen haben, was er seinen Jüngern sagte: Es gibt Menschen, die von Geburt an berufen sind, »wie Eunuchen« zu leben. Nicht nur wie Mose in späten Jahren, sondern von Anfang an, also auch, anders als bei Mose, ohne eine Ehe in jungen Jahren: Das ist ein wichtiger Akzent.

Bibelkundige Juden – und das heißt nahezu einhundert Prozent der Zuhörer Jesu – konnten daher die Voraussetzungen gut einordnen, unter denen dieser galiläische Wanderprediger im gesetzten Alter von rund fünfunddreißig Jahren unverheiratet vor ihnen auftrat. Man darf sogar vermuten, daß sie, die ganz anders lebten, ihm deswegen Respekt und eine besondere Neugierde entgegenbrachten. Auch sein enger Verwandter, der Täufer Johannes, ein Sohn der Elisabeth, die zur Familie Marias gehörte (Lukas 1,13-17 mit 1,36), lebte so und zog große Menschenmengen an. Es ist also keineswegs nötig, mit manchen Bibelforschern eine enge Beziehung zwischen Jesus und den angeblich wie ein zölibatärer Mönchsorden lebenden Essenern zu behaupten, so als habe er seine Entscheidung für die Ehelosigkeit und die entsprechende Empfehlung den essenischen Lehren entnommen. Die seit einigen Jahren vollständig veröffentlichten Schriftrollenfragmente aus den Höhlen von Qumran ergeben auch für die Essener selbst ein differenzierteres Bild: Dort, wo sie sich in besonderer Nähe zum Gesetz und zur Offenbarung sahen, nämlich während der dreijährigen Ausbildungszeit in Sechacha (Josua 15,61; der ursprünglich hebräische Name des heute arabisch bezeichneten Qumran) und dem gewissermaßen »postgraduierten« Studium unweit des Tempels auf dem Südwesthügel Jerusalems, lebten sie ohne Ehe und Geschlechtsverkehr: Wer verheiratet zu den Essenern stieß, hatte seine Frau in dieser Zeit zu verlassen – also durchaus für einen längeren Zeitraum, dennoch aber nur vorübergehend. Wer unverheiratet kam, durfte in dieser Zeit nicht heiraten. Danach aber galt mit besonderem Nachdruck das mosaische Gebot der Familiengründung. Auf Dauer unverheiratete, familien- und kinderlose Essener gab es also außerhalb Qumrans und Jerusalems in der Regel ausdrücklich nicht, und wenn es sie gab, dann wiederum nur unter einer kleinen, berufenen Elite.[103]

Die Lebenswelten des Jesus von Nazareth und des Gottessohnes Tiberius sind in den prägenden Bereichen von Erziehung und Familie scheinbar durch Welten getrennt. Die unüberbrückbaren Gegensätze zwischen Judentum und griechisch-römischer Lebensvorstellung sind unübersehbar. Dennoch haben wir gesehen, welche Ähnlichkeiten, Berührungen und Überschneidungen es gibt. Tatsächlich hat Tiberius nach der Auflösung seiner Ehe mit Julia nie wieder geheiratet und, so weit uns die Quellen zuverlässig informieren, bis an sein Lebensende zölibatär gelebt.[104] Die Regelung seiner Nachfolger wurde gerade dadurch erschwert, daß er nach dem Tod des als namenloses Kleinkind gestorbenen Sohnes keine weiteren Kinder hatte. Denn Gaius »Caligula«, der 37 n. Chr. Kaiser wurde, war ein Sohn des Germanicus, den Tiberius im Jahre 4 n. Chr. adoptiert hatte, der aber bereits Ende März 20 n. Chr. gestorben war.

3 Im Osten nur Neues: Varus, Tiberius und die Jugend des Jesus

Nur eines weiß ich, Sterbliches bist du nicht.
Ein Weiser mag mir manches erhellen; wo aber
Ein Gott noch auch erscheint,
Da ist doch andere Klarheit.

Friedrich Hölderlin, aus: Friedensfeier, 1801

Als die Römer frech geworden,
simserim sim sim sim sim,
zogen sie nach Deutschlands Norden,
simserim sim sim sim sim.
Vorne mit Trompetenschall,
tärätä tätä tärä,
ritt der Generalfeldmarschall
tärätä tätä tärä,
Herr Quintilius Varus,
wau wau wau wau wau wau,
Herr Quintilius Varus,
schätterängtäng, schnätterängtäng,
schätterängtäng deräng täng täng.

Victor von Scheffel, Als die Römer frech geworden, 1847, 1. Strophe

Ein Gang durch Nazareth

Das Fehlen des Beweises darf nicht verwechselt werden mit dem Beweis des Fehlens – dieser Lehrsatz der Altertumswissenschaftler ist eine Ermahnung zur Bescheidenheit gegenüber den antiken Quellen. Obwohl die Evangelien den Ort Nazareth nicht weniger als zwölfmal erwähnen, kursierten im 19. und frühen 20. Jahrhundert Zweifel daran, daß es ihn zur Zeit des Jesus von Nazareth überhaupt gab.[1] Der Grund für diese Zweifel war ebenso attraktiv wie naiv: Außerhalb des Neuen Testaments wird Nazareth in keiner anderen zeitgenössischen Schrift erwähnt. Und da es zum Teil noch heute eine beliebte Haltung ist, biblischen Angaben nur dann zu trauen, wenn sie auch außerhalb der Bibel belegt sind, schien Nazareth eine Erfindung der Evangelisten zu sein, die sich an alten Prophezeiungen vergriffen hatten: Jesus, der auch als »Nazoräer« bezeichnet wird, sei ursprünglich mit einem Ehrentitel und nicht mit seiner Herkunft aus einem bestimmten Ort benannt worden.[2] Der Evangelist Matthäus gibt einen tatsächlich aufschlußreichen Hinweis. In seinem Bericht über die Rückkehr von Joseph, Maria und Jesus aus dem Exil in Ägypten schreibt er, Jesus ließ sich »in einer Stadt namens Nazareth nieder, damit das von den Propheten Gesagte erfüllt wurde: Er wird Nazoräer genannt werden.« (Matthäus 2,23)

Matthäus wußte also genau, was in den Büchern der »Nebi'im« – so heißt die Sammlung der prophetischen Schriften in der hebräischen Bibel – gesagt wird: »Und ein Sproß wird hervorgehen aus dem Wurzelstock Isais, und ein Schößling aus seinen Wurzeln wird Frucht bringen.« (Jesaja 11,1) Die Stelle bezieht sich auf den davidischen Messias, also auf den »Christus«, um hier das griechische für das hebräische Wort »Messias« einzusetzen, der aus dem Stamme Isais hervorgehen wird. Und David gehörte zur Linie Isais (Jesses). Daß der Messias ein Nachfahre Davids sein wird, galt den meisten Juden noch zur Zeit Jesu als die bevorzugte Deutung.[3] »Sproß« heißt auf hebräisch *nêzär*. In bester jüdischer Tradition nutzt nun Matthäus die Möglichkeiten der im Prinzip vokalfrei geschriebenen hebräischen Sprache und stellt die Verbindung zwischen dem Herkunftsort und der Jesaja-Stelle her: Aus *nêzär* wird das griechische Attribut »*Nazô-r*-aîos«. Man konnte das lange für unverständlich oder auch für allzu raffiniert halten, bis 1962 in Caesarea Maritima eine Inschrift entdeckt wurde, die aus dem späten 2., frühen 3. Jahrhundert stammt und in hebräischer Sprache einige Priesterfamilien erwähnt – darunter auch eine in Nazareth. Und da der Ortsname hier »N-z-r-t« geschrieben ist (die Vokale fehlen natürlich auch in dieser hebräischen Inschrift), darf der ursprüngliche Ortsname »Nâzerat« erschlossen werden, aus dem das griechische »Nazarét(h)« wurde, mit der auch hebräisch / aramäisch möglichen Nebenform »Nazará«. Matthäus, der gebildete jüdische Autor, dem es immer wieder wichtig ist, historische Ereignisse mit prophetischen Texten in Verbindung zu bringen, stellt die Beziehung vom Wohnort zur Prophetie des Jesaja also mühelos her.

Was Matthäus in seinem erläuternden Satz direkt hervorhebt, ist bei den anderen Evangelisten unkommentiert anzutreffen. Sie kennen alle Schreibweisen. Doch wenn es um das Attribut geht, bevorzugen Matthäus und Johannes das anspielungsreichere *Nazôraîos*. Besonders vielsagend ist das an einer Stelle, die mit der Herkunftsbezeichnung auch den irdischen Schlußpunkt setzt: Alle vier Evangelisten berichten übereinstimmend, daß der römische Präfekt Pontius Pilatus am Kreuz Jesu eine Tafel anbringen ließ, auf der nach römischem Brauch der Grund für die Todesstrafe weithin sichtbar notiert wurde – die nicht widerlegte Beleidigung der Majestät des römischen Kaisers, der ganz allein entscheiden durfte, wer unter ihm König war, und der von Jesus herausgefordert wurde, vom »König der Juden«.[4] Johannes bietet die ausführlichste Fassung der Inschrift – »Jesus von Nazareth, der König der Juden«. So lesen wir es in den Übersetzungen. Und so kennen wir es von zahllosen Darstellungen in Kirchen: INRI, »Iesus Nazarenus Rex Iudaeorum«. Im griechischen Text des Johannes steht allerdings nicht *Nazarênós*, sondern *Nazôraîos*: der Nazoräer. Noch einmal, im Augenblick des Todes, wird deutlich: Jesus kam aus Nazareth und war zugleich der Sproß aus der uralten davidischen Wurzel. Moderne wissenschaftliche Forschung bestätigt damit nur, was eines der beliebtesten Weihnachtslieder sagt: »Es ist ein Ros' entsprungen, aus einer Wurzel zart, wie uns die Alten sungen: Von Jesse kam die Art.«[5] Manches davon hat sich lange gehalten, nicht nur im Kirchenlied. Als kurz nach 80 n. Chr. die Judenchristen aus den Synagogen verstoßen wurden, eine aus der Sicht der traditionellen Mehrheit sicher notwendige Maßnahme zur Konsolidierung des orthodoxen Judentums nach dem Verlust des Tempels und angesichts der zunehmenden Infragestellung durch die missionarisch aktiven Judenchristen, wurde das auch schriftlich festgelegt. In die zwölfte Segnung des »Achtzehnbitten-Gebets«, des »Sch'monê Esrê«, fügte man eine Ergänzung ein, die sogenannte »Birkat Ha-Minim«, deutsch »Verfluchung der Ketzer« bzw. »Ketzersegen«. Die jüdischen Häretiker im allgemeinen und die Juden-Christen im besonderen wurden darin als *minim* und *nozrim* bezeichnet. Und noch im heutigen Israel heißen die Christen auf hebräisch »Nozrim«.[6]

Der archäologische Beleg durch die 1962 gefundene Inschrift und die sprachdetektivischen Entschlüsselungen sind in den vergangenen Jahren durch alle Fülle von Indizien zur Lebens- und Bildungsqualität im Nazareth der Zeit Jesu ergänzt worden. An die Stelle eines einsamen Dörfleins für eine Handvoll von Hinterwäldlern, die dort ihr kärgliches Dasein fristeten, ist nun eine kleine, aber kultivierte, von den Römern privilegierte Siedlung getreten. Indirekte Hinweise hatten nie gefehlt, doch erst eine neue, noch nicht abgeschlossene Ausgrabung hat wieder Bewegung in die Debatte über die Bedeutung des jüdisch-römischen Nazareth gebracht. Gegraben wird dort bereits seit 1890, und inzwischen steht fest, daß hier seit frühesten Zeiten gesiedelt wurde: 1934 entdeckten Archäologen einen Schädel vom »Neandertal«-Typ. Weil Bestattungen in der Antike nur außerhalb der Stadt- bzw. Ortsgrenzen stattfinden durften, half die Entdekkung einiger Gräber aus der Zeit der Herodianer, die ungefähre Größe der Ortschaft festzulegen: Ehe hier auch die Römer im Zuge der Niederwerfung des lokalen Aufstandes von 4 v. Chr. bauten, kann für das besiedelte Zentrum eine ungefähre Größe von 900 x 200 m vermutet werden. Das läßt auf ungefähr 500 Einwohner schließen, obwohl andere Schätzungen bis zu 2000 annehmen. Dazu kam eine große, nicht mehr genau zu ermittelnde Fläche für die Landwirtschaft, die wohl weite Teile des Hochtals und der angrenzenden Hänge eingenommen haben dürfte. Die Landwirtschaft war damals sicher stärker als das Handwerk, zu dem Joseph und sein Adoptivsohn Jesus gehörten, eine Quelle guter Einnahmen. Es ist ein weitverbreitetes Gerücht, daß dort arme Leute lebten. In Wirklichkeit haben archäologische Funde längst gezeigt, wie die herausragende Qualität des Bodens und das milde Klima ideale Voraussetzungen für überdurchschnittlich hohe Erträge in der Olivenölproduktion, im Weinbau, sowie im Getreide-, Feigen- und Flachsanbau schufen.

Sicher mußte nicht jeder galiläische Ort, dessen Bewohner mit ihren landwirtschaftlichen Einnahmen mehr als zufrieden waren, in antiken Inschriften oder literarischen Texten erwähnt werden. Das Fehlen solcher Angaben wundert die Historiker also nicht. Auch Josephus, der Galiläa gut kannte, nennt statt dessen lieber die südwestliche Nachbarstadt Jafia, in der er vorübergehend wohnte und die er, wenn auch vergeblich, während des ersten jüdischen Aufstands gegen die Römer 66–67 n. Chr. befestigte.[7] Nur wenige Jahre nach dem Tod des Josephus, zu Beginn des 2. Jahrhunderts n. Chr., wird Nazareth allerdings tatsächlich außerbiblisch erwähnt: Der christliche Theologe und Bibliothekar Sextus Julius Africanus, der wohl aus Jerusalem stammte, im Auftrag des Kaisers Alexander Severus (222–235) die Bibliothek des Pantheon in Rom ausbaute und reorganisierte, Galiläa gut kannte und als einer der bedeutenden Textkritiker der frühen Kirche gilt, berichtet davon, daß in Nazara / Nazareth noch Verwandte der Familie Jesu lebten, die alte Genealogien der Davidsabstammung aufbewahrt hätten.[8] Eine durchgehende jüdische Besiedlung ist seit dem 3. vorchristlichen Jahrhundert gesichert. Bis mindestens ins 3. nachchristliche Jahrhundert lebten hier weiterhin Juden, zu denen mehr und mehr Judenchristen kamen. Die hebräische Inschrift, die 1962 in Caesarea Maritima gefunden wurde und eine Priesterfamilie in Nazareth nennt, gehört in diese Zeit.[9] Viele dieser Juden waren allem Anschein nach Angehörige einer davidischen Großsippe, die sich hier lange vor der Geburt niedergelassen hatte und den Ort mit seiner Anspielung auf den Sproß Davids, den *nêzär*, möglicherweise selbst gegründet und so genannt hatte. Unter ihnen können daher in den ersten nachchristlichen Jahrhunderten auch Juden gewesen sein, die sich zu Jesus von Nazareth bekannten.[10]

Das alles ließ sich noch im Rahmen der bekannten Quellen erwägen; eine Öffnung zur außerjüdischen Welt war damit nicht verbunden. Nur ein auch archäologisch bestätigtes Detail verriet schon immer, daß Nazareth nicht von der Welt abgeschnitten war: Zwischen Syrien und Ägypten verlief die wichtigste Handelsstraße der Levante, die Damaskus mit Alexandria verband. Diese »Via Maris« stieß zwischen Bethsaida und Kapernaum an den See Genezareth, bog nördlich von Tiberias nach Westen ab und verzweigte sich nach siebzehn Kilometern in einen Weg, der südlich am Berg Tabor vorbeiführte, und einen anderen, der Nazareth mit Jafia verband. Sechzehn Kilometer südwestlich vom Berg Tabor trafen sie sich wieder. In groben Zügen folgen noch heute zwei israelische Überlandrouten dem Verlauf dieser Abzweigungen der Via Maris: Die Straße 77, die nördlich vom antiken Tiberias nach Westen geht, wird nach vierzehn Kilometern bei der heutigen »Golani Junction« nach Süden zur Straße 65. Sechs Kilometer weiter westlich, bei Kafr Kana, wird sie zur 754 in Richtung Nazareth, dann in Nazareth zur 75 und nach Süden schließlich zur 60 – ab Kafr Kana drei moderne Zahlen für eine Route. In Afula treffen sich die beiden Abzweigungen wieder. Als 65 folgt der Straßenverlauf weiter weitgehend der alten Via Maris bis ans Mittelmeer; nach Süden führt die 60 bis nach Jerusalem. Noch heute läßt sich in der Landschaft zeigen, wie nahe Nazareth an dieser wichtigen Handelsverbindung lag – näher noch als das vom aufständischen General Josephus erwähnte und wegen der strategischen Hügellage bevorzugte Jafia. Für den Verkauf der landwirtschaftlichen Produkte von den fruchtbaren Feldern und Anhöhen lag Nazareth also ideal.

Doch die Via Maris transportierte nicht nur Güter, sondern auch Menschen mit ihren Sprachen und Ideen. Es liegt auf der Hand, daß die Bewohner von Nazareth zur Zeit von Joseph, Maria und Jesus mit zahllosen Durchreisenden Kontakt hatten. Schon diese internationalen Begegnungen zwangen die Menschen dort dazu, die einzige Verkehrssprache zu lernen, in der sich alle verständigten, Juden und Griechen, Römer und Syrer, Ägypter und andere: nicht Aramäisch oder Latein, sondern Griechisch. Diese Einbeziehung von Nazareth in den damaligen Kulturkreis wird unter neuen Gesichtspunkten leidenschaftlich diskutiert, seit der Geschäftsmann Elias Shama, der Besitzer eines Cafés und Geschenkeladens, fünfhundert Meter nördlich von der Verkündigungskirche unter seinem Haus einen Keller anlegen wollte und dabei auf die Reste einer römischen Badeanlage stieß, zu der Teile des Heizungssystems, Wasserzuleitungen und Bodenfliesen gehörten. Da sich diese unterirdische Reste nahe beim »Marienbrunnen« befinden, den die griechisch-orthodoxe Kirche für den wirklichen Ort der Verkündigung des Erzengels Gabriel an Maria hält,[11] wurde schnell von einer Sensation gesprochen: Könnte dieses Römerbad bereits existiert haben, als die Familie Jesu in Nazareth lebte – und falls ja, hat sie darin gebadet? Im Herbst 2003 drangen solche Gerüchte und Fragen bis in die Massenmedien vor, und die Berufsarchäologen sahen sich genötigt, Stellung zu beziehen.[12] Diese Stellungnahmen führten allerdings nicht sofort zu einer Klärung, da, wie so oft in der neueren Archäologie des Heiligen Landes, zwei Forscher mindestens drei Meinungen haben.

Ein Archäologe vom Antikenmuseum in Tel Aviv sah zuerst nur Kreuzfahrerspuren und datierte sie folgerichtig in die Zeit, als die Kreuzfahrer Nazareth besiedelten und hier der Sitz eines Erzbischofs eingerichtet wurde: 12. Jahrhundert. Diese Zuordnung stieß jedoch sofort auf den Widerspruch von Kreuzzugs-Experten. Denn die Kreuzfahrer ahmten bei ihren neuen Bauten die römische Architektur nicht nach. Gern übernahmen sie dagegen Vorgängerbauten und erweiterten sie für ihre Zwecke. Damit war die Frage wieder offen: Selbst falls sich herausstellen sollte, daß Kreuzfahrer sich in einer früheren Badeanlage häuslich einrichteten, war diese Anlage natürlich immer noch älter als das 12. Jahrhundert. Ein anderer Forscher, von der Universität des Heiligen Landes in Jerusalem, erklärte, zur Zeit der Römer habe sich Nazareth nur auf einem eng begrenzten Terrain befunden, rund um die heutige Verkündigungskirche der Franziskaner; die Gegend des Souvenirladens von Elias Shama habe nicht dazugehört. Doch das war wiederum nur ein Beispiel für den klassischen Zirkelschluß vieler Neutestamentler: Neuere wissenschaftliche Erkenntnisse darf es nicht geben, wenn sie den »gesicherten« Ergebnissen der bisherigen Forschungen widersprechen; Nazareth darf nicht größer gewesen sein, als man schon immer wußte, und wenn etwas gefunden wird, das diese Überzeugung in Frage stellt, dann muß der neue Fund eben anders interpretiert werden. Viel wahrscheinlicher ist dagegen ohnehin, daß die Gegend um den Brunnen schon damals die Hauptwasserquelle für die ganze Siedlung war. Die eigentliche Quelle liegt sogar noch einmal 150 m weiter nördlich. Als sich schließlich die Experten der Israelischen Antikenbehörde mit den Funden befaßten, fanden sie zuerst Spuren aus der osmanischen Zeit, um die Mitte des 19. Jahrhunderts. Dann untersuchen sie die Wasserleitungen, das für römische Bäder typische Hypocaustsystem (heiße Luft wird von einem zentralen Ofen unter dem Fußboden durch Hohlräume geleitet und erhitzt den Raum darüber) und einen Raum, der nach vertrauten Bauformen einer römischen Anlage wohl dem »Frigidarium« entsprach, dem Kaltbaderaum. Die gesamte römische Badeanlage bestand demnach zur Zeit Jesu. Unter ihr lag ein Vorgängerbau, der noch vom Ende des ersten vorchristlichen Jahrhunderts stammte, also aus der Zeit des Augustus und Herodes des Großen. Für Dror Bashad, den Leiter des nördlichen Distrikts bei der Israelischen Antikenbehörde, besteht kein vernünftiger Zweifel an der Existenz dieser römischen Thermen noch vor der Zeitenwende.[13]

Ehe keine Grabungsberichte vorliegen, wird man mit abschließenden Schlußfolgerungen zurückhaltend sein müssen. Richard Freund, professioneller Archäologie und Professor am Maurice Greenberg Center für Jüdische Studien an der Hartford University in Connecticut, führt die Bodensonarsondierungen und Ausgrabungen fort, und bisher spricht alles für die auch von ihm geteilte Datierung Dror Bashads. Noch wissen wir auch zuwenig über die Bewegungen der römischen Truppenkontingente in diesem Teil Galiläas. Bis zum Tode Herodes des Großen 4 v. Chr. ist eine Garnison im Hochtal von Nazareth eher unwahrscheinlich. Doch in der Folge des Aufstandes, der unmittelbar nach seinem Tod auch hier in der Gegend um das nur 5 km entfernte Sepphoris ausbrach und von Quinctilius Varus mit der Zerstörung von Sepphoris und anderen Städten im Heiligen Land bestraft wurde, ist die Ansiedlung eines Truppenkontingents am Rande der Stadt durchaus plausibel. Schon zwei Jahre später, 6 n. Chr., wurde Judäa direkt der römischen Verwaltung unterstellt und in den Status einer römischen Provinz mit dem Präfektensitz Caesarea Maritima verwandelt. Die Legionen standen nach wie vor in Syrien, aber einzelne »auxilia«, Hilfskohorten, gab es auch in Judäa – dem Centurio einer solchen Auxiliarkohorte, der »Italischen«, begegnen wir vor 40 n. Chr., als er sich vom Apostel Petrus taufen läßt (Apostelgeschichte 10,1-11,18).[14] Standorte sind außer in Caesarea und Jerusalem auch in Sebaste (Samaria), Kypros (bei Jericho), in Ashkelon und in der Jesreelebene bezeugt, und es dürften nicht die einzigen gewesen sein. Vor allem die Jesreelebene ist hier wichtig: Sie begann nämlich unmittelbar südlich unter Nazareth und konnte von dort überblickt werden. Dort verlief die Grenze zwischen Judäa und Galiläa. Und Galiläa hatte auch nach der Umwandlung Judäas in eine Provinz weitgehende innere Verwaltungshoheit – Augustus bestätigte den Vasallenkönig Herodas Antipas in seinem Amt. Eine römische Truppenpräsenz wäre in Nazareth daher nur als Folge der Niederschlagung des Aufstands denkbar, um die Jesreelebene auch von oben überwachen zu können. Bisher sind keine Spuren einer römischen Militärstation entdeckt worden. Ob es sie unter dem Gelände der griechisch-orthodoxen Gabrielskirche einst gab, muß wohl noch auf lange Zeit eine offene Frage bleiben.

Möglicherweise ist die Suche nach Römern in Nazareth auch gar nicht erforderlich. Unter Herodes dem Großen wurde in römischem Stil gebaut, und seine nach ihm regierenden Söhne setzten das mit Begeisterung fort. Ein Hypocaustsystem und weitgehend erhaltene Teile einer Badeanlage in römischer Bauweise, von Herodes errichtet, kann zum Beispiel noch heute jeder Besucher auf der Festung Massada am Toten Meer begutachten. Es war Mode, zu bauen wie die Römer. So bietet sich für die Datierungsfrage eine andere Lösung an: Den Menschen in Nazareth, die zu einem großen Teil davidischer Abstammung waren, dank der Landwirtschaft und dem regen Handel entlang der Via Maris gut verdienten und durch die Nähe zu Städten wie Sepphoris und Jafia durchaus wußten, daß eine gewisse Lebensqualität noch nicht städtischen Luxus bedeutet, kamen römisch geschulte Baumeister, die ihre Dienste in den Orten entlang der

Via Maris anboten, gerade recht. Am Rande der Stadt, dort, wo die Quellen waren, errichtete man sich eine nicht zu große, aber technisch ausgereifte Badeanlage nach römischer Art. Ob es so war, werden die laufenden Ausgrabungen zeigen. Doch schon jetzt kann man sich über die Finanzmittel der Bewohner, nicht zuletzt der Familie Jesu, ein vielleicht überraschendes Bild machen.

Schon im 2. Kapitel sahen wir, daß ein Bauhandwerker, ein *téktôn* wie Joseph, nicht zur Unterschicht gehörte. Spätestens seit 4 v. Chr., als Herodes Antipas die zerstörte Stadt Sepphoris wieder aufbauen ließ und zur Landeshauptstadt machte, war hier, rund 5 km von Nazareth entfernt, eine Großbaustelle, die für jeden qualifizierten *téktôn* (eine Standesbezeichnung, die wir immerhin noch im deutschen Wort »Archi-tekt« wiedererkennen, dem Haupt-Bauhandwerker also) in der näheren Umgebung auf lange Zeit zusätzliche Einnahmen garantierte.[15] Einen unvermuteten Einblick in weitere Einnahmequellen vermitteln nun einige Dokumente, die in einer Höhle am Toten Meer gefunden wurden. Nicht Qumran ist gemeint, sondern die sogenannte Briefhöhle südlich von En Gedi. Sie war eines der Verstecke für Aufständische der Bar-Kochba-Revolte, die zwischen 132 und 135 n. Chr. die Römer wiederholt an den Rand der Niederlange brachte – so sehr, daß Kaiser Hadrian nach dem Sieg darauf verzichtete, den üblichen Gruß nach Rom zu schicken, »Mihi et legionibus bene«, »Mir und den Legionen geht es gut«.[16] Die Höhlen belegen, wie grauenvoll die ausgehungerten Menschen zugrunde gingen; nicht zu unrecht trägt eine den Namen »Höhle der Schrecken«. Ganze Familien verbargen sich gegen Ende des Aufstands in den Höhlen und nahmen ihren wertvollsten Besitz mit, in der Hoffnung, vielleicht doch zu überleben und ihre zerstörten Häuser, Dörfer und Städte wieder aufbauen zu können. Der Archäologe Yigael Yadin und sein Team entdeckten die »Briefhöhle« 1960. Fünfzehn Briefe Schimon Bar Kochbas, des Anführers, wurden gefunden, darunter zwei in griechischer Sprache, sechs hebräische und sieben aramäische. Die Begeisterung über diese Originaldokumente des heldenhaften Revolutionärs, der noch heute in Israel verehrt wird, überlagerte die zweite wichtige Entdeckung, die im darauffolgenden Jahr gelang: Unter den umzingelten Revolutionären war auch eine Jüdin namens Babata; ihr Schmuck, ihr Haustürschlüssel und ihr Privatarchiv mit fünfunddreißig Payprusrollen und Blättern waren unentdeckt geblieben, als die Römer diese Höhle einnahmen.[17] Yadins zweiter herausragender Fund blieb lange unbeachtet, nur einzelne Dokumente wurden in verschiedenen Fachzeitschriften veröffentlicht, ehe die Lücken 1989 geschlossen wurden.[18]

Die Dokumente stellten sich als eine bunte Mischung heraus: Kaufverträge waren darunter, eine Schenkungsurkunde und ein Ehevertrag. Sie waren zum Teil aramäisch geschrieben, zum Teil nabatäisch, doch die größte Gruppe umfaßte sechsundzwanzig griechische Schriftstücke, neun davon mit aramäischen bzw. nabatäischen Beischriften. Geradezu sensationell ist einer dieser griechischen Papyri, der P. Yadin 16, denn es handelt sich um die beglaubigte Kopie einer römischen Zensusurkunde der Babata und ihres Ehemannes Judanes.[19] Dieses Dokument bestätigt die detaillierte Sachkenntnis des Lukas, der in seinem Evangelium den römischen Zensus beschrieb, der Joseph und Maria von Nazareth nach Bethlehem führte (Lukas 2,1-7). Er enthält nicht nur die Fachausdrücke, die Lukas gebraucht, sondern erwähnt auch die Notwendigkeit einer mehrtägigen Reise vom aktuellen Wohnort zum Steueramt, das dem angestammten Besitz am nächsten lag. Auch über die gesellschaftlichen Rahmenbedingungen gibt er wertvolle Auskünfte. Der Papyrus ist auf den 2. Dezember 127 n. Chr. datiert, und da im Römischen Reich amtliche Verwaltungsmaßnahmen auch über längere Zeiträume gleichblieben, ist sich die Forschung heute über seine herausragende Bedeutung für die Hintergründe des Lukasberichts einig.[20]

Ein Punkt ist besonders auffällig: Historiker hatten sich schon immer gefragt, warum Maria überhaupt nach Bethlehem mitging. Im neunten Monat schwanger, wäre sie unter normalen Umständen sicher zu Hause geblieben, statt mehrere Tage lang durch Galiläa, Samaria und Judäa zu reisen. Weder Lukas noch einer der anderen Evangelien greift zu einer denkbaren theologischen, heilsgeschichtlichen Erklärung – sie habe es einfach getan, weil Gott oder einer seiner Boten (griechisch wörtlich: *ángelos*, Engel) ihr aufgetragen hätte, unbedingt zu diesem Zeitpunkt nach Bethlehem zu reisen, damit eine Prophezeiung in Erfüllung gehen könne. Denn richtig ist zwar, daß Matthäus den Propheten Micha zitiert: »Und du, Bethlehem, im Lande Juda, bist keineswegs die unbedeutendste unter den Städten in Juda: Denn aus dir wird ein Fürst hervorgehen, der mein Volk Israel weiden wird.« (Micha 5,1-3)[21] Aber als die Hohenpriester und Schriftgelehrten vom ratlosen König Herodes herbeigerufen werden und dann schließlich diese Textstelle finden, war Jesus bereits geboren und ungefähr zehn Monate alt.

Matthäus hält also sehr sorgfältig die geschichtliche Abfolge fest: Erst tritt das Ereignis ein, dann wird versucht, seine Bedeutung mit dem Blick in die prophetischen Schriften zu ermitteln. Das schließt zwingend die noch heute verbreitete Auffassung aus, Matthäus und Lukas hätten die Geburt Jesus fälschlich nach Bethlehem verlegt, damit Micha 5,1-3 in Erfüllung gehen könne. Tatsächlich wissen wir heute auch dank der jüdischen Schriften, die zwischen dem Alten und dem Neuen Testament entstanden, nicht zuletzt dank der Schriftrollen von Qumran, daß selbst unter den Juden, die in dieser Zeit mit dem Kommen des Messias rechneten, die Michastelle überhaupt keine Rolle spielte. Niemand rechnete damit, daß er in Bethlehem geboren werden müsse. Wenn es schon eine Stadt Davids sein sollte, warum dann nicht gleich Jerusalem? Das wäre doch ungleich eindrucksvoller und in gewisser Weise auch naheliegender gewesen: die Stadt des Tempels, die Stadt, über die David geherrscht hatte und in der er begraben lag, statt des winzigen Hirtendorfes Bethlehem, das zwar auch eine davidische Stadt war, aber zu dieser Zeit nicht die geringste Bedeutung hatte.[22] Für den Historiker ist also klar, daß der Geburtsort Bethlehem nicht erfunden wurde, sondern der bezeugten Tatsache entspricht – einer Tatsache, deren prophetische Dimension erst später erkannt wurde. Es mußte also, nun weiterhin historisch gefragt, einen anderen Grund für Maria gegeben haben, mit Joseph diesen weiten Weg auf sich zu nehmen, als den Versuch, noch rechtzeitig vor der Geburt in Bethlehem anzukommen, um eine Prophetie zu erfüllen.

Der Papyrus Yadin 16 bietet die Lösung. Babata, Tochter des Simeon, war mit Judanes verheiratet, ihrem zweiten Mann, der in anderen Dokumenten des Familienarchivs auch kurz Judas genannt wird. Mit ihm lebte sie in Maoza, einem Dorf südöstlich vom Toten Meer, das damals zur römischen Provinz Arabia gehörte, deren Hauptstadt das heute unter Jordanienreisenden so beliebte Petra war. Das Zensusdokument notiert, daß Babata selbst Grundbesitz hatte – sie war also keine Ehefrau ohne Eigentum. Auch Judanes, der aus En Gedi stammte, hatte Grundbesitz in Maoza. Doch obwohl wir aus anderen Dokumenten des Archivs wissen, daß Babata und Judanes ein Ehepaar waren, nennt sie ihn nicht ihren Mann, sondern ihren Vormund. Dafür gab es einen rechtlichen Grund: Eine Frau mußte bei Rechtsgeschäften einen Vormund mitbringen. Das konnte ohne weiteres der eigene Mann sein. Als Babata zur Eintragung in die Steuerliste aufgerufen war, befand sich das zuständige Büro in Rabbath, gut 40 km entfernt, also zwei Tagesreisen. Ihren Mann nahm sie mit, denn er hatte als ihr Vormund aufzutreten. Daß er bei dieser Gelegenheit seine eigene Eintragung vornahm, versteht sich von selbst. Der Papyrus Yadin 16 bezeichnet detailliert Babatas Eigentum, nämlich den von ihrem Vater Simeon ererbten Grundbesitz, legt die Grenzen des Grundstücks fest und bestimmt den Steuersatz. Zum Schluß wird ordnungsgemäß abgezeichnet, Babata beschwört die Richtigkeit ihrer Angaben bei der

Glücksgöttin des Herrn und Kaisers, hatte also als Jüdin offenbar keine Probleme damit, auf einem amtlichen Dokument die vorgeschriebene Formel zu verwenden. Sie und Ihr Mann unterschreiben aramäisch, der römische Beamte schrieb Latein, denn dies war die Amtssprache der Verwaltung. Alle drei Unterschriften werden in der beglaubigten Kopie griechisch übersetzt, also in die Verkehrssprache, die Römern und Juden gemeinsam war. Fünf Zeugen aus Rabbath bestätigen auf der Rückseite die ordnungsgemäße Abschrift, wobei sie wiederum nabatäisch schreiben, die Sprache ihres Heimatlandes. Aus den Datumsangaben, die den Unterschriften beigegeben wurden, ergibt sich eine Bearbeitungsdauer von vier Tagen. Rechnet man die An- und Abreise dazu, waren Babata und Judanes eine Woche lang unterwegs, und zwar im Dezember – eine andere Parallele zum Zeitrahmen des Lukasberichts und alles andere als eine römische Schikane in ungemütlichem Winterklima. Denn im Dezember waren die Erträge der letzten Ernte exportfertig, man konnte also die Gelegenheit der Reise in eine Stadt, in der hunderte, vielleicht tausende Menschen für ihre Eintragung anstanden, gleich noch für Verkaufsgeschäfte nutzen.

Jetzt ist also klar, warum Maria überhaupt nach Bethlehem reiste: Weil auch sie eigenen, ererbten Grundbesitz im südlichen Judäa hatte, der zu diesem Zeitpunkt in Bethlehem steuerlich zu erfassen war. Joseph reiste als ihr rechtlicher Vormund; zugleich hatte er offensichtlich eigenen Grundbesitz in der Gegend. Die Formulierung des Lukas ist hier präzise genug, wenn man den Text einmal nicht als Teil der besinnlichen Weihnachtsgeschichte liest, sondern wörtlich übersetzt als historische Information: »Und es gingen alle, um die schriftliche Steuererklärung abzugeben,[23] jeder in seine Stadt.[24] Da zog aber auch Josef hinauf, von Galiläa, aus der Stadt Nazareth, nach Judäa in die Stadt Davids, die Bethlehem genannt wird, weil er aus dem Haus und Geschlechts Davids war, um sich in die Steuerliste eintragen zu lassen mit Maria, der ihm verlobten, die schwanger war.« (Lukas 2,3-5) Lukas teilt also mit: Der Besitz des Joseph hatte etwas mit seiner eigenen davidischen Herkunft zu tun, und Maria mußte sich selbst eintragen. Anders kann man das nicht verstehen, denn eine besitzlose, verlobte Frau mußte sich in römische Steuerurkunden nicht mit ihrem Verlobten eintragen, wenn es um dessen Besitz ging. Da aber Lukas betont, daß auch Maria sich in eine Steuerliste eintragen ließ, kann es nur um ihre eigene gehen. Und genau das sagt auch die Babataurkunde: Eine Frau trägt sich ein, wenn sie eigenen Besitz hat. Anders gesagt: Joseph wurde zweimal erfaßt, mit seinem eigenen Grundbesitz und als Vormund in der Eintragung Marias; Maria schrieb nur einmal, in ihrer eigenen Urkunde.

Die Gegend um Bethlehem war tatsächlich seit Jahrhunderten ein für Davidsnachkommen naheliegendes Siedlungsgebiet. Die Familie Davids stammte aus Bethlehem, er selbst wurde hier zum König gesalbt (1. Samuel 16,4-13; 16,18; 20,6). Schon die Moabiterin Ruth, eine Vorfahrin Davids, hatte sich in Bethlehem niedergelassen (Ruth 4,10-18). Aus verschiedenen Schriftstellen ergibt sich, daß nicht nur Joseph, sondern auch Maria eine Nachfahrin Davids war. Noch Paulus wußte das, denn wenn er in seinem Brief an die Römer schreibt, Jesus wurde geboren »aus dem Samen Davids nach dem Fleisch« (Römer 1,3), dann ist hier natürlich nicht die Abstammung von David mittels der Adoption durch Joseph gemeint, sondern die leibliche Herkunft durch die Mutter. Jesus wurde durch die Adoption gewissermaßen in beiden Linien ein Nachkomme Davids.[25] So hatte auch Maria wohl ihren ererbten Besitz bei Bethlehem, weil ihre davidische Familie dort ursprünglich gelebt hatte. Das heißt aber auch: Die Nachkommen Davids, die ohne falsches Elitebewußtsein noch nach tausend Jahren voneinander wußten und ihre Zugehörigkeit zum messianischen Geschlecht nicht vergaßen, pflegten durchaus ein gewisses Zusammengehörigkeitsgefühl. Die Ehe von Joseph und Maria kann auch aus diesem Blickwinkel gesehen werden. Und noch etwas ist aus der Verbindung des Lukasberichts, der Babataurkunde und altem jüdischem Gesetz zu erschließen: Maria hatte keine Brüder. Denn die (älteste) Tochter erbte, wenn der Vater keine Söhne hatte (Numeri / 4. Mose 27,8). Vor allem aber: Zwei Menschen mit eigenem Grundbesitz sind nicht arm. Beide, Joseph und Maria, hatten ihren ererbten Besitz natürlich nicht brachliegen lassen, sondern gewinnbringend verpachtet. Verantwortlich vor dem römischen Gesetz waren sie dann immer noch, auch in Nazareth, der galiläschen Stadt von Davidsnachfahren; und die Reise nach Bethlehem konnte ihnen niemand abnehmen.[26]

Waren also Joseph, Maria und ihre Familie finanziell als Mittelständler anzusehen? Nimmt man die Bedingungen in Nazareth und das zusätzliche doppelte Pachteinkommen dazu, sollte die Antwort nicht schwerfallen. In der Tat gibt es nirgends im Neuen Testament einen Hinweis darauf, daß sie in Armut lebten. Die ärmliche Kindheit Jesu ist eine fromme Legende, die sich erst im Lauf der Jahrhunderte entwickelte. Jesus als Armer für die Armen – das ist eine Vorstellung, die viele Theologen und Christen liebgewonnen haben. Mit der historischen Wirklichkeit hat sie eher wenig zu tun. Doch auch ein bemittelter Jesus bleibt immer noch derjenige, der die Armen zu sich holte und die Aussätzigen in die Mitte seiner messianischen Gesellschaft stellte (Matthäus 11,5; Lukas 7,22). Jedenfalls hatte Jesus später auch als Wanderprediger genügend Geld dabei, um notfalls 5000 Menschen mit Brot zu versorgen: Ehe es zum eigentlichen Wunder der Speisung der 5000 am See Genezareth kam, fragten die Jünger ihn: »Sollen wir losgehen und für zweihundert Denare Brot kaufen und ihnen zu essen geben?« (Markus 6,37) Nun ist es zwar nicht leicht, antike Währungen in heutige umzurechnen, doch über den damaligen Warenwert und bestimmte Einkommenskategorien wissen wir gut Bescheid. Der Tageslohn eines ungelernten Arbeiters betrug einen Denar. Ein in Syrien und der Provinz Palästina dienender römischer Legionär erhielt einen Jahreslohn von 225 Denaren. Wenn Jesus und seine Jünger auf ihren Wanderungen 200 Denare dabeihatten, waren sie folglich alles andere als arm. Rechnet man das nun in Lebensmittel um, wird das Bild noch anschaulicher: Ein Denar hatte 128 Lepta. Ein Laib Brot kostete 7 Lepta. Mit anderen Worten: Die Jünger hätten für einen Denar rund 18 Brote kaufen können und für ihre 200 Denare 3600 Brote. Davon lassen sich 5000 Menschen mit Sicherheit vor dem Hunger bewahren. Die Jünger fragen also durchaus kenntnisreich, denn sie wissen, daß das Geld für einen solchen Einkauf ausreichte.[27] Die andere, praktische Erwägung ging ihnen so schnell nicht durch den Kopf: Sie hätten in den umliegenden Dörfern lange suchen und warten müssen, bis 3600 Brotlaibe zusammengekommen wären. Da Jesus sich ohnehin anders entschied, erübrigte sich dieses logistische Problem.

Als Indizien für die angebliche Armut der Familie Jesu werden nicht nur die inzwischen korrigierten Eindrücke vom kargen Leben im angeblich vergessenen Weiler Nazareth genannt. Auch zwei von den neutestamentlichen Schriften erwähnte Begebenheiten werden immer wieder angeführt: Maria mußte ihr Kind im Stall zur Welt bringen, und beim vorgeschriebenen Darbringungsopfer im Tempel, vierzig Tage nach der Geburt, reichte es nur für Tauben, nicht für ein Schaf. Auch hier ist eine Entmythologisierung gängiger Vorstellungen erforderlich. In einer Zeit ohne Telefon, Fax oder E-Mail konnten Unterkünfte nicht im voraus gebucht werden. Als Joseph und Maria in Bethlehem eintrafen, waren die Häuser und Karawansereien, in denen man unterkommen konnte, längst mit zahllosen anderen Eintragungspflichtigen belegt. Ihre Pachtgrundstücke lagen offensichtlich nicht in Bethlehem selbst, sondern in der judäischen Landschaft, vielleicht eine weitere Tagesreise entfernt – auch das wäre eine Parallele zum Babatadokument: Wie wir sahen, mußten Babata und Judanes innerhalb des gleichen Verwaltungsbezirks sogar eine Entfernung von 40 km reisen, ehe sie zum Steuerbüro kamen. Vermutlich lagen die Güter von Joseph und Maria südlich oder südöstlich von Bethlehem, denn 9 km nördlich war Jerusalem, und nordwestlich, noch einmal wenige Kilometer weiter, lag Ein Kerem, der Tradition zufolge der Ort, in dem Marias enge Verwandte Elisabeth mit Zacharias und dem wenige Monate alten Johannes lebte, dem späteren Täufer. Doch das alles war schon zu weit für die kurz vor der Geburt Stehende. Auch der größte Reichtum konnte ihr kein Fünf-Sterne-Hotel freiräumen. Sie hatte keine andere Wahl, als sich eine ruhige, vom Gedränge der überfüllten Gästezimmer entfernte Stelle zu suchen. Der Bericht des Lukas erfaßt das eindrücklich: Sie ging dahin, wo eine Krippe war, denn in eine Krippe, griechisch *phátnê*, legte sie das Kind (Lukas 2,7). Der Geburtsraum kann also ein Stall gewesen sein oder eine der Stallhöhlen, die in der Nähe der Häuser angelegt waren und unter anderem auch in Nazareth archäologisch belegt sind. Die zum Haushalt gehörenden Tiere hatten im Eingangsbereich Platz, und für Menschen, die sich in solchen Wohn- und Stallhöhlen aufhielten, ergab sich daraus eine praktische Lebensform, die in den kälteren Monaten besondern angenehm war, da die Tiere eine Wärmequelle darstellten. Ein Zeichen der Verlassenheit, der Notlage oder wiederum der Armut sollte darin also besser nicht gesehen werden. Maria hätte ihren Sohn sicher gern im Zimmer eines Wohnhauses zur Welt gebracht, doch die Wohnhöhle mit der Krippe war nicht die schlechteste Lösung.

Ähnlich unspektakulär verhält es sich mit dem Tieropfer im Tempel, das am vierzigsten Tag nach der Geburt eines Sohnes zu bringen war, wenn die Mutter ihr Kind »dem Herrn darstellte«. Wieder berichtet Lukas nüchtern und unspekulativ (2,22-24): »[...] wie es gesagt ist im Gesetz des Herrn: ein paar Turteltauben oder zwei junge Tauben.« Erst der Blick auf die Stelle in der Tora, die hier gemeint ist, konnte den Gedanken auf Geldnöte aufkommen lassen, denn Lukas selbst deutet das noch nicht einmal an. In Levitikus / 3. Mose 12,6-8 steht: »Wenn die Zeit vorüber ist [...] soll sie dem Priester ein einjähriges Schaf als Brandopfer und eine Turteltaube oder andere Taube als Sündopfer zum Eingang des heiligen Zeltes bringen. Der Priester bringt ihr Opfer mir, dem Herrn dar, damit die Unreinheit der Blutung von ihr genommen wird und sie wieder rein ist. [...] Wenn sie sich kein Schaf als Opfertier leisten kann, darf sie statt dessen zwei Turteltauben oder zwei andere Tauben nehmen, eine als Brandopfer und eine als Sündopfer. Damit soll der Priester sie von ihrer Unreinheit befreien, damit sie in Gottes Augen wieder rein ist.« Wenn Lukas diesen Abschnitt ohne den Satzteil über den Kostenfaktor zitiert, dann kann das nur heißen, daß er gerade nicht den Eindruck aufkommen lassen wollte, Maria hätte sich aus Armut für die Tauben entschieden. Der Grund für Marias Opfertierwahl muß daher ein anderer gewesen sein. Möglicherweise war zur Zeit Jesu das Schafopfer allgemein unüblich geworden, und Maria fiel gar nicht auf, wenn sie Tauben opferte. Denkbar ist aber auch, daß sie sich bewußt für die Tauben entschied. Ein Schaf kostete damals 7 bis 8 Denare, der Wochenlohn eines ungelernten Arbeiters. Selbst ohne die Pachtauskünfte aus dem bethlehemitischen Besitz hätte Maria diesen Betrag mühelos aufbringen können, wenn sie gewollt hätte. Nehmen wir daher eher an, daß ihre Geste ein Zeichen der Bescheidenheit war. Denn von der Auserwähltheit ihres Kindes wußte Maria, und kurz nach dem Opfer wird ihr und Joseph das gleich zweimal bestätigt – erst von Simeon, dann von der Prophetin Hanna (Lukas 2,25-38). Mit den Tauben konnte auch symbolisch der Bogen zur jüdischen Heilsgeschichte geschlagen werden, bis zu der Taube, die mit dem Olivenzweig in die Arche zurückkehrt, als Botin der Gnade und des Friedens Gottes (Genesis / 1. Mose 8,11).

Jesus wuchs folglich in Verhältnissen auf, die alles andere als ärmlich waren. Die Vielzahl seiner späteren Gleichnisse aus den Lebensbereichen der Haus-und Grundbesitzer und der Vermögenden kamen aus Bereichen, die er kannte. Nazareth, mit seiner Mischbebauung aus einzeln stehenden Häusern, Häusern mit angebauten Stallhöhlen und Wohnhöhlen für Menschen und Tiere, führte ihm die unterschiedlichen Lebensmöglichkeiten vor, und Sepphoris, die neue Landeshauptstadt, an der er wohl mit Joseph zusammen mitbaute, zeigte ihm die städtische Welt der Politiker, der Beamten und Bankiers, der Frommen und nicht so Frommen und der Theaterbesucher mit dem Duft einer rein griechischsprachigen kulturellen Welt, auf die er noch Jahre später zurückgriff, als er auf der Straße nach Damaskus dem Verfolger Sha'ul – also Saulus / Paulus – ein Zitat aus einer Tragödie des Agamemnon entgegenhielt.[28] Die Kindheits- und Jugendjahre Jesu mögen die »dunklen Jahre« heißen, weil die Evangelien von ihnen nichts berichten – mit Ausnahme der Unterhaltung des Zwölfjährigen mit den Schriftgelehrten im Jerusalemer Tempel. Dennoch läßt sich diese Zeit weitgehend rekonstruieren, und zumindest die Lebensverhältnisse Jesu sind gut zu erkennen:

Mittelständisch, von Kindheit an geschult in jüdischer Tradition und ihren Sprachen, im Lesen der Heiligen Schrift und im Umgang mit fremden und fremdsprachigen Menschen, Griechen, Römern, Ägyptern, Syrern und anderen, dreisprachig, Bauhandwerker und Theaterbesucher, vertraut mit dem Leben der Armen wie der Reichen, eingeführt in Landwirtschaft und städtisches Leben, tritt Jesus nicht als unterqualifizierter Galiläer auf. Für die Konfrontation mit dem Sohn Gottes auf dem Kaiserthron und dessen Mitläufern und Mitarbeitern in Caesarea und Jerusalem ist er bestens gerüstet. Auch ein weiteres Feld, auf dem sich Tiberius hervortat, ist ihm nicht unbekannt: Soldatentum, militärische Macht und ihre Anwendung. Vom Vernichtungsauftritt des Quinctilius Varus vor der Haustür, in Sepphoris, über den Diener des Standortkommandanten von Kapernaum, den er heilt, bis zu dem Offizier, der unter dem Kreuz steht – Jesus kommt mit dieser Seite der damaligen Wirklichkeit immer wieder in Berührung. Für Tiberius wiederum war das Militär in den Jahren vor dem freiwilligen Exil auf Rhodos geradezu das Lebenselixier. Sehen wir uns diesen Bereich des Alltags bei Tiberius und Jesus etwas näher an.

Jesus und die Soldaten der Römer

Waffen trugen nicht nur römische Truppen. Auch ganz normale Kaufleute und Reisende waren bewaffnet. Und wie es scheint, galt das sogar für den engsten Kreis um Jesus von Nazareth. Der Evangelist und Historiker Lukas, der für einen hochrangigen Mann in römischen Diensten schreibt, die Exzellenz Theophilus, erwähnt das ausführlich, unmittelbar nach der Szene des letzten gemeinsamen Essens, des Abendmahls im Jerusalemer Obergemach. »Und er [Jesus] sagte zu ihnen: ›Als ich euch ohne Geldbeutel und Reisesack und Sandalen aussandte, hattet ihr da etwa an irgend etwas Mangel?‹ Sie aber sagten: ›An nichts.‹ Und er sagte zu ihnen: ›Aber der jetzt einen Geldbeutel hat, nehme ihn, ebenso seinen Reisesack, und der nichts hat, verkaufe seinen Mantel und kaufe ein Schwert. Denn ich sage euch: Das Geschriebene muß an mir vollendet werden: ‚Und unter die Gesetzlosen wurde er gerechnet.' Denn was von mir geschrieben ist, wird vollendet.‹ Sie aber sagten: ›Herr, siehe, hier sind zwei Schwerter!‹ Er aber sagte zu ihnen: ›Das reicht.‹« (Lukas 22,36-38) Einerseits liegt hier eines der die Jünger oft kennzeichnenden Mißverständnisse vor: Natürlich meint Jesus das Schwert bildhaft, so wie er schon einige Zeit zuvor gesagt hatte: »Ich bin nicht gekommen, um Frieden zu bringen, sondern das Schwert.« So steht es bei Matthäus 10,34, und Matthäus gebraucht für »Schwert« den technischen Ausdruck *máchaira,* womit in der Regel das Kurzschwert bezeichnet wird, das man auch auf Reisen gut unter dem Mantel tragen konnte. Es ist der gleiche Fachausdruck, den Lukas in der eben zitierten Stelle verwendet. Daß Jesus allerdings nicht vom tatsächlichen Schwertgebrauch spricht, macht Lukas auf seine Weise deutlich: Den Satz, den Matthäus in Kapitel 11 zitiert, bringt auch er, doch statt des Schwertes steht bei ihm »Spaltung«: »Meint ihr, ich sei gekommen, um Frieden zu bringen? Nein, sage ich euch, nicht Frieden, sondern Spaltung.« Was er damit meint, wird durch den Zusammenhang bei beiden Evangelisten klar: Menschen werden sich gegen ihn entscheiden oder für ihn, bis an das Ende dieser Welt, und da es immer solche geben wird, die sich gegen ihn und seine Nachfolger stellen, ist die Spaltung in Anhänger und Gegner unausweichlich. Einen wirklichen Frieden kann es erst nach einer Zeit der Verfolgungen und des Leidens geben, nach der Jesus als der einzige Retter – also griechisch *sôtér*, Retter und Heiland – an der Stelle aller weltlichen Retterfiguren anerkannt wird. Erst dann wird sich erfüllen, was Lukas am Ende der Weihnachtsgeschichte schreibt: »Herrlichkeit ist Gottes im Höchsten, und auf der Erde Friede, für die Menschen seines Wohlgefallens.« (Lukas 2,14) Diese Botschaft war damals, als Lukas schrieb, nicht weniger unbequem und herausfordernd als heute, in einer Zeit, die einen alleingültigen Heilsweg ungern anerkennen möchte. Doch das ist eine religionsgeschichtliche und vielleicht auch friedenspolitische Frage. An der Deutung und Bedeutung dessen, was Jesus sagte und Lukas aufschrieb, ändert das für den Historiker nichts.

Die Jünger verstanden es zuerst einmal ohnehin falsch und zeigten Jesus zwei Kurzschwerter. Mit anderen Worten: Sie waren bereits bewaffnet, ehe Jesus das Thema ansprach. Mit der bei ihm nicht selten anzutreffenden Ironie reagierte Jesus abrupt: »Das reicht«, also anders gesagt: »Das reicht jetzt.« Anders kann der Satz kaum gemeint sein, denn für einen wirklichen Verteidigungskampf sind zwei Kurzschwerter unter zwölf Männern allenfalls eine nette Geste als eine echte Bewaffnung. Festzuhalten bleibt, daß die beiden Schwertträger offenbar schon über längere Zeit so mit Jesus herumgingen und auch im Abendmahlssaal nicht unbewaffnet waren. Auffällig war das kaum: Zum Schutz auf Reisen trugen damals in der Tat viele Juden solche Waffen bei sich, und vor allem Männer, die wie Petrus und Andreas oder Jakobus und Johannes als Fischereiunternehmer mit vielen Fremden auf den Handelsstraßen zusammenkamen, dürfte es eher eine Selbstverständlichkeit gewesen sein.[29] Nicht lange nach der

Jesusrede im Abendmahlssaal erfahren wir auch den Namen eines der beiden Schwertträger: Es ist kein anderer als Simon Petrus, der mit seinem Kurzschwert im Garten Gethsemane das rechte Ohr eines Mannes namens Malchus abschlägt.[30] Wie der zweite hieß, läßt sich auf andere Weise ermitteln und führt uns zu den bewaffneten Widerständlern gegen die Römer und ihre Truppen im Heiligen Land. Zum Kreis der zwöf Jünger gehörte nämlich auch ein Simon, »genannt der Zelot«.[31]

Josephus, der jüdisch-römische Historiker, verfolgt die Spuren der neuen zelotischen Bewegung zur Zeit Jesu zurück auf einen Judas von der Festung Gamla in der Gaulanitis, die nur zwanzig Kilometer von Bethsaida entfernt lag. Dieser Judas begann im Jahr 6 n. Chr., als Tiberius sich gerade auf die Insel Rhodos zurückzog, eine Revolte, die sich gegen die römische Steuerpolitik wandte. Quirinius hatte als Legat von Syrien in seinem Zuständigkeitsbereich die von Augustus in Auftrag gegebene reichsweite Steuerlisteneintragung begonnen, und Judas sah im Zwang, dem Kaiser der Besatzungsmacht Steuern zu zahlen, Hochverrat an Gott, dem einzigen wahren Herrscher.[32] Er konnte sich dabei auf das Gesetz in der Tora berufen: Leviticus / 3. Mose 25,23 erklärt, das alles Land des Gottesvolkes Gott selbst gehört; und er konnte den Propheten Jesaja als Gewährsmann nennen, der Gottes Wort verkündete: Die Erträge des Landes sollen nicht von den Feinden gegessen werden, »sondern die es einsammeln, sollen es auch essen und den Herrn rühmen« (Jesaja 62,8-9). So sah sich Judas der Galiläer durchaus als ein Instrument der Heilsgeschichte. Der Aufstand – nach den Unruhen, die 4 v. Chr. auf den Tod des Herodes folgte, nun schon der zweite innerhalb weniger Jahre – wurde schnell und brutal unterdrückt. Doch die Sympathisanten sammelten sich wieder; Gamla blieb ihr Zentrum auch in den Jahren, als Jesus in Galiläa und der Gaulanitis öffentlich auftrat. Als 66 n. Chr. der große jüdische Aufstand begann, der 70 n. Chr. in der Zerstörung des Tempels und 73/74 n. Chr. in der Eroberung Massadas mit der

Selbsttötung der Verteidiger kulminierte, war anfangs Gamla die wichtigste nördliche Basis. Im zweiten Jahr, 67 n. Chr., wurde sie von den Römern erobert; 9000 Verteidiger kamen dabei um.[33] Der von Josephus als Held dargestellte Anführer der Zeloten auf Massada, Eleazar Ben Jair, war ein direkter Nachfahre des Judas von Gamla, dessen Söhne Simon und Jakob um 45 n. Chr. als Rädelsführer durch den römischen Prokurator Tiberius Alexander, einem gebürtigen Juden aus Alexandria, gekreuzigt wurden.[34]

Obwohl in keinem dieser Aufstände – weder 4 v. Chr. noch 6 n. Chr. oder 66–73/74 n. Chr. – eine messianische Gestalt auftrat (auch Eleazar wurde von seinen Anhängern nicht so gesehen), hatte die ursprüngliche Bewegung des Judas einen deutlich endzeitlichen Anstrich.[35] Es war eine Revolte, die im ultimativen Gehorsam gegenüber Gott auch eine ultimative Herausforderung an alle Gegner Gottes darstellte und damit wiederum von Gott erwartete, er möge sich nun sichtbar, siegbringend, auf ihre Seite stellen. Und so hatte die Bewegung, die nach dem Tod des Judas übrigblieb, zweiundzwanzig Jahre später allen Grund, mit Interesse den Auftritt des Jesus von Nazareth zu beobachten, der in diesen Gegenden die Menschenmengen anzog. Unter denen, die aus der Gegend um Gamla – zu der nicht zuletzt auch Bethsaida gehörte –, neugierig verfolgten, was Jesus sagte und tat, gehörten mit Sicherheit zahlreiche dieser Zeloten. So bleibt die spannende Frage, warum Jesus einen solchen Zeloten, den Simon, in seinen Jüngerkreis aufnahm. Wollte er ihn und andere, die zelotischem Gedankengut möglicherweise nahestanden, namentlich die beiden Jünger aus Bethsaida, Andreas und Simon Petrus, in seinen Kreis einbinden, um sie durch seine Lehren zu bekehren und sie zu Nachfolgern des wahren Messias zu machen? Falls ja, gibt ihm der Erfolg nach der Auferstehung recht: Auch Simon der Zelot wandte sich nicht von Jesus ab, sondern gehörte zu den Gründungsmitgliedern der Urgemeinde von Jerusalem (Apostelgeschichte 1,13).

Jedenfalls kann kaum ein Zweifel daran bestehen, daß Simon

der Zelot der zweite Schwertträger im Jüngerkreis war. Und daß nicht nur Simon Petrus, sondern auch er bereit war, im Garten Gethsemane sein Kurzschwert zu benutzen, deutet Lukas durch den Gebrauch des Plurals an: »Als aber die um ihn [Jesus] waren, sahen, was bevorstand, sagten sie: ›Herr, sollen wir mit dem Schwert dreinschlagen?‹« (Lukas 22,49) Als Simon Petrus dann tatsächlich sein Kurzschwert benutzte, war das eine bedachte Aktion. Auf der einen Seite handelte es sich um bewaffneten Widerstand gegen die Römer – deren Kaiser zu diesem Zeitpunkt, im April 30 n. Chr. längst Tiberius war –, denn zu denen, die Jesus verhafteten, gehörte neben den von Kaiaphas bestimmten Gehilfen vielleicht auch ein Kontingent der römischen Tempelwachtruppe, die in der Garnison auf der Burg Antonia stationiert war.[36] Auf der anderen Seite aber ging es um den Versuch, im letzten Augenblick mit dem Schwert in der Hand Jesus doch noch zum militärisch siegreichen Messias zu machen und Gottes Eingreifen zu bewirken. Denn mit einem solchen Kurzschwert trifft jemand, der es gewiß nicht zum ersten Mal in der Hand hatte, genau den und das, was er will. Konkret: Er greift den Mann an, der in seiner Kleidung und Position unter den Eingetroffenen als der Höchstrangige zu erkennen war, den Vertreter des Hohenpriesters. Der Name Malchus wird von Johannes kaum ohne Absicht mitgeteilt – es ist ein nabatäischer Name aus der Wurzel »mlk« (König) und bezeichnet in der Regel einen Adligen.[37] Der »Diener« des Hohenpriesters war also kein einfacher Knecht, sondern ein adliger Jude nabatäischer Abstammung, der bei der Amtshandlung der Verhaftung die Stelle des Hohenpriesters einnahm.[38] Nach altem jüdischem Gesetz mußte ein Priester, vor allem natürlich der Hohepriester, körperlich unversehrt sein. In der Tora – Levitikus / 3. Mose 21,18 – heißt es in der Aufzählung körperlicher Voraussetzungen für das Priesteramt unmißverständlich: »Denn keiner, an dem ein Fehler ist, soll herzutreten, er sei blind, lahm, mit einem entstellten Gesicht, mit irgendeiner Mißbildung.«[39] Noch kurz vor der Zeit Jesu betonen auch die Essener die Auffassung, daß Entstellungen des Körpers vom Priesteramt ausschließen.[40] Petrus signalisiert also mit seinem gezielten Hieb, der das rechte Ohr des Malchus und damit nach geltender Auffassung das Ohr des Hohenpriesters abschlägt: Der priesterliche Tempeldienst ist beendet, es gibt keinen Hohenpriester mehr, der messianische Endkampf muß beginnen.

Der Sohn Gottes selbst, Jesus also, will mit dieser Gewaltaktion gegen Römer und Tempelhierarchie allerdings nichts zu tun haben. Wie schon in Galiläa, als Simon Petrus erkennen ließ, daß er – wie fast alle Juden jener Zeit – keinen leidenden, sondern einen triumphierenden Messias erwartete, hat sich dieser erste unter den Jüngern in eine Vorstellung verrannt, die dem Willen Gottes widersprach. Jesus heilt die Wunde, und bei Matthäus lesen wir, wie Jesus die Tat beurteilt: »Wer das Schwert nimmt, der soll durch das Schwert umkommen.« (Matthäus 26,52) Und auch dies greift ein Wort aus der Tora auf, Genesis / 1. Mose 9,6: »Wer Menschenblut vergießt, dessen Blut soll auch durch Menschen vergossen werden.« Petrus und die anderen begreifen letztlich, daß Leiden und Triumph sich nicht ausschließen, als Jesus am Kreuz den 22. Psalm betet, der nach dem hilflos rufenden Beginn (»Mein Gott, mein Gott, warum hast du mich verlassen?«) im messianischen Sieg endet, und sie erkennen die Zusammenhänge, als der Gekreuzigte zwei Tage später aufersteht. Aber Petrus hatte zuvor immerhin physischen Mut bewiesen, sein eigenes Leben aufs Spiel gesetzt und mit der Waffe in der Hand den verteidigt, der sein Messias war.

Grundsätzlich war die Einstellung, die Jesus gegenüber Soldaten, und damit dem Benutzen von Waffen mehr als einmal zeigte, erheblich differenzierter, als es die Ablehnung der Tat des Petrus auf den ersten Blick vermuten ließe. Auffällig war bis hierher schon, daß er den Jüngern nicht untersagte, Waffen zu führen, sondern sie auf die Probe stellte, wie sie damit umgehen würden. Auf das »Wie« kam es an, nicht auf das »Ob«. Auch Johannes der Täufer, Jesu Verwandter mütterlicherseits, ein Mann, dessen gewaltfreies Leben außer Frage stand und der dennoch von Herodes Antipas mit dem Schwert hingerichtet wurde, vertrat offensichtlich diesen Standpunkt. Als er in die Gebiete entlang des Jordans ging und dort die Menschenmengen traf, die seine Bußpredigt hörten und sich von ihm taufen lassen wollten (Lukas 3,3-18), fand sich auch eine Gruppe von Soldaten ein. »Und wir, was sollen wir tun?« fragen sie ihn. Und der Täufer antwortete: »Drangsaliert niemanden, preßt niemanden aus, seid mit eurem Sold zufrieden!« Der erste Teil der Antwort bezieht sich wohl auf das geringe Gehalt, das die dem Antipas unterstellten Hilfstruppen erhielten. Da kam es vor, daß sie die Zivilbevölkerung einschüchterten, um Geld zu erhalten. Es waren buntgemischte Einheiten, Söldner eher als reguläre Kontingente. Ob jene, die zum Täufer kamen, Juden oder Nichtjuden waren, geht aus dem Zusammenhang nicht hervor; falls letzteres, könnten sie immerhin sogenannte Gottesfürchtige gewesen sein, also Nichtjuden, die sich der jüdischen Religion und ihren Gebräuchen zuwandten, ohne zu konvertieren. Wichtiger als diese Frage ist jedoch, was Johannes im zweiten Teil seiner Anweisung sagt: »Seid mit eurem Sold zufrieden!« Denn daraus folgt, daß er ihnen als Voraussetzung der Buße und der Taufe nicht auferlegt, ihren Beruf aufzugeben. Die negativen, das Zusammenleben in der Gesellschaft störenden Seiten ihres Verhaltens sollen sie ablegen, doch zugleich werden sie ermutigt, den Soldatenberuf weiter auszuüben – schützend statt drangsalierend, bescheiden in ihren Ansprüchen. Lukas hätte diesen Dialog kaum in sein Evangelium aufgenommen, wenn er oder irgend jemand in seinem frühchristlichen Umfeld es rückblickend für grundlegend falsch und mit dem Glauben an Jesus für unvereinbar gehalten hätte, daß Menschen, die ihre Sünden bekennen und sich von Johannes taufen lassen, anschließend weiter als Soldaten dienen.

Jesus, der seine Lehrtätigkeit begann, als Tiberius seine größten soldatischen Erfolge gefeiert hatte, begegnete den Einheiten der Römer sein ganzes Leben lang. Die erste Begegnung, von der wir in den Evangelien erfahren, spielt sich in Kapernaum ab. Dort befand sich, nordöstlich vom Ort, noch auf galiläischem Boden und strategisch günstig vor der Grenze zur Tetrarchie des Philippus, eine kleine römische Garnison, deren Grundmauern vor einigen Jahren ausgegraben wurden und auf dem Gebiet der griechisch-orthodoxen Kirche zu besichtigen sind.[41] Der Bericht findet sich, unabhängig und mit einigen Nuancen im historischen Kern übereinstimmend, in zwei Evangelien: bei Matthäus (8,5-13) und Lukas (7,1-10). Jesus heilt den Diener des Centurios, also des befehlshabenden Hauptmanns der Garnison, dem bis zu 100 Mann unterstanden. Dieser Centurio von Kapernaum ist ein Berufssoldat, der genau weiß, was er tun und lassen muß: »Denn auch ich bin ein Mensch, der unter Amtsgewalt gestellt ist«, sagt er zu Jesus. »Ich habe Soldaten unter mir, und zum einen sage ich: ›Geh!‹, und er geht, und zum anderen: ›Komm!‹, und er kommt, und zu meinem Diener: ›Tu dies!‹, und er tut es.« (Lukas 7,8) Einer höheren Autorität unterstellt, besitzt er selbst die Autorität, Befehle zu erteilen, und so appelliert er an die Autorität des Juden Jesus, der mit seiner eigenen Befehlsgewalt Krankheiten vertreiben kann: »Sprich aber mit einem Wort, und mein Diener soll geheilt sein.«

Weigert sich Jesus, weil es um einen römischen Soldaten und dessen Knecht geht? Wirft er dem Centurio vielleicht sogar Arroganz vor? Oder rät er ihm, erst Zivilist zu werden, bevor eine Heilung in Erwägung zu ziehen wäre? Im Gegenteil, er dreht sich zu den Gaffern um, die sich inzwischen versammelt haben, und fordert sie heraus: »Ich sage euch, noch nicht einmal in Israel [also im Volk Gottes] habe ich einen solchen Glauben gefunden.« Was diesem Centurio das Vertrauen in Jesus gab, wissen wir nicht. Vielleicht war auch er einer der »Gottesfürchtigen« unter den Nichtjuden – dafür spricht immerhin, daß er den Juden Kapernaums das Geld für den Bau der Synagoge gab (Lukas 7,4-5). Diese Art der Förderung jüdischer Belange war zwar kein Einzelfall, aber doch bemerkenswert genug, um von Lukas erwähnt zu werden. Entscheidend ist allerdings auch hier wieder der militärische Zusammenhang: Jesus lobt den Glauben des römischen Offizers und heilt dessen Diener, ohne auch nur andeutungsweise zu kritisieren, daß es sich um Soldaten handelt, und, schlimmer noch aus verbreiteter jüdischer Sicht, um römische Soldaten. Und es geht hier nicht um eine private Aktion ohne Zeugen: Zahlreiche Menschen sind dabei, und es sind Menschen, die sehr genau wissen, was zu den Aufgaben eines Soldaten, vor allem eines römischen, in jenen Jahren gehörte.

Bereits in diesen frühen Jahren sind sich Johannes der Täufer und Jesus, zwei fromme Juden, offenbar einig: Auch Soldaten, und selbst Soldaten der Besatzungsmacht, sind keine Parias. Man spricht mit ihnen, weicht dem Kontakt nicht aus, ist bereit, sie zu taufen oder der Bitte um ein heilendes Eingreifen zu entsprechen. Denn auch dies muß gesehen werden: Das Klischee einer erbitterten Feindschaft zwischen Juden und Römern entspricht nicht den historischen Tatsachen. Die Ablehnung der Fremdherrschaft war weit verbreitet, aber auch bei scharfer Polemik in der Regel nicht gewalttätig.[42] Aufstände waren nie wirkliche Volksaufstände, sie gingen von einzelnen Gruppen aus, und die Bereitschaft weiterer Teile der Bevölkerung, sich den Zeloten anzuschließen, wurde nicht selten mit rücksichtsloser Gewalt erzwungen. So berichtet Josephus beispielsweise davon, wie noch später, vor allem in Jerusalem, alle Gegner der großen, 66 n. Chr. einsetzenden Revolte, namentlich die Angehörigen des Adels, gefangengenommen und ermordet wurden.[43] Die Hohenpriester wurden umgebracht. Jeder, der nicht mitmachte, wurde entweder eingeschüchtert oder gleich getötet.[44] Die Nachrichten von teilweise sogar freundlichen Beziehungen zwischen Juden und Römern in Gegenden, die zwischen den Aufständen von den Zeloten und ihren Sympathisanten wie den »Sikariern« in Ruhe gelassen wurden, sind daher durchaus glaubwürdig. Wenn Lukas berichtet, daß der Centurio von Kapernaum den Juden das

Geld für den Synagogenbau gab, dann verrät das nicht nur, welche lukrativen Einkommensmöglichkeiten ein solcher Offizier hatte – sondern es zeigt auch die beiden Seiten des guten Verhältnisses, denn die jüdische Gemeinde ließ sich das Geld geben, statt es gekränkt zurückzuweisen, und errichtete damit ein kultisch heiliges Gebäude.[45] Der römische Offizier bittet Jesus um ein Wunder. Auch er hatte gehört, daß Jesus in Kapernaum und der Umgebung als Wundertäter aufgetreten war. Und auch er wußte, daß Jesus darin eine in dieser Zeit und Gegend gänzlich einzigartige, konkurrenzlose Erscheinung war. Sein Grundvertrauen in die Kraft dieses Jesus hatte also nichts mit einer verbreiteten Wundergläubigkeit zu tun – denn die gab es entgegen anderslautenden Thesen ausdrücklich nicht –, sondern mit der Informiertheit des für die Sicherheit im Grenzbereich zuständigen Offiziers, der sich sachkundig gemacht hatte.[46]

Während Jesus ebensowenig wie seine frühchristlichen Nachfolger ein kritikloser Befürworter von Kriegen war, wußte er aus der jüdischen Geschichte, daß es Kriege gab und geben wird. Die naive Vorstellung, Kriege könnten dadurch verhindert werden, daß man den Kriegsdienst abschafft, also auch den Berufsstand der Soldaten, teilte er nicht. Der einzelne Soldat, die Offiziere und ihre Einheiten, waren seiner Botschaft ebenso würdig wie alle anderen Schichten der Bevölkerung. So fühlten sich folglich auch die Römer, denen er begegnete, von ihm ernst genommen, wie auch sie ihn ernstnahmen. Diese Einstellung ist um so bemerkenswerter, als der junge, gerade vier Jahre alte Jesus in Nazareth eine nach populärpsychologischen Kriterien traumatische Kindheitserfahrung hatte. Denn da, im Jahre 4 v. Chr., geschah, was oben bereits verschiedentlich kurz erwähnt wurde – römische Soldaten zerstörten die Nachbarstadt Sepphoris. Der Mann, der diese Zerstörung befehligte, war ein Freund des Tiberius.

Galiläa und der Teutoburger Wald: Ein Freund des Tiberius siegt und stirbt

Gute Beziehungen waren in der römischen Ämterlaufbahn so nützlich, wie sie es heute sind, nur waren sie erheblich weniger anstößig. Vor allem konnte die karrierefördernde Beziehung die eigene Leistung nicht ersetzen. Publius Quinctilius Varus[47] besaß beides, Leistungsfähigkeit und die richtige Frau – und letzteres gleich zweimal: In erster Ehe war er mit einer Tochter des Marcus Vipsanius Agrippa verheiratet, jenes alten Freundes und Weggefährten des Augustus, der in dritter Ehe die Augustustochter Julia geheiratet hatte. Vipsanius Agrippa hatte mit seiner ersten Frau Caecilia Attica die Vipsania Agrippina gezeugt, die zur ersten Frau des Tiberius wurde. Aus seiner zweiten Ehe, mit Marcella, einer Nichte des Augustus, ging die Vipsania hervor, die Quinctilius Varus heiratete. Auf diese Weise wurde Varus zum Verwandten des amtierenden und des künftigen Kaisers. Die enge Beziehung wurde 13 v. Chr. auch öffentlich sichtbar, als Varus und Tiberius, beide Schwiegersöhne von Marcus, gemeinsam das höchste Amt des Staates innehatten, das Konsulat. Später trennten sich zwar Varus und Tiberius von den Vipsaniustöchtern, doch durch die Heirat mit Claudia Pulchra verschlechterte Varus seine Beziehung zum Kaiserhaus keineswegs – denn Claudia war eine Großnichte des Augustus, während die zweite Frau des Tiberius, Julia, die Tochter des Augustus und geschiedene Frau des Vipsanius war. Man blieb sich also verwandtschaftlich verbunden.

Quinctilius Varus war kein sturer Karrieresoldat. Im Umfeld des Augustus wäre das auch schlecht möglich gewesen. Musische, literarische und philosophische Neigungen wurden gepflegt oder mußten zumindest vorgegeben werden. In diesen Kreisen verkehrte auch ein älterer, gleichnamiger Verwandter, mit dem er heute gelegentlich verwechselt wird: Jener Quinctilius Varus (dessen Vorname nicht überliefert ist), der zum Dichterkreis des Maecenas gehörte und ein Freund von Horaz und Vergil war.[48] Auch er hatte, wie so viele in diesem Umfeld, nicht zuletzt Tiberius, seine philosophische Bildung von Theodorus aus Gadara bezogen. Horaz rühmt ihn als erfahrenen Kenner literarischer Formen und Regeln, mit stilsicherem Geschmack und freundschaftlicher Noblesse.[49] In einer seiner Oden (I, 18), dem Lob des Weines und der Mahnung zum maßvollen Genuß, spricht er ihn direkt als Besitzer eines Weinbergs bei Tivoli an: »Varus, pflanze kein anderes Gewächs eher auf dem milden Boden Tiburs und um die Mauern des Catilius als die heilige Rebe.« Und wenig später (I, 24) schreibt er, als Trost für Vergil, die bewegende Totenklage auf den 23 v. Chr. gestorbenen Varus. Von seinen eigenen Werken ist nichts erhalten, und der Würdigung des Horaz zufolge scheint es, daß die Freunde ihn eher als philologischen Ratgeber und unbestechlichen Kritiker schätzten. Auf den Verwandten Publius Quinctilius Varo, auch auf Tiberius und die vielen anderen, die sich im erweiterten Zirkel des Maecenas bewegten, dürfte seine unprätentiöse Art der Wissensvermittlung Eindruck gemacht haben. Wir können es nur vermuten; im Falle des Tiberius zeigen sich die Spuren solcher Begegnungen und Einflüsse vor allem in den literarisch-philosophisch geprägten Jahren vor dem Machtantritt.

Varus, der Beamte und Offizier, wurde 22 v. Chr., im Jahr nach dem Tod seines Namensvetters und Verwandten, Quaestor des Augustus in der römischen Provinz Achaia, also im Gebiet des heutigen Griechenlands. Von dort aus begleitete er Tiberius und den Kaiser auf deren knapp dreijährigen Orientreise, die sie unter anderem nach Ägypten, Kleinasien und in die Provinz Syrien führte. Es war eine Art Inspektionsreise, die einige noch unklare Machtverhältnisse in diesen Regionen erfolgreich klärte, unter anderem sorgte Tiberius 20 v. Chr. in Armenien für eine neue politische Ordnung unter König Tigranes. Wichtiger noch für sein Ansehen unter den Soldaten und in der römischen Bevölkerung war die Wiederherstellung der Ehre Roms im Osten: Tiberius gelang es, von den Parthern die römischen Standarten zurückzuerhalten, die Crassus 53 v. Chr. und Decidius Saxa 36 v. Chr. verloren hatten. Südlich kamen sie schließlich bis in die Gegend von Tyrus und Sidon – ein Gebiet also, das später auch Jesus besuchte.[50] Nach dem Ende der Reise, 19 v. Chr., blieb es um Varus ruhig, bis er mit Tiberius am 1. Januar 13 v. Chr. Konsul wurde und beide zusammen öffentliche Spiele zu Ehren des Augustus ausrichteten.[51] In den dazwischenliegenden Jahren war Tiberius weiter in der Militärverwaltung aktiv, und es ist gut denkbar, daß er den Freund und angeheirateten Verwandten Varus an seiner Seite hatte. Augustus setzte Tiberius 16 v. Chr. für ein knappes Jahr als Statthalter in der unruhigen Provinz Gallia Comata ein, Nordgallien also, wo er die lokalen Stammesfürsten disziplinierte und die römischen Truppen besser auf die andauernde Bedrohung durch die »Barbaren« einstellte. Hier konnte sich das militärische Geschick des sachlichen, emotionslos agierenden Tiberius bewähren, denn die Comata umfaßte das Gebiet verschiedener rivalisierender, wenig romfreundlicher Stämme um Städte wie Lugdunum (Lyon) im heutigen Frankreich, Augusta Raurica (Augst), Aventicum (Avenches) und Noviodunum (Nyon) in der heutigen Schweiz sowie im heutigen Deutschland das später unter Claudius zur Colonia Claudia Ara Augusta Agrippinensium ausgebaute Köln und das von Augustus gegründete Augusta Treverorum (Trier). Aus der Gallia Comata ging Tiberius, womöglich mit Varus, nach Rätien, in das Gebiet der zentralen und südlichen Alpen, das er 15 v. Chr. dem Römischen Reich eingliederte. Bregenz, Kempten und Regensburg wurden zu wichtigen Städten dieser neuen Provinz. Und die stark lateinisch geprägte rätoromanische Sprache im schweizerischen Graubünden sowie das Ladinische, die dritte Amtssprache im modernen Südtirol, sind noch heute ein lebendiges Zeugnis dieses Erfolgs des Tiberius. Das Einzugsgebiet der Vindeliker nahmen sie unterwegs gewissermaßen mit, hier tat sich vor allem Drusus hervor, der jüngere Bruder des Tiberius, der später weit nach Norden vorrückte und sogar noch die Insel Borkum eroberte. Im Gebiet der Vindeliker wurde Jahre später, 6 n. Chr., der bedeutende Legionsstandort Augusta Vindelicorum gegründet – das heutige Augsburg.

Eine Ruhepause trat für Tiberius ein, als 14 v. Chr. sein Sohn Drusus geboren wurde und 13 v. Chr. das gemeinsame Konsulatsjahr mit Varus in Rom beiden Männern den Gipfel der staatlichen Ämterlaufbahn brachte. Besondere Vorkommnisse werden aus diesem Jahr nicht vermeldet, nur eine Anekdote, die dafür spricht, welches Gespür die beiden Konsuln für die Begeisterungsfähigkeit des Volkes hatten: Während der Spiele, die sie nach der Rückkehr des Augustus aus Gallien zu seinen Ehren ausrichteten, trat auch der gerade siebenjährige Gaius, der Sohn der Augustustochter Julia (also der späteren Frau des Tiberius) aus der Ehe mit Vipsanius Agrippa, in einem Trojaspiel auf. Gaius, im Volk längst überaus beliebt, wurde mit lautem Jubel gefeiert, und die Konsuln brachten ihn zur kaiserlichen Loge, wo sie ihn neben Augustus plazierten. Während die Zuschauer in Begeisterungsrufe ausbrachen, zeigte sich Augustus, wie es später die britische Königin Viktoria ausdrückte, »not amused«. Er hatte andere Vorstellungen von der Würde des Festes, des Amtes und der kaiserlichen Familie.[52]

Nach dem Jahr des Konsulats herrscht wieder Schweigen über Varus. Auch Tiberius hatte vorübergehend andere Sorgen, es war die Zeit seiner Scheidung von Vipsania Agrippina. Frisch mit Julia verlobt, wurde Tiberius allerdings gleich wieder in den Krieg geschickt; ob Varus ihn begleitete, können wir nur mutmaßen. Es ging in die pannonischen Gebiete, die sich heute über das österreichische Burgenland, Westungarn und Teile des ehemaligen Jugoslawien südlich und westlich der Donau erstrecken. Hier wurden die Stämme der Breucer und Dalmater vorübergehend unterworfen, und als es 11 v. Chr. mit einer auch der Zivilbevölkerung gegenüber rücksichtslosen Effizienz gelang, die

Donau als Grenze des Römischen Reichs zu sichern, beschloß der Senat, ihm einen Triumph in Rom zu gewähren. Feierlich wurde seine Ehe mit Julia geschlossen, doch Augustus stimmte dem öffentlichen Triumphzug nicht zu; nur die Triumphalornamente wurden ihm verliehen.[53] Einen Beobachter der jüngeren Probleme in diesen Gebieten wundert es nicht, daß dort nicht lange Ruhe herrschte – kaum war Tiberius nach Rom abgereist, brachen die Unruhen in Pannonien wieder auf, und er kehrte zurück, um noch einmal und diesmal noch nachhaltiger für Ruhe zu sorgen. Das Kunststück wurde umgehend gewürdigt: Ein Jahr nach dem Tod des Drusus erhielt Tiberius 8 v. Chr. den Titel eines Imperators.

Mit dieser kaiserlichen Vollmacht wurde er als Oberbefehlshaber nach Germanien geschickt und räumte auch hier mit einer für moderne Verhältnisse brachialen Gründlichkeit unter den Stämmen auf: Vierzigtausend seiner Gefangenen unter den Sugambrern und Sueben übersiedelte er auf das linke Rheinufer, also auf gallisches Gebiet.[54] Heute sind die Schwaben, die sich nicht nur namentlich von ihnen herleiten, wieder auf dem rechten Rheinufer anzutreffen, doch die enge Verbindung mit den linksrheinischen »Elsässern« ging nie ganz verloren. Endlich, am 1. Januar 7 v. Chr., im Geburtsjahr des Jesus von Nazareth, durfte Tiberius daraufhin wenigstens die öffentliche »ovatio« genießen, den kleinen Triumphzug durch Rom – nicht mit Lorbeer bekränzt im Prunkwagen, doch wenigstens zu Pferd und mit dem Myrthenkranz. Im gleichen Jahr wird er zum zweitenmal Konsul, und erst jetzt trennen sich die Karrierewege, die ihn bisher mehr oder weniger eng mit Quinctilius Varus verbunden hatten. Denn während Tiberius erneut für ein Jahr an die germanische Nordgrenze geht, nun auch noch, von Augustus endgültig als potentieller Nachfolger ausgestattet, mit den Ämtern des Prokonsuls über die östlichen Provinzen und vor allem des Volkstribuns – was ihn nach Augustus zum zweithöchsten Amtsträger im Reich macht –, wird Varus Prokonsul der Provinz Afrika.

Es ist ein Name, der mißverständlich klingt, denn zu keiner Zeit umfaßte das Römische Reich den ganzen afrikanischen Kontinent. Unter Augustus und Tiberius war mit der Provinz »Africa proconsularis« vor allem das besiedelte Gebiet des Nordostens gemeint, von der östlichen Kyrenaika im heutigen Tunesien bis nach Ägypten um Alexandria und nilaufwärts bis Numidien als wichtigsten Einzugsbereichen. Kyrene selbst war von Augustus kurz nach der Schlacht von Actium mit Kreta zur neuen Provinz »Kreta und Kyrene« zusammengelegt worden.

Varus trifft hier auf ein Volk, dessen Angehörige ihm schon fünfzehn Jahre früher in der Gegend von Sidon und Tyros und anderswo in der syrischen Provinz begegnet waren: die Juden. Rund um Kyrene, bis hinein in die westliche Provinz Afrika und weiter bis nach Alexandria traten sie allerdings in den Orten und Städten nicht isoliert auf, sondern hatten große und aktive griechischsprachige Gemeinden. Einer der Juden aus diesen Gegenden erscheint in den Evangelien: Simon von Kyrene, der Mann, der Jesus half, das Kreuz zu tragen.[55] Dieser Simon war nicht zufällig in Jerusalem, als Jesus gekreuzigt wurde, denn wie andere jüdische Gemeinden aus der »Diaspora«, der »Zerstreuung« im Römischen Reich, hatten sie ihre eigene Synagoge in Jerusalem.[56] In den Kerngebieten der Provinz Afrika gab es vor allem in den ägyptischen Regionen seit Jahrhunderten jüdische Gemeinden. Auf der Nilinsel Elephantine reichen sie bis ins 8. vorchristliche Jahrhundert zurück.[57] Vor allem Alexandria besaß eine international wirkende jüdische Gemeinde; in ihrem Umfeld entstand im 3./2. vorchristlichen Jahrhundert die »Septuaginta«, die Übersetzung der hebräischen Bibel ins Griechische; hier wirkte der bedeutendste jüdische Philosoph und Theologe der Zeit Jesu und der ersten Christen, Philo von Alexandria (ca. 30 v. Chr. – 50 n. Chr.). Ein herzliches Verhältnis zwischen nichtjüdischen Nordafrikern, Römern und Juden gab es zu dieser Zeit nicht; das Verhältnis war in der Regel von angespannter Toleranz gekennzeichnet, Unruhen konnten schnell unter irgendeinem

Vorwand herbeigeführt werden. So war unter der Kaiserherrschaft des Tiberius dessen Jugendfreund Avillius Flaccus von 32 bis 38 n. Chr. Präfekt von Ägypten, ein Mann, der allem Anschein nach die zunehmende Judenfeindschaft unter der Bevölkerung Alexandrias nicht nur tolerierte, sondern förderte. Philo, der diese Situation in einer eigenen Streitschrift gegen Flaccus ausführlich beschrieb,[58] reiste 39/40 n. Chr. mit einer Delegation nach Rom, um die rechtliche Situation der Gemeinde zu sichern.[59]

Unter Augustus waren antijüdische Vorkommnisse dagegen ausgesprochen selten; kamen sie vor, so wurden sie auf Befehl des Princeps unterbunden und bestraft. Der gleiche Philo, der sich so kritisch gegen die Zustände unter den Kaisern Tiberius und Gaius äußert, rühmt die projüdische Einstellung des Augustus. Quinctilius Varus wird von ihm daher konsequenterweise noch nicht einmal erwähnt, mit ihm gab es keine Probleme. Während seiner zweijährigen Amtszeit als Prokonsul waren die Dinge geordnet, und den Juden ging es gut – so gut, daß Philo mit großem Nachdruck von Augustus als »unserem Heiland und Wohltäter« schreibt.[60] Natürlich weiß der griechischsprachige Philo, was er damit tut: Er überträgt den Retter- bzw. Heilandstitel, der in der griechischen Bibel, der »Septuaginta«, ein Titel Gottes war, auf den Kaiser.[61] Und er tut dies trotz Jesaja 45,21, wo es im griechischen Text ausdrücklich heißt: »Ich bin Gott, und es gibt keinen anderen neben mir; ein Gerechter und Heiland, es gibt keinen außer mir.« Da Philo an anderer Stelle das griechische Wort für Heiland / Retter, *sôtêr*, für Gott benutzt, fällt seine Wortwahl hier natürlich sofort auf.[62] Schwerwiegender noch: Die Verbindung »Heiland und Wohltäter«, die er in der Schrift gegen Flaccus auf Augustus münzt und die es im Alten Testament noch nicht gab, benutzt er auch für Gott selbst: Der ganze Mensch, Leib, Seele, Geist, müsse »dem Heiland und Wohltäter Gott« dargeboten werden.[63] War dieser Philo, der den Kaiser des Prokonsuls Varus so über die Maßen preist, folglich ein Verräter an der Reinheit des jüdischen Gesetzes? Juden, die solche Stellen lasen, mußten sich fragen, wie weit man gehen durfte, um den großen Augustus zu rühmen. Es war da wohl aus der Sicht der Frommen auch keine ausreichende Absicherung, wenn – durchaus zurecht – darauf hingewiesen werden konnte, wie diese Verbindung von Heiland und Wohltäter auf Inschriften zu Ehren des Augustus längst offiziell geworden war:[64] Bereits Julius Cäsar war 47 v. Chr. auf einer in Athen gefundenen Inschrift als »Heiland und Wohltäter« bezeichnet worden.

Augustus selbst, der – wie wir schon sahen – im lateinischsprachigen Westen, vor allem in Rom selbst, die Verehrung seiner Person und seiner Familie so weit wie möglich unterband, ließ im griechischsprachigen Osten, also in der Welt von Jesus und Philo, den Dingen freien Lauf. Dort galt er zum Beispiel als »Heiland [Retter] der Bürger und Wohltäter aller Menschen«.[65] Ähnlich, zum Teil noch kühner, ging es nach Augustus weiter. Auch Tiberius, dessen Herrschaftszeit sich spürbar auf das Leben und Denken Philos und der nordafrikanischen Juden auswirkte, wurde als »Wohltäter und Heiland« und als »Retter des Kosmos«, also der Welt, gefeiert. Ähnliches geschah Kaiser Claudius. Nero und Titus – der Zerstörer Jerusalems und des Tempels – wurden zum »Heiland und Wohltäter der Ökumene«, was hier wohl die ganze bewohnte Welt meint.[66] Inschriften sind nicht alles: Wollen wir Philo und sein Umfeld verstehen, dann müssen wir auch ein Schreiben des Germanicus an die Bewohner von Alexandria zur Kenntnis nehmen. Denn Germanicus, ein Neffe des Tiberius, der 19 n. Chr. Ägypten bereiste, nannte darin seinen Onkel und Kaiser ganz formell den Heiland und Wohltäter.[67] Philo von Alexandria hätte sich also gegen den Vorwurf, Gottes Einzigartigkeit relativiert zu haben, mit dem Hinweis auf solche offiziellen Titulaturen verteidigen können – in gewisser Weise zitierte er einfach nur, was er um sich herum vorfand.

Ein fragwürdiger Beigeschmack bleibt dennoch, denn die Juden, die kurz nach Philos Tod die Schriften verfassen, aus denen später die Sammlung des Neuen Testaments wurde, gehen ganz anders vor. Der Heilandstitel gilt hier ausschließlich Gott und Jesus. Die Tatsache, daß im Römischen Reich die Kaiser so bezeichnet wurden, spielt keine Rolle. Weder als Titel noch als Zitat oder Höflichkeitsform kommt der Begriff als Bezeichnung eines der im Neuen Testament direkt oder indirekt auftretenden Kaiser – Augustus, Tiberius, Claudius, Nero – vor. Das heißt selbstverständlich nicht, daß diese Autoren davon nichts wußten. Jesus selbst spielte darauf an, als er von den Machthabern sagte, sie werden »Wohltäter« genannt (Lukas 22,25) – nur lassen er und der Berichterstatter Lukas für alle Zuhörer und Leser überdeutlich erkennbar den anderen Teil der Formel aus, den »Heiland«.[68] Die jüdischen Autoren der neutestamentlichen Schriften treffen eine bewußte Entscheidung: Heiland, Retter, *sôtêr*, kann nur einer sein: Gott und seine Inkarnation, Jesus der Christus. Vor allem Lukas fordert die kaiserzeitliche Verehrungswelt geradezu heraus: In seiner Geschichte der Geburt Jesu wird zwar Augustus ausdrücklich mit dem Titel »Kaiser« erwähnt (2,1), doch Heiland und Retter ist Gott (1,47) und das gerade erst geborene Kind der Maria, Jesus (2,11). So gesehen ist Lukas – und mit ihm die anderen Autoren des Neuen Testaments – jüdischer und traditionsbewußter als der pragmatisch und politisch kompromißbereit denkende Philo von Alexandria.

Varus hatte sich in der Provinz Afrika bewährt. Ein Mann, der wie sein Freund und Kollege Tiberius als Soldat und Beamter seine Aufgaben erledigte, ohne viel Aufhebens um sich und seine Leistungen zu machen, wurde nun an anderer Stelle gebraucht: Dort, wo es unruhiger zuging – in der Provinz Syrien. Augustus gab ihm 6 v. Chr. das Amt des Legaten »pro praetore«, er hatte also den militärischen Oberbefehl und das politische Amt des Provinzgouverneurs inne. Vom Amtssitz Antiochia aus hatte er ein Gebiet zu verwalten, das neben dem heutigen Syrien auch Teile der Türkei, den Libanon, Irak, Jordanien und Israel umfaßte. Konkret hieß das, nun wieder in antiker Terminologie, daß die zahllosen Probleme der Vasallenkönige und Tetrarchen, der freien oder teilfreien Reichsteile auf seinem Tisch landeten. Bürokratischer Ärger gehörte zum Alltagsgeschäft, und er erledigte die anstehenden Dinge in bewährter, unauffälliger Weise, bis der mittlerweile siebzigjährige, todkranke Herodes der Große, ein alter Freund seines Dienstherrn Augustus, seine Hilfe benötigte. Der intrigante Antipater, sein ältester Sohn, stand im Verdacht, seine Ermordung zu planen. Aus Rom zurückgekehrt, trat Antipater vor Herodes, doch dieser war nicht allein. So liest sich das in der Beschreibung des Josephus:

»Er betrat den Königspalast, doch ohne seine Freunde, denn die waren am ersten Tor in verletzender Weise abgewiesen worden. Im Inneren befand sich gerade Varus, der Statthalter von Syrien. Antipater aber ging zu seinem Vater hinein, nahm seine ganze Frechheit zusammen und näherte sich dem König, um ihn zu umarmen. Der aber streckte seine Hände vor, neigte den Kopf zur Seite und schrie laut auf: ›Gehört auch das noch zum Vatermörder, mich umarmen zu wollen, ein Mensch, gegen den so schwere Anklagen erhoben werden? Verdirb, du ruchloses Haupt, und berühre mich nicht, es sei denn, du könntest dich der Wucht der Anklagen entziehen! Ich gewähre dir ein ordentliches Gericht und als Richter Varus, der gerade zur rechten Zeit gekommen ist.«[69] Varus übernahm den Vorsitz des Gerichts. Josephus beschreibt das Ende: »Als Varus nun Antipater aufforderte, sich zu verteidigen, blieb jener am Boden liegen und sagte nichts weiter als nur: ›Gott ist mein Zeuge, daß ich unschuldig bin.‹ Varus ließ dann das Gift kommen und gab es einem der [anderen] zum Tode verurteilten Gefangenen zum Trinken. Der starb auf der Stelle, und Varus hatte daraufhin eine geheime Unterredung mit Herodes. Er schrieb noch über die Gerichtsverhandlung an den Kaiser und reiste einen Tag später ab.«[70] Schließlich traf aus Rom die Bestätigung des Todesurteils ein, obwohl Augustus mitteilen ließ, er sei auch mit einer Verbannung einverstanden, falls dies dem Vater (Herodes also) lieber sei. Herodes, mittlerweile selbst mehr tot als lebendig, erfuhr, daß Antipater seine Bewacher mit

Geld dazu bringe wollte, ihn freizulassen. Sofort ließ er das Todesurteil vollstrecken. Die Hinrichtung des Sohnes war seine letzte Tat, fünf Tage später war Herodes tot. Und damit begannen die Probleme des Varus und der Juden.

Herodes hatte seine Nachfolge zwar noch testamentarisch geregelt, doch da er dabei frühere Verfügungen änderte, hatten seine drei Söhne ihre eigenen Vorstellungen. Vor allem die beiden Söhne der Samaritanerin Malthake, Antipas, dem Galiläa und Peräa zugedacht waren, und Archelaus, der König von Judäa werden sollte, wandten sich an den Kaiser in Rom. Archelaus hatte vor seiner Romreise zum Passafest in Jerusalem und im Tempel noch schnell dreitausend Aufständische, die sich gegen seine intransigente Machtverwaltung in Judäa wehrten, von Soldaten umbringen lassen.[71] Philippus dagegen, Sohn von Herodes' fünfter Frau, der Kleopatra von Jerusalem, war mit seiner Gebietszuteilung – der Gaulanitis, der Batanäa und einiger kleinerer Randgebiete – vergleichsweise zufrieden. So entstand vor allem in den Kernlanden ein Machtvakuum. Als Archealus noch in Rom war, brach in Judäa eine neue Revolte aus. Varus, der sich dort gerade aufhielt, beendete sie schnell, beging aber den Fehler, zu früh nach Antiochia zurückzukehren. Gegen ausdrücklichen Befehl übernahm der römische Finanzprokurator der Provinz Syrien, Sabinus, das Kommando der von Varus in Jerusalem zurückgelassenen Legion, provozierte die Juden, um sie anschließend noch grausamer bestrafen zu können, und suchte unterdessen nach den Geldern des Herodes, die er für den Kaiser und sich selbst (seine Prioritäten waren möglicherweise umgekehrt) requirieren wollte. Damit hatte er sich übernommen: Zum Passafest 4 v. Chr. kamen, wie üblich, Zehntausende von Juden aus dem ganzen Reich in Jerusalem zusammen; sie taten sich mit den Jerusalemern zusammen, nahmen die befestigten Anlagen der Stadt ein und belagerten Sabinus in seiner Residenz, dem Palast des Herodes.

Sabinus begriff schnell, daß er mit seinen Truppen unterlegen war, und schmuggelte eine Botschaft an Varus, er möge ihn doch bitte schnell aus der Lebensgefahr retten. Im letzten Augenblick verschanzte er sich im befestigten Phasaelturm (dessen Reste noch heute neben dem Jaffator als Teil der sogenannten Davidszitadelle zu sehen sind) und befahl seinen Truppen im Vertrauen auf den anrückenden Varus, den Kampf zu eröffnen. Nach großen Verlusten auf beiden Seiten zogen sich die Juden zum Tempel zurück, und von dort aus schienen sie dank ihrer Ortskenntnisse und ihrer Bogenschützen die Oberhand zu gewinnen. Doch dann legten die Römer unbemerkt Feuer im Bereich der Hallen des Tempels. Das Dach stürzte ein, und die dort stationierten jüdischen Kämpfer kamen um. Die Römer nutzten die Gunst des Augenblicks, töteten die anderen und sahen zu, wie viele sich ins eigene Schwert stürzten, um den Soldaten des Sabinus nicht in die Hände zu fallen. Schließlich fanden die Römer den Tempelschatz. Sabinus nahm sich, was er wollte, auch die Soldaten bedienten sich.

In anderen Teilen Jerusalems war der Kampf jedoch noch längst nicht beendet. Kaum war Sabinus wieder in seinem Wehrturm, wurde er dort erneut belagert. Auf die Drohung der Juden, man werde den ganzen Palast anzünden, liefen viele der Soldaten zu ihnen über. Zur gleichen Zeit stellten sich dreitausend ehemalige Soldaten des Herodes auf die Seite der Römer. Es nützte Sabinus nichts, der Belagerungsring wurde enger, unterirdische Gänge wurden angelegt, um ins Innere der Palastburg zu gelangen. Inzwischen sammelte Varus zwei Legionen und verschiedene Hilfstruppen in Akko. Vor allem die prorömischen Einheiten des Königs Aretas von Petra machten gerne mit – für sie war es eine willkommene Gelegenheit, dem Volk des verhaßten Herodes Schaden zuzufügen. Als Varus Jerusalem erreichte, hatten die Juden dort längst von den Verheerungen des Feldzugs gehört, der mehrere Städte zwischen Akko und Jerusalem in Schutt und Asche gelegt hatte. Sie sahen das siegreiche Heer vor der Stadt und beendeten sofort die Belagerung. Erstaunlicherweise rächte sich Varus nicht an den Jerusalemer Juden, er war wohl doch zu genau über die Vorgänge und die auslösende Schuld seines eigenen Mannes, des Sabinus, informiert. Im Verhör der jüdischen Anführer verzichteten diese ihrerseits geschickt darauf, die Römer zu beschuldigen, und behaupteten, die auswärtigen Pilger hätten die Revolte ausgelöst, sie selbst seien eigentlich wie die Römer die Belagerten gewesen. Sabinus ließ sich nicht sehen – er hatte sich heimlich an die Mittelmeerküste abgesetzt, und Varus beließ es dabei. Jerusalem und seine Juden blieben verschont. Umso erbarmungsloser ging er gegen die Aufständischen in Judäa und Galiläa vor.

Hier hatte Varus schon auf dem Marsch nach Jerusalem einiges zu tun gehabt. Der oben bereits erwähnte Judas Sohn des Ezechias marodierte in Galiläa. Ein Hirte namens Athronges zog mit seinen vier Brüdern raubend durch Judäa. In Peräa tat sich ein gewisser Simon hervor, der einst ein Sklave des Herodes gewesen war. Alle drei liebäugelten mit der Königswürde, Simon krönte sich einfach selbst. Das alles hatte kaum etwas mit tief empfundenen religiösen Vorstellungen zu tun: Ein Messias wollte keiner dieser Anführer sein, auch wenn der eine oder andere Bauer, der sich ihnen anschloß, nun eine Befreiung vom Joch der Römer erhofft haben mag und damit die Sehnsucht nach dem militärisch siegreichen Messias aus dem Stamme Davids verbunden haben könnte. Josephus, der noch im Rückblick neunzig Jahre später mit spürbarem Abscheu über diese Entwicklungen schrieb, traf den Nagel wohl auf den Kopf, als er von Räuberbanden sprach: »So war Judäa eine wahre Räuberhöhle, jeder, der sich mit einer Bande von Revoluzzern zusammentat, wollte sich zum König machen und ging dann daran, die Gesellschaft zu zerstören, wobei sie den Römern nur unbedeutenden Schaden zufügten, das größte Gemetzel aber unter ihren eigenen Landsleuten anrichteten.«[72]

Varus zeigte sich auch hier wieder, wie bereits als Prokonsul von Afrika, als Freund der rasch hergestellten Ordnung, aber jedenfalls nicht als Feind der Juden. Flavius Josephus, dem wir so gut wie alle Informationen über diese Vorgänge verdanken, war ein sorgfältiger Sammler aller antisemitischen Äußerungen und Vorfälle.[73] Wäre ihm irgend etwas zu Ohren gekommen, das auch nur annähernd als judenfeindlich zu verstehen gewesen wäre, dann hätte er sein Bild des Varus nicht geschönt. Er schrieb zwar seine beiden Hauptwerke, den *Jüdischen Krieg* und die *Jüdischen Altertümer*, als Historiker am Hof des Kaisers in Rom, aber er betrieb keine verfälschend prorömische Propaganda. Den Juden (die ihn allerdings so gut wie gar nicht lasen) das Verhalten Roms und den Römern das Verhalten der Juden zu erklären war sein eigentliches Ziel. Und das hieß: Für ihn war nicht jeder Römer ein guter Römer, und nicht jeder Jude ein guter Jude. Die Beschreibung des Feldzugs, den Varus nach dem Hilferuf des Sabinus unternahm, bestätigt diesen Eindruck. Vom provisorischen Hauptquartier in der Küstenstadt Akko, die damals noch Ptolemais hieß (vgl. Apostelgeschichte 21,7), schickte er einen Teil der Truppen unter Führung des Freundes Gaius nach Galiläa. Gaius marschierte nach Südosten und erreichte nach gut 35 km die erste größere Stadt – Sepphoris. Die Stadt war bereits 63 v. Chr. zu einem römischen Verwaltungssitz geworden, und als später Herodes der Große mit Genehmigung des Augustus in Galiläa freie Hand hatte, ließ er sich dort nieder und machte sie 38 v. Chr. zu seinem nördlichen Hauptquartier. Zum legitimen Ziel eines Angriffes wurde Sepphoris für Varus, weil Judas ausgerechnet hier unter den Gegnern des Herodessohnes und Nachfolgers Antipas viele Anhänger gefunden hatte. Gefährlich war das für die Römer vor allem wegen der ausgezeichneten strategischen Lage der Stadt. Gaius nahm sie ein, zerstörte sie gründlich und verkaufte die Bevölkerung in die Sklaverei.[74] Da sich die Revoltierenden im gesamten Einzugsgebiet von Sepphoris aufhielten, zog Gaius mit Sicherheit auch durch die umliegenden Ortschaften im strategisch ebenfalls wichtigen Hügelland. Vor allem die zur Via Maris hin günstig liegenden Städte Nazareth und Jafia können ihm kaum entgangen sein. Hier bekam der dreijährige Jesus mit Joseph, Maria und den Geschwistern seinen ersten Anschauungsunterricht in der bewährten römischen Kampftaktik: Hausdurchsuchungen, Gefangennahmen, die eine oder andere Tötung eines Aufständischen, der sich der Verhaftung mit todesmutigem Widerstand entziehen wollte. Varus hatte jedoch offenbar keine Rundumschläge befohlen. In Galiläa blieb Sepphoris die einzige Stadt, die unter seinem Befehl zerstört wurde. Die Botschaft war ohnehin deutlich genug: Es lohnte sich nicht, gegen die Römer eine Rebellion zu beginnen.

Varus selbst war zur gleichen Zeit nach Samaria aufgebrochen – die Stadt, die von Herodes zu Ehren des Augustus in »Sebaste«, griechisch also die »Erhabene«, lateinisch »Augusta«, umbenannt worden war. Hier stellte sich schnell heraus, daß sich keine Rebellen niedergelassen hatten, und so – auch dies wieder charakteristisch für ihn – schonte er die Stadt und ihre Bevölkerung. Die eigentlichen Greuel wurden während der Niederschlagung des Aufstandes von den arabischen Bundesgenossen des Aretas von Petra begangen: »Mit Brand und Mord war alles erfüllt, und nichts widerstand den Räubereien der Araber«, schreibt Josephus.[75] Varus zerstörte nur eine weitere Stadt, jenes Emmaus, das in den siegreichen Makkäberkriegen 160 Jahre zuvor eine wichtige Rolle gespielt hatte und nicht mit dem Emmaus der Auferstehungsgeschichte im Lukasevangelium verwechselt werden darf.[76] Hier ging es um eine Strafaktion, denn die Aufständischen unter Athronges hatten bei Emmaus kurz zuvor einen römischen Verpflegungstrupp unter dem Centurio Arius umzingelt, Arius selbst und vierzig seiner Soldaten mit ihren Bögen niedergeschossen und die anderen nur entkommen lassen, weil ein Kontingent aus Sebaste anrückte. Als Varus Emmaus zerstörte, waren die Bewohner jedoch bereits geflohen.[77] Nach dieser Aktion rückte er auf Jerusalem vor, und was dort geschah, haben wir bereits gesehen. Anschließend kümmerte er sich um die verbliebenen Rebellennester. Nach alter römischer

Art ließ er fast 2000 Hauptschuldige kreuzigen, ließ die Mitläufer aber nur in Gefangenschaft bringen.[78] In Idumäa hatte er es noch mit 10 000 bewaffneten Aufständischen zu tun, die sich allerdings ergaben, ehe es zu Kampfhandlungen kam. Wieder zeigte Varus sich als abwägender Offizier und Sachwalter des Römischen Reichs. Nur die Anführer ließ er gefangennehmen und schickte sie zur Aburteilung nach Rom. Alle anderen begnadigte er und veranlaßte, daß die arabischen Alliierten aus dem Bündnis entlassen wurden. Sie waren, so kommentiert Josephus, nicht die Art von Bundesgenossen, auf die ein Römer stolz sein konnte – sie hätten den Krieg nur nach eigener Begierde geführt und aus Haß gegen Herodes das Land weit über das militärisch Notwendige hinaus geschädigt.[79]

So entsteht ein Bild des Publius Quinctilius Varus, das mit dem zum Gespött des deutschen Volkslieds gewordenen Verlierer gegen Arminius den Cherusker nicht mehr viel gemein hat. Während Tiberius noch immer sein freiwilliges Philosophenexil auf Rhodos genoß, blieb Varus von Antiochia aus Herr der Lage. Augustus bestätigte die testamentarische Nachfolgeregelung des Herodes. Archelaus, dem Varus vertraute, übernahm Judäa, erwies sich jedoch schnell als Unterdrücker seines Volkes und kränkte die Frommen, als er die Witwe seines Halbbruders Alexander heiratete. Eine Delegation reiste nach Rom zu Augustus, um mit offener Revolte zu drohen, falls Archelaus nicht abgesetzt würde. Wie sich Varus dazu verhielt, erfahren wir nicht. Auch er dürfte von seinem Protegé enttäuscht gewesen sein, stimmte möglicherweise der Delegation sogar zu und hat es wohl mit Erleichterung zur Kenntnis genommen, daß Judäa nach der Absetzung und Verbannung des Archelaus 6 n. Chr. zu einer direkt Rom unterstehenden Provinz wurde, die mit Coponius ihren ersten eigenen Präfekten erhielt. Noch immer war er zwar der Hauptverantwortliche für die ganze Großregion, aber die grobe Arbeit in Judäa, Samaria und Jerusalem hatte nun ein anderer zu tun, ein erfahrener Mann des Militärs. Von den Herodessöhnen

Antipas und Philippus, denen Galiläa und die Gaulanitis mit ihren angrenzenden Gebieten unterstanden, hatte er keine Probleme zu erwarten. Vor allem Philippus, der räumlich seinem syrischen Amtssitz am nächsten war, hatte sich, wie wir oben sahen, schnell als zuverlässiger Partner der Römer erwiesen. So blieb es in den historischen Quellen einige Jahre ruhig um Varus, ehe er 7 n. Chr. wieder in ein Unruhegebiet versetzt wurde, das er bereits gut kannte: Als Legat des Augustus ging er nach Germanien.

Sein alter Freund und Kampfgefährte Tiberius war fünf Jahre zuvor von Rhodos nach Rom zurückgekehrt, war am 26. Juni 4 n. Chr. von Augustus adoptiert worden, hatte den Namen »Tiberius Julius Caesar« erhalten und galt nun als der Nachfolger des Kaisers. Auf germanischem Gebiet wären er und Varus sich fast noch begegnet, denn kurz nach seiner kaiserlichen Adoption zog er in Richtung Weser, um verschiedene Stämme zu unterwerfen, die gegen Rom aufbegehrten. Im Jahr 5 n. Chr., als Varus die Früchte der in den jüdischen Gebiete wiederhergestellten Ruhe genoß und der junge Jesus im Jerusalemer Tempel mit den Schriftgelehrten debattierte, rückte Tiberius bis nach Anreppen bei Paderborn an die Lippe und weiter an die untere Elbe vor, wo er im Bardengau die Langobarden besiegte. Dort traf er auf die römische Flotte, die von der Nordsee aus elbaufwärts gerudert war und das Heer mit frischen Lebensmitteln versorgte.[80] Tiberius war nicht der erste Römer an der Elbe, doch was er hier erlebte, wird vom zeitgenössischen Senator und Historiker Velleius Paterculus (ca. 20 v. Chr. – ca. 35 n. Chr.) sehr anschaulich anhand einer kleinen Erzählung geschildert:

> Unser Heer hatte am diesseitigen Ufer der Elbe das Lager aufgeschlagen, auf dem gegenüberliegenden Ufer glänzten die Waffen der feindlichen Kämpfer, die bei jedem Manöver unserer Schiffe sofort zurückwichen. Einer der Barbaren, ein älterer Mann von stattlicher Größe und, wie seine Kleidung

zeigte, von hohem Rang, stieg in ein Boot, wie dort üblich ein ausgehöhlter Baumstamm, und ruderte damit allein bis in die Mitte des Flusses. Von dort aus bat er darum, ungefährdet zum von uns besetzten Ufer kommen und den Caesar sehen zu dürfen. Das wurde ihm erlaubt. Daraufhin ruderte er den Kahn ans Ufer und sah Caesar lange schweigend an. Schließlich sagte er: »Unsere jungen Leute sind nicht bei Sinnen, denn sie verehren in eurer Abwesenheit eure Göttlichkeit, wenn ihr aber da seid, dann zeigen sie eher Angst vor euren Waffen, anstatt sich eurem Schutz anzuvertrauen. Ich aber habe heute, dank eurer wohlwollenden Erlaubnis, die Götter gesehen, von denen ich vorher nur gehört hatte. Einen glücklicheren Tag habe ich in meinem Leben weder erhofft noch erlebt.« Nachdem ihm gestattet worden war, Caesars Hand zu berühren, stieg er wieder in sein Boot und ruderte an sein Ufer zurück, wobei er Caesar pausenlos anblickte.[81]

Tiberius, erst seit der Adoption durch Augustus als Caesar stilisiert, wird hier als Gott angestarrt. Der Alte kannte den Altar, den Lucius Domitius Ahenobarbus einige Jahre früher zu Ehren von Augustus am Elbufer errichtet hatte.[82] Und nun erklärt er, daß der Kaiser in Rom von seinen jungen Leuten wohl nicht nur an diesem Altar als Gottheit (lateinisch *numen*) verehrt wird. Der leibhaftig vor ihm stehende (Adoptiv-)Sohn Tiberius Iulius Caesar verkörpert für ihn diese Gotteswürde, und so kann er dann auch den Plural gebrauchen: »Ich aber habe heute die Götter *(deos)* gesehen.« Der alte Adlige, vielleicht eher ein ostelbischer Semnone als ein Langobarde, zeigt mit seinem Verhalten zweierlei: welches hohe Ansehen die Römer auch unter den sogenannten Barbaren haben konnten, die sich noch mit ausgehöhlten Baumstämmen über die Flüsse bewegten, und wie weit der Kaiserkult in dieser sehr ernsthaften Form göttlicher Verehrung auch in den kaum richtig eroberten Nordosten des Reichs bereits zu Lebzeiten des Augustus gedrungen war. Daß die ehrfürchtige Gottesverehrung auch den Feldherrn Tiberius einbezog, war neu. So war nun jedenfalls er selbst, und sei es auch nur aus dem Munde eines »Barbaren«, zum Gott des Altars erhoben worden.

Tiberius zog bis nach Böhmen weiter, mußte aber dort mit dem Stammesfürsten Marbod Frieden schließen, um mit dem ungeheuren Aufwand von fünfzehn eilends zusammengestellten Legionen neue, schwere Unruhen bei den Pannoniern und Dalmatern unterdrücken zu können, die er schon vor langer Zeit, und wie es da noch schien erfolgreich, ruhiggestellt hatte. Doch der Balkan war bereits damals anders als andere Regionen. Zwischen 8 und 9 n. Chr. gelang es ihm in einer Reihe zermürbender Scharmützel, die aufständischen Völker zu besiegen. So hatte er keine Zeit, Kontakt mit Varus zu suchen, der weiter nordwestlich seinen Aufgaben nachging, und mußte hilflos hören, wie sein Verwandter die größte Katastrophe in der Geschichte des frühen Kaiserreichs herbeiführte.

Varus kümmerte sich links und rechts des Rheins zügig um die ungeregelten Belange der Zivilverwaltung, der Rechtsprechung und der Steuereinnahmen; er war in diesen Dingen längst ein unbestechlicher Routinier. Was dann geschah, ist in der Forschung nach wie vor leidenschaftlich umstritten. Schon die ältesten Quellen zeichnen kein eindeutiges Bild, obwohl sie rückblickend keinen Zweifel am schuldhaften Versagen des Varus lassen und mit einer gewissen Folgerichtigkeit bereits die Verantwortung für die Anfänge des Untergangs bei ihm suchen. Wer vor Augen hat, wie umsichtig und nüchtern dieser Mann bis dahin in schwierigen Situationen und höchsten Ämtern gehandelt hatte, mag allerdings wohl zu recht skeptisch sein, wenn in der *Römischen Geschichte* des Cassius Dio, der im 3. Jahrhundert n. Chr. schreibt und trotz der großen zeitlichen Distanz eine der wichtigsten Quellen bleibt, zu lesen ist, Varus sei in seinen Verwaltungsmaßnahmen zu schnell vorgegangen, habe die Menschen behandelt, als seien sie Sklaven der Römer und habe Geld aus ihnen gepreßt, als seien sie unterworfene Nationen, so daß die Völker östlich der Rheingebiete nach Wegen suchten, ihn mit vorgespielter Nachgiebigkeit in eine Falle zu locken.[83] Der Varus der bisherigen, erfolgreich-umsichtigen Karriere ist in einer solchen Beschreibung ebensowenig wiederzuerkennen wie in der polemischen Bemerkung des Velleius Paterculus, der seine Beschreibung der Niederlage mit folgendem Aphorismus einleitet: »Als armer Mann betrat er das reiche Syrien, und als reicher Mann verließ er das arme Syrien.«[84]

Die historische Wirklichkeit dürfte nüchterner und zugleich nicht weniger grausam gewesen sein. Und hier hat auch Tiberius wieder einen Auftritt. Denn bei dessen Kampagne in Germanien war von 5 bis 8 n. Chr. ein gewisser Arminius der Führer der germanischen Hilfstruppen, ein Cheruskerfürst, der schon 8 v. Chr. als junger Mann nach Rom gekommen war, dort im Umfeld des Augustus erzogen wurde und von 4 bis 6 n. Chr. als Tribun im römischen Heer diente. Er tat dies alles offenbar freiwillig und überdurchschnittlich gut, denn Augustus verlieh ihm den Rang eines Ritters und das römische Bürgerrecht. Der Germane war zum Römer geworden. Wo lag nun seine Loyalität? War er im Zweifelsfall Cherusker oder Römer, hochgeehrter Untertan des Augustus und Waffengefährte des Tiberius oder Stammesfürst zwischen Rhein und Weser? Kann ein Römer, ein römischer Ritter und Offizier, tatsächlich gegen seine Mitoffiziere in den Krieg ziehen? Und falls ja, welche Gründe wären gut genug für einen solchen Verrat? Es scheint, daß die Einführung des römischen Straf- und Steuerrechts, die Varus auch rechtsrheinisch in den noch nicht sicher eroberten Gebieten praktizierte und die immerhin dem Arminius bestens vertraut und bis dahin keineswegs unangenehm waren, allenfalls als Vorwand diente für das größere Ziel: oberster Führer aller germanischen Stämme zu werden und ein eigenes Reich dort zu errichten, wo die Römer sich noch nicht etabliert hatten. Alle Maßnahmen des Arminius, hinter dem Rücken des Varus Bundesgenossen für eine Abtrennung von den Römern zu finden, sprechen dafür. Einen römerfreundlichen Stammesfürsten wie Boiocalus, den Anführer der Ampsivarier, ließ er in Ketten legen.[85] Arminius wurde damit keineswegs zum großen Hoffnungsträger der Germanen; allzu viele fühlten sich auf der Seite der Römer wohl. Noch nach dem Sieg gegen Varus scheiterte er bei dem Versuch, den Markomannen Marbod, mit dem Tiberius zuvor einen Waffenstillstand geschlossen hatte, zum Marsch gegen die in Mainz verbliebenen römischen Truppen zu bewegen: Er schickte ihm den abgeschlagenen Kopf des Varus, doch Marbod blieb lieber romtreu und leitete den Kopf an Augustus weiter, der ihn bestatten ließ.[86]

Auch unter seinen eigenen Cheruskern hatte Arminius nicht nur Freunde. Segestes, auch er ein Stammesfürst, warnte Varus mehrmals, auch noch in der Nacht vor dem verhängnisvollen Marsch, und riet, Arminius und dessen Mitverschwörer gefangenzusetzen; ohne Anführer werde es keine Revolte geben.[87] Hier beging der sonst so umsichtige Varus den einen und entscheidenden Fehler: Er konnte sich nicht vorstellen, daß ein Vertrauter des Tiberius, ein römischer Bürger und Ritter, zum Verräter werden könnte, selbst wenn er immer noch ein Cherusker war. In gewisser Weise wirft auch dies noch ein positives Licht auf Varus. Dieser Mann war so sehr staatstreuer und soldatisch denkender Römer, daß er für die Informationen des Segestes nur Unverständnis aufbringen konnte. Der angebliche Aufstand, von dem Arminius erzählt hatte und zu dessen Niederschlagung er Varus benötigte, sei nur erfunden, um ihn eine Falle zu locken – solche Warnungen waren für Varus schlicht nicht glaubhaft.[88] Er verließ mit drei Legionen, sechs Auxiliarkohorten und drei Reiterschwadronen das Sommerlager an der Weser und marschierte in Richtung des Teutoburger Walds. Die ausführliche Beschreibung des Hinterhalts und der tagelangen Niedermetzelung, die sich bei Cassius Dio findet, wird von anderen – älteren – Historikern weder bestätigt noch widerlegt. Velleius Paterculus bietet nur wenige Einblicke; vor allem Tacitus und Sueton fallen durch geradezu vornehme Zurückhaltung auf, sie wollten ihren Lesern die Details des Gemetzels ersparen, bei dem es so gut wie keine Überlebenden auf römischer Seite gab. 20 000 römische Soldaten, die Hälfte der gesamten Rheinarmee, waren gefallen. Varus stürzte sich in das eigene Schwert: der Ehrentod des besiegten römischen Offiziers.

Die alte Frage nach dem tatsächlichen Ort des Geschehens scheint inzwischen befriedigend geklärt zu sein: Wie schon Theodor Mommsen vermutet hatte, war es die Gegend von Kalkriese bei Osnabrück.[89] Noch andauernde Ausgrabungen, die durch die Funde eines in Deutschland stationierten britischen Offiziers und Amateurarchäologen ausgelöst wurden,[90] haben einschlägiges Material zutage gefördert, darunter Sonderprägungen von Münzen mit den Namen des Varus und den Gesichtsschutz eines römischen Offiziers. Auf einer dieser Münzen ist ein Porträt des Augustus mit der lateinischen Umschrift »FDIVIPATERPATRIAE« zu sehen, also »Filius Divi, Pater Patriae« – Sohn des Göttlichen (des zum Gott erhobenen Julius Caesar), »Vater des Vaterlandes«. Ein Museum am Ort zeigt und erläutert die Fundstücke.[91] Wichtiger als die exakte Ortslage sind allerdings die Zusammenhänge und Konsequenzen.

Augustus ließ sich voller Verzweiflung Bart und Haare wachsen, schlug immer wieder den Kopf gegen die Wände seines Palastes und rief die mittlerweile geflügelten Worte aus: »Quintili Vare, legiones redde«: »Quinctilius Varus, gib die Legionen zurück!« In seinen verbleibenden fünf Lebensjahren verbrachte er jeden Jahrestag der Niederlage in Schwermut und Trauer.[92] Tiberius ging an den Rhein, übernahm die Position des Varus und konsolidierte die Positionen der demoralisierten römischen Truppen. Erst zwei Jahre nach der Niederlage riskierte er zusammen mit Germanicus einige Erkundungen im Gebiet zwischen Rhein und Weser.

Die germanischen Stämme entzogen sich dem erfahrenen Kommandeur, der die Stärken und Schwächen des Arminius bestens kannte, erst 12 n. Chr. kam es zu ersten ernsthafteren Auseinandersetzungen, die zugunsten der Römer ausgingen. Ohne Verluste kehrte Tiberius ins Winterlager zurück. Einen Rachefeldzug befahl Augustus nicht. Der Verlust der drei Legionen in einem Gebiet, das außer landwirtschaftlichen Nutzflächen westlich und östlich der Elbe nichts Reizvolles zu bieten hatte, schmerzte zu tief, als daß er weitere Soldatenleben aufs Spiel setzen wollte. Tiberius ordnete die Verhältnisse in Gallien, beendete einen Aufstand in der Stadt Vienne und kehrte nach Rom zurück, wo er den längst fälligen großen Triumph feierte, der ihm wegen seiner Siege in Pannonien und Dakien gewährt worden war. Der Senat beschloß auf Wunsch des Augustus ein Dekret, mit dem Tiberius das »Imperium proconsulare maius« erhielt, womit ihm im ganzen Reich, in allen Provinzen und allen Armeen die gleichen Vollmachten erteilt wurden, wie sie sein Adoptivvater Augustus besaß. Das war 13 n. Chr., als Jesus in Nazareth sein Geld als Bauhandwerker verdiente und wohl mehr als einmal im prachtvoll wiederaufgebauten Sepphoris ins Theater ging.

Das germanische Geschäft blieb Germanicus überlassen, der zwei Jahre später – nun schon unter dem Oberfehl des seit 14 n. Chr. amtierenden neuen Kaisers Tiberius – zum Schauplatz der Varusschlacht vorrückte, um die Überreste der Gefallenen würdig zu bestatten.[93] Seine anschließenden Versuche, Arminius und seine Verbündeten zu unterwerfen, scheiterten. Auch Germanicus verlor mehr als eine Auseinandersetzung. Als er den prorömischen Cherusker Segestes aus einer Wehranlage des Arminius befreite und dabei dessen schwangere Frau Thusnelda gefangennahm, begann Arminius den Krieg gegen Germanicus, der 16 n. Chr. zu einer Serie von römischen Niederlagen führte. Nur knapp entging Germanicus schließlich dem Schicksal des Varus. Die Römer hatten in ihrem Schüler ihren Meister gefunden. Weitere zwei Jahre später, 17 n. Chr., neun Jahre bevor Pontius Pilatus Präfekt von Judäa wurde, gab Tiberius alle Versuche einer Osterweiterung des Römischen Reiches auf. Mit dem Ausbau des Limes wurde die Grenze gezogen und befestigt.

Arminius seinerseits wollte die Ernte seines Ruhmes einfahren und sich zum König machen; doch das ging den Germanen zu weit, es kam zu einem Überfall, und er wurde, siebenunddreißig Jahre alt, von seinen eigenen Leuten umgebracht. Der römische Historiker Tacitus scheute sich nicht, ihn als Heroen zu besingen: »Unbestritten der Befreier Germaniens, forderte er das römische Volk nicht in den ersten Anfängen seiner Macht heraus, wie andere Könige und Heeresführer es getan hatten, sondern in der höchsten Blüte des Reiches, in den Schlachten mit wechselndem Erfolg, im Kriege unbesiegt.«[94] Arminius' Rolle ist umstritten, und mit Verwunderung nimmt man zur Kenntnis, daß zwischen 1676 und 1910 nicht weniger als 76 verschiedene Opern über Hermann den Cherusker aufgeführt wurden, von den immerhin literarisch bedeutsamen Theaterstücken eines Kleist und Klopstock nicht zu reden.[95] Festzuhalten bleibt aber auch, daß jener Mann, der an Nazareth vorbeigezogen war und dessen Soldaten das benachbarte Sepphoris zerstört hatten, am anderen Ende des Römischen Reichs unfreiwillig zur endgültigen Grenzziehung des nordöstlichen Imperiums beitrug.

In späteren Jahrhunderten hatte das für die Nachfolger des Jesus von Nazareth schwerwiegende Folgen: Die Christianisierung endete am Limes. Erst spät, unter Karl dem Großen und mit Missionaren wie Bonifatius, wurden Schritt für Schritt auch die östlichen, germanischen und slawischen Gebiete von der Jesusbotschaft erreicht. Es fehlte ein halbes Jahrtausend, und was dann kam, war oft eher eine Christianisierung mit dem Schwert als mit der Bibel. Die Menschen in den Gebieten östlich des Limes hatten keine Zeit, in den christlichen Glauben auch kulturell hineinzuwachsen, er wurde ihnen oft gegen ihren erklärten Willen gebracht und nicht selten aufgezwungen. So ist es vielleicht eine Ironie der Geschichte, daß Martin Luthers Infragestellung mancher Fehlentwicklungen der römisch-päpstlichen Kirche von

Wittenberg ausging, mitten in einem Gebiet, das nie einen Römer gesehen hatte und nie etwas davon erfahren hatte, was römische und dann römisch-christliche Prägung bedeuten konnten. Als Luther und Kaiser Karl V. auf dem Reichstag in Worms den endgültigen Bruch feststellten, geschah dies an einem Ort, der als »Borbetomagus« genau auf der Linie lag, an der das Römische Reich einst seine östliche Grenze gezogen hatte.

4 Meuterer und Rebellen: Der Kaiser und seine Gegner von Gallien bis Judäa. Ein Zwischenspiel.

Sub Tiberius quies. / Unter Tiberius war Ruhe.

Tacitus, Historien 5,2

Denn wir sind nicht klug ausgedachten Mythen gefolgt, als wir euch die Macht und das Kommen unseres Herrn Jesus Christus verkündeten, sondern wir waren Augenzeugen seiner Majestät. Denn er empfing von Gott, dem Vater, Ehre und Herrlichkeit, durch eine Stimme, die von der erhabenen Herrlichkeit zu ihm kam: ›Dies ist mein Sohn, der von mir geliebte, an dem ich Wohlgefallen gefunden habe‹.

Petrus, Zweiter Brief, 1,16-17

Götter und fromme Herren

Tacitus, den viele für den größten römischen Historiker halten, verachtete Tiberius von Herzen. Sein Urteil über den Nachfolger des Augustus ist gekennzeichnet von einer oft bösen, verzerrenden Polemik. Tiberius erscheint als verächtlicher Tyrann, als ein Mann, der sich mit zunehmendem Alter in Ausschweifungen, Lastern und Blutrünstigkeit verlor und erst darin seinem eigentlichen Wesen *(ingenium)* folgte.[1] Überhaupt war Tacitus davon überzeugt, daß schon mit dem Prinzipat des Augustus die freiheitlich-republikanische Zeit, die Rom moralisch groß und politisch zur Weltmacht werden ließ, in knechtische Dekadenz übergegangen sei. Auch die Kaiservita des trotz aller zum Teil polemischen Kritik wenigstens gelegentlich um mehr Objektivität bemühten Sueton und die entsprechenden Abschnitte in der von Cassius Dio im 3. Jahrhundert sehr kritisch, aber mit manchen Ergänzungen verfaßten *Römischen Geschichte* helfen kaum, Tiberius gerecht zu beurteilen. Vieles muß man zwischen den Zeilen lesen, und bis zum Jahr 29 n. Chr. hilft wenigstens das 2. Buch der *Römischen Geschichte* des Tiberiusfreundes Velleius Paterculus, Positiveres zu erfahren. Um so erstaunlicher ist der Satz, den Tacitus kurz vor 110 n. Chr. in seinen *Historien* veröffentlichte, in einem kurzen Abriß der jüdischen Geschichte unter den Römern bis zur Schilderung des Zerstörung des Tempels 70 n. Chr. Es ist einer seiner seiner kürzesten und falschesten Satze: »Unter Tiberius herrschte Ruhe«, *sub Tiberio quies.*

Gerade die Herrschaftszeit des Tiberius war in den jüdischen Gebieten eine Epoche hoch angespannter Nervosität. Es waren Krisenjahre in einer kritischen Zeit: Die Völker, die das Römische Reich sich unter dem Princeps Octavianus Augustus, des Diktators auf Lebenszeit Julius Cäsar und deren republikanischen Vorgängern einverleibt hatte, beobachteten gespannt, wie der erste veritable Kaiser mit ihnen umgehen würde. Sollte die Monarchie ihnen neue Freiheiten gewähren? Ist es denkbar, daß man unter dem Dach des wohlgesinnten Allherrschers zu neuer Selbständigkeit kommt – um ein Wort von Charles de Gaulle über Europa abzuwandeln, zu einem »Empire des patries«, einem »Reich der Vaterländer«? In den ersten Jahren des Wechsels von Augustus auf Tiberius ging es darum, sich möglichst geschickt zu positionieren. Die jüdischen Gebiete machten da keine Ausnahme. Drei Präfekten versuchten in jenen Jahren, von Caesarea aus die von Tacitus nachträglich herbeigeschriebene Ruhe zu schaffen: Annius Rufus (12–15 n. Chr.,), den Tiberius noch von Augustus übernommen hatte, Valerius Gratus (15–26 n. Chr.) und Pontius Pilatus (27–37 n. Chr.). Wie wenig schon vor den unrühmlichen Amtsjahren des Pilatus jener innere Friede bewahrt wurde, den Augustus noch mit Mühe hergestellt hatte, zeigt eine Information über den ersten von Tiberius eingesetzten Präfekten, Valerius Gratus. Er setzte nicht weniger als drei Hohepriester ab, bis er im Schwiegersohn des Hohenpriesters Hannas (auch Annas genannt), jenem Joseph Bar Quajfa, den wir in der griechischen Namensform als Kaiaphas kennen, 18 n. Chr. endlich den Mann fand, der Rom gegenüber willfährig genug war – so willfährig, daß später selbst ein Judenfeind wie Pontius Pilatus bestens mit ihm auskam.[2]

Tiberius hatte 14 n. Chr. ein im Grunde unmögliches Erbe übernommen. Die Position des ersten Mannes im Staate war alles andere als klar; auch wenn wir in diesem Buch dem allgemeinen Sprachgebrauch folgen und Augustus als »Kaiser« bezeichnen, ist das nur eine rückblickende Übereinkunft, die zu seiner Zeit weder für ihn noch für Tiberius wörtlich zu nehmen war. Als Monarchen verstanden sich beide nicht. Genauer ist eine Bezeichnung, die in den antiken Dokumenten benutzt wird: »Princeps«. Auch hier hat sich daraus später zwar in fast allen westlichen Sprachen das Adelsprädikat »Prinz« entwickelt, doch zu

Zeiten von Augustus und Tiberius war hier nicht etwas Hochadliges oder Monarchisches gemeint, sondern das Amt dessen, der wörtlich die erste Stelle einnimmt, und zwar in republikanischer Tradition die des ersten im Senat, des »princeps senatus«. Er war derjenige, der als erster in den Sitzungen des Senats sprach und als erster seine Stimme abgab. Augustus war 28 v. Chr. in das Amt des »Princeps senatus« gewählt worden und 27 v. Chr. zum »princeps civium«, dem Ersten der Bürger. Erst daraus entwickelte sich bei Augustus die einfache Form »Princeps« für den Alleinherrscher als erstem Mann im Staate, und so nannte er sich dann gelegentlich auch selbst.[3] Daher hat sich in der Geschichtsschreibung der Begriff »Prinzipat« für die Anfänge der römischen »Kaiserzeit« eingebürgert, und nur vor diesem Hintergrund ist es sinnvoll, schon die ersten beiden »Principes«, Augustus und Tiberius, als Kaiser zu bezeichnen. Im übrigen herrschte grundsätzlich eher Bescheidenheit, die bei Tiberius noch ausgeprägter war als bei seinem Vorgänger.

Augustus führte nach seiner testamentarischen Adoption durch Julius Cäsar 44 v. Chr. den Namen Gaius Iulius Caesar, bis zu diesem Zeitpunkt hatte er Gaius Octavius geheißen und wurde von anderen gelegentlich Octavianus genannt. Ab 40 v. Chr., dem Jahr, in dem sein Adoptivvater vom Senat zum *Divus* gemacht wurde und er damit folglich der *Filius Divi*, der Sohn des Vergöttlichten wurde, der im griechischsprachigen Osten *Hyios Theou*, Sohn Gottes, hieß, nannte er sich formell »Imperator Caesar Divi Filius«. Die nächste Steigerung folgte am 16. Januar 27 v. Chr.: Der Senat verlieh ihm den Ehrentitel »Augustus«, der bis heute fast wie ein Eigenname gebraucht wird. Knapp einen Monat nach seinem Tod, am 17. September 14 v. Chr., erhielt auch Tiberius diesen Titel und nannte sich Tiberius Caesar Augustus. »Augustus«, griechisch »Sebastós«, wird häufig etwas verharmlosend als »der Erhabene« übersetzt, ist jedoch in Wirklichkeit ein sakraler Begriff, den der Historiker Cassius Dio in diesem Sinne erläutert: »Er nahm den Titel ›Augustus‹ an, was bedeutete, daß er mehr als menschlich war, denn alle am höchsten geachteten und heiligen Dinge hießen ›augusta‹.«[4] Im lateinischsprachigen Rom hatte der Begriff eine heilige Aura, denn er wurde erstmals angewandt, um ein Götterzeichen zu benennen, das der Gründung Roms vorausging.[5] Beide, der Imperator Caesar Divi Filius Augustus und Tiberius Caesar Augustus, trugen folglich einen Ehrentitel, der weder ein Personenname noch eine politische Rangbestimmung war, sondern eine religiöse Bezeichnung. Das haben sie mit Jesus von Nazareth gemeinsam, der seit fast zweitausend Jahren »Christus« genannt wird, als sei dies sein zweiter Eigenname, während es tatsächlich schon seit dem Alten Testament ein religiöser Titel ist, der den »Messias« kennzeichnet – hebräisch den »Meschiách«, griechisch den »Christós«, wörtlich den Gesalbten (Gottes).

Damit nicht genug: Wie wir bereits oben im 2. Kapitel kurz sahen, wurde Augustus am 5. Februar 2 v. Chr. noch der Ehrentitel »Pater Patriae«, Vater des Vaterlandes, verliehen, den er besonders gerührt entgegennahm.[6] Er schätzte diese Ehre so hoch ein, daß er sie an den Schluß seines eigenen, reichsweit verbreiteten Tatenberichts stellte.[7] Auch dieser Titel war eine bewußte Erinnerung an den Stadtgründer Romulus, der den Beinamen »Vater« trug.[8] Für die Zeitgenossen hatte diese Bezeichnung im lateinischen Westen und griechischen Osten wie »Augustus« einen religiösen Klang. Zeus war Vater, griechisch *patêr*, der Gott der Juden war Vater (Deuteronomium / 5. Mose 32,6; 2. Samuel 4,17; Jesaja 9,5, Jeremia 3,19, Maleachi 2,10, u. a. m.), und Jesus, der unter Augustus Geborene, begann das jüdischste aller Gebete in den Evangelien mit dem Wort Vater – so wichtig ist diese Anrede, daß wir auf deutsch auch heute noch gegen den üblichen Sprachgebrauch das Hauptwort an den Anfang stellen: »Vater unser im Himmel«.[9] Seneca, ein Zeitgenosse des Paulus, mit dem er in Rom Briefe gewechselt haben soll, faßt dieses Augustusbild in seiner Schrift *Über die Güte* zusammen: »Daß er ein Gott ist, glauben wir nicht deswegen, weil man es uns befohlen hätte, daß Augustus ein guter Princeps war, daß der Name Vater gut zu ihm paßte, bekennen wir aus keinem anderen Grund, als weil er sogar gegen ihn gerichtete Beleidigungen [...] ohne Grausamkeit verfolgte, weil er Schmähungen gegen sich mit einem Lächeln beantwortete, weil offen sichtbar wurde, daß er selbst Buße auf sich nahm, wenn er Buße forderte.«[10] Tiberius sollte den Titel eines Vaters des Vaterlandes bereits im September 14 n. Chr. erhalten, also nicht wie sein Vorgänger aufgrund eigener Verdienste nach langer Amtszeit, sondern schon am ersten Tag, bei seiner Erhebung zum Augustus. Er lehnte ab und weigerte sich auch bei späteren Anlässen, ihn anzunehmen. Seine Zurückhaltung gegenüber diesen Formen öffentlicher Ehrung wurde sprichwörtlich, hinderte allerdings die Menschen in den Provinzen nicht daran, gelegentlich solche Inschriften aufzustellen.[11] Mit Augustus gemeinsam hatte er jedenfalls eine von Seneca als göttlich und väterlich hervorgehobene Eigenschaft: »Spöttisches Gerede, üble Nachrede und ehrenrührige Gedichte über sich und die Seinen konnten ihn keiner Weise aus der Ruhe bringen«, schreibt Sueton; »so sagte er mehrmals, in einem freien Staatswesen müßten auch die Zunge und der Geist frei sein.«[12]

Noch deutlicher wird das religiöse Denken an einer anderen Stelle – denn Tiberius bezeichnete sich zwar nie als Vater seiner Untertanen oder als Vater des Vaterlandes, aber doch als guter Hirte: Als seine Statthalter ihm vorschlugen, in den Provinzen die Steuern zu erhöhen, antwortete er schriftlich, es sei die Aufgabe eines guten Hirten, die Schafe zu scheren, und nicht, sie zu enthäuten.[13] Das Bild des guten Hirten erscheint nicht erst in der biblischen Überlieferung. Darstellungen des Zeussohnes und Götterboten Hermes sind erhalten, in denen er als guter Hirte einen Widder auf den Schultern trägt, Hermes wurde geradezu zum Gott der Hirten. Homer besingt ihn so in einem Hymnus, und auch Hesiod trug schon um 750 v. Chr. wesentlich zur Verbreitung dieser Vorstellung bei.[14] Da die Provinzen, an deren

Gouverneure Tiberius schrieb, gerade im Süden und Südosten Länder umfaßten, in denen ein solcher Kult weitverbreitet war, konnten die Adressaten die Anspielung durchaus verstehen. In der Provinz Syrien und in Judäa, deren Legaten und Präfekten zwar solche Hermesbilder vor Augen standen, die aber wohl kaum die Schriften des Alten Testaments kannten, war in der jüdischen Bevölkerung ganz selbstverständlich ein anderer Hirte der wahrhaft gute: Gott selbst. »Siehe, da ist euer Gott«, heißt es beim Propheten Jesaja (40,9-11), »siehe, da ist Gott der Herr! Er kommt gewaltig, und sein Arm wird herrschen. Siehe, was er gewann, ist bei ihm, und was er sich erwarb, geht vor ihm her. Er wird seine Herde weiden wie ein Hirte. Er wird die Lämmer in seinem Arm sammeln und im Bausch seines Gewandes tragen und die Mutterschafe führen.«[15] »Der Herr ist mein Hirte, mir wird nichts mangeln«, beginnt der 23. Psalm. Und König David, der Ahnvater des erwarteten Messias, war von Beruf Hirte.

Der Davidnachkomme als messianischer Hirte findet sich ausdrücklich beim Propheten Hesekiel: »Und mein Knecht David soll ihr König sein und der einzige Hirte für sie alle.« (Hesekiel 37,24)[16] In der Geschichte des Jesus von Nazareth wird das von Anfang an aufgegriffen: Jesus ist gerade erst geboren, da sind es die Hirten von Bethlehem, die vor allen anderen die Botschaft erfahren: »Und es waren Hirten in derselben Gegend auf dem Felde bei den Hürden«, heißt es in der Übersetzung nach Martin Luther in Lukas 2,8-11, »die hüteten des Nachts ihre Herde. Und der Engel des Herrn trat zu ihnen, und die Klarheit des Herrn leuchtete um sie; und sie fürchteten sich sehr. Und der Engel sprach zu ihnen: ›Fürchtet euch nicht! Siehe, ich verkündige euch große Freude, die allem Volk widerfahren wird; denn euch ist heute der Heiland geboren, welcher ist Christus, der Herr, in der Stadt Davids.‹«[17] Als Nachfahre Davids und davidischer Messias übernimmt Jesus später das Hirtenbild wie selbstverständlich. Ein Wort ragt unter anderen heraus: »Ich bin der gute Hirte. Der gute Hirte gibt sein Leben hin für die Schafe.

Der Tagelöhner aber, der nicht Hirte ist und dem die Schafe nicht gehören, sieht den Wolf kommen und verläßt die Schafe und flieht – und der Wolf raubt und zerstreut sie –, denn er ist ein Tagelöhner, und ihm liegt nicht an den Schafen. Ich bin der gute Hirte und kenne die Meinen, und die Meinen kennen mich, wie mich der Vater kennt, und ich kenne den Vater. Und ich lasse mein Leben für die Schafe. Und ich habe andere Schafe, die nicht aus diesem Gehege sind; auch sie muß ich führen, und sie werden auf meine Stimme hören, und sie werden sein: eine Herde, ein Hirte.« (Johannes 10,11-17) Der griechische Satz unterstreicht, wer der wahre Vater-Gott ist und wie Jesus hier seine eigene Hirtenrolle gegen die vielen anderen Hirten stellt, die sich das rettende Amt nur anmaßen: *Egô eimi* heißt es da, »*ich* bin«, ich, kein anderer. Selbst wenn man annimmt, daß Jesus in dieser Szene nicht griechisch, sondern aramäisch sprach, ergibt die Rückübersetzung den gleichen Akzent: *ana hu*, »*ich* bin« – so kann man es in den alten aramäischen Übersetzungen, den »Targumim« lesen, z. B. in Deuteronomium / 5. Mose 32,39. Auch die hebräische Entsprechung, *ani hu*, steht natürlich dahinter. »Ich bin es«: Das ist die uralte Selbstbeschreibung Gottes, die Jesus für sich in Anspruch nimmt.[18]

Schon der gute Hirte Tiberius bewegte sich also, um es vorsichtig zu sagen, in einer ebenso ambivalenten wie vielschichtigen Vorstellungswelt. Niemand konnte damals im Bereich der Kulte und Religionen einen Schritt tun oder ein Wort sagen, ohne sofort an den vorherrschenden Ideen und Idealen gemessen zu werden, ohne sich ihnen anzupassen oder sie bewußt herauszufordern. Selbst seine Kritiker gestanden Tiberius dabei zu, ein frommer Herrscher gewesen zu sein. Er schien darin über das übliche Maß hinausgegangen zu sein, denn zum Zeitpunkt seiner Adoption durch Augustus gab es in einigen Kreisen die Überlegung, ihm den Beinamen »Pius«, der Fromme, zu geben.[19] Als Augustus gestorben war, förderte er nachhaltig dessen Verehrung als Gott, ließ zahlreiche Tempel und Altäre errichten und tat dies wohl nicht nur aus öffentlich zu zelebrierender Dankbarkeit, sondern aus innerster Überzeugung. Jedenfalls brachte er Augustus sogar in seinem privaten Haushalt Opfer dar.[20] »Er ernannte ihn nicht zum Gott, er machte ihn dazu, durch seine fromme Verehrung«, heißt es bei Velleius Paterculus, der zugleich mit offensichtlicher Freude hinzufügt, daß unter Tiberius der Glaube *(fides)* im öffentlichen Leben wiederhergestellt wurde.[21]

Gespielt war das alles sicherlich nicht. Im Gegenteil: Für Tiberius war diese Art des frommen Glaubens eine Kraftquelle. Sie erlaubte es ihm, auch anderen Religionen und Frömmigkeiten mit souveräner Geste gegenüberzutreten. Vor allem sein Verhältnis zu den Juden war – ganz ähnlich wie bei seinem Vorgänger Augustus – frei von antisemitischen Tendenzen. Auch hier galt das Gesetz und die Staatsräson, »law and order«. Ein aufsehenerregendes Ereignis schien die gewünschte Balance zu gefährden, und es ist geradezu verblüffend, wie die jüdischen Kommentatoren damit ganz anders umgingen als die Römer, die darüber schrieben: Die Vertreibung von mehreren tausend Juden aus Rom im Jahr 19 n. Chr. Tacitus, der erklärte Tiberiusverächter, berichtet darüber so: »Es wurde über die Vertreibung der ägyptischen und jüdischen Kulte verhandelt, und es kam zu einem Senatsbeschluß, daß 4000 Freigelassene, die von diesem Aberglauben infiziert waren, soweit sie vom Alter her geeignet waren, auf die Insel Sardinien gebracht werden sollten, um dort die Räuberbanden zurückzudrängen, und falls sie dabei am schlechten Klima zugrunde gingen, sei das ein unbedeutender Verlust. Die übrigen sollten Italien verlassen, sofern sie nicht bis zu einem bestimmten Datum ihre gottlosen Gebräuche aufgegeben hätten.«[22] Bei Sueton liest sich das zwar im Detail ganz anders, aber die Tendenz ist dieselbe: »Fremde Religionen, die ägyptischen und jüdischen Riten, unterdrückte er und zwang die hartnäkkigen Anhänger dieser Aberglauben, ihre religiösen Kleidungsstücke und Gerätschaften zu verbrennen. Die Jugend der Juden verteilte er unter der Vortäuschung des Kriegsdienstes auf Provinzen mit ungünstigem Klima. Die anderen dieses Volkes und solche, die ähnlichen Sekten folgten, verjagte er aus Rom, unter der Strafandrohung ewiger Versklavung, falls sie ihm nicht gehorchten.«[23] Der jüdische Zeitgenosse Philo von Alexandria kommt dagegen zu einer völlig anderen Einschätzung: Der von Tacitus mit einer hohen Zahl und grausamen Begleitumständen und von Sueton als antiägyptischer und antisemitischer Vertreibungsakt beschriebene Vorgang kommt bei ihm nur am Rande, ohne Details und mit einer völlig anderen Schuldzuweisung vor: Verantwortlich sei Sejan gewesen, der Präfekt der Prätorianergarde. Nach einer Beschreibung der Ereignisse unter Augustus schreibt er: »Daher hütete sich jedermann überall, auch ohne von Hause aus den Juden wohlgesonnen zu sein, irgendwelche ihrer Einrichtungen zu zerstören, und genauso verhielt es sich unter Tiberius, obwohl die Dinge in Italien unruhiger wurden, als Sejan seine Attacken durchführte. Er [Tiberius] erkannte nämlich die Wahrheit – nach dem Tod des Sejan war es ihm sofort klar, daß die Anklagen gegen die jüdischen Bewohner Roms falsche Nachreden gewesen waren, die von ihm [Sejan] erfunden wurden, weil er das [jüdische] Volk ausrotten wollte. […] Und er beauftragte seine Prokuratoren an allen ihren Amtssitzen, in den verschiedenen Städten wohlwollend zu unserem Volk zu sprechen und zu versichern, daß die Strafmaßnahmen sich nicht gegen alle richteten, sondern nur gegen die Schuldigen, die nur wenige waren, und keine der althergebrachten Tradition zu beeinträchtigen, sondern sie vielmehr als treuhänderisch anvertrautes Gut zu betrachten, die Menschen als von Natur aus friedfertig und die Einrichtungen als Formen des Einflusses anzusehen, die ein gesittetes Verhalten fördern.«[24] Die Darstellung des Philo dürfte historisch den Kern der Zusammenhänge treffen, auch wenn er die Vorgänge in Rom spürbar schonend beschreibt.

Als vierter Berichterstatter tritt schließlich der in römischen

Diensten arbeitende jüdische Historiker Flavius Josephus auf, der wie Philo vor Sueton und Tacitus schreibt: Er bietet die ausführlichste Darstellung, und auch er sieht keinen Anlaß, Tiberius persönlich zu tadeln. Zuerst erläutert er detailliert die skandalösen Vorgänge im Tempel der Isis, die in der Bestrafung der Ägypter gipfelten, von der seine römischen Kollegen Tacitus und Sueton nur im Vorübergehen sprechen.[25] Und dann geht er auf die Unruhen ein, die zur Vertreibung der Juden führten. Ein gewisser Jude, ein gottloser Mensch, wie Josephus ihn nennt, war aus dem Heimatland nach Rom geflohen, weil er zu Hause wegen einiger Gesetzesbrüche mit Strafe zu rechnen hatte. In Rom spielte er sich als kundiger Ausleger der Tora auf und tat sich mit drei Gleichgesinnten zusammen. Es gelang ihnen, eine Adlige namens Fulvia, die zum Judentum konvertiert war, dazu zu bringen, Purpur und Gold für den Tempel nach Jerusalem zu schicken. Die vier Männer übernahmen die Wertsachen, behielten sie aber zur eigenen Bereicherung. Als Fulvia dahinterkam, informierte ihr Mann, der mit Tiberius befreundete Senator Saturninus, den Kaiser. Daraufhin befahl Tiberius, die Juden aus Rom auszuweisen. Die Konsuln wählten viertausend Juden aus, die sie als Soldaten nach Sardinien schickten. Die meisten aber, so fährt Josephus fort, weigerten sich aufgrund ihres Gesetzes, Kriegsdienst zu leisten (zudem hatte Julius Cäsar die Juden vom Kriegsdienst befreit), und wurden hart bestraft. Er schließt: »Und so wurden wegen der Schlechtigkeit jener vier Männer die Mehrzahl [der Juden] aus Rom verbannt.«[26] Wie es scheint, wurde die Frau, um die es ursprünglich ging, Fulvia, die sowohl Jüdin als auch Römerin war, nicht aus der Stadt vertrieben.

Nimmt man diese Darstellung des Josephus ohne Zwischentöne, dann scheint die Maßnahme des Tiberius ziemlich überzogen. Die ganze rätselhafte Geschichte klärt sich auf, wenn wir den fünften Historiker zu Wort kommen lassen, den aus Nicaea in Bithynien stammenden Cassius Dio, der als letzter von allen schreibt. Hier wird nun deutlich ausgesprochen, was bei

Sueton, Tacitus und Josephus nur zu ahnen ist, bei Philo sich aber noch nicht einmal andeutungsweise findet. Cassius Dio faßt alles in einem einzigen Satz zusammen: »Da die Juden in sehr großer Zahl nach Rom gekommen waren und zahlreiche Einwohner zu ihren Glaubenswegen bekehrten, verbannte er [Tiberius] die meisten von ihnen.«[27] Vielleicht war es also in der Tat so, daß die missionarische Tätigkeit der jüdischen Immigranten auch ohne die verbrecherischen Umtriebe einiger weniger vor allem in Kreisen des stadtrömischen Adels für Unruhe sorgte.[28] Tiberius, erklärtermaßen ein Mann der öffentlichen Ordnung und des sozialen Friedens, könnte hier einen Grund zum Handeln gesehen haben. Wie viele Juden tatsächlich exiliert wurden, bleibt unklar. Philo von Alexandria, der von allen noch am nächsten an den Ereignissen war, scheint von einer wirklichen, tiefgreifenden Vertreibung nichts zu wissen. Da viele Juden das römische Bürgerrecht besaßen, könnten sie allenfalls nach entsprechenden Gerichtsverfahren ausgewiesen worden sein; davon ist nicht die Rede. So dürfte hier »die meisten«, von denen Josephus und Cassius Dio schreiben, allenfalls die Mehrzahl der ausländischen Juden meinen sowie die Freigelassenen, die nicht das volle Bürgerrecht besaßen und von denen die Wehrfähigen, will man Tacitus und Sueton glauben, in eine Art Militärdienst nach Sardinien geschickt wurden. Und nimmt man die Meinung des Judenfeindes Tacitus aus, dann ist von einem Antisemitismus des Tiberius keine Rede, nicht einmal bei den beiden jüdischen Kommentatoren Philo und Josephus. Die Schuld sehen sie alle allein beim Prätorianerpräfekten Sejan, der uns weiter unten noch beschäftigen wird. Spätestens nach dessen Hinrichtung dürften die ausgewiesenen Juden mit Genehmigung des Tiberius, der die Ungerechtigkeit der Ausweisung erkannt hatte, zurückgekehrt sein.[29]

Die Situation der Juden im Rom des Tiberius macht allerdings noch etwas anderes sichtbar: Ein Kaiser, dem die öffentliche Ruhe fast über alles geht, kann Probleme damit bekommen, zwischen gerechtfertigten und intrigant übertriebenen Vorwürfen schnell genug zu unterscheiden. Davon waren anderswo auch andere betroffen.

Ein Mordfall und andere Unannehmlichkeiten

Tiberius hatte zum Zeitpunkt seiner Erhebung durch den Senat keine Rivalen. Die »tribunicia potestas«, die tribunizische Gewalt, einer der Ecksteine des imperialen Machtgebäudes, war ihm schon im Jahr seiner Adoption 4 n. Chr. für zehn Jahre verliehen worden, dann, 13 v. Chr., als Augustus seinen Tod ahnte, erneut und diesmal unbegrenzt. Zwar konnte Augustus dem Senat nicht befehlen, Tiberius zu seinem Nachfolger zu machen, doch der Wille war eindeutig und wurde respektiert. Gleiches galt für eine andere Verfügung: Der vier Jahre jüngere Bruder des Tiberius, Drusus, war 9 v. Chr. in den Germanenkriegen bei Mainz gefallen, und Tiberius hatte 4 n. Chr. dessen ältesten Sohn, Germanicus, zu adoptieren. Damit stellte Augustus sicher, daß nicht der jüngere Drusus in der weiteren direkten Nachfolge stand, der Sohn des Tiberius aus der ersten, von Augustus geschiedenen Ehe mit Vipsania Agrippina. Warum er das tat, ist nicht eindeutig zu klären – es sei denn, man will auch hierin die langfristige dynastische Planung des ersten Augustus erkennen.

Auch wenn er alles tat, um seit 4 n. Chr. den Weg des Tiberius in das höchste Staatsamt zu ebnen, so war dieser Tiberius doch keineswegs die erste Wahl gewesen: Ganz offensichtlich hätte er Lucius und Gaius bevorzugt, seine Enkel aus der Ehe der Tochter Julia mit Agrippa, die jedoch 2 bzw. 4 n. Chr. starben.[30] Das war kein Geheimnis, und so trat Tiberius das Amt zwar in der Tat ohne Rivalen und mit dem Segen des verstorbenen Princeps an, war aber mit dem Makel der personifizierten Notlösung behaftet. Vor allem seine herausragenden und unbestrittenen militärischen Verdienste und die hohe, philosophisch ausgebildete Intelligenz sicherten ihm jedoch den Respekt, den er in den Anfangsjahren benötigte.

Ein Mordfall erregte schon kurz nach der Amtsübernahme großes Aufsehen. Agrippa Postumus, ein Enkel der Julia und des Vipsanius Agrippa, geboren nach dem Tod Agrippas und von Augustus 4 n. Chr. adoptiert, war wegen einiger ungeklärter Vorfälle am Kaiserhof zwei Jahre später in die Verbannung geschickt worden. Kurz vor seinem Tod versöhnte sich Augustus möglicherweise wieder mit ihm anläßlich eines Besuchs auf der Exilinsel Planasia bei Elba, nahm ihn allerdings nicht in sein Testament auf. Livia, die Frau des Augustus, die allem Anschein nach die Verbannung forciert hatte, ließ ihn unmittelbar nach dem Tod des Augustus umbringen, vielleicht, um den einzigen denkbaren Konkurrenten ihres leiblichen Sohns Tiberius aus dem Weg zu räumen; andere Kommentatoren meinen, Augustus habe die Ermordung noch selbst angeordnet. Ein Kriminalfall, der bis heute ungelöst blieb. Selbst Sueton, der nie Mühen scheute, den Verästelungen der kaiserlichen Begebenheiten nachzuspüren, beließ es dabei; niemand weiß, wer den Mordbefehl erteilte. »Den Tod des Augustus gab man nicht eher bekannt, bis der junge Agrippa getötet worden war«, schreibt Sueton. »Ein Militärtribun, der ihm als Leibwächter zur Seite gestellt worden war, tötete ihn, nachdem er die schriftliche Order mit der Anweisung gelesen hatte, so zu handeln.« Hinsichtlich der Order besteht Zweifel, ob der sterbende Augustus sie erlassen hatte, um einem Tumult nach seinem Tod die Grundlage zu entziehen, oder ob Livia sie im Namen des Augustus diktierte, wobei unklar ist, ob Tiberius davon wußte. Tiberius antwortete dem Tribun, der ihm den Vollzug des Befehls meldete, er habe den Befehl nicht gegeben, und er – der Tribun – müsse sich vor dem Senat verantworten. Er tat das wohl nur, um üble Nachrede zu vermeiden. Denn bald brachte er die Angelegenheit durch Stillschweigen in Vergessenheit.[31] Auf Rat des Sallustius Crispus, eines Großneffen des berühmten Historikers, wurde die Sache jedenfalls nicht vor den Senat gebracht, man einigte sich darauf, den Mord ungeklärt zu lassen und zur Tagesordnung überzugehen. Auf diese Weise gelang es immerhin, Augustus und Tiberius aus einem denkbaren Skandal herauszuhalten, der das Erbe des einen und den Neubeginn des anderen überschattet hätte.

Käme es heute zu einem Indizienprozeß, hätte Tiberius alle Chancen, freigesprochen zu werden. Schon die Tatsache, daß ihm der Bericht über den Vollzug der Ermordung vor Zeugen überbracht wurde – was sich aus der Darstellung des Sueton und des Tacitus ergibt –, spricht natürlich dagegen, daß er selbst der Auftraggeber war. Auch Sallustius Crispus, der Tacitus zufolge das für uns anonyme Schreiben an den Militärtribun überbrachte, scheidet als eigentlicher Auftraggeber aus; er wäre der letzte gewesen, der sich vom Tod des Agrippa Vorteile erwartet hätte. Livia hatte, trotz aller Gerüchte, gegen den Willen ihres Mannes keine Möglichkeit, einen Mordauftrag gegen seinen Adoptivsohn zu erteilen. So wird man wohl annehmen müssen, daß Augustus selbst der Veranlasser war. Entweder war das *codicillum*, oben als »Order« übersetzt, das den Tribun zur Durchführung der Tötung brachte, der eigentliche Befehl, oder er war die Mitteilung vom Tod des Augustus, mit dem ein im vorausgegangenen Frühjahr von Augustus bei dessen Besuch auf der Insel Planasia persönlich hinterlegter oder kurz danach geschickter Mordauftrag für den Zeitpunkt seines Todes in die Tat umgesetzt wurde.[32] Tatsächlich läßt sich zeigen, daß eine solche Aktion des Augustus in weiser Voraussicht geschehen wäre. Denn kaum war Agrippa Postumus tot, wäre es einem gewissen Clemens, einem Sklaven des Hingerichteten, beinahe gelungen, einen Bürgerkrieg anzuzetteln. Dieser Clemens hatte auf die Nachricht vom Tod des Augustus zuerst versucht, zur Insel Planasia zu fahren, Agrippa aus dem bewachten Exil zu entführen und zu den germanischen Heeren zu bringen. Ob er damit bezweckte, mit dem Kronprätendenten an der Spitze germanischer Truppen auf Rom zu marschieren, wissen wir nicht; es kam auch nicht dazu, denn Clemens nahm ein Lastschiff, das so langsam war, daß es erst auf der Insel eintraf, als Agrippa bereits umgebracht war.

Doch Clemens hatte einen Ersatzplan: Inzwischen auf der Insel, stahl er die Asche des Ermordeten, damit sie nicht als Beweis für seinen Tod gezeigt werden konnte, fuhr nach Cosa vor Etrurien und versteckte sich dort, bis ihm der Bart und das Haar etwas länger gewachsen waren. Da er dem Agrippa ähnlich sah und gleich alt war, behauptete er nun, Agrippa sei nach wie vor am Leben, und ließ die Nachricht durch Mitwisser verbreiten, geschickt mit dem Schneeballeffekt operierend, der aus vertraulichen Informationen schnell weitverbreitete Gerüchte macht. So stieß er auf das Interesse Leichtgläubiger und all jener, die einen Umsturz für eine gute Idee hielten. Clemens alias Agrippa Postumus selbst trat nur nachts auf und nie mehr als einmal in der gleichen Gegend, um nicht durchschaut zu werden. Auch in Rom glaubten immer mehr Menschen daran, daß Agrippa durch göttliche Gnade gerettet worden sei.[33] Als er in Ostia an Land ging, wurde er von einer begeisterten Menschenmenge empfangen. In Rom selbst bereiteten sich geheime Vereinigungen auf einen Umsturz vor. Tiberius, der natürlich längst wußte, daß Agrippa Postumus in Wirklichkeit der Sklave Clemens war, wog ab zwischen einem Militäreinsatz und dem Abwarten, bis die Sache sich von allein verliefe. Schließlich beauftragte er Sallustius Crispus, sich um den Mann zu kümmern. Seine V-Männer erwarben das Vertrauen des Clemens, und in einer Nacht, in der er unbewacht war, wurde er gefangengenommen. Gefesselt und geknebelt, führte man ihn vor Tiberius. Die Namen seiner Helfer verriet er nicht. Tiberius ließ ihn hinrichten. Tacitus deutet an, daß Clemens Unterstützer in Kreisen des Adels hatte, erwähnt aber auch, daß Tiberius dem Verdacht nicht nachging.[34]

Meinungsbildung: Eine Umfrage wird ausgewertet

In den ersten Wochen und Monaten seiner Herrschaft versuchte Tiberius mit großer Zurückhaltung, sich ein Bild über die Meinungen im Senat zu verschaffen. Sollte er wirklich alle Ämter des unerreichbar großen Augustus übernehmen oder einige an begabte Römer übertragen? War er tatsächlich, wie sein Vorgänger, Stief- und Adoptivvater, der Allherrscher, und wollte er es sein? Wieviel Vertrauen genoß er tatsächlich im Senat? Geschickt brachte er die Senatoren zu Vertrauenserklärungen und zu dem ausdrücklichen Wunsch, er möge doch das alleinige Oberhaupt des Staates sein – ein Augustus also, der dem Gemeinwesen den Frieden und die Stabilität sichern werde, die der Vorgänger geschaffen hatte. In der Tat stellte er durch seine Entscheidung, dem selbst herbeigeführten Drängen des Senats nachzugeben, die Ruhe im Staat nach den Anfangswirren rund um die Ermordung Agrippas und den versuchten Umsturz durch Clemens schnell wieder her. Diese Taktik, nicht einfach selbst zu entscheiden, daß man problemlos in die größtmöglichen Schuhe schlüpfen werde, sondern sich von anderen sagen und bestätigen zu lassen, wer man sei, und dann erst auf der Grundlage dieser Vertrauenserklärung die Gemeinschaft zu konsolidieren, hat eine frappierende Parallele im Verhalten des Jesus von Nazareth:

Auch Jesus wußte sehr genau, wer er war. Die vier Evangelien lassen keinen vernünftigen Zweifel daran zu, daß Jesus nicht erst plötzlich und über Nacht seine Berufung erkannte, sondern von Anfang wußte, wozu er als Sohn Gottes berufen war – so wie Tiberius, der andere Sohn Gottes, spätestens seit seiner Adoption durch Augustus zu ernsthaften Selbstzweifeln keinen Anlaß hatte. Dennoch führte Jesus in der Anfangszeit seines öffentlichen Auftretens erst einmal eine Meinungsumfrage durch. Auf dem Weg von Bethsaida nach Caesarea Philippi, zwei Städten im

Herrschaftsbereich des Tetrarchen Philippus, schickte Jesus seine Jünger aus, um den Menschen eine einzige Frage zu stellen: Für wen halten sie mich? Sie hatten dafür zwei Tage Zeit, denn die Entfernung zwischen den beiden Städten betrug gut 50 km.[35] Zu dieser Zeit hatte sich der Ruf des Wanderpredigers und Wundertäters bereits weit herumgesprochen – Herodes Antipas hatte sogar vermutet, er sei der wiedergeborene Täufer Johannes.[36] Die Juden in der vorwiegend nichtjüdisch besiedelten Gaulanitus, durch die Jesus mit seinen Jüngern nun zog, hatten ein geschärftes Bewußtsein für messianische Erwartungen: Als Minderheit in einer »heidnisch« geprägten Umwelt waren sie für jede Ausprägung jüdischer Identität besonders empfänglich. Jesus konnte also heraushören, ob oder wie weit die Juden schon von den zelotischen Aktivitäten der Nachfolger des Judas auf der Festung Gamla beeinflußt waren, deren Rekrutierungsversuche längst bis nach Bethsaida und darüber hinaus reichten.

Die Auswertung der Meinungsumfrage ergab: Die Juden im Gebiet des Philippus dachten genauso von Jesus wie die gläubigen Juden im Galiläa des Antipas, deren Auffassung sich schon herumgesprochen hatte (Markus 6,14-15): Er war für sie Johannes der Täufer oder Elia oder einer der Propheten. In seinem Parallelbericht nennt Matthäus noch den Namen eines dieser Propheten: Jeremia (Matthäus 16,14). Soviel war diesem Befragungsergebnis sofort zu entnehmen: Man wußte von den außergewöhnlichen Fähigkeiten Jesu, hatte von seinen Wundern gehört oder sie sogar selbst gesehen und kannte seine ungewöhnlichen, prophetisch und messianisch klingenden Worte. Immerhin hatte er schon zum Zeitpunkt der Meinungsumfrage vor Zeugen Blinde geheilt (Matthäus 9,27-30), er hatte Lahme wieder gehen lassen (Matthäus 8,5-13; 9,2-7), ein Aussätziger war geheilt worden (Matthäus 8,2-3), ein Tauber konnte wieder hören (Markus 8,31-37; Matthäus 15,29-31), und er hatte die tote Tochter des Jaïrus auferweckt (Matthäus 9,18-25). Vier dieser Wunder gehörten zu den Taten, an denen nach alter prophetischer Auffassung der Messias Gottes zu erkennen sein wird (Jesaja 26,19; 28,18-20; 35,4-6).[37] Jesus selbst hatte die Wunder in dieser Reihenfolge genannt, als ihn Anhänger des gefangenen Täufers fragten, ob er der Messias sei (Matthäus 11,2-6 und Parallelen), und er hatte ausdrücklich betont, daß es dafür genügend Zeugen gebe.

Das war für die Entstehung eines Meinungsbildes über ihn noch aus einem weiteren Grund wichtig: Nicht nur Jesaja hatte diese Wunder prophezeit, auch unmittelbar vor dem Auftreten Jesu waren sie in einer Schriftrolle der Essener als Zeichen für den Messias notiert worden – so steht es in dem Qumranfragment 4Q521.[38] Sie galten also mit unmittelbarer Aktualität. Und doch hatte Jesus nicht nur eine Liste abgehakt – er war einen geradezu revolutionären Schritt weitergegangen: Er hatte nämlich einen Aussätzigen geheilt (Matthäus 8,2-3; Markus 1,40-45; Lukas 5,12-16), und er hatte dieses Wunder in die Mitte seiner Aufzählung der fünf vollbrachten Heilungen gestellt. Nie zuvor in der Geschichte des Judentums hatte ein Rabbi und Wanderprediger auch nur die Nähe eines Aussätzigen zugelassen, nie zuvor hatte eines der großen Vorbilder jüdischer Frömmigkeit einen Aussätzigen berührt und geheilt. Selbst Elisa, der Nachfolger des Elia, berührte und heilte den aussätzigen Aramäer Naaman nicht, obwohl er ausdrücklich darum gebeten wurde; der Feldherr wird auf andere Weise gesund.[39] Jesus hatte zu seiner Zeit ohnehin keinen einzigen »Rivalen« – um dieses Wort aus der Beschreibung des gleichfalls rivalenfreien Tiberius aufzugreifen –, der durch Wundertaten hervorgetreten wäre. Doch auch Choni der Kreiszieher, der ein halbes Jahrhundert vor ihm lebte, tat nichts Ähnliches, ebensowenig wie Chanina Ben Dosa, der ein Vierteljahrhundert nach Jesus auftrat.[40] Die übereinstimmende Bewertung Jesu durch galiläische und gaulanitische Juden hatte mit solchen Beobachtungen zu tun. Es fällt auf, daß sie ihn – vor einer Identifizierung mit dem Messias selbst – in den höchsten Kategorien einordnen, die ihnen bis dahin zur Verfügung standen.

Bewunderer und Anhänger des hingerichteten Täufers, die seinen Tod nicht hinnehmen wollten, hofften, ihn in Jesus wiederzufinden. Jesus selbst hatte Johannes als den wegbereitenden Boten des Messias gedeutet und dabei zwei Prophetien aus der Tora und Maleachi zusammengeführt.[41] Und er hatte ihn mit dem anderen großen Vorläufer des Messias verbunden, der in der Meinungsumfrage als Identifikationsfigur Jesu genannt wird, mit Elia. Höher konnte man damals kaum greifen, denn mit der Voraussage des Wiederkommens Elias endet das Buch des Propheten Maleachi und damit das christliche Alte Testament: »Siehe, ich will euch senden den Propheten Elia, ehe der große und schreckliche Tag des Herrn kommt. Der soll das Herz der Väter bekehren zu den Söhnen und das Herz der Söhne zu ihren Vätern, damit ich nicht das ganze Volk vernichten muß, wenn ich komme.« (Maleachi 5,23-24)[42] Noch etwas fällt auf: Eine tatsächliche »Reinkarnation« nahmen weder Johannes der Täufer noch Jesus an. Als die begeisterten Menschen den Täufer, der sich immerhin sogar auffällig ähnlich wie Elia kleidete, mit langem Haar und einem Ledergurt, ausdrücklich zweimal fragten, ob er denn nun Elia sei, antwortete er: »Ich bin es nicht!« (Johannes 1,21) Es ging also um eine von Gott kommende prophetische Identität, eine geistliche Gleichsetzung, die sich in Taten und Worten äußerte, an denen man die Wiederkunft solcher Vätergestalten erkennen konnte. Johannes beschrieb sich als den Wegbereiter des Messias, nach der Prophezeiung in Jesaja 40,3: »Ich bin die Stimme, die in der Wüste ruft: Ebnet den Weg für den Herrn.«[43]

Noch ein dritter Name taucht in der Meinungsumfrage auf: Jeremia. Das ist kein Zufall. Jeremia war jener Prophet, der Gottes Gericht und die Zerstörung des ersten Tempels vorhergesagt hatte, der selbst verfolgt worden war und der dennoch von der Hoffnung auf Gottes Hilfe gesprochen hatte. Vor allem das kürzere seiner beiden Bücher, die *Klagelieder*, sprach und spricht Juden zu allen Zeiten an. *Echa* heißt es auf hebräisch, nach dem

Eröffnungswort »Wehe«. Noch heute wird das ganze Buch jedes Jahr am 9. Aw in den Synagogen gelesen, am Gedenktag »Tischa be'Aw«, der nach dem nichtjüdischen Kalender Ende Juli/Anfang August liegt, zum Gedächtnis an die Zerstörung des Ersten Tempels 586 v. Chr. und des Zweiten Tempels 70 n. Chr. An dieses Buch dachten fromme Juden schnell, wenn sie die Umkehrreden Jesu hörten; auch er selbst zitierte daraus in der Bergpredigt.[44] Jesus' Prophezeiungen bevorstehender Katastrophen, sein Ruf zur Umkehr und sein Mitleiden an der Lage seines eigenen Volkes ließen ihn in den Augen vieler Juden wie ein neuer Jeremia wirken.

Daß die Juden in Jesus den Täufer Johannes, Elia und einen der Propheten des Messias wiedererkannten, dahinter verbarg sich eine schwerwiegende, geradezu dramatische Aussage: Das messianische Zeitalter, das Gott durch seine Propheten versprochen hatte, war nahe. Für einen kaisertreuen Vasallenherrscher wie Herodes Antipas oder für einen mit den Römern kollaborierenden Hohenpriester wie Kaiaphas war das keine erfreuliche Nachricht: Noch ein Schritt weiter, hin zur tatsächlichen Messiasproklamation, und der religiöse, wohl auch der politische Friede wären gefährdet. Jesus machte sich darüber keine Illusionen. Die Machtzentren des Antipas vermied er, dessen neuerbaute Hauptstadt Galiläas, Tiberias, hat er nie betreten: Menschen von dort, die ihn erleben wollten, nahmen ein Boot und besuchten ihn an Orten, die nahe am ungefährlicheren Territorium des Philippus lagen (Johannes 6,23). Auf dem Weg von Bethsaida nach Caesarea Philippi wartete er, bis die Gruppe die Außenbezirke der Hauptstadt der Tetrarchie des Philippus erreichte, wo der Schrein des Gottes des Pan und der Tempel der Gottheit Augustus standen.[45] Erst hier befragte er seinen »Senat«, die zwölf Jünger. »Was sagt denn ihr, wer ich bin?« Und erst hier wird er vom Sprecher der Gruppe, Simon Sohn des Jona aus Bethsaida und Kapernaum, zum Messias ausgerufen. In der ausführlichsten Fassung, Matthäus 16,16, klingt das so: »Du bist der Messias, der

Sohn des lebendigen Gottes.«[46] Im Anblick des Panschreins und des Augustustempels, in der Herrschaftszeit des Kaisers und Gottessohnes Tiberius, betont Simon Petrus das erste Wort – und das gilt unabhängig davon, ob er hier griechisch oder eher aramäisch sprach: *Sù eî – Du* bist, du und kein anderer. Und der Gott, dessen Sohn der Messias Jesu ist, wird ausdrücklich als *lebendiger* Gott bezeichnet. Auch das ist eine Kampfansage, denn der Gottessohn und Gott Augustus war ebenso tot wie sein vergöttlichter Adoptivvater, Julius Cäsar.[47]

Dazu gehörte gerade an dieser Stelle Mut und realpolitisches Bewußtsein, beides Eigenschaften, die einem handeltreibenden Fischer aus Bethsaida, der in Kapernaum mit einer römischen Garnison zu tun hatte, zuzutrauen waren. Aber auch Jesus selbst bewies diesen Mut, denn er stimmte der Proklamation ausdrücklich zu und verwies dabei auf eine noch höhere Autorität: »Denn nicht Fleisch und Blut haben dir das offenbart, sondern mein Vater im Himmel.« Mit anderen Worten: Jesus griff die Bedeutung des Ortes – nahe des Tempels des Gottessohnes Augustus, den man Vater und Vater des Vaterlandes nannte – betont auf, und er stellte dem Anspruch des Kaiserkults den Willen des einen Gottes entgegen.[48] Weil er wußte, welche Konsequenzen diese Proklamation bei Antipas, am Amtssitz des Präfekten in Caesarea Maritima und beim Hohen Rat in Jerusalem haben mußte, und weil er seinen Weg erst später, zum selbstgewählten Zeitpunkt, in Jerusalem zu Ende gehen wollte, befahl er seinen Jüngern, »niemandem zu sagen, daß er der Messias ist«. Es sprach sich dennoch herum, und so rieten ihm wenig später einige Pharisäer, Galiläa zu verlassen, »denn Herodes [Antipas] beabsichtigt, dich zu töten«. (Lukas 13,31)

Machtverteilung und Schlüsselgewalt

War nun auf diese Weise doch wenigstens im engeren Kreis geklärt, wer Jesus war und welches Amt er hatte, so gibt es daneben noch eine weitere Berührung mit der Strategie des Tiberius, der von Anfang an geplant hatte, Aufgaben zu delegieren und einen Kreis von Vertrauten in die Verantwortung mit einzubeziehen. Tiberius hatte nicht nur den Senat dazu gebracht, ihm die vollständige Obergewalt zuzusprechen, er hatte auch Personen benannt, die ihm mit Blick auf die Nachfolge zur Seite stehen sollten. Kaum war er selbst zum Augustus ernannt, beantragte er beim Senat das prokonsularische »Imperium« für seinen mittlerweile achtundzwanzigjährigen Adoptivsohn Germanicus. Und Germanicus bewährte sich trotz des später ungeschickten taktischen Verhaltens gegenüber Arminus und dessen Truppen sofort in einer für das Ehrgefühl der Römer hochwichtigen Sache: Er bestattete die Gefallenen der Niederlage des Varus bei Kalkriese, erlangte die Feldzeichen seiner untergegangenen Legionen zurück und wurde dafür am 26. Mai 17 n. Chr. mit einem Triumph in Rom geehrt. Ein Jahr später wurde er Befehlshaber der Legionen im Osten des Reichs, ging im Frühjahr 19 nach Ägypten und wäre – wie es wohl auch Augustus schon gewünscht hatte – ein bewährter und im ganzen Reich geschätzter Nachfolger des Tiberius geworden, wenn er nicht am 10. Oktober 19 in Daphne, beim syrischen Antiochia, ganz unerwartet gestorben wäre. Die herausragende Loyalität des Germanicus, der nicht wie Simon Petrus erst durch die Tiefe einer dreifachen Verleugnung des Gottessohnes gehen mußte, ehe er zum wirklichen und würdigen Felsen und Verantwortungsträger wurde, bewies sich während der Jahre in Germanien:

In der Gegend von Köln brach in der kurzen Phase der Unsicherheit zwischen dem Tod des Augustus und der Kaiserproklamation des Tiberius eine Meuterei aus. Die dort stationierten römischen Truppen wollten schließlich den Germanicus zum Kaiser ausrufen. Als er, der gerade erst den Treueeid auf Tiberius geleistet hatte, keine Anstalten machte, den Meuterern nachzugeben und schließlich das Schwert gegen sich selbst erhob, um mit dieser Geste anzudeuten, daß er sich lieber töten wolle, als den neuen Kaiser zu verraten, da reichte ihm einer der grölenden Soldaten sein eigenes Schwert und rief: »Nimm dieses – es ist schärfer!«[49] Statt sich der scheinbar ausweglosen Situation zu fügen, stellte er einen Brief her, der angeblich von Tiberius stammte und den Soldaten die doppelte Geldsumme versprach, die Augustus ihnen zugesagt hatte. Die Summe bezahlte er aus seinem eigenen Vermögen, dann entließ er diejenigen, die das normale Dienstalter überschritten hatten und stellte auf diese Weise die Ruhe wieder her.

Als es wenig später dennoch zu neuen Meutereien unter den Rheintruppen kam, gab er wieder nicht nach, sondern verfiel auf eine neue, originelle Idee, um die Soldaten zur Vernunft zu bringen: Er schickte seine Frau mit dem Sohn – dem späteren Kaiser Gaius Caligula – und anderen Frauen in Richtung Trier zu den Treveren. Das laute Wehklagen der Frauen lockte die Soldaten aus ihren Zelten. Sie sahen, daß eine wehrlose Gruppe ohne Geleitschutz das Lager verließ, hörten, daß sie sich unter den Schutz eines fremden Volkes begeben sollten, und empfanden laut Tacitus sofort Scham, Mitgefühl und Eifersucht auf die Treverer. Germanicus nutzte diese moralische Erschütterung aus und hielt eine rhetorisch virtuose Rede; die Anführer wurden ihm ausgeliefert und hingerichtet, einige Offiziere wurden unehrenhaft verstoßen, wieder andere wurden befördert und mit Orden ausgezeichnet.[50] Eine dritte Meuterei, bei Xanten, wurde ohne viel Federlesens mit brutaler Gewalt unterdrückt.[51] Tiberius wußte, was die Treue des Germanicus bedeutete, und förderte seine weitere Karriere. Erst als die Niederlagen gegen Arminius und seine Verbündeten immer problematischer wurden, traf er die Entscheidung, die germanischen Kampagnen abzubrechen, und berief Germanicus 17 n. Chr. ab. Es war das endgültige Ende aller Expansionsbemühungen des Römischen Reichs in dieser nordöstlichen Richtung, und doch wurde es in Rom als »siegreicher Rückzug« dargestellt, im großen Triumphzug des Germanicus am 26. Mai 17 n. Chr.

Auch Germanicus hatte unter hochrangigen Römern nicht nur Freunde. Nachdem er in Syrien und Kappadozien im Auftrag des Tiberius Ordnung und neue Verwaltungsstrukturen geschaffen hatte, wurde er zunehmend leutseliger, verteilte in Ägypten ohne Wissen des Tiberius Getreide aus den Vorratsspeichern des Kaisers an die Bevölkerung und geriet mit Calpurnius Piso aneinander, dem Statthalter Roms in Syrien, der seine Entscheidungen aufhob und seine Freunde benachteiligte. Als Germanicus im syrischen Antiichia nach schwerer Krankheit starb, erklärte er noch mit den letzten Atemzügen, Piso und seine Frau hätten ihn vergiftet.[52] Ein Jahr später wurde Piso der Prozeß gemacht; er starb durch Selbstmord. So waren die Pläne des Augustus und des Tiberius gescheitert; Tiberius überlebte seinen Adoptivsohn und designierten Nachfolger um achtzehn Jahre. Der leibliche Sohn des Tiberius, Drusus, der bis dahin ebenfalls alle Unterstützung für seine militärisch-politische Laufbahn genossen hatte, starb nur vier Jahre später. Auf dem frühen Höhepunkt seiner Karriere mit einem Triumphbogen auf dem Augustusforum geehrt und mit der »tribunicia potestas« ausgezeichnet, der tribunizischen Gewalt, erregte er den Neid des Gardepräfekten Sejan. Ohne daß Tiberius etwas ahnen konnte, verführte Sejan Livilla, die Frau des Drusus, beging mit ihr Ehebruch und brachte sie dazu, ihren Mann zu vergiften.[53] Tiberius, der an einen natürlichen Tod seines Sohnes geglaubt hatte, erfuhr vom Mord erst acht Jahre später durch Apicata, die geschiedene Frau des Sejan. Livilla und Sejan wurden 31 n. Chr. hingerichtet, Apicata beging Selbstmord.

Jesus hatte, an solchen kaiserlichen Mordkomplotten, Intrigen und gescheiterten Plänen gemessen, mit Simon Petrus nur anfangs Probleme. Die Vollmacht, die er ihm in Caesarea Philippi gab, die sogenannte Schlüsselgewalt, die seit der Spätantike an Statuen und auf Gemälden mit den zwei Schlüsseln dargestellt wird, die Petrus in seiner Rechten hält, überstieg anfangs dessen Fähigkeiten. In Caesarea Philippi, auch danach immer wieder in schwierigsten Situationen bis zum Schwertgebrauch in Gethsemane und zum Gang in den Innenhof des hohepriesterlichen Palastes, als er dem gefangenen Jesus als einziger Jünger so weit folgte, übertraf er zwar die anderen an Mut und Entscheidungskraft weit, scheiterte aber stets an dem entscheidenden Teil Glauben und Einsicht, den er erst nach der Auferstehung gewann. Jesus, der diesen Simon Petrus zuvor mehrfach korrigiert und ermahnt hatte, bestätigte die Vollmacht immerhin nach Ostern, als Auferstandener, am See Genezareth (Johannes 21,15-17), indem er die dreifache Verleugnung im Hof des Hohenpriesters durch ein dreifaches Bekenntnis des Jüngers und dreifache Einsetzungsworte aufhob. Der Sohn Gottes hatte hier also den Mann gefunden, den er noch über den eigenen irdischen Tod hinaus dauerhaft mit der Leitungsfunktion betrauen konnte; und wie die unmittelbar folgenden Ereignisse und die spätere Kirchengeschichte zeigen, wurde dieses Vertrauen nicht enttäuscht.[54] Die Auftragsformel am See Genezareth, »Weide meine Lämmer – weide meine Schafe – weide meine Schafe«, greift das Bild des Guten Hirten wieder auf: Nun sollte Simon Petrus dieses Amt von Jesus übernehmen.

Zugleich ist hier wie auch schon bei der ersten Amtseinsetzung in Caesarea Philippi klargestellt, daß es um eine irdische Aufgabe geht, die sich in dieser sehr konkreten Person auf die Person des einen Jüngers bezieht. Sehr präzise heißt es in Matthäus 16,19: »Du *auf Erden*«. Die Obergewalt behält Jesus sich selbst vor, und anders als Tiberius kann dieser Sohn Gottes das auch über den eigenen Tod hinaus tun. Schon die älteste christliche Überlieferung schließt hier jedes Mißverständnis aus. In der Offenbarung des Johannes (1,18) spricht der erhöhte Christus so zum Seher Johannes: »Ich war tot, und nun lebe ich von Ewigkeit zu Ewigkeit und habe die Schlüssel des Todes und der Unterwelt.« Damit ist angespielt auf die Szene vor dem Augustustempel und dem Panheiligtum in Caesarea Philippi, wo Jesus zu Petrus gesagt hatte, daß die Pforten der Unterwelt den Felsen, auf den er seine Gemeinde, seine Kirche gründen werde, nicht überwältigen sollen (Matthäus 16,18).[55] Auch die Schlüsselgewalt, die Petrus erhält, ist fest in ein hierarchisches System eingegliedert: Petrus erhält die Schlüssel des Himmelreichs. Nur er erhält sie, während die anderen Jünger immerhin die gleichen »senatorischen« Aufgaben erhalten, zu binden und zu lösen. So lesen wir es in den Übersetzungen: »Alles, was ihr auf Erden binden werdet, das wird auch im Himmel gebunden sein, und alles, was ihr auf Erden lösen werdet, das wird auch im Himmel gelöst sein.« (Matthäus 18,18) Damit wird eine wesentliche Nuance der Aussage allerdings zugedeckt. Denn im griechischen Text des Evangeliums steht die Zeitform der vollendeten Zukunft, wörtlich also: »wird gebunden gewesen sein«, »wird gelöst gewesen sein«. Da es nicht um Maßnahmen mit irdischer Gültigkeit geht, sondern um Entscheidungen, von denen die Mitbürgerschaft im Himmelreich betroffen ist, ist die Vorentscheidung von Jesus zu treffen, dem eigentlichen Besitzer der Schlüsselgewalt. Und daß der Sohn Gottes nicht ohne den Vater handelt, hatte Jesus schon in der Bergpredigt erläutert: »Nicht jeder, der zu mir sagt: ›Herr! Herr!‹ wird in das Himmelreich kommen, sondern nur, wer den Willen meines Vaters im Himmel erfüllt.« (Matthäus 7,21)

Auch Tiberius versuchte, den testamentarisch und durch Verfügungen erklärten Willen seines Vaters, den er und andere Anhänger des Kaiserkults sich nach der Apotheose unter den Göttern im Himmel dachten, getreu zu erfüllen, ganz so wie der Senat und viele Bürger ihn am Maßstab des Vaters des Vaterlandes und dessen Plänen maßen. Man konnte in der Kaiserzeit auch anders darüber denken: Als Kaiser Claudius, der Bruder des Germanicus, 54 n. Chr. starb, vergiftet von Agrippina, der Mutter des Nero, schrieb der stoische Philosoph Seneca eine Satire unter dem Titel *Apocolocynthosis* – aus der Vergötterung wurde die »Verkürbissung« oder, wie man heute sagen würde, die »Veräppelung«.

Warum aber nun Schlüssel und irdische Schlüsselgewalt für die eine Vertrauensperson, den Simon Petrus? Es ist wieder einmal ein prophetisches Bild aus dem »Tanach«, dem Alten Testament. Dort hatte Gott dem Eljakim, einem Sprecher des Königs Hiskia, ein Versprechen mitteilen lassen: »Und ich will die Schlüssel des Hauses Davids auf seine Schultern legen. Was er öffnet, wird kein anderer verschließen, und was er zuschließt, wird niemand öffnen.« (Jesaja 22,22) Wenigstens einen Juden, der Gottes höchstes Handlungsvertrauen genoß, kannte also Petrus und kannten die anderen Jünger, ehe Jesus das Schlüsselwort aussprach. Niemand hätte zur Zeit Jesajas daran gezweifelt, daß Gott der absolute Besitzer dieser Schlüssel blieb, und so kann auch Petrus nicht auf den Gedanken gekommen sein, bei ihm sei nun alles anders. Hätte es unter den ersten Christen andere Auffassungen gegeben, wären sie von einer präzisen Information in der Offenbarung des Johannes korrigiert worden, mit dem Eröffnungssatz des Sendschreibens an die Gemeinde von Philadelphia (Offenbarung 3,7): »So spricht der Heilige, der Wahrhaftige [das heißt der erhöhte Messias Jesus], der den Schlüssel Davids hat, der öffnet, und niemand schließt zu, der zuschließt, und niemand öffnet.« Wie Eljakim die Verfügungsgewalt über die Schlüssel des Hauses Davids nur vorübergehend von Gott erhielt, so erhält Petrus vorübergehend, für seine Lebzeiten, die irdischen Schlüssel des Messias und Gottessohnes für das Haus des Davidsnachfahren Jesus.

In einem anderen Sinne, aber auch wieder sehr konkret, konnten vor allem die nichtjüdischen Leser der Evangelien und der Briefe des Paulus das Bild von der Schlüsselgewalt verstehen: als Herausforderung gegen die Welt der Götterkulte in der antiken Umwelt. Der älteste erhaltene Schlüssel des Altertums gehörte zu einem Tempel – dem Tempel der Artemis / Diana im nordarkadischen Lusoi.[56] Er war das eindrucksvolle Instrument des mächtigen Tempelpriesters: Einen halben Meter lang, aus einer mehrfach gebogenen Metallstange, wurde er auf der Schulter getragen, und das erinnert an die noch älteren Schlüssel, die im bildhaft übertragenen Sinne Eljakim erhielt: Nicht in der Hand, so lasen wir, sondern auf den Schultern sollte er sie tragen. So, und nicht wie die handlichen Schlüssel, die seit der frühmittelalterlichen Kunst in den Händen des Petrus gezeigt werden, dürfen wir uns wohl auch das vorstellen, was Jesus vor Augen hatte.

Schreiben und Trinken

Germanicus, der frühverstorbene Beauftragte des Tiberius, und Simon Petrus, der noch fast vierzig Jahre weiterwirkende Beauftragte des Jesus von Nazareth, teilten eine weitere Eigenschaft: Beide gingen unter die Schriftsteller. Germanicus war wie sein Adoptivvater Tiberius perfekt zweisprachig und schrieb nicht erhaltene griechische Komödien, lateinische und griechische Epigramme, von denen nur wenige überliefert sind, sowie eine lateinische Übersetzung und Aktualisierung der *Phainomena* des Philosophen Arat (ca. 315–250 v. Chr.) – jenes astronomischen Lehrgedichts also, aus dem Paulus vor der Philosophenversammlung von Athen den fünften Vers zitiert (Apostelgeschichte 17,28): »Wir sind seines Geschlechts«, also von Gottes Art – für einen Juden und Christen die selbstverständliche Anspielung auf die Schöpfungsgeschichte, in der Gott den Menschen nach seinem Bilde schuf. Paulus schließt seine Interpretation an, mit der er die zahllosen Götterbilder und Statuen ablehnte: »Da wir nun von Gottes Art sind, sollen wir nicht meinen, daß Gold oder Silber oder Stein, ein Werk der menschlichen Kunst und Überlegung, dem Göttlichen gleich sei.« Germanicus dagegen, der einige Jahrzehnte vor Paulus schrieb und dessen Aratübersetzung jene des gerühmten Cicero weit übertrifft, riskiert bereits zu Beginn eine radikale Veränderung: An die Stelle des Hymnus auf Zeus, mit dem Arat begann und aus dem Paulus zitiert, stellt er einen Hymnus auf Tiberius. Damit erhebt er den lebenden Kaiser auf die Stufe des höchsten der griechischen Götter.

Die 725 lateinischen Hexameter, mit denen Germanicus das Gedicht des Arat neu faßte, sind auf höchstem literarischem Niveau. Petrus dagegen konnte mit seinen Briefen eine vergleichbare Hochschätzung nicht erreichen. Obwohl der Bibliothekar, Theologe und Philologe Origenes Anfang des 3. Jahrhunderts sie mit dem bildmächtigen Gleichnis lobte, daß Petrus auf den zwei Trompeten seiner Briefe geblasen habe,[57] waren sie in den ersten drei Jahrhunderten nicht überall verbreitet und wurden daher in einigen Gemeinden vorübergehend für unecht gehalten. Auch die starken stilistischen Unterschiede zwischen beiden Briefen ließen Zweifel aufkommen, bis die philologische und theologische Analyse, von der beim Kirchenhistoriker Euseb von Caesarea zu lesen ist, die Echtheit feststellte.[58] In der Neuzeit kamen dann wieder Zweifel auf, und heute hält eine Mehrheit von Neutestamentlern beide wieder für unecht. Erst allmählich ändert sich das in jüngster Zeit. Der erste Brief, für dessen recht elegantes Griechisch wohl in erster Linie der gebildete Jude und römische Bürger Silvanus verantwortlich war, der am Ende des Briefs (5,12) erwähnt wird und der mit dem gelegentlichen Paulusbegleiter Silas identisch ist, hat ernsthafte Befürworter gefunden. Er ist wohl 59 n. Chr. entstanden. Auch der zweite Brief, den die Vertreter seiner Echtheit auf ca. 62 n. Chr. datieren, wird neuerdings wieder vermehrt für ein echtes Schreiben des »Felsenjüngers« gehalten – gerade das erheblich semitischer wirkende Griechisch dieses Briefs läßt den persönlichen Stil eines Autors durchscheinen, der diesmal ohne einen griechisch-literarisch geschulten Sekretär selbst schreibt. Vergleichende

Sprachanalysen anhand anderer Quellen der griechischen und jüdischen Literatur des 1. Jahrhunderts haben jedenfalls gezeigt, daß nichts darin zu finden ist, was ein Mann wie Petrus nicht hätte wissen und schreiben können.[59] Petrus setzt sich in diesem Brief wie Germanicus mit Himmelsbildern auseinander und zeigt sich über die zu seiner Zeit kursierenden Mythen (er gebraucht in 1,16 das griechische Wort *mythos*) verständlicherweise gut informiert. Der Abschnitt 2. Petrus 3,10-13 ist geradezu die Antwort eines frommen Juden, der die Botschaft Jesu verstanden hatte und sie nun seinen von griechisch-römischem Himmels- und Sternendenken beeinflußten Mitjuden entgegenhält:[60] »Der Tag des Herrn wird aber kommen wie ein Dieb. Dann werden die Himmel prasselnd vergehen, die Elemente, von Glut verzehrt, werden sich auflösen, und dann werden die Erde und die Werke auf ihr gefunden werden. Wenn alles Geschaffene sich so auflöst, ist es nötig, daß ihr in heiligem Lebenswandel und frommem Wesen lebt und die Ankunft des Tages Gottes erwartet und beschleunigt, dessentwegen sich die in Brand gesetzten Himmel auflösen und die von Glut verzehrten Elemente schmelzen werden. Wir aber erwarten nach seiner Verheißung neue Himmel und eine neue Erde, in denen Gerechtigkeit wohnt.«

Schließen wir das »Zwischenspiel« dieses Kapitels mit etwas leichterer Kost, mit einer in den Bereich des Anekdotischen reichenden Gemeinsamkeit zwischen Tiberius und Jesus: Beiden wurde nachgesagt, daß sie sich von alkoholischen Getränken nicht unbedingt fernhielten. »Im Lager hieß er schon als Rekrut wegen seines übermäßigen Weingenusses statt Tiberius ›Biberius‹, statt Claudius ›Caldius‹ und statt Nero ›Mero‹«, schreibt Sueton.[61] Was Sueton hier über den noch jungen Tiberius berichtet, dessen Geburtsname zum scherzhaften Wortspiel diente, könnte durchaus zutreffen; auffällig war es unter Soldaten wohl nur, weil er an seinem Stiefvater und Erzieher Augustus, der für seine frugalen Trink- und Eßgewohnheiten bekannt war, unvorteilhaft gemessen wurde. Auch von Jesus hieß es, er suche die Gesellschaft von Menschen, die reichlich essen und trinken. Im Johannesevangelium ist sein erstes großes Wunderzeichen jenes in Kana, wo er aus zweihundertvierzig Litern Wasser köstlichen Wein für eine große Hochzeitsparty macht, obwohl die Gäste allem Anschein schon ziemlich viel getrunken hatten (Johannes 2,1-10). Beim opulenten Abschiedsdinner des Levi-Matthäus sprechen er und seine Jünger den Speisen und Getränken offenbar so gern zu, daß es den Beobachtern unangenehm auffällt und sie seine Tischgemeinschaft mit Zöllnern und Sündern kritisieren (Lukas 5,29-32; 7,34). Unmäßiger Weingenuß kann Jesus allerdings an keiner Stelle nachgewiesen werden. Auch beim letzten gemeinsamen Mahl mit den Jüngern, der Einsetzung des Abendmahls im Jerusalemer Obergemach, kreiste nach alter jüdischer Passasitte ein einziger Kelch.

Selbst die Hochzeit in Kana war keine Einladung zum Besäufnis. Die Steingefäße waren groß, sie enthielten das koschere, kultisch reine Wasser, das fromme Juden zur Waschung benutzten. Jesus füllte sie bis zum Rand mit Wein, um durch dieses Zeichen zweierlei zu zeigen: zum einen, daß eine Hochzeit etwas Heiliges ist und bei einem solchen Festmahl das Trinkgefäß – damals wie heute – bis an den Rand gefüllt wird, oft so, daß ein paar Tropfen überfließen, damit Gott sieht, wie im Augenblick der heiligen Feier gerade im Gefühl der Fröhlichkeit und Dankbarkeit vor ihm nichts anderes Platz hat – nichts Unreines, kein fremder Einfluß. Und zum zweiten zeigt Jesus, daß er, der Sohn Gottes, und Gott selbst keine Feinde der Freude sind: Gott, der die Gemeinsamkeit von Mann und Frau schuf und den Menschen auftrug, so zu leben, feiert mit. Freude mit Gott ist, um bildlich zu sprechen, randvoll. Gottvertrauen kann sich so ausdrücken. In einer Situation höchster Not und Gefahr sagt das David im 23. Psalm ganz ähnlich: »Du bereitest vor mir einen Tisch im Angesicht meiner Feinde. Du salbst mein Haupt mit Öl und schenkst mir voll ein.«

Tiberius und Jesus litten wohl kaum unter solchem Spott und solcher Kritik.[62] Doch auch Söhne Gottes konnten nicht unbeobachtet essen und trinken. Darin waren sie dann doch ganze Menschen.

5 »Der Frieden sollte gewahrt bleiben«: Gegen Jesus und Sejan

Göttern kann man nicht vergelten,
Schön ists, ihnen gleich zu sein.
Gram und Armut soll sich melden,
Mit den Frohen sich erfreun.
Groll und Rache sei vergessen,
Unserm Todfeind sei verziehn,
Keine Träne soll ihn pressen,
Keine Reue nage ihn.

Friedrich von Schiller, aus der Ode
»An die Freude«, 1786

Die heillosen Altweibermythen weise zurück.
Übe dich aber selbst in der Frömmigkeit.

Paulus, Erster Brief an Timotheus, 4,7

Die Beliebtheit und das Gesetz: Ein Gespräch mit dem Kaiser

Sollen sie doch hassen, wenn sie nur anerkennen«, sagte Tiberius in klassischer Kürze über sich selbst: »Oderint, dum probent«.[1] Um Beliebtheit ging es ihm nicht, selbst den Haß der Bürger nahm er in Kauf, solange sie seinen politischen Entscheidungen zustimmten. Der gebildete Kaiser variierte einen Vers aus der Tragödie *Atreus* des Lucius Accius (170–104 v. Chr.), der bis heute sprichwörtlich geblieben ist: »Oderint, dum metuant«, »sollen sie hassen, wenn sie nur fürchten«.[2] Sein Nachfolger Gaius Caligula machte die Fassung des Accius zu seinem Lieblingsspruch.[3] Tiberius selbst aber war kein Tyrann, dem das Recht nichts galt. Das Recht der Römer, wie er es aus der alten Republik und von Augustus übernommen hatte, stand für ihn höher als das Verlangen, sich beim Volk durch populäre Entscheidungen beliebt zu machen. Sollte die »plebs« ihn ruhig hassen, wenn sie nur einsah, daß er im Interesse des Staates handelte. Er dürfte sich kaum Illusionen über die Fähigkeit der Römer gemacht haben, diese Einsicht tatsächlich zu erlangen. Ähnlich illusionslos argumentierte Jesus. Auch er vertrat das Gesetz, jenes, das von Gott dem Volk der Juden gegeben worden war: »Meint nicht, ich sei gekommen, das Gesetz und die Propheten aufzuheben«, sagte er in seiner Bergpredigt (Matthäus 5,17), »ich bin nicht gekommen, um aufzuheben, sondern um zu erfüllen.« Und seinen Jüngern erläuterte er, wie wenig seine Gegner sich trotz aller geduldig wiederholten Lehre darauf einlassen würden: »Wäre ich nicht gekommen und hätte zu ihnen geredet, hätten sie keine Schuld.[4] Jetzt aber haben sie keine Entschuldigung für ihre Schuld. Wer mich haßt, der haßt auch meinen Vater. Wenn ich nicht die Werke unter ihnen getan hätte, die kein anderer getan hat, hätten sie keine Schuld. Jetzt aber haben sie sowohl gesehen als auch gehaßt, sowohl mich als auch meinen Vater. Doch das ist so, damit das Wort erfüllt wird, daß in ihrem Gesetz geschrieben ist: Sie haben mich ohne Grund gehaßt.« (Johannes 15,22-25)

Gesetz – das bezieht sich nicht nur auf die Tora im engeren Sinne, auf die fünf Mosebücher, sondern auf die gesamte Heilige Schrift aller Juden, also auch des Jesus von Nazareth, der hier Psalm 35,19 und 69,5 zitiert. Nahezu alle Konflikte zwischen Juden und Römern, zwischen Jesus und anderen Juden, zwischen Jesus und den Vertretern Roms und schließlich auch zwischen dem frühen Christentum und dem römischen Staat, gingen direkt auf diese Gesetzestreue zurück: Das Gesetz Gottes war in letzter Instanz nicht mit dem Gesetz des Imperiums zu vereinbaren. Und zugleich war die Auslegung des Gottesgesetzes, die Jesus verkörperte, für eine Mehrheit der jüdischen Hierarchie nicht akzeptabel. Erst so wird verständlich, daß sich später die führenden Vertreter des Hohen Rates unter Kaiaphas mit dem römischen Präfekten Pilatus verbündeten und beide, der Hohe Rat und der Statthalter des Kaisers Tiberius, unter Berufung auf ihre grundsätzlich unvereinbaren Gesetze den gemeinsamen Nenner fanden, der es ihnen ermöglichte, gegen den »Gesetzesbrecher« Jesus vorzugehen. »Wir haben ein Gesetz, und nach dem Gesetz soll er sterben«, erklärten die Vertreter des Hohen Rates dem Präfekten, und auf seine eigene Gesetzesvollmacht bezog sich auch Pilatus in seinen Verhören des angeklagten Galiläers.[5] Der Jude Jesus verstand die Position beider Seiten, doch es lag auf der Hand, daß er seine Mitjuden anders beurteilte als die Römer. Ein Kaiaphas war mit dem gleichen Gottesgesetz großgeworden wie er, beide kannten sie die Gebote und Prophezeiungen, die den Römern stets fremd geblieben waren. Die Schärfe der Auseinandersetzungen zwischen ihm und seinen Gegnern unter den Pharisäern und Sadduzäern wurde zu einem tödlichen Konflikt, gerade weil beide Seiten genau wußten, worum es ging. Kaiaphas verstand den Anspruch Jesu, der Messias und Gottessohn zu sein, in dem sich das Gesetz erfüllte, als Blasphemie, auf die der Tod stand. Der Römer Pilatus dagegen mußte, als ihm die Sache vorgelegt wurde, sie zuerst einmal für einen innerjüdischen Konflikt halten, der ihn nichts anging.

Pilatus begriff daher die Aussage Jesu im dritten der drei Verhöre als Teil einer Philosophie, die den Staat, den Kaiser und das Gesetz nicht gefährdete. Aus seiner Perspektive argumentierte Jesus so, wie sich auch ein Römer vor dem Kaiser hätte verteidigen können: »Woher kommst du?« fragte er ihn, und das muß man umgangssprachlich wohl so verstehen: »Wes Geistes Kind bist du?« Denn daß Jesus ein Jude aus Galiläa war, das wußte er längst. Als Jesus schwieg, forderte ihn der Präfekt zur Einsicht in die Konsequenzen auf: »Redest du nicht mir mir?« fragte er ihn. »Weißt du nicht, daß ich Macht habe, dich freizulassen, und Macht, dich zu kreuzigen?« Die Antwort des Angeklagten hatte für ihn nicht die Ambivalenz, die wir heute unschwer erkennen: »Du hättest keine Macht über mich, wenn es dir nicht von oben gegeben wäre. Darum liegt größere Schuld bei dem, der mich an dich übergeben hat.« Pilatus konnte der Aussage aus seiner Sicht sogar zustimmen. Natürlich war ihm seine Macht von oben gegeben – nämlich vom Kaiser. Und hätte er den Verdacht gehabt, Jesus wollte hier von einer göttlichen Macht ganz von oben sprechen, hätte er auch das noch ohne weiteres akzeptiert, wurde doch der Kaiser in seinem Bereich, dem griechischsprachigen Osten, längst als göttlich verehrt. Sogar der scheinbar rätselhafte nächste Satz, »Daher trägt der die größere Schuld, der mich an dich ausgeliefert hat«, war für ihn kein Problem: Natürlich verstand er, daß Kaiaphas gemeint war, doch der war 18 n. Chr. nicht vom Hohen Rat, sondern vom Präfekten Valerius Gratus, dem Vorgänger des Pilatus, ernannt worden: Er war also seinerseits *de iure* ein Mann des Kaisers Tiberius. Nun wäre es sicher gerade einem Präfekten wie Pilatus nicht darauf angekommen, einen Juden mehr zu kreuzigen. Für die Hinrichtung eines harmlosen, unbewaffneten Philosophen ohne Revolutionstruppen konnte er allerdings keinen Anlaß sehen; dazu bedurfte es anderer Gründe, die sich erst anschließend ergaben.

Noch war es nicht soweit; noch stand im Vordergrund, daß sich Jesus aus der Sicht des Römers bereits beim zweiten der drei Verhöre als Philosoph erwiesen hatte:

Hätte Jesus da auf die juristisch relevante Frage des Präfekten, »Also bist du doch ein König?«, eine politische Antwort gegeben, wäre das Todesurteil die sofortige, unvermeidliche Folge gewesen. Doch Jesus hatte mit einem philosophischen Lehrsatz geantwortet: »Du sagst es, ich bin ein König. Ich bin dazu geboren und in die Welt gekommen, daß ich für die Wahrheit zeuge. Jeder, der aus der Wahrheit ist, hört meine Stimme.« Pilatus hatte das Stichwort aufgegriffen und im Stil des philosophischen Dialogs geantwortet. »Was ist Wahrheit?« Man kann sich vorstellen, daß er unter anderen Umständen das Gespräch gern fortgesetzt hätte, denn ein Jude wie Jesus war ihm vorher wohl kaum begegnet. Die Suche nach der Wahrheit, also die Wahrheitsfrage an sich, hatte immerhin schon Platon im *Phaidros* formuliert (248 b), und sie hatte seitdem die griechischen und römischen Denker nicht mehr losgelassen. Sie waren dabei allerdings zu unterschiedlichen Ergebnissen gekommen. Der römischer Ritter und Präfekt Pilatus kannte den Begriff selbstverständlich auch aus seinem unmittelbaren Kompetenzbereich der juristischen Wahrheit. Weder in der Philosophie noch in der Mystik oder im römischen Recht gab es einfache Antworten. Eine Aussage wie etwa »Wahrheit ist, was der Kaiser sagt«, oder gar »Tiberius ist die Wahrheit«, wäre ihm ebensowenig in den Sinn gekommen wie dem Tiberius selbst. Was also wußte Jesus von Wahrheit? Welche philosophisch-mystische Lehre hatte er zu bieten? War er, der nach den ersten Schlägen im Verhör durch den »Sanhedrin« (Johannes 18,22) wohl nicht mehr besonders gepflegt aussah, ein gleichmütiger Stoiker, in dem mehr steckte, als es den Anschein hatte?

Die Wahrheitsfrage hätte zu einem spannenden Gespräch führen können, wenn Zeit und Umstände ihre Erörterung gestattet hätten.[6] Machen wir uns das klar: Man mußte als Römer nicht eine Philosophenschule besucht haben, um zum Beispiel vom kaum zu überschätzenden Einfluß eines Poseidonius (ca. 135–50 v. Chr.) zu wissen, der schon vor Tiberius die Denker auf Rhodos, der Lieblingsinsel des Kaisers, geprägt hatte und mit seinen Schriften in Rom von Cicero bis später zu Seneca maßgeblich blieb. War es nicht dieser Stoiker Poseidonius, der Verbindungen zwischen philosophischem Denken und religiöser Mystik aufgezeigt hatte?[7] Pilatus war der Präfekt eines Kaisers, der prägende Jahre seines Lebens unter Philosophen verbracht hatte und der sich zum Zeitpunkt dieser Verhöre seit mehreren Jahren in der Gesellschaft von Philosophen auf der Insel Capri aufhielt. Wie sollte er vor Tiberius rechtfertigen, einen wahrheitskündenden Philosophen umzubringen, auch wenn es nur ein galiläischer Jude war? Sicher trifft die beliebte Auffassung nicht zu, Pilatus habe hier mit Sarkasmus reagiert und sei aus dem Raum gegangen, ohne eine Antwort abzuwarten. Auch Karriereoffiziere hatten im Römischen Reich ein nach heutigen Maßstäben überdurchschnittliches Bildungsniveau.[8] Er hatte in der gegebenen Situation jedoch tatsächlich keine Zeit für solche Dinge, sondern mußte möglichst schnell eine formaljuristische Entscheidung treffen. Seine ursprüngliche Absicht, Jesus freizulassen, war jedenfalls in sich stimmig.[9] Allein schon die Rücksicht auf Tiberius mußte ihn dazu veranlassen, in diesem Fall sehr behutsam vorzugehen. Daß gerade die Rücksicht auf den Kaiser schon wenig später das Todesurteil unumgänglich machte, sah er dann zwar schnell ein, hatte es im Augenblick der Verhöre jedoch noch nicht im Blick.

So erstaunlich es klingt, so schlüssig ist es im damaligen Zusammenhang: Außerhalb eines Prozesses, in dem die Ankläger die Todesstrafe forderten, wäre ein längeres Gespräch zwischen Pilatus und Jesus über die Wahrheitsfrage durchaus denkbar gewesen. Und hätte Jesus das römische Bürgerrecht besessen, so wäre ihm nicht verwehrt worden, was drei Jahrzehnte später dem Juden, Pharisäer und römischen Bürger Paulus nach dem Buchstaben des Gesetzes zugestanden wurde (Apostelgeschichte 25,11-12): ein abschließendes Verhör vor dem Kaiser selbst.

Wie hätte dieses Gespräch aussehen können? Tiberius nahm sich für Verhandlungen und Prozesse viel Zeit, wägte Entscheidungen lange ab und gab damit immer wieder einem Ausspruch recht, den Augustus vorausahnend mit feinem Spott auf ihn gemünzt hatte: »Armes römisches Volk, das unter so langsam mahlende Zähne kommen wird.«[10] Eines müssen wir vorausschicken: Jesus wäre dem Kaiser sicherlich in einer anderen Haltung gegenübergetreten, als sie sich in den Verhören vor Pilatus ergab. Denn er wußte natürlich, was heute kaum noch bekannt ist: Fromme Juden ehrten den Kaiser. Seit den Zeiten des Augustus, unter dem er geboren wurde und die ersten einundzwanzig Jahre seines Lebens verbrachte, wurde für den römischen Kaiser im Tempel von Jerusalem täglich zweimal geopfert. Das war kein geheimer Ritus, sondern eine allgemein bekannte Tatsache.

Philo von Alexandria bestätigt den Brauch des Tempelopfers und begründet ihn mit der projüdischen Haltung des Augustus: Der Princeps habe Mittel zur Ausschmückung des Tempels gestiftet und angeordnet, daß auf seine Kosten als Tribut an den allerhöchsten Gott täglich und auf alle Zeit Brandopfer dargebracht werden sollten.[11] Der Brauch wurde auch unter Tiberius und dessen Adoptivenkel Gaius Caligula fortgeführt, erfuhr aber nach Augustus zwei Veränderungen: Nun war es nicht ein Opfer zu Gott im Namen und mit dem Geld des Kaisers, sondern ein Opfer für das Wohlergehen des Kaisers, das die Juden selbst bezahlten.

Josephus wiederum erläutert die Zusammenhänge so, wie sie auch Jesus und den Menschen in seinem Umfeld bekannt waren: »Ehrenbezeugungen anderer Art [als die Herstellung von Bildnissen Gottes und der Lebewesen] für hervorragende Menschen, die unter Gott stehen, hat er [Gott] uns nicht untersagt. Mit solchen Ehrungen verherrlichen wir denn auch die Imperatoren und das Volk der Römer. Denn wir bringen ihnen unaufhörliche

Opfer dar, und wir tun das nicht nur täglich, auf Kosten der jüdischen Gemeinschaft, sondern gewähren damit auch den Imperatoren allein eine Ehre, die wir keinem anderen Menschen zugestehen, da wir derartige Opfer nicht für das Gemeinwohl, noch nicht einmal für die Söhne darbringen.«[12] Jesus, der mit diesem Brauch durch seine regelmäßigen Tempelbesuche vertraut war, hätte bei einer Begegnung mit Tiberius also gewußt, daß er einem Mann gegenüberstand, für dessen Leben sein Volk, das jüdische, täglich im Tempel opferte. Daß Jesus die Modalitäten des täglichen Lebens unter diesem Kaiser auf seine eigene Art respektierte, erkennen wir auch an einer ausführlich berichteten Kontroverse: der Debatte zwischen Jesus und seinen Gegnern über die römische Steuerpolitik.[13] Ausgangspunkt ist die Frage einiger Pharisäer und Vertrauter des galiläischen Vasallenherrschers Herodes Antipas: »Ist es erlaubt, dem Kaiser Steuern zu zahlen, oder nicht? Sollen wir zahlen oder nicht zahlen?« Jesus durchschaut ihre Heuchelei.[14] So berichtet Markus: »›Warum bringt ihr mich in Versuchung? Bringt mir einen Denar, damit ich sehe!‹ Sie aber brachten einen. Und er sagte zu ihnen: ›Wessen ist dieses Bild und die Aufschrift?‹ Sie aber sagten: ›Des Kaisers.‹ Aber Jesus sagte zu ihnen: ›Was dem Kaiser gehört, gebt dem Kaiser zurück, und was Gott gehört, Gott!‹ Und sie wunderten sich sehr über ihn.«

Da der Kaiser, der den Tribut einforderte, zum Zeitpunkt dieser Szene, Anfang 30 n. Chr., kein anderer als Tiberius war, hält Jesus einen Denar dieses Kaisers in der Hand. Er selbst hat keinen, doch seine Gegner haben ihn sofort griffbereit: So sieht Jesus also, was er sehen wollte: Ihnen, die sich besonders fromm geben, macht es nichts aus, auch im Alltag ein Geldstück bei sich zu haben, was unter jüdischen Frömmigkeitsbegriffen gleich doppelt blasphemisch war: zum einen, weil es das Bild des Kaisers trug, zum anderen, weil er in der Umschrift als Sohn Gottes und Hoher Priester bezeichnet wurde. Handelte es sich um eine lateinische Münzprägung aus Lugdunum (Lyon), wie sie auch in

Israel gefunden wurde, so stand auf der Bildseite in Großbuchstaben »TI. CAESAR DIVI AUG. F. AUGUSTUS«, also »Tiberius Caesar, des vergöttlichten Augustus Sohn, [selbst] Augustus«. Eine griechische Prägung, z. B. aus der kaiserlichen Provinzialmünzstätte in Antiochia, war ganz ähnlich, aber mit einer schwerwiegenden Zuspitzung: »TIBERIOS KAISAR THEOU SABASTOU HYIOS SEBASTOS«, also »Tiberius, Kaiser, des anbetungswürdigen Gottes Sohn, [selbst] Anbetungswürdiger«.[15] Auf der Rückseite stand »PONTIF.MAXIM«, Pontifex Maximus«, oder griechisch »ARCHIEREUS«, »oberster Priester« – das Wort, das im griechischen Neuen Testament und bei Josephus für den Hohenpriester gebraucht wird. Als Bild war auf der Rückseite die Mutter des Tiberius zu sehen, die Livia (Julia Augustua), oder die Göttin Concordia, für die Tiberius 10 n. Chr. in Rom einen vorhandenen kleinen Tempel prachtvoll ausgebaut hatte; in der linken Hand trug sie, als Göttin des römischen Friedens, einen Ölzweig.[16] Vor allem fällt auf, daß der Titel, den Tiberius auch selbst trägt, »Sebástos« / »Augustus«, am Ende der Umschrift nicht wie anderes auf der Münze abgekürzt, sondern voll ausgeschrieben ist: Jeder Benutzer sollte sehen, welcher Anspruch damit verbunden war. Auch Tiberius war, wie sein durch die »consecratio« in den Himmel erhobener Vater, eine anbetungswürdige Gottheit. Die in den Quellen immer wieder betonte Bescheidenheit des Tiberius, der sich die Anrede als Gottessohn und Anbetungswürdiger in Rom verbat, galt offensichtlich nicht für seine Münzprägungen. Vor allem im griechischsprachigen Osten, wo aus dem *Divus*, dem »Göttlichen«, der »Gott« wurde, *Theós*, hatte das für die Menschen Signalwirkung.

Jesus sagt nun allerdings nicht: »Werft die blasphemische Kaisermünze weg, wie kommt ihr dazu, so etwas überhaupt bei euch zu haben, da ihr noch nicht einmal auf dem Weg zur Steuerbehörde seid?« Er fordert sie vielmehr auf, mit diesem Silberdenar genau das zu tun, was die Pflicht eines jeden Provinzialen war: sie dem Kaiser zu geben. Nicht in jüdische Hand gehört solches gotteslästerliche Geld, sondern in die des Kaisers, der sich anmaßt, Gottessohn und anbetungswürdige Gottheit zu sein. Jesus redete in dieser Szene wohl griechisch mit (auch) Griechisch sprechenden Gegnern.[17] So ist die Pointe seiner Antwort besonders scharf: Er sagt nicht einfach, man solle dem Kaiser die Steuern zahlen, sondern man solle ihm die Münze zurückgeben. Denn »zurückgeben«, griechisch *apodídômi,* ist das Wort, das er hier gebraucht. Die Münze ist ein Reichsdenar, vom Kaiser ausgegeben. Wenn er sie im Vollzug der Steuerzahlung zurückfordert, ist dies sein Recht. Später schließt sich der Apostel und römische Bürger Paulus dieser Auffassung Jesu an: »Allen gebt zurück [dasselbe griechische Wort!], was ihr schuldig seid: wem die Steuer gebührt, die Steuer, wem der Zoll gebührt, den Zoll, wem die Ehrfurcht gebührt, die Ehrfurcht, wem die Ehre gebührt, die Ehre.« (Römer 13,7) Auch der von Jesus noch selbst als Fels und Hirte der Gemeinde eingesetzte Simon Petrus sagt es nicht anders: »Um des Herrn [Christi] willen ordnet euch jeder menschlichen Ordnung unter, sei es dem Kaiser als dem, der die oberste Gewalt hat, sei es den Statthaltern, die von ihm zur Bestrafung der Übeltäter und zur Belobigung derer, die Gutes tun, geschickt werden. Denn das ist der Wille Gottes, daß ihr, indem ihr Gutes tut, die Unwissenheit der unvernünftigen Menschen zum Verstummen bringt, als Freie und nicht als solche, die die Freiheit als Deckmantel der Bosheit nutzen – sondern als Diener Gottes. Ehrt alle, liebt die brüderliche Gemeinschaft, fürchtet Gott, ehrt den Kaiser!« (1. Petrus 2,13-17) Es sind Sätze, die nach der ersten massiven Christenverfolgung durch einen römischen Kaiser, jener des Nero zwischen 64/65 und 68 n. Chr., so nicht mehr geschrieben werden konnten; aber wir befinden uns mit den Briefen des Petrus und des Paulus noch in einer Epoche, in der von den Kaisern, auch vom frühen Nero, die Staatstreue der Christen stillschweigend entgegengenommen wurde.[18]

Wenn also von Gott das Gebot ausgeht, ihm Ehrfurcht und Ehre zu erweisen, dann ist das ihm, dem personifizierten Ausgangspunkt des Gebotes, zu erstatten, so wie Tiberius und die von ihm eingesetzten Vollzugsbeamten die vom Kaiser ausgehenden Steuern und Zölle zu erhalten haben.[19] Aber auch der zweite Teil der Antwort, die Jesus seinen Gegnern gibt, bezieht sich auf eine Steuerfrage: Durch die jährlich zu zahlende Tempelsteuer von zwei Denaren, die jeder erwachsene männliche Jude zu zahlen hatte, wurde der Tempel finanziert, vor allem das ewige Brandopfer, also die Opfergeste gegenüber Gott. Alle Juden, die diese Tempelsteuer zahlten – und auch Jesus zahlte sie, ohne zu zögern (Matthäus 17,24-27) –, gaben an Gott zurück. Der weltliche Gehorsam gegenüber dem politischen Herrscher ist die eine Seite, der kultische Gehorsam gegenüber dem Schöpfergott ist die andere. Beiden ist nachzukommen, ist gewissermaßen jüdische Bürgerpflicht. Auch das Verhältnis der Abgaben zueinander konnte nicht unberücksichtigt bleiben: Die von Tiberius erhobenen Kopf-, Grundbesitz- und Ertragssteuern beliefen sich im Durchschnitt auf 12 % der Einkünfte, die innerjüdischen Abgaben, zu denen die Tempelsteuer gehörte, dagegen auf immerhin etwa 23 %, die widerspruchslos gezahlt wurden.

Jesus erwies sich als durchaus kaisertreu, ohne die Tempeltreue einzugrenzen. Er enttäuschte seine Widersacher, weil er die Steuer nicht wie irgendein hergelaufener Revolutionär ablehnte und damit von den Leuten des Herodes Antipas nicht als Widerständler gegen den obersten weltlichen Herrscher denunziert werden konnte. Er enttäuschte aber auch jene unter den Juden, die in ihm einen davidisch-militärischen Messias sehen wollten, der den Aufstand gegen die von ihnen als bedrückende Besatzungsmacht empfundenen Römer beginnen würde. Besonders die Gegner unter den Pharisäern, die ihn mit seiner angeblich laxen Frömmigkeitspraxis entlarven wollten, enttäuschte er, weil er sich als der frommere, gesetzestreuere Jude erwies: Er war es, nicht sie, der – ohne es direkt aussprechen zu müssen – die Grenzüberschreitung begriffen hatte. Wenn Tiberius sich und seinen Vater als gottgleich und anbetungswürdig darstellen ließ, war die Grenze zwischen Staatsmacht und religiöser Macht überschritten. Ein Jude mußte das bemerken.

In einem Gespräch mit Tiberius hätte der Jude Jesus diese Grenzüberschreitung sicher angesprochen. Den Respekt vor dem Kaiser, dem der Tribut zu zahlen war und für dessen Wohlergehen das jüdische Volk im Tempel Opfer darbrachte, hätte er selbstverständlich bekundet, und doch wäre man schnell zu den entscheidenden Glaubens- und Bekenntnisfragen gelangt. Tiberius hätte einsehen müssen, daß diese Gotteskunde weder mit seiner Staatspolitik noch mit den philosophischen Denkmodellen aus der Schule eines Philodem von Gadara oder eines Poseidonius von Apamea in Einklang zu bringen war. Auch als Pontifex Maximus, Oberpriester über alle sakralen Belange Roms, war Tiberius in Rituale eingebunden, die ihm allenfalls den Respekt vor dem Gott der Juden erlaubten, den bereits Augustus gezeigt hatte, aber keinesfalls eine verständnisvolle Zustimmung. Letztlich hätte ihn nur interessiert, was der Sohn des jüdischen Gottes ihm, dem Sohn des zum Gott erhobenen Augustus, zur Sicherung seiner Stellung zu bieten hatte.

Eine Steigerung der Opfer und Gebete im Tempel – er hätte sie gern entgegengenommen, denn schon in einer Rede an den Senat hatte er folgendes erklärt: »So bitte ich die Bundesgenossen, die Bürger, die Götter selbst und die Göttinnen: Mögen diese mir bis zum Ende des Lebens Besonnenheit und Einsicht in menschliches und göttliches Recht schenken, mögen jene, wenn ich gestorben sein werde, meinen Taten und dem Ruf meines Namens Lob und gutes Gedenken gewähren.«[20] Eine Aufforderung aber, sich einem höheren Gott, gar dem Gott eines fremden Volkes unterzuordnen und dessen göttliches Recht zu übernehmen, hätte er entweder als religionsphilosophische Verirrung ablehnen oder als Gefährdung des Religionsfriedens ahnden müssen. Auch ihm konnte um das Jahr 30, in dem ein solches fiktives Gespräch anzusiedeln wäre, die römerfeindliche Haltung jüdischer Frömmigkeitsbewegungen wie der Essener, die auch unter den Juden Roms längst Anhänger gefunden hatten, nicht verborgen geblieben sein. Solange das alles in innerjüdischen Diskursen verblieb, durfte er es absichtsvoll ignorieren. Sobald er sich aber direkt herausgefordert fühlte, konnte er sich Toleranz nicht leisten. Immerhin waren die Essener geschickt genug, ihre Verurteilung der Kaiser als blasphemische Usurpatoren des »Gottessohn«-Titels in Formulierungen zu gießen, die nur für Eingeweihte zu entschlüsseln waren.[21] Und die Entwicklungen der Jahre ab 66, sechsunddreißig Jahre später also, in denen die tragische Revolte gegen die Römer mit dem Abbruch des Tempelopfers für das Wohl der Kaiser begann, waren für ihn noch nicht einmal als dunkle Wolke am Horizont zu erkennen.[22] Nichts an den Lehren Jesu hätte ihm einen Anlaß gegeben, in diesem Galiläer einen Revolutionär gegen Rom zu sehen. Er hätte das Gespräch mit einer im Stil vielleicht schroffen, im Inhalt eher philosophisch formulierten Zurückweisung und dem Appell an die Bewahrung der öffentlichen Ruhe beendet.

Das Gesetz als höchste Norm auch gegen die Meinung der Volksmassen zu vertreten: Darin wären Jesus und Tiberius sich einig gewesen. Auch darin, daß Gottes Gesetz, wie Jesus es verkündete, nicht zum zivilen Ungehorsam gegen das Gesetz des Staates zwang, das der Kaiser verkörperte, hätten sie schnell Einmütigkeit erzielt. In ihrer Geringschätzung von Schauspielern, die ihre Künste zur Verführung des Volkes nutzten, wären sie sich wohl ebenfalls einig gewesen: 14 und 15 n. Chr. kam es in Rom zu Unruhen unter den Theaterbegeisterten, weil verschiedene »Fanclubs« aufeinander losgingen. Ein Mord geschah, und Tiberius schickte die Schuldigen ebenso wie die betroffenen Schauspieler in die Verbannung. Das vergnügungssüchtige Volk bat ihn vergeblich um Gnade – als die Unruhen weitergingen, verbannte er 23 n. Chr. alle Schauspieler aus Italien und begründete die Entscheidung mit moralischen Kriterien: Die Schauspieler hätten Unanständigkeiten in die Familien gebracht, das Possenspiel, ohnehin die primitivste Art der Volksbelustigung, habe

Ausmaße der Verderbtheit erreicht, die so einflußreich geworden seien, daß der Senat eingreifen müsse.[23] Für Tiberius war es der schnellste Weg, für Ruhe zu sorgen, für die vergnügungssüchtigen Römer war es der Untergang ihrer Kultur und ein Indiz dafür, daß Tiberius alles tat, sich unbeliebt zu machen. Jesus wiederum, der Schauspieler im Theater von Sepphoris kennengelernt hatte, bezeichnete die Heuchler unter seinen Gegnern als »Schauspieler«: In allen Stellen der Evangelien, in denen er von Heuchlern spricht, steht das griechische Wort *hypokritês*, Schauspieler.[24] Gegen den Schauspielerberuf hatte Jesus kaum mehr einzuwenden als der gebildete Tiberius; beiden ging es um die Ablehnung des Mißbrauchs. Der Kaiser unterband die obszönen, verführerischen Darbietungen der Mimus-Possenspiele, durch die er die Grundwerte von Familie und Gesellschaft gefährdet sah. Jesus, der in Sepphoris noch das klassische, griechische Theaterprogramm kennengelernt hatte, das in den östlichen Provinzen erst viel später von der stadtrömischen Dekadenz infiziert wurde, sah das Verführerische in der Kunstfertigkeit der Heuchler, die wie Schauspieler auf der Bühne keine Überzeugung vertreten, sondern hinter ihrer Maske nur noch virtuose Rollenspiele vorführen, von denen die Menschen sich blenden ließen.

In einer Begegnung zwischen Tiberius und Jesus hätten auch andere Themen berührt werden können, z. B. die Rolle des Guten Hirten in Geschichte und Gegenwart: Beide hätten sie, wie wir sahen, die gleichen Begriffe gebraucht, und Tiberius wäre nicht sofort darauf gekommen, daß der Gottessohn Jesus einen ganz anderen Guten Hirten meinte als den Gott Hermes oder den Kaiser.[25] Doch bereits bei der Wahrheitsfrage hätte sich der Kaiser Tiberius nicht lange hinter dem Philosophen Tiberius versteckt. Denn als Kaiser vertrat er von Amts wegen eine Position, die die »philosophische Wahrheitssuche« durch die Vorgaben der Gesetze stark einschränkte. Das kippte mehr als einmal in bitterschwarzen Humor um. Ein Beispiel für diese Sicht der »Wahrheit« liefert die anekdotengesättige Biographie des Sueton: »Einen Witzbold, der beim Vorüberziehen eines Leichenzuges dem Toten mit lauter Stimme den Auftrag zurief, dem Augustus zu melden, es sei noch immer nicht ausbezahlt, was er dem Volk an Legaten vermacht hatte, ließ er [Tiberius] vor sich bringen, ließ ihm den offenen Betrag auszahlen und ihn dann zum Henker abführen, damit er nun seinem Vater [Augustus] die Wahrheit berichte.«[26] Ein Kommentator wie Sueton fand das weder philosophisch noch witzig. So ist denn auch die gedankliche Kluft zwischen dem nüchternen Satz des Tiberius zu erkennen, Gesetze seien dazu da, angewendet zu werden – einer Maxime, die er *atrocissime*, mit aller Härte, anwandte, und der Gesetzestreue des Jesus von Nazareth, der davon sprach, daß auch nicht der kleinste Buchstabe des Gesetzes vergehen wird, bevor Himmel und Erde vergehen (Matthäus 5,18), und der doch auch mit seiner eigenen bitteren Ironie die verhärteten Ausleger des Gesetzes anklagte: »Weh euch, ihr Schriftgelehrten und Pharisäer, ihr Heuchler, die ihr den Zehnten von Minze, Dill und Kümmel gebt und das Wichtigste im Gesetz außer acht laßt: die Gerechtigkeit, die Barmherzigkeit und den Glauben. Man muß das eine tun, ohne das andere zu lassen. Ihr verblendeten Führer, die ihr Mücken aussiebt, aber Kamele verschluckt!« (Matthäus 23, 23-24) Hier zeigte sich der König Jesus souveräner als der Kaiser Tiberius.

Geschichten und Geschichte

Tiberius war keineswegs überall verhaßt. Nimmt man die Quellen genau, war es eher umgekehrt: Überall in den Provinzen wurde er hoch geachtet, mit göttlichen Ehren ausgezeichnet und für seine Wohltaten bewundert. Nur in Rom galt ihm die Verachtung des Senats und des Volkes. Da aber die meinungsprägenden Historiker Sueton und Tacitus aus römischer Perspektive schrieben, wurde der Nabel der Welt zum Bauch, aus dem aller Unmut kam. Nach seinem Tod freute sich das Volk so sehr – behauptet Sueton –, daß ein Teil der Menge ausrief: »Tiberius in den Tiber«, »Tiberius in Tiberim!«[27] Doch auch dies galt wieder nur für Rom, und selbst in der Hauptstadt verschlechterte sich die Stimmung erst, als der Kaiser 26 n. Chr. die Stadt endgültig verlassen hatte, um sich über Spelunca bei Terracina auf die Insel Capri zurückzuziehen, ohne auch nur ein einziges Mal nach Rom zurückzukehren. Der Philosoph Seneca konnte dem jungen Kaiser Nero die ersten Herrschaftsjahre des Tiberius sogar als ein Modell vor Augen halten, das sich von dem des Augustus nicht unterscheide und zu Unrecht vergessen sei.[28] In seinem Spottgedicht auf den verstorbenen Kaiser Claudius, der *Apocolocynthosis*, hatte Seneca ein Jahr zuvor Tiberius sogar als Gottheit neben Augustus gestellt, obwohl Tiberius nach seinem Tod keine amtliche Vergöttlichung durch den Senat erhalten hatte: »Der göttliche Augustus und Tiberius Caesar gingen zu den Göttern.«[29] Für Seneca, der nicht wie Sueton und Tacitus als Historiker schrieb, sondern als Philosoph und Zyniker, galt also bei allen Vorbehalten die Zeit der beiden ersten Kaiser als vorbildlich. Ihre Nachfolger Caligula und Claudius beschädigten den Ruf Roms und des Reichs, erst im jungen Nero sah Seneca wieder Hoffnung auf Umkehr.

Ähnlich positiv urteilte der Jude Philo von Alexandria. Seinen Aussagen über Tiberius waren wir bereits begegnet. Manche Forscher wollen ihm nicht trauen, weil er gegen Gaius Caligula schrieb und daher angeblich Tiberius nur als positives Kontrastprogramm gegen den Nachfolger aufbaute. Doch das ist ziemlich unwahrscheinlich. Unzutreffende, leicht widerlegbare Lobpreisungen des Tiberius hätten bei aufmerksamen, informierten Lesern die gegenteilige Wirkung erzielt. Philo bleibt also eine wichtige Quelle für die Kompetenz und Fairneß des Kaisers in Verwaltungsdingen und im Umgang mit fremden Völkern und

Religionen. Es trifft zu und ist überprüfbar, was Philo über den Bewahrer der »Pax Augusta« schrieb, des augusteischen Friedens: Tiberius habe während seiner dreiundzwanzigjährigen Herrschaft nicht den kleinsten Funken des Krieges in Griechenland oder anderswo in der Welt glimmen lassen und bis zum Ende seines Lebens den Frieden und die Segnungen des Friedens mit großzügiger Geste und warmherzig zugeteilt.[30] Die nordgallischen Aufstände unter dem Trierer Adligen Iulius Florus und dem sich als heiligen Mann gebärenden Iulius »Sacrovir« aus der Gegend von Autun, die wohl aus wirtschaftspolitischen Forderungen an Rom entstanden waren, wurden 21–22 n. Chr. ohne viel Aufhebens unterdrückt.[31] Auch Religiöses mag bei den Galliern um Sacrovir eine Rolle gespielt haben, jedenfalls ließ Tiberius nach der Niederschlagung des Aufstands den Druidenkult verbieten.[32] Den räuberischen Umtrieben des Tacfarinas in Afrika entgegnete er anfangs mit vereinzelten Maßnahmen seiner Generäle, weil er durchschaute, daß von diesem numidischen Guerillakrieger keine Gefahr für Rom und die Provinz ausging, doch als Tacfarinas übermütig Forderungen stellte, ließ er ihn 24 n. Chr. mit einem gezielten Schlag ausschalten.

Unruhen in Thrakien wurden 26 n. Chr. mit Maßnahmen beendet, die man in heutiger Militärsprache »chirurgisch« nennen würde. Als die Friesen 28 n. Chr. gegen die tatsächlich ungerechtfertigte Ausbeutung durch den römischen Verwalter Olennius protestierten, schließlich die Eintreiber des Olennius umbrachten und in einem Kampf gegen den zur Bestrafung angerückten niedergermanischen Gouverneur Lucius Apronius 1300 Soldaten töteten, entschied Tiberius, die Nachricht in Rom nicht bekannt zu geben, um nicht zu großangelegten Maßnahmen genötigt zu werden.[33] Olennius und Apronius hatten Fehler begangen, und das friesische Gebiet war ihm ebenso wie gut zwölf Jahre zuvor die Gegend zwischen Rhein und Elbe den aufreibenden, verlustreichen Kampf gegen die Waldbewohner nicht wert. Als es 35 n. Chr. im Reich der Parther zu Kämpfen um die

Thronfolge kam, griff er sofort ein, ernannte einen König von Armenien und delegierte Lucius Vitellius zum Statthalter von Syrien – den gleichen Vitellius, der zwei Jahre später Pilatus und Kaiaphas absetzte.

In allen diesen Konflikten handelte Tiberius effizient und ohne unnötige Gewaltanwendung. Die Bewahrung des Friedens in den übernommenen Grenzen war seine Handlungsmaxime, und nach der hatte er sich schon verhalten, als er zwei Jahre nach seinem Amtsantritt die Germanenfeldzüge beendete und den erfolglosen Germanicus nach Rom zurückbeorderte. »In erster Linie verwandte er Sorgfalt darauf, daß der Friede gegen Landstreicher, Räuberbanden und willkürliche Unruhen bewahrt wurde« – dieser Satz Suetons ist der Schlüssel zum Verständnis des Politikers Tiberius.[34] Auch seine Gegner unter den römischen Historikern hatten an den Ergebnissen dieser Politik der konsequenten Friedenssicherung nichts auszusetzen. Tiberius erwies sich als strategisch klug handelnder Politiker und als erfahrener oberster Feldherr. Zu Recht hat man ihn den erfolgreichsten Soldaten seines Zeitalters genannt.[35] Seine Verdienste um den Frieden im Reich erwarb er jedoch nicht nur durch den Einsatz – oder gelegentlich gerade den Nichteinsatz – seiner Legionen. Er stabilisierte die Provinzen durch seine Baumaßnahmen und durch eine schnelle, großzügige Förderung in unverschuldeten Notlagen. In Afrika, im Donauraum, Gallien und Spanien verbesserte er die Infrastruktur durch die Erschließung von Handelswegen. Ein neuerer Historiker, der Tiberius den »traurigen Kaiser« nennt, kann daher nicht umhin, die mit großer Energie durchgeführten Aktivitäten zu würdigen: »Selbst wenn der Hauptzweck dieser Maßnahmen nicht das Wohl der Bewohner war [der Straßenbau diente bekanntlich vor allem militärischen Zwecken], muß man eingestehen, daß am Ende viele der Provinzialen von diesen Projekten profitierten.«[36]

Auch der überzeugte Tiberiusgegner Tacitus gibt zu, daß die Nothilfeprogramme, die Tiberius nach Naturkatastrophen gewährte, nicht nur staatliche Gelder verteilten, sondern zum Teil aus der kaiserlichen Privatschatulle finanziert wurden. Im Jahr 17 n. Chr. kam es zu einem katastrophalen Erdbeben in Kleinasien, dem zwölf Städte zum Opfer fielen. Tacitus berichtet, daß die Menschen nicht fliehen konnten, weil das Erdbeben nachts ausbrach; wer dennoch ins Freie gelangte, versank in Erdspalten. »Man erzählt, wie sich mächtige Berge gesenkt hätten, wie das Land, das zuvor eine Ebene gewesen sei, sich hoch aufgetürmt hätte und unter den Trümmern Flammen emporgeschossen seien.«[37] Tacitus hebt Sardes als die am schwersten geschädigte Stadt hervor; Tiberius gewährte ihr eine Soforthilfe von zehn Millionen Sesterzen und erließ ihr fünf Jahre lang sämtliche Steuerzahlungen. Um sich von der Geldsumme eine ungefähre Vorstellung zu machen – bei aller Schwierigkeit, damaligen Münzwert in heutigen umzurechnen –, muß man sich folgendes vorstellen: Ein Sesterz entsprach dem Viertel eines Denars. Vier Sesterzen waren folglich ein Denar, zehn Millionen Sesterzen also zwei Millionen fünfhunderttausend Denare. Ein Denar entspräche heute, am damaligen und heutigen Brotpreis gemessen, 32 Euro. So hätte Tiberius allein den Bürgern von Sardes achtzig Millionen Euro zur Verfügung gestellt.[38] Dazu kamen der Betrag aus seiner Privatkasse und die Ersparnisse aus dem fünfjährigen Steuererlaß.[39] Die anderen Städte, unter ihnen Philadelphia, wurden von der Steuerpflicht entbunden.

Sardes und Philadelphia, die unter den betroffenen Städten besonders auffallen,[40] besaßen große jüdische Gemeinden und gehörten schon im ersten Jahrhundert, wohl bereits in den letzten Jahren der Herrschaft des Tiberius, zu den kleinasiatischen Orten, in denen sich christliche Gemeinden bildeten. Zwei der sieben Sendschreiben in der Offenbarung des Johannes sind an sie gerichtet. Die jüdische Gemeinde von Sardes wurde mehrmals von Julius Cäsar und Augustus gegen antijüdische Maßnahmen der Stadtverwaltung in Schutz genommen und mit Privilegien versehen.[41] Sie besaß unweit des berühmten, jedoch nie ganz fertiggestellten Artemistempels eine große Synagoge mitten in der Stadt – nicht, wie sonst üblich, am Stadtrand oder knapp außerhalb der Stadtgrenzen –, deren prachtvolle Ausweitung im 3. Jahrhundert mit einem Sportplatz und einer großräumigen Badeanlage den Status der städtischen Juden unterstrich, die hier spätestens seit der der Zeit der Seleukiden gesiedelt und gebaut hatten. Es liegt auf der Hand, daß auch die Juden der Stadt mit den Ausschüttungen des Tiberius ihre zerstörten oder beschädigten Bauten restaurieren konnten. Diese beeindruckende jüdische Präsenz hielt bis zur Eroberung der Stadt durch den christlichen Sassanidenkönig Chosroes II. im Jahr 616 an. Schwieriger hatten es die Christen, die hier ab ca. 33 n. Chr. zuerst in Hausgemeinden zusammenkamen und erst unter Kaiser Konstantin im frühen 4. Jahrhundert im Stadtbild sichtbare Kirchen bauten. Aus nicht mehr zu klärenden Gründen stießen gerade in Sardis verschiedene christliche Bewegungen und Sekten aufeinander. Schon die Offenbarung des Johannes, die nach neueren Forschungen um 68 n. Chr. entstand, bezeichnet die Gemeinde als geistlich tot und ruft sie zur Umkehr auf (Offenbarung 3,1-6).[42] Um 160 n. Chr. verfaßte hier der Ortsbischof, Melito von Sardes, seine von antijüdischem Haß durchzogene Osterhomilie, in der erstmals in der christlichen Literatur die Juden als Gottesmörder bezeichnet werden.[43]

Philadelphia ist archäologisch und historisch weit weniger erforscht als Sardes. Gesichert ist, daß sich auch hier schon in vorchristlicher Zeit Juden angesiedelt hatten und die frühchristliche Gemeinde es mit Sektierern zu tun bekam, die sich als fromme Juden ausgaben, ohne es zu sein, und damit sowohl den Juden als auch den Christen in der Stadt schadeten.[44] Die Dankbarkeit der Bewohner Philadelphias gegenüber dem großzügig helfenden Tiberius ist in verschiedenen Inschriften und Münzprägungen dokumentiert; man ging dort so weit, die nach fortdauernden Nachbeben erst langsam wiederaufgebaute Stadt in »Neocaesarea« umzubenennen, die neue Stadt des Kaisers.[45] Doch Tiberius half nicht nur auswärts, auch in Rom handelte er: Als 33 n. Chr. die Wirtschaft der Hauptstadt wegen verschiedener Finanzmanipulationen im Stadtadel und unter den Senatoren zusammenzubrechen drohte, griff Tiberius, der längst auf Capri residierte, sofort ein, stellte mit Hilfe der Banken 100 Millionen Sesterzen zur Verfügung, schuf die Möglichkeit dreijähriger zinsloser Darlehen gegen die Sicherheit des doppelten Wertes der Schuldnergrundstücke, ermutigte damit private Investoren und stabilisierte so die Finanzen Roms und ganz Italiens.[46] Als 34 n. Chr. in Rom ein verheerendes Feuer ausbrach, das einen der dicht besiedelten sieben Hügel, den Aventin, den Circus und angrenzende Stadtteile fast völlig zerstörte, stellte er, diesmal aus der Staatskasse, erneut 100 Millionen Sesterzen zur Verfügung, um den Wert der Mietshäuser – der berüchtigten, oft viel zu hoch gebauten »insulae« – und der Paläste zu ersetzen. Der dadurch zügig ermöglichte Wiederaufbau wurde ihm, wie Tacitus berichtet, vom Volk um so höher angerechnet, als der Kaiser zuvor für seine eigene Baumaßnahmen kaum öffentliche Mittel verwendet hatte und überhaupt nur zwei Bauwerke neu erstellen ließ, einen Tempel für den Gott Augustus und das Bühnenhaus, die *scena*, des Pompeiustheaters.[47]

Nimmt man nun all dies zusammen, die geschickte politisch-militärische Strategie des Tiberius, seine Förderung der reichsweiten Infrastruktur und seine Freigiebigkeit in Notfällen, die für spätere Kaiser Maßstäbe setzte, dann fällt es schwer, dem Urteil des Velleius Paterculus zu widersprechen: »Wann war der Getreidepreis niedriger, wann der Frieden günstiger? Über alle Länder des Orients und Okzidents, bis an die Grenzen im Süden und Norden, verbreitet sich die »Pax Augusta« und schützt noch die entferntesten Winkel des Erdkreises vor räuberischen Überfällen. Verluste durch ein Unglück, die nicht nur Bürger, sondern ganze Kommunen erlitten, ersetzt die Freigiebigkeit des Princeps. Die Städte Asiens wurden wiederaufgebaut, die Provinzen wurden vor den Rechtsbrüchen der Beamten geschützt.«[48]

Velleius Paterculus, der hier in einer Mischung aus hohem Lob und sachlicher Beobachtung schreibt, beendete seine *Römische Geschichte* 29 n. Chr., kurz vor seinem Tod. Als Augenzeuge und nüchterner Kommentator seiner Zeit war er noch nicht angesteckt vom kritischen Geist eines Sueton oder Tacitus. Er kannte Tiberius nicht nur als hoher Staatsbeamter – 15 n. Chr. wurde er Praetor –, sondern als Offizier aus nächster Nähe. Er hatte an den germanischen Feldzügen des Tiberius teilgenommen, war Stabsoffizier und Legionskommandant, erhielt zahlreiche Auszeichnungen und wurde nach den erfolgreichen Feldzügen in Pannonien am 23. Oktober 12 n. Chr. im römischen Triumphzug des Tiberius geehrt. Die Nähe zu Tiberius galt einigen Forschern des 20. Jahrhunderts als Argument gegen seine Objektivität. Heute ist jedoch deutlich, daß er gerade als Zeitzeuge mit einer keineswegs parteipolitisch getrübten Beobachtungsgabe in Zweifelsfällen glaubwürdiger ist als die Nachgeborenen wie Sueton, Tacitus und Cassius Dio. Seine Würdigung der Verdienste des Tiberius muß sicher höher bewertet werden als die oft allzu offensichtlich polemische Kritik der anderen – jedenfalls bis zum Jahr 29, in dem sein Geschichtswerk endet. Es fehlen also die sieben letzten Jahre, es fehlt der Konflikt mit Sejan, der am 18. Oktober 31 mit dessen Hinrichtung endete und im Rückblick das Tiberiusbild vieler Historiker bis heute trübt. Doch die ersten sechzehn Jahre der Kaiserherrschaft des Tiberius wurden von ihm erlebt und in zum Teil brillanten Vignetten dargestellt. Ohne Tiberius zu verherrlichen, sah er Eigenschaften, die manche Häßlichkeiten der Gerüchte, von denen Sueton und Tacitus später so viel hielten, wie kolportierte Verleumdungen wirken lassen. Wie er Menschen in Not half, in Rom und in den Provinzen, hatten wir schon gesehen. Aus nächster Nähe beschrieb nun Veilleius Paterculus die ungewöhnliche Fürsorge, die der Feldherr Tiberius den Untergebenen zukommen ließ: »Während des ganzen germanischen und pannonischen Krieges war niemand unter uns, gleich ob von hohem oder niederem Dienstgrad, jemals krank, ohne daß sich der Caesar um seine Gesundheit und sein Wohlergehen gekümmert hätte, mit einer solchen Anteilnahme, als hätte er, der mit großen Belastungen überhäuft war, keine anderen Sorgen. Für jeden, der ihn brauchte, stand ein bespannter Wagen bereit, seine Sänfte stand allen zur Verfügung – auch ich habe sie, wie viele andere, benutzen können. Sogar seine Ärzte, seine Küche und eine tragbare Badewanne, die für ihn mitgeführt wurde, standen für die Heilung der Kranken zur Verfügung.«[49] Erstaunlicherweise wird diese praktizierte Nächstenliebe sogar vom skeptischen Sueton bestätigt, der ein anderes Ereignis nennt, aus den Jahren auf Rhodos: »Einmal hatte er bei der frühmorgendlichen Planung des Tagesablaufs wie nebenbei angekündigt, er wolle alle Kranken in der Stadt besuchen. Von denen, die bei ihm standen, wurde das anders verstanden, und so ordnete man an, alle Kranken in die öffentliche Säulenhalle zu bringen und sie nach der Art ihrer Erkrankung zu verteilen. Von dieser Maßnahme war er so sehr überrascht, daß er lange unschlüssig blieb, was er tun solle. Schließlich ging er der Reihe nach zu jedem einzelnen, entschuldigte sich bei jedem für den Vorfall, sogar bei den Allerärmsten und ihm völlig Unbekannten.«[50]

Ein »Guter Hirte« also, der sich um seine Herde kümmerte, statt sie zu mißbrauchen, ganz so, wie er es später, als regierender Kaiser, seinen Provinzverwaltern empfahl. Zwar heilte er die Kranken nicht selbst, wie Jesus es tat und wie es in wenigstens zwei Fällen dem Kaiser Vespasian zugeschrieben wurde,[51] aber er hätte jedenfalls in einem Gespräch mit Jesus in aller Bescheidenheit erwähnen können, daß auf ihn nicht zutraf, was der galiläische Wanderrabbi in einem seiner Gleichnisse so vielen anderen als Versagen vor den Mitmenschen vorwarf: »Ich bin krank gewesen, und ihr habt mich nicht besucht.« (Matthäus 25,36) Als die verwunderten Zuhörer Jesus fragten, was er damit gemeint haben könne, denn sie hätten ihm doch stets gedient, antwortete er: »Amen, ich sage euch: Was ihr nicht einem dieser Geringsten getan habt, das habt ihr auch mir nicht getan.« So erstaunlich es klingt: Auf der diakonischen Waage des Jesus von Nazareth hätte Tiberius sich wiegen lassen können, ohne für zu leicht befunden zu werden.

Vor einem solchen Hintergrund ist kaum verständlich, wie unbeliebt Tiberius gewesen sein soll, wenn man Sueton, Tacitus und Cassius Dio glaubt. Sollte es berechtigte Vermutungen gegeben haben, daß Tiberius seinen Charakter änderte, als er Kaiser wurde? Sueton und Tacitus unterstellen es. »Was für ein ebenso verhaßter wie verabscheuter Mensch war er damals«, schreibt Sueton, »welches Leben voller Angst führte er, den Schmähungen ausgesetzt: Dafür gibt es viele Indizien.«[52] Daß er die öffentlichen Belustigungen der Circus- und Gladiatorenspiele nicht mochte und die unruhestiftenden Mimus-Schauspieler aus Italien verbannte, daß er die Astrologen und Magier durch Senatsbeschluß aus Italien ausweisen ließ und zwei von ihnen, Lucius Pituanius und Publius Marcius, öffentlich hingerichtet wurden – es dürfte ihn im Volk unbeliebt gemacht haben, hätte aber als Indizien für Haß und Abscheu kaum ausgereicht.[53] Tiberius hatte für seine Strafmaßnahmen stets gute Gründe im Rahmen geltenden Rechts und der zu bewahrenden »Pax«. Auch wenn uns diese Gründe von Tacitus und den anderen nicht immer mitgeteilt werden, sollten wir zu seinen Gunsten annehmen, daß es sie gab.[54] Ohne in Lobeshymnen auszubrechen, hält der Zeitzeuge Velleius Paterculus diese Verdienste um Ordnung und Frieden fest. Schon oben lasen wir: »Die Provinzen wurden vor den Rechtsbrüchen der Beamten geschützt.« Auch von der Hauptstadt Rom ist in diesem Zusammenhang die Rede: »Die Frömmigkeit wurde auf das Forum zurückgerufen, verbannt wurde vom Forum der Kampf der Parteien, vom Marsfeld das Bestechungsunwesen, aus der Kurie die Streitereien.«[55]

Tiberius zögerte nicht, gegen Prokuratoren einzuschreiten, die ihre Befugnisse überschritten hatten. In nicht weniger als neun Fällen griff er in die Provinzverwaltung ein und ging gegen korrupte und rechtsbrechende Beamte vor. So wird natürlich noch zu fragen sein, warum er ausgerechnet den Erzschurken der jüdischen Quellen und des Neuen Testaments, den Präfekten Pontius Pilatus, bis zum unbezweifelten Massenmord an den Samaritanern auf dem Garizim, 36 n. Chr., im Amt ließ. Lagen keine justitiablen Vergehen vor, handelte Tiberius jedenfalls nach einer Maxime, die Josephus aus jüdisch-römischer Perspektive so beschreibt: Hatte er einmal einen Beamten ernannt, so beließ er ihn in der Position so lange wie möglich, um gerade dadurch sein wohlwollendes Verhalten gegenüber der Bevölkerung zu sichern. Denn die meisten Menschen, die ein hohes Amt bekleiden, neigen zur Habgierigkeit. Hat jemand aber nun das lukrative Amt nur für kurze Zeit inne, so versucht er, die Untertanen schnell und gründlich auszunehmen. Ist dagegen die Stelle auf lange Zeit gesichert, so wird der Amtsinhaber nach einer Anfangsphase der Ausbeutung im eigenen Interesse für geordnete Verhältnisse sorgen. Jede schnelle Neubesetzung einer Stelle läßt dagegen die Ausbeutung jedesmal von vorn beginnen. Zynismus oder Menschenkenntnis? Zur Erläuterung gibt Josephus eine Anekdote zum Besten, die er Tiberius zuschreibt: »Ein verwundeter Mensch lag am Boden, und eine große Zahl von Fliegen saß in seinen Wunden. Ein Wanderer, der zufällig vorbeiging, hatte Mitleid mit ihm, und da er ihn für zu schwach hielt, um die Fliegen zu vertreiben, trat er näher und fing an, die Fliegen zu vertreiben. Der Verwundete aber bat ihn, das zu unterlassen, und als der andere ihn fragte, warum er denn von der Plage nicht befreit sein wolle, antwortete er: ›Du bereitest mir noch mehr Schmerz, wenn du sie vertreibst. Denn sie sind von meinem Blut schon gesättigt und bereiten mir daher nicht mehr so viel Beschwerden wie zu Beginn, sondern lassen mit dem Quälen schon etwas nach. Vertreibst du sie aber und kommen dann neue, hungrige, so werden sie sich über meinen geschwächten Körper hermachen, und das würde wirklich meinen Tod bedeuten.‹«[56] Josephus fügt hinzu, Tiberius habe aus diesem Grund seinen Untertanen, die schon durch viele Alltagsmühen bedrückt seien, nicht so häufig einen Beamten nach dem anderen geschickt, von denen sie wie von Fliegen ausgesaugt würden. Diese Gesinnung, so kommentiert Josephus, wurde durch seine Handlungsweise bestätigt, denn er habe während seiner zweiundzwanzigjährigen Regierung den Juden nur zwei Verwalter geschickt: Gratus und dessen Nachfolger Pilatus.[57]

Ohne zu kritisieren, fügt Josephus hier gleich noch eine Verhaltensweise hinzu, die von anderen zu seinen Schwächen gezählt wurde: das lange Zögern, Prozesse gegen Gefangene zu beginnen und abzuschließen, vor allem dann, wenn die Todesstrafe gefordert war. Eine schnelle Hinrichtung würde sie aus der Haft befreien, so viel Glück hätten sie aber als Verbrecher gar nicht verdient. Müßten sie dagegen auf das endgültige Urteil warten, wäre die Schwere ihrer Lage durch die quälende Ungewißheit gesteigert. So weit Josephus. Man könnte in dieser Begründung langer Amtszeiten und der Verzögerung von Prozessen wieder den schwarzen Humor des Tiberius sehen. Messen wir ihn jedoch an den Maximen des anderen Sohnes Gottes, so wird doch noch ein anderer Blickwinkel sichtbar. Ausgangspunkt der Handlungsethik des Kaisers ist immerhin, helfen zu wollen. Der Wanderer ist in seinem Gleichnis hilfsbereit, geht nicht in möglichst großer Entfernung am von den Fliegen geplagten Mann vorbei, sondern tritt nahe an ihn heran. Stoisch-realistisch ist dagegen die Reaktion des Infizierten, der das sofortige Eingreifen ablehnt. Er reagiert so, wie wir es auch in einer Fabel des Aesop lesen: Aesop warnte bei der Verteidigung eines reichen Demagogen auf Samos mit der Fabel vom Fuchs, den Fliegen und dem Igel davor, den Mann hinzurichten – andere, die nicht so reich wären, würden an seine Stelle treten und sie nun endgültig ausnehmen.[58] Endet hier auch die Parabel des Tiberius, so erfolgte die Fortsetzung in seinem realpolitischen Handeln: Denn immer dann, wenn es tatsächlich um todbringende Verfehlungen ging, wo also, um im Bild zu bleiben, die Fliegen tatsächlich die Existenz der Geplagten bedrohten, griff dieser Kaiser ein und beendete den Mißbrauch, und zwar nachweislich sehr zur Freude der Provinzialen. Gerade das machte ihn in den betroffenen Provinzen so beliebt.

Daher hätte Tiberius das Gleichnis vom barmherzigen Samaritaner, das Jesus erzählt (Lukas 10,30-37), nicht nur verstanden, sondern für richtig gehalten. Den zwei Männern, die an einem halb totgeschlagenen Mann auf der Straße von Jerusalem vorbeigehen, ohne ihm zu helfen, einem Priester und einem Leviten, wird der Samaritaner gegenübergestellt, der auf den Verwundeten zugeht, die Wunden behandelt, ihn zu einer Herberge bringt und dort für die weitere Pflege bezahlt. Die beiden Gleichnisse unterscheidet, daß der Verwundete bei Jericho die Hilfe sofort annimmt, vielleicht halb tot auch gar nicht mehr in der Lage war, eine stoische Reaktion hervorzubringen. Zieht man die Parallele etwas schärfer nach, dann wird auch deutlich, daß es sich um eine Situation handelt, die dem Handeln des Tiberius entsprach: Der Halbtote, dem der Samaritaner hilft, gleicht den vom Tode bedrohten, denen der Kaiser half, indem er in den Provinzen gegen rechtsbrüchige Beamten eingriff. Gemeinsam haben die beiden Gleichnisse jedenfalls, daß da wenigstens einer ist, der die Notlage erkennt und Verantwortung übernimmt. Tiberius, der als Spiel- und Spaßverderber ungeliebte Mann der knochentrockenen Gesetzestreue, beweist nicht nur als kommandierender Offizier und als Caesar, der Kranke besucht, daß ihm an den Mitmenschen liegt. Noch als regierender Augustus prüft er die Zustände und greift zugunsten der Menschen ein, wenn das im Rahmen des Gesetzes zumutbare Maß der Belastungen zum lebensgefährdenden Leid der Betroffenen wird.

Nun wird niemand von einem Kaiser des Römischen Reichs erwarten, daß er die Staatsraison hinter die Barmherzigkeit gegenüber jedem einzelnen Bürger zu stellen habe. Auch der erste dediziert prochristliche Kaiser und Mitverfasser des christlichen Glaubensbekenntnisses, des »Credos«, Konstantin der Große nämlich, wäre an einem solchen Maßstab gescheitert. Zieht man das in Betracht, so ragt das Handeln des Tiberius weit über das Pflichtprogramm eines Imperators hinaus. Urteilt man im Bewußtsein damaliger Normen, dann ist selbst die scheinbar so zynische Haltung gegenüber Gefangenen, von der Josephus berichtet, kein Zeichen gleichgültiger Grausamkeit. Von einer langen Zeit im »Gefängnis« – gemeint ist der Hades, die Hölle – schreibt auch der Jünger Simon Petrus, dem Jesus die Macht des Bindens und des Lösens in einer Gemeinschaft anvertraut hatte, die von den »Pforten der Hölle« nicht zu überwinden ist:[59] In 1. Petrus 3,19-20 werden die Menschen beschrieben, die sich schon zu Noahs Zeiten dem Wort Gottes verweigert hatten und nun als Geister im Gefängnis warten. Solche Menschen, auch falsche Propheten und Lehrer, werden bis zum Jüngsten Tag auf das Gerichtsurteil zu warten haben, fügt Petrus in seinem zweiten Brief hinzu (2. Petrus 2,3-4) und ergänzt, daß auch gefallenen Engeln dieses Los nicht erspart bleiben werde. Dann kann das Urteil durchaus unangenehm werden, wie Jesus selbst klargestellt hatte in dem langen Gleichnis bei Matthäus 25,34-40, aus dem wir einen Teil bereits oben sahen: Dort urteilt der König (also Jesus) über jene, die an den Menschen in Nächstenliebe handelten oder solches Handeln verweigerten. An jene, die sich weigerten, ergeht das Urteil: »Geht weg von mir, ihr Verfluchten, in das ewige Feuer, das [schon] dem Teufel und seinen Engeln bereitet ist.« (Matthäus 25,41) Wie das alles konkret vorstellbar sein soll, bewegt die Denker der Christenheit bis heute. Grundlage aller Vermutungen und Glaubensaussagen ist jedoch, daß solche Vorstellungen ursprünglich von Jesus ausgingen und mit seiner Macht als Messias, Gottessohn und wiederkommendem Herrscher verbunden wurden, als zur gleichen Zeit Tiberius darüber nachdachte, wie er mit Gefangenen, zum Tode Verurteilten und allen, deren Leben durch Machtmißbrauch bedroht waren, umzugehen habe. Auch hier hatte Jesus von Nazareth dann allerdings etwas zu bieten, was gänzlich außerhalb der Machtbefugnisse des Tiberius lag: »Amen, amen, ich sage euch: Wer mein Wort hört und dem glaubt, der mich gesandt hat, der hat das ewige Leben und kommt nicht in das Gericht, sondern er ist aus dem Tod in das Leben hinübergegangen.« (Johannes 5,24)

Das Rätsel Sejan

Wir haben schon mehrere Male gesehen, wie tendenziös Tacitus über Tiberius schreibt. Im noch heute weitverbreiteten Tiberiusbild wurden die positiven Charakterfarben verdunkelt durch die grelle Ausmalung, die Tacitus als Zusammenfassung der Lebenszeit des Tiberius bietet: »Sein Charakter war von Zeit zu Zeit verschieden. Sein Lebenswandel und sein Ruf waren untadelig, solange er Privatmann war oder als Befehlshaber unter Augustus diente. Undurchschaubar und hinterlistig erwies er sich in der Vorspiegelung von Tugenden, während Germanicus und Drusus noch lebten. Ebenso verbanden sich bei ihm Gutes und Böses, während seine Mutter lebte. In seiner Grausamkeit verabscheuungswürdig, verstand er es doch, seine Ausschweifungen zu verbergen, solange er Sejan liebte beziehungsweise fürchtete. Schließlich stürzte er sich zugleich in Freveltaten und Schändlichkeiten, nachdem er das Schamgefühl und die Furcht abgelegt hatte und nur noch seinem ›Ingenium‹ folgte.«[60] Ein eigenartiger Text, der nicht zu dem passen will, was die Quellen – auch manches, was Tacitus selbst mit vielleicht zusammengebissenen Zähnen über den umsichtig verwaltenden und helfenden Kaiser zusammentrug – bei nüchterner Betrachtung aussagen. Läßt er sich entschlüsseln?

Der Name, mit dem Tacitus den Wendepunkt markiert, verbreitete unter vielen Römern Angst und Schrecken: Lucius Aelius Seianus, kurz Sejan. Auch in der jüdischen und christlichen Literatur galt er als die finstere Gestalt, die zwischen 19 und

31 n. Chr. den Ruf des Tiberius nachhaltig beschädigte – ein Antisemit, der im Verein mit seinem Schützling und Verbündeten Pontius Pilatus die Juden im Heiligen Land bis aufs Blut provozierte. Der christliche Kirchenhistoriker Euseb von Caesarea faßt sich um 324 n. Chr. zwar kurz – bei ihm kommt Sejan nur in einem Nebensatz vor –, aber es ist ein Nebensatz, der das christliche Sejanbild maßgeblich beeinflußte: »Er [Philo von Alexandria] erzählt zuerst, daß unter Tiberius in Rom Sejan, der damals großen Einfluß auf den Kaiser hatte, sich voller Eifer darum bemühte, das ganze Volk [der Juden] vollständig auszurotten, und daß ferner in Judäa Pontius Pilatus, unter dem das Verbrechen am Heiland begangen wurde, die Juden in schlimmster Weise bedrängte, indem er sich im damals noch stehenden Tempel Jerusalems an den Privilegien vergriff, die den Juden gewährt worden waren.«[61]

Schon der erste Satz der genannten Streitschrift Philos' gegen Aulus Avillius Flaccus bestimmt die Tonlage. Flaccus war von Tiberius 32 n. Chr. als Präfekt Ägyptens eingesetzt worden, er wurde 38 von Gaius Caligula wegen einer angeblichen Verschwörung abberufen und im darauffolgenden Jahr hingerichtet. Zu Lebzeiten des Tiberius erwies er sich in wirtschaftlichen und finanziellen Belangen als fähiger Verwalter. Zunehmend aber ergriff er Partei für die nichtjüdische Mehrheit der Bevölkerung von Alexandria, deren Übergriffe gegen die Juden er nicht unterband. Hier setzt Philo an und stellt eine direkte Verbindung her. Sejans Name ist der erste, der in dieser Schrift fällt: »Die Politik der Angriffe gegen die Juden, die von Sejan begonnen worden war, wurde von Flacccus Avillius übernommen.«[62] Das ist deutlich genug. Sejan wird als der Auslöser des zunehmenden Antisemitismus im Römischen Reich genannt, und die Schrift läßt keinen Zweifel daran, daß er, der zu dieser Zeit längst die Kommunikationswege kontrollierte, die antijüdischen Vorkommnisse vor Tiberius verborgen hielt.

Es wäre für Philo ein leichtes gewesen, Tiberius zu verurteilen. Als er knapp zehn Jahre nach dem Tod des Kaisers gegen Flaccus und gegen Gaius Caligula schrieb, war mit einem Lob des Tiberius nichts mehr zu gewinnen; man hatte längst begonnen, sich auf die negative Beurteilung dieses Herrschers einzustimmen. Dennoch beharrte Philo stets darauf, daß Tiberius für die Vorfälle keine Verantwortung trug. Die Schuldigen sind Sejan und jene, die er in seinen Kreis einbezogen hatte. Den Bezug, den Philo zwischen Tiberius und Sejan herstellte, hatten wir weiter oben schon gesehen, er formulierte ihn besonders eindrücklich im Bericht über die Gesandtschaft an Kaiser Caligula: In Italien wurde die Lage instabil, als Sejan damit begann, seine Attacken auf die Juden zu organisieren. Tiberius aber, so fügte Philo hinzu, erkannte die Wahrheit sofort nach dem Tod Sejans – er sah, daß die falschen Anschuldigungen gegen die Juden von Sejan erfunden worden waren mit dem Ziel, das ganze jüdische Volk zu vernichten, da er – Sejan – wußte, daß vor allem die Juden sich gegen seine heillosen Pläne und Strategien stellen und den Kaiser verteidigen würden, wenn er in Gefahr käme, das Opfer eines Verrats zu werden.[63] Es ist dieser Abschnitt, auf den sich der Bischof und Kirchenhistoriker Euseb von Caesara bezieht. Und noch einmal: Philo hätte keinen Grund gehabt, solche Dinge zu erfinden. Seine Schriften sind in der Tat die einzige erhaltene, zeitgenössische Quelle für den Judenhaß des Sejan, doch macht sie das nicht von vornherein verdächtig. Daß ein Sueton oder Tacitus das Thema übergehen (auch Pontius Pilatus z. B. kommt bei Sueton noch nicht einmal namentlich vor, bei Tacitus nur einmal, in der Stelle über die Kreuzigung Jesu), überrascht ebensowenig wie umgekehrt die Thematisierung beim mitbetroffenen Philo. Wenn es aber so ist, daß Philo hier glaubwürdig berichtet, dann stellt sich auch die Frage nach dem Charakter und den Motiven Sejans in besonderer Weise. Schließlich fällt auf, daß in der Provinz Judäa seit 26 n. Chr. Pontius Pilatus amtierte, den einige Forscher für einen Freund und Protegé des Sejan halten. Wer also war dieser Lucius Aelius Seianus?

Ein respektierter Offizier, dem Augustus und Tiberius vertrauten, mit dem senatorischen Adel durch seine Mutter verwandt, Sohn des erfahrenen Beamten und Ritters Lucius Seius Strabo, eines Prätorianerpräfekten und Präfekten Ägyptens, selbst früh in die erweiterte Entourage der kaiserlichen Familie aufgenommen als Begleiter des Gaius Caesar auf dessen Orientreise 1 v. Chr. – 1 n. Chr., mit Drusus Caesar 14 n. Chr. nach Pannonien entsandt, um dort den regionalen Aufstand niederzuschlagen, im gleichen Jahr gemeinsam mit seinem Vater Präfekt der Prätorianergarde, nach dessen Beförderung zum Präfekten Ägyptens alleiniger Befehlshaber der Prätorianer: ein Lebenslauf, der den ca. 18 v. Chr. geborenen Sejan als überdurchschnittlich erfolgreichen Ritter ausweist, dem nur die Auslandspräfektur fehlte, um den Glanz des Vaters gänzlich zu erreichen. In den Annalen der römischen Geschichte hätte er damit allerdings kaum besonders auffallen können. Mehr wäre für einen Ritter vor allem unter dem streng auf Standesunterschiede achtenden Tiberius auch nur unter außergewöhnlichen Umständen zu erreichen gewesen. Ursprünglich ein reiner Geldadel (ein Mindestbesitz von 400 000 Sesterzen sicherte automatisch den Rittertitel), entwickelte sich der Ritterstand in der frühen Kaiserzeit zunehmend zum Verdienstadel, sogar Freigelassene konnten zu Rittern ernannt werden. In der kaiserlichen Verwaltung erreichten sie in den Provinzen leitende Funktionen von Präfekten und Prokuratoren, hatten in den Streitkräften zum Beispiel die Ränge von Flottenkommandanten inne, leiteten Kanzleien und das Kommunikationswesen. In den eigentlichen Hochadel aber konnten sie nicht aufsteigen, und so waren ihnen zwar nicht *de iure*, aber doch *de facto* alle Ämter verwehrt, die traditionell den *nobiles* zustanden. Man schloß die Ränge, und gelang es beispielsweise einem Mann, der nicht einer der altadligen Familien angehörte, Konsul zu werden, kam schnell der Verdacht von Bestechung und Korruption auf.

Unter Tiberius galten als adlig im engeren Sinne nur Nachfahren jener, die mindestens in spätrepublikanischer Zeit bereits Konsuln gewesen waren. Wer »Ritter« war, gehörte einer zweiten, niederen Schicht an, die unter den Senatoren stand. Auch hier galt das Geld als eines der Kriterien: Wer auf direktem Wege Senator werden wollte, mußte mindestens eine Million Sesterzen nachweisen können. Augustus hatte sich ferner darum bemüht, den Senat zu einer Kammer mit Erbanspruch umzugestalten, ähnlich dem britischen »House of Lords« vor den jüngsten (um im römischen Sprachgebrauch zu bleiben) Plebeijerreformen der Regierung des Labour-Premierministers Tony Blair. Weil nicht alle senatorischen Familien ihren Wohlstand erhalten konnten, brach das System schon unter Tiberius an den Rändern ein, und es kam zu Chancen für neue Familien, teils auf direkten Wunsch des Kaisers, teils über die Genehmigung, für das Amt des Quaestors zu kandidieren und anschließend für die Wahl zum Senator qualifiziert zu sein. Ein kompliziertes System also, das sich dennoch innerhalb traditioneller Rahmenrichtlinien bewegte. Einem einfachen Ritter wie Sejan oder seinem Vater wäre es daher nicht leicht möglich gewesen, in diese Schicht aufzusteigen. Neben den Kriterien der Herkunft sprach auch das finanzielle Volumen dagegen: Ein Ritter hatte keine Möglichkeit, eine Million Sesterzen zu erwerben, nach heutigem Geldwert mindestens acht Millionen Euro – es sei denn, er hätte sich während einer Provinzpräfektur unmäßig bereichert, und gerade dagegen ging Tiberius nachdrücklich vor. Auch in den Provinzen gab es über die Stufe des Präfekten oder Prokurators hinaus keine Steigerungsmöglichkeiten: Wer Legat werden wollte, mußte aus senatorischer Familie stammen, im Prinzip sogar selbst Senator sein.

Einen Umweg gab es allerdings: Sofern ein verdienter Beamter zum Konsul gewählt worden war, galt er nach Ende seiner Amtszeit als *consularis* und gehörte damit dem Senat an. Lucius Vitellius zum Beispiel, der als Statthalter Syriens 37 n. Chr. Pilatus und Kaiaphas absetzte, war 34 n. Chr. zum Konsul gewählt worden, obwohl er nur dem Ritterstand entstammte, und wurde im darauffolgenden Jahr als *consularis* von Tiberius zum Legaten der Provinz Syria ernannt. Ritter wie Sejan und Pilatus hatten in einem solchen Kontext keine automatischen Ansprüche und durften nicht erwarten, ohne besondere, atypische Gegebenheiten in solche Positionen aufzusteigen. Die Familie seiner Mutter, durch die Sejan mit ehemaligen Konsuln verwandt war, reichte da nicht aus. Anders gesagt: Als Sejan Präfekt der Prätorianergarde wurde, hätte er allenfalls hoffen dürfen, wie sein Vater eine Präfektur außerhalb Italiens zu erlangen, vielleicht sogar jene in Ägypten, die im Römischen Reich den höchsten Stellenwert besaß. Schon dies hätte man angesichts der in die Tausende gehenden Zahl römischer Ritter eine beachtliche Karriere genannt. Als einfacher Ritter und Präfekt der Prätorianergarde wie der Stellvertreter des Kaisers zu handeln wäre unter normalen Umständen unvorstellbar gewesen. Und doch erreichte Sejan diese Machtfülle innerhalb weniger Jahre.

Zwei Ereignisse seiner Laufbahn vor der zunehmenden Bevorzugung durch Tiberius fallen auf: der Feldzug in Pannonien und die Orientreise. In Pannonien hatte Tiberius selbst als Legat des Augustus von 12 bis 9 v. Chr. amtiert und hatte 9 v. Chr. in Rom die »Ovation«, die einfachere Form des Triumphs, für seine dortigen Erfolge feiern können. Noch einmal, von 6 bis 12 n. Chr., war er als Prokonsul Oberbefehlshaber über die Truppen in Pannonien und feierte am 23. Oktober 12 n. Chr. in Rom den pannonischen Triumph. Er konnte also besser als jeder andere einschätzen, was die Leistungen des Sejan an der Seite des Drusus Julius Caesar, des Sohns des Tiberius aus seiner ersten Ehe, in dieser Schritt für Schritt romanisierten Provinz – Teile des heutigen westlichen Ungarn (mit Aquincum, jetzt Budapest, als Zentrum), des österreichischen Burgenlands und Sloweniens – nur zwei Jahre später bedeuteten. Die Orientreise 1 v. Chr.–1 n. Chr. an der Seite des Gaius Julius Caesar führte beide in die

Provinz Syrien, wo Gaius sein einjähriges Konsulat antrat. Zur Reiseroute gehörte auch Judäa, das damals noch nicht in die syrische Provinz eingegliedert war – das geschah erst 6 n. Chr. –, sondern seit 4 v. Chr. dem Herodessohn Archelaus unterstand. Archelaus war jedoch unter den Juden als ausbeutender Gewaltherrscher verhaßt; jüdischer Protest war es, der 6 n. Chr. zu seiner Absetzung und zur Eingliederung Judäas (mit Samaria) in die Provinz Syrien führte. So hatte 1 n. Chr. eine angekündigte Visite durchaus die Androhung einer Kontrollreise im Auftrag des Augustus gewesen sein können. Offensichtlich betraten Gaius und Sejan selbst dann jedoch Judäa nicht, sondern kamen nur bis an die Grenzen. Was auch immer im einzelnen geschehen sein mag, Augustus rühmte später ausdrücklich die Feinfühligkeit des Gaius: »Er lobte seinen Enkel Gaius, weil er nicht in Jerusalem opferte, als er an Judäa vorbeizog.«[64]

Bemerkenswert ist das, weil sich hier etwas geändert hatte: Der Vater des Gaius, Marcus Vipsanius Agrippa, hatte bei seinem Besuch Jerusalems 15 v. Chr. im Tempel mehrfach Opfer dargebracht. Der von Orthodoxen nie als wirklicher Jude anerkannte Idumenäer Herodes der Große, als dessen Freund Agrippa in Jerusalem aufgetreten war, hatte für die rituellen Empfindlichkeiten der Juden wenig Verständnis. So mußten Philo und Josephus ausdrücklich betonen, daß der Heide Agrippa mit seinen Opfergaben keine Tempelregeln überschritten hatte.[65] Es blieb eine delikate Angelegenheit, denn es war sehr wohl ein Unterschied, ob man als Kaiser für das eigene Wohlergehen im Tempel von Juden Oper darbringen ließ oder ob ein Vertreter des Kaisers, ein Nichtjude, persönlich im Tempel opferte. Der Verzicht des Gaius auf einen Besuch Jerusalems und auf das Tempelopfer mußte daher auf Augustus, den ausgewiesenen Förderer jüdischer Belange, besonderen Eindruck machen. Sejan war zu dieser Zeit an der Seite des Gaius. Welche Wirkung hatte der Verzicht des Augustusenkels auf ihn? Wenn Philo mit seiner Darstellung der antisemitischen Strategien Sejans recht hat, dann könnte bereits hier ein erster Anstoß zu sehen sein: Der noch junge, erst achtzehnjährige Ritter sah, wie ein Liebling seines Kaisers den Empfindlichkeiten der Juden nachgab, und er verstand nicht, warum gerade dieses Volk mit seinem so seltsamen Kult eines einzigen, noch nicht einmal bildlich darstellbaren Gottes, ein Volk mit zahllosen Privilegien, die seit Julius Cäsar auch in Rom von der Befreiung vom Militärdienst bis zum arbeitsfreien Wochentag, dem Sabbat, reichten, so rücksichtsvoll behandelt wurde. Schließlich galt unter gebildeten Römern spätestens seit Cicero (106–43 v. Chr.) das Prinzip der Verachtung für die jüdischen Sonderwege.

Erinnern wir uns: Cicero hatte das Judentum kurz und bündig einen barbarischen Aberglauben genannt, eine *barbara superstitio*, deren Praxis von der ruhmreichen Tradition der römischen Sitten abweiche.[66] Augustus dagegen war nicht von Cicero beeinflußt, sondern von dessen Zeitgenossen Marcus Terentius Varro (116 – 27 v. Chr.), den er persönlich kannte. Dieser Politiker und Gelehrte hatte sich in seiner langen Laufbahn mit den verschiedenen Religionen des Römischen Reichs beschäftigt und das Judentum schätzengelernt. Grundsätzlich hielt er es für vernünftig, einen allerhöchsten Gott zu haben, und setzte den römischen Jupiter mit dem Gott der Juden gleich. Er vertrat also das philosophisch-religiöse Toleranzprinzip, ging aber darüber hinaus: Für ihn war der jüdische Brauch, Gott nicht bildhaft darzustellen, vorbildlich und diente ihm dazu, die Römer an jene alten Zeiten zu erinnern, in denen sie ihrerseits die Götter nicht abbildeten.[67] Denn, so argumentierte er, »wäre dieser Brauch bis in unsere Zeit geblieben, dann wäre unsere Verehrung der Götter reiner«.[68] Varro fügte ein Argument aus eigener Beobachtung hinzu: Jene, die Götterbilder aufstellen, verringern die Ehrfurcht, da sie einen Irrtum vergrößern – Götter in der Gestalt törichter Abbildungen könnten leicht zur Verachtung führen. Man wird ein wenig an den Apostel Paulus erinnert, der ein halbes Jahrhundert nach Varro durch Athen geht, mit zornigem Unverständnis die zahllosen Götterstatuen betrachtet und dann über den einen Altar spricht, auf dem kein Bildnis zu sehen ist, jenen des »Unbekannten Gottes« (Apostelgeschichte 17, 16-34).

Gegen Augustus und Gaius konnte der junge Sejan sich nicht auflehnen, aber er hatte Zeit, auf seine Stunde zu warten. Diese Stunde kam fünfzehn Jahre später, als er von Tiberius zum alleinigen Präfekten der Prätorianergarde ernannt wurde. Es ist nicht ersichtlich, warum Tiberius darauf verzichtete, den von Augustus eingeführten Brauch zweier Gardepräfekten fortzuführen, nachdem er den anderen, Sejans Vater, in die Präfektur Ägyptens befördert hatte. Offensichtlich hatte Sejan sich so hervorragend bewährt, daß er ihm die alleinige Verantwortung über neun Elitekohorten mit je 1000 Mann zutraute. Da diese Truppe dem persönlichen Schutz des Kaisers galt, waren drei Kohorten an verschiedenen Stellen Roms stationiert, die anderen in den Teilen Italiens, in denen sich der Kaiser regelmäßig aufhielt. Eine der ersten Maßnahmen Sejans war die Zusammenlegung aller über die Stadt verteilten Kohorten in einer neuen, befestigten Kaserne auf dem Viminalhügel.[69] Nun standen Tiberius dreitausend Soldaten mitten in der Hauptstadt zur Verfügung, es war Übersichtlichkeit in der Kommandostruktur hergestellt, verbunden mit einer sichtbaren Mahnung an die Bevölkerung, die verbreitete Unsicherheit nach dem Übergang von Augustus auf Tiberius nicht zu unüberlegten Aktionen zu nutzen. Es liegt nicht das geringste Anzeichen dafür vor, daß Tiberius das nicht selbst veranlaßt hätte und sich nun vor dem Prätorianerpräfekten fürchtete. Im Gegenteil: Der Kaiser sah in Sejan eine der wenigen ihm noch verbliebenen Vertrauenspersonen. Er war inzwischen siebenundfünfzig Jahre alt, frühere Wegbegleiter waren gestorben, und in den ersten Jahren seiner Herrschaft starben weitere Vertraute, unter ihnen 19 n. Chr. sein Adoptivsohn Germanicus. Tiberius vereinsamte und sah im zupackenden, effizienten Sejan eine verläßliche Stütze. Noch eine andere Eigenschaft des Ritters muß den Kaiser beeindruckt haben: Der über zwanzig Jahre Jüngere hielt nichts von den Schmeicheleien, mit denen sich die Senatoren und zahllose Ritter bei Tiberius beliebt machen wollten. Nichts war dem Kaiser so verhaßt wie unaufrichtige Ehrungen und beflissene Speichelleckerei. Mit einem Wort: Sejan war ein Mann ganz nach seiner Art.

Für die ersten Regierungsjahre haben wir den Bericht des Velleius Paterculus, der mit dem Ende des Jahres 29 n. Chr. abschließt und wenig später veröffentlicht wurde. Die zwar kaiserfreundliche, aber nicht unreflektiert lobhudelnde Darstellungsweise des Velleius ist uns als wohltuender Gegensatz zu den aus großer Distanz stammenden Polemiken bei Sueton, Tacitus und Cassius Dio schon mehrfach aufgefallen. So sollte es auch ernstgenommen werden, wenn er für die gut fünfzehn Jahre der Zusammenarbeit von Tiberius und Sejan, die in seinen Berichtszeitraum fallen, keine vernichtenden Urteile über den Präfekten zu fällen weiß. Hatte Velleius Angst, daß es ihm so ergehen könnte wie dem Aulus Cremutius Cordus, der wie er als Historiker wirkte, 25 n. Chr. auf Betreiben Sejans vor dem Senat angeklagt wurde und sich zu Tode hungerte, um als freier Mann dem befürchteten Todesurteil zu entgehen?[70] Die beiden Historiker unterschied allerdings ihre Grundeinstellung zum Staat: Cremutius war ein Verächter des Prinzipats, der den republikanischen Werten nachtrauerte und in seinem wichtigsten Werk, den *Annalen*, Brutus und Cassius verherrlichte, die hauptverantwortlichen Mörder Julius Cäsars. Velleius verkörperte die gegenteilige Position; er war ein leidenschaftlicher Befürworter des Prinzipats und seiner ersten Vertreter Augustus und Tiberius. So hatte er weder von Sejan noch von Tiberius etwas zu befürchten. Man könnte vielleicht sogar einen Schritt weitergehen: Seine positive Darstellung der Handlungen Sejans bis zum Jahr 29 n. Chr. beinhaltet zugleich eine indirekte Distanzierung vom Kollegen Cremutius, den er als Verräter am Kaisertum gesehen haben dürfte.

So jedenfalls kann er über Sejan schreiben, daß er in treuer Hingabe an den Princeps hohe Leistungskraft mit geistiger und körperlicher Stärke verbinde, streng aber umgänglich sei, fröhlich und zugleich würdig, für sich nichts beanspruche und gerade dadurch alles erreiche, sich selbst bescheidener sehe, als andere es täten, und bei hellwachem Geist stets die Ruhe bewahre. In einem Punkt klingt das Lob des Velleius wie das legendäre Charakterbild eines Studenten in Oxford oder Cambridge: Wenn er arbeitet, tut er so, als ob er nicht angestrengt sei, sondern eigentlich Muße habe.[71] Man könnte hier eine Anhäufung von Klischees sehen, aber auch dann, wenn man die rhetorischen Ausschmückungen abstreicht, die noch einige Sätze weitergehen, betont Velleius ein Prinzip, das für Republik und Kaiserreich gleichermaßen grundlegend sein sollte: »Der Tüchtige verdient die höchsten Ehren.«[72] Und daran schließt er die Beobachtung an, die für die zwanziger Jahre des ersten Jahrhunderts auch gegen Sueton, Tacitus und Cassius Dio Bestand haben, die erst schrieben, als die tatsächlichen, zu seiner Hinrichtung führenden Vergehen Sejans längst bekannt waren: »Es war eine natürliche Folge dieses Grundsatzes, die Tiberius Caesar dazu veranlaßte, Sejan auf die Probe zu stellen, und die seinerseits Sejan dazu führte, dem Prinzep beim Tragen seiner Amtslasten zu helfen und den Senat und das Volk Roms dazu bewegte, sich den Mann, den sie als den Fähigsten erkannt hatten, gern als Schutzherrn ihrer eigenen Sicherheit zu nehmen.«[73] Für diese Jahre, das heißt für die Zeit zwischen 15 und 29 n. Chr., betont Velleius als Augenzeuge, daß Sejan das Vertrauen des Kaisers, des Senats und des Volkes genoß. Darin ist er durchaus glaubwürdig und liefert uns eine Quelle, die verständlich macht, warum es Sejan gelang, nach der Abreise des Tiberius auf die Insel Capri, 26 n. Chr., immer mehr Macht und Verehrung in der Hauptstadt an sich zu ziehen. Ob Velleius seine Meinung später geändert hätte, als die Schattenseiten Sejans immer deutlicher erkennbar wurden und sein Verrat am Vertrauen des Kaisers 31 n. Chr. später zu seiner Hinrichtung führte, muß Spekulation bleiben. Er hat diese Entwicklung nicht mehr erlebt.

Allerdings besitzen wir eine Vergleichsmöglichkeit: die Schriften des Valerius Maximus, die Kaiser Tiberius gewidmet sind. Über den Verfasser ist kaum etwas bekannt. Er gehörte nicht der Oberschicht an, war verarmt, wurde jedoch vom Konsul des Jahres 14 n. Chr., Sextus Pompeius, mäzenatisch gefördert und reiste 27 n. Chr. mit ihm, als er von Tiberius zum Prokonsul der Provinz Asien befördert wurde. In dieser Zeit begann Valerius die Arbeit an den *Denkwürdigen Taten und Worten*, den *Facta et dicta memorabilia*, einer Sammlung von Beispielen für den Unterricht an Rhetorenschulen, die er in neun Bücher gliederte und 31. n. Chr. kurz nach der Hinrichtung Sejans abschloß. Wie Velleius war also auch Valerius ein überzeugter Verfechter des Prinzipats und stand loyal zu Tiberius. Und auch die Widmung an Tiberius deutet darauf, daß hier ein Autor schreibt, der die Bildungswelt des philosophisch geschulten Princeps kannte und teilte, denn so ohne weiteres war es nicht möglich, dem Kaiser ein Buch zu widmen. Es fällt auf, daß nur zwei Jahre nach Velleius das Urteil über den nunmehr toten Sejan ganz anders ausfällt. Ohne seinen Namen überhaupt zu nennen, wirft er ihm vor, den Grundsatz treuer Freundschaft vernichtet zu haben und auf diese Weise das Menschengeschlecht in bluttriefende Finsternis habe stürzen wollen.[74] Valerius schreibt noch unter dem unmittelbaren Eindruck der Ereignisse, die man sich kaum dramatisch genug vorstellen kann, und er greift zu Beispielen aus der römischen Geschichte, in denen Verrat und Illoyalität tatsächlich zu Katastrophen geführt hatten. Und dann rühmt er die Götter und alle, die wachen Auges das Vaterland schützten. Vor allem Tiberius wird in seiner göttlichen Weisheit *(divino consilio)* als Beschützer des Wohlergehens und Bewahrer des Friedens hervorgehoben. Und da kommt der Grundtenor wieder zum Vorschein, der das Wirken des Tiberius auch in seinem Selbstverständnis bestimmte. Valerius formuliert gut sechs Jahre vor dem Tod dieses Kaisers einen Satz, den er sich als Epitaph kaum besser hätte wünschen können: »Daher hat der Friede Bestand, die Gesetze sind in Kraft, die privaten und öffentlichen Angelegenheiten gehen ihren unverdorbenen Lauf.«[75] Sehen wir Velleius Paterculus und Valerius Maximus als Zeitzeugen und im Zusammenhang, so war die Zeit des Sejan nur Episode. Tiberius überstand sie dank göttlicher Führung und eigener Wachsamkeit, spät, aber nicht zu spät, und handelte als würdiger Nachfolger des Augustus, ehe dem Staat bleibender Schaden entstehen konnte.

Wirft man einen Blick auf die Daten, dann geht es um vier Jahre des Vertrauensmißbrauchs durch Sejan, 26/27 bis 30/31 n. Chr., in einer insgesamt dreiundzwanzigjährigen Kaiserzeit des Tiberius. Es sind jedoch vier Jahre, die aus jüdischer und christlicher Sicht besonders schwer wiegen, denn in sie fielen die Ernennung des Pontius Pilatus zum Präfekten Judäas 26 n. Chr. und die Kreuzigung des Jesus von Nazareth 30 n. Chr. Zu fragen ist, ob hier eine Entwicklung stattfand oder ob diese Epoche nach der Schablone des Tacitus beurteilt werden darf, in die nur einfache Zwangsläufigkeiten passen.

Blicken wir auf die ersten zehn, elf Jahre, in denen Sejan seit 15 n. Chr. an der Seite des Tiberius arbeitete, läßt sich eine langsame Entwicklung beobachten. Autoren wie Tacitus unterstellten dem Kaiser, wie wir oben sahen, er sei immer schon ein schlechter Mensch gewesen, dem es gelungen sei, sich lange erfolgreich zu verstellen, und ähnliche Pseudopsychologie wurde auch auf Sejan angewandt: So heißt es bei Tacitus, er habe nebeneinander Unterwürfigkeit und Hochmut besessen, nach außen vorgespielte Bescheidenheit sei der Deckmantel für die Gier in seinem Inneren gewesen, die ihn beim Verlangen nach höchsten Zielen beherrschte. Großzügig, gar verschwenderisch sei er daher gewesen und habe sehr oft einen Diensteifer und eine unermüdliche Fürsorge gezeigt, »die nicht weniger verderblich sind, sobald sie vorgetäuscht werden, um die Herrschaft zu erlangen«.[76]

Es läßt sich jedoch nicht nachweisen, daß Sejan von Anfang an so dachte und sich mit einer langfristigen Strategie in das Vertrauen des Tiberius einschleichen wollte. Die ersten Schritte zur Zusammenarbeit gingen von Tiberius aus, der in Sejan eine bewährte, vertrauenswürdige Person sah, die sich wohltuend von seinem Umfeld abhob. Die Charakterbeurteilungen, die dem Kaiser doch wohl von Offizierskollegen und Diplomaten gegeben wurden, die mit dem Ritter im Orient waren und ihn auch in den Jahren danach kannten, als eine führende Rolle am Kaiserhof gänzlich außerhalb der Karriereplanung gelegen haben muß, dürften ihn darin bestärkt haben. Plausibler scheint eine andere Erklärung: Sejan hatte nicht erwartet, wie sehr Tiberius sich auf ihn stützen würde. Es war im Grunde gegen die Spielregeln, einen Ritter nach und nach zum zweiten Mann zu machen, nicht mehr nur zum Adjutanten, sondern zum Stellvertreter. So aber handelte Tiberius und rühmte ihn vor dem Senat und dem Volk als *socius laborum*, als Partner bei seinen mühevollen Tätigkeiten.[77] Da war es nur konsequent, daß Sejans Bildnis in den Theatern, auf den Foren und in den Lagern der Legionen aufgestellt wurde. Eine solche Auszeichnung hob ihn nicht über den Ritterstand hinaus, konnte ihn aber, um es vereinfacht zu sagen, auf dumme Gedanken bringen. Was Oscar Wilde in einem seiner Scherze sagte, »ich kann allem widerstehen außer der Versuchung«, scheint hier Wirklichkeit geworden zu sein. Von den Verlockungen der Macht dazu verführt, die Grenzen immer weiter zu ziehen, nutzte Sejan das Vertrauen des Kaisers nicht nur aus, sondern mißbrauchte es.

Maßnahmen gegen tatsächliche oder angebliche Feinde und potentielle oder tatsächliche Verschwörer mögen dabei durchaus im Interesse des Tiberius gewesen sein, der seiner eigenen Neigung nachgeben konnte, Entscheidungen lange abzuwägen, solange er sich auf die Tatkraft Sejans und dessen Fähigkeit verlassen konnte, Gefahren schneller als andere zu ahnen und abzuwenden. Velleius Paterculus nennt unter einer Reihe auch anderweitig bezeugter Aufdeckungen von Intrigen und Verbrechen gegen Tiberius und den Staat die drei Fälle des Gaius Silius, Marcus Scribonius Libo Drusus und Lucius Calpurnius Piso und spricht von verbrecherischen Anschlägen und unverständlichem Haß.[78] Sejan trat in diesen Fällen nicht selbst als Ankläger auf – dafür gab es andere –, aber es ist kaum zu bezweifeln, daß er darauf achtete, eher einen Prozeß zuviel zu initiieren als einen zu wenig; dem Senat stand schließlich zu, auch Freisprüche zu verkünden oder Begnadigungen zu befürworten. So wurde beispielsweise Gaius Cominius, der eine Schmähschrift gegen Tiberius verfaßt hatte, auf Bitten seines Bruders, des Senators Titus Cominius Proculus, 24 n. Chr. freigesprochen.[79] Unter den von Velleius genannten Namen fällt Gaius Silius insofern auf, weil er als Befehlshaber des obergermanischen Heeres die Revolte des Julius Sacrovir niedergeschlagen hatte, später aber vor dem Senat auf Verrat und Bereicherung durch Erpressung in den Provinzen angeklagt wurde. Hier war ein Punkt betroffen, bei dem Tiberius stets besonders empfindlich reagierte, der Amtsmißbrauch in den Provinzen. Es ist also gut zu verstehen, daß Tiberius das Wirken des Sejan bei der Aufdeckung solcher und ähnlicher Fälle nicht als Anmaßung kaiserlicher Rechte verstand oder, wie es Tacitus vermutet, als den von langer Hand geplanten Versuch, unter unbotmäßigen Römern, nicht zuletzt im Umfeld des Agrippinazirkels aufzuräumen, sondern als Dienst an Staat und Kaiser.

Gerade gegenüber Agrippina und ihrem Kreis war höchste Wachsamkeit geboten: Die Frau des im Oktober 19 n. Chr. in Syrien gestorbenen Germanicus, den Tiberius 4 n. Chr. auf Wunsch des Augustus adoptiert hatte, haßte Tiberius und machte daraus kein Geheimnis.[80] An der Kaisertreue des Germanicus hatte nie ein Zweifel bestanden, und er hätte, wohl ganz im Sinne des Augustus, ein kluger, belesener, militärisch erfahrener, beim Volk beliebter Nachfolger des Tiberius werden können, wenn er nicht, wie wir in einem früheren Kapitel sahen, auf nie ganz geklärte

Weise als Vierunddreißigjähriger gestorben wäre. Agrippina dagegen sah sich durch den Tod ihres Mannes um die eigenen dynastischen Interessen betrogen. Immerhin war sie nicht nur die Witwe des designierten künftigen Kaisers, sondern auch die Tochter der Julia, die in zweiter Ehe Augustus geheiratet hatte, sie verstand ihre gesellschaftliche Stellung dementsprechend auch als die einer Stieftochter des ersten Princeps. Wie gern sie sich an den Schaltstellen der Macht bewegte, hatte sie schon gezeigt, als sie bei den Einsätzen des Germanicus in Germanien und im Orient an seiner Seite auftrat und sich selbst auf Inschriften ehren ließ. In ihren drei ältesten Söhnen, Nero Julius Caesar (6 n. Chr. geboren), Drusus Julius Caesar (7/8 n. Chr.) und Caius Caesar Germanicus genannt Caligula (12 n. Chr.), sah sie legitime Nachfolger des Tiberius. Als sie im Dezember 23 n. Chr. bei der Trauerfeier für den Tiberiussohn Drusus ihre Freude darüber, daß nun der letzte Rivale für ihre eigenen Kinder verschwunden war, allzu deutlich zeigte, erkannte Sejan die Gefahr und riet Tiberius zu Gegenmaßnahmen.[81] Gerade hier aber sah sich der familienbewußte Tiberius nicht zu übergroßer Eile veranlaßt. Erst sechs Jahre später wurde sie im Senat angeklagt und auf die Insel Pandataria verbannt; ihr Sohn Nero Julius Caesar wurde im gleichen Jahr auf die Insel Pontia in die Verbannung geschickt; er starb 31 n. Chr. Drusus Julius Caesar wurde 31 zum Staatsfeind erklärt und auf dem Palatin inhaftiert, wo er 33 n. Chr. starb, im Todesjahr seiner verbannten Mutter. Gegen den dritten Sohn, Gaius Caligula, wurde nichts unternommen. Erst vier Jahre nach ihrem Tod gingen ihre dynastischen Pläne doch noch in Erfüllung: Caligula wurde 37 n. Chr. tatsächlich der Nachfolger des Tiberius; ihre Tochter Julia Agrippina, 15/16 n. Chr. in Köln geboren, heiratete 28 n. Chr. Gnaeus Domitius Ahenobarbus und brachte 37 n. Chr. den Sohn zur Welt, der als Kaiser Nero zu einer der schwärzesten Gestalten der römischen Kaisergeschichte wurde.

Gerade der Fall der Agrippina macht heutigen Lesern bewußt,

wie schwer es fällt, den stets im Rahmen des geltenden Rechtes handelnden Tiberius und seinen umtriebigen Präfekten Sejan als Hand in Hand vorgehende, verachtenswerte Individuen abzustempeln. Sueton, der weder Sejan noch Tiberius mochte, erkannte sehr richtig, daß der Präfekt auch in den Jahren nach 26, d. h. seit dem freiwilligen »Exil« des Kaisers auf Capri, öffentliche Maßnahmen nicht ohne dessen Wissen durchführen konnte, und so sieht er die Verantwortung für das Wirken des »Gehilfen und Verbrechers« bei Tiberius.[82] Sein einziges Ziel sei es gewesen, mit Sejans Hilfe die Söhne des Germanicus und der Agrippina auszuschalten, damit sein eigener leiblicher Enkel Tiberius Gemellus, der 19/20 n. Chr. geborene Sohn des 23 n. Chr. gestorbenen Drusus, sein Nachfolger werden könne.[83] Hier führt Sueton in die Irre, und wie wenig er davon weiß, was Tiberius tatsächlich motivierte, wird schon wenige Kapitel später deutlich.[84] Beim Vorgehen gegen Agrippina wird Sejan noch nicht einmal erwähnt; Sueton berichtet nur, daß Agrippina befürchtete, von Tiberius vergiftet zu werden, und allein er die Verbannung nach Pandataria veranlaßt habe. Dort habe er vergeblich versucht, ihren Hungerselbstmord durch Zwangsernährung zu verhindern.[85] Gegen diese karge Schilderung wirkt die breite Darstellung des Tacitus wie ein Geschichtsroman, in dem alles aufgefahren wird, was sich gegen Tiberius und Sejan vorbringen läßt. Auch Tacitus, der sich nicht so recht entscheiden kann, wen er mehr verabscheut, Tiberius oder Sejan, weiß von einem angeblichen Giftmordversuch, macht dafür aber Sejan verantwortlich, dem er auch die Schuld an der wohl entscheidenden Wende im Leben des Tiberius gibt – dem Tod des Sohnes Drusus.

Wenn die uns überlieferten Berichte zutreffen, so hatte Sejan der Versuchung, das Vertrauen des Kaisers auszunutzen, um in dessen Nachfolgepläne zu eigenen Gunsten einzugreifen, ab 22 n. Chr. nicht mehr widerstehen können. Es war ihm nicht verborgen geblieben, daß Drusus ein ausgesprochen untreuer Ehemann war. Die getäuschte und enttäuschte Ehefrau Julia Livia, genannt Livilla, erlag den Verlockungen des Sejan, der seinerseits verheiratet war und drei Kinder hatte. Es blieb jedoch nicht beim Ehebruch. Sejan ließ sich von seiner Frau Apicata scheiden, und obwohl die Quellen in den Details voneinander abweichen, stimmen sie darin überein, daß Livilla auf Anstiftung Sejans ihren Ehemann 23 n. Chr. vergiftete oder vergiften ließ.[86] Tiberius, der das kurze und tödliche Siechtum seines einzigen Sohnes für die Folge seines ungesunden Lebenswandels hielt, schöpfte vorerst keinen Verdacht. Ahnungslos erhielt er die schriftliche Bitte Sejans, die Witwe heiraten zu dürfen. Seine Antwort ist von Tacitus überliefert, und sie ist wohl der entscheidende Beweis dafür, daß Tiberius keineswegs willenlos dem Sejan verfallen war, sondern sehr genau wußte, was er wollte und verwirklichen konnte. Es war eine Antwort, die aus zwei Teilen bestand, einem ersten Schreiben, in dem er sich für die Treue Sejans bedankte, auf die Gunsterweise hinwies, die er ihm bereits erbracht hatte, und im übrigen vorgab, er brauche noch Bedenkzeit. Dann kam der zweite Brief.

Geduldig legt er Sejan die familiären und dynastischen Gründe auseinander, die eine solche Heirat wenig ratsam erscheinen ließen. Und schließlich kommt das Argument, das Tacitus aus den ihm vorliegenden Kaiserakten offenbar wörtlich zitiert: »Du täuschst dich nämlich, Sejan, wenn du glaubst, du könntest in deinem jetzigen Stand bleiben und Livia, die erst mit Gaius Caesar, dann mit Drusus verheiratet war, werde es als das Ziel ihrer Lebensplanung ansehen, an der Seite eines römischen Ritters alt zu werden. Und selbst wenn ich es zuließe, glaubst du, die Menschen würden es dulden, die ihren Bruder, ihren Vater und unsere Vorfahren in den höchsten Positionen des Imperiums erlebt haben?«[87] Dieses Nein auf die Bitte Sejans war an Deutlichkeit kaum zu überbieten. Standesschranken machten die Ehe unmöglich. Tiberius reichte zwar gleichsam im »PS« noch eine versüßende Pille nach: Aufgrund seiner Verdienste und seiner Gesinnung habe Sejan eigentlich jeden Rang verdient, und er werde sich im Senat oder vor dem Volk zu gegebener Zeit dazu äußern. Aber das hieß zuerst einmal immer noch nein. Erst acht Jahre später, kurz vor seiner Hinrichtung, wurde er zusammen mit Tiberius zum Konsul gewählt. Wenige Monate später war er nicht, wie erhofft, ein Verwandter des Kaisers, sondern tot. Die Zurechtweisung Sejans war von Tiberius nicht als plötzliche Einschränkung des Vertrauens gemeint, und trotz seiner Enttäuschung hat Sejan sie auch nicht so verstanden. Als er den Kaiser 26 n. Chr. auf dem Weg nach Capri begleitete, kam es zu einem gefährlichen Zwischenfall. Bei einem Aufenthalt in der zur Tiberiusvilla ausgebauten natürlichen Höhle an der Küste, der »Spelunca« (beim heutigen Sperlonga), in der Archäologen 1957 großartige Skulpturen bargen, stürzten Teile des Eingangs ein. Diener wurden von den schweren Steinen erschlagen, Panik kam auf, doch Sejan schützte Tiberius, in dem er sich über ihn warf und gegen den Steinschlag abdeckte.[88] So nutzte er die Gelegenheit nicht zur Rache am Kaiser, sondern bewies höchsten persönlichen Mut bei dessen Rettung. Die Spekulation, er habe das nur getan, weil ein lebender Tiberius für seine Karrierepläne wichtiger war als ein toter, ergibt keinen Sinn.[89] Der scharfe Sejankritiker Tacitus betont, daß der Präfekt sein eigenes Leben riskierte. Und einem toten Sejan hätte ein lebender Tiberius nun gar nicht nützen können.

Vor diesem Hintergrund muß man den Brief ernst nehmen als ein Indiz für die Beantwortung der umstrittenen Frage, ob der Kaiser längst zum Instrument des Präfekten geworden war. Daher ist es auch nicht besonders glaubwürdig, wenn Tacitus behauptet, Sejan habe Tiberius wenige Jahre später dazu veranlaßt, Rom zu verlassen und sich auf die Insel Capri zurückzuziehen, um künftig in der Hauptstadt allein entscheiden und den Zugang von Menschen und Informationen zum Kaiser allein kontrollieren zu können.[90] Das wichtigste Korrektiv finden wir schon bei Velleius Paterculus, der sein Werk abschloß, als Tiberius bereits drei Jahre auf Capri lebte, ohne ein einziges Mal nach Rom gereist zu sein. Velleius erwähnt die Schicksalsschläge, die den Kaiser in den zurückliegenden Jahren getroffen hatten, die Verbrechen gegen ihn und den Staat, die er als Verrat empfand, die Intrigen der Agrippina und ihres Sohnes Nero Julius Caesar, die Todesfälle in der Familie – den Tod seines leiblichen Sohnes Drusus, des Adoptivsohnes Germanicus und seines kurz nach der Geburt 19 n. Chr. gestorbenen Enkels Germanicus Gemellus, schließlich den Tod seiner Mutter Livia, zu der er, anders als Sueton, Tacitus und Cassius Dio später unterstellen werden, ein gutes Verhältnis hatte. Velleius zeichnet die Jahre zwischen 19 und 29 n. Chr., in denen der Politiker Tiberius tatkräftig und erfolgreich blieb, für den Menschen Tiberius als eine Zeit der Schmerzen und des Kummers, eines Kummers, den er nie öffentlich zur Schau stellte, der ihm aber in den letzten drei Jahren (26–29) die Seele vor Schmerzen zerriß.[91] Und mitten in diesem Stimmungsbild redet Velleius den Marcus Vinicius an, den Widmungsempfänger seines Geschichtswerks und Konsul des Jahres 30 n. Chr., rechnet also mit dessen Einverständnis zum Geschilderten. So fällt auf, daß er hier den Rückzug auf die Insel Capri nicht für erwähnenswert hält. Beide, Velleius und Vinicius, scheinen sich einig gewesen zu sein, daß Tiberius ein persönliches Recht auf die heilsame Stille der Insel hatte und – darauf kam es an – seine Regierungsgeschäfte dort nie vernachlässigte.

Und in der Tat gestehen auch die anderen antiken Historiker ein, daß der Kaiser in das Geschehen Roms und der Provinzen wann immer nötig direkt eingriff; wir haben weiter oben eine Reihe von Beispielen dafür gesehen. Daß es ihm am 18. Oktober 31 schließlich gelang, den angeblich allmächtigen und allwissenden Sejan mit einigen geschickten Schachzügen auszuschalten, ohne daß der Präfekt bis wenige Sekunden vor seiner Verhaftung auch nur etwas ahnte, war eine Meisterleistung, die allen bewies, wer die Macht und ihre Instrumente wirklich besaß. Es heißt aber auch, daß eine Präfekturernennung wie die des Pontius Pilatus kaum ohne Wissen oder zumindest ohne eine auf die

Empfehlung durch Sejan folgende Zustimmung des Tiberius geschehen sein kann. Offiziere der Prätorianergarde durfte Sejan zwar ernennen, wie er wollte, und tat es auch, bis er nur noch Männer seiner Wahl um sich hatte – obwohl ihm das am Tag seiner Verhaftung nichts nutzte, weil Tiberius es verstand, auch diese Vorkehrung Sejans auszuhebeln. Aber eine Präfektur oder Prokuratur bedurfte immer noch der Zustimmung des Kaisers. Das stellt die alte Frage in ein neues Licht, ob der alles andere als antisemitische Tiberius wissentlich den einen aktiven Judenhasser – Sejan – einen anderen aktiven Judenhasser – Pilatus – ernennen ließ, ohne einzuschreiten, oder ob der von Philo von Alexandria bezeugte Judenhaß des Sejan von Tiberius erst spät, wenn auch nicht zu spät, durchschaut und unterbunden wurde, wie wiederum Philo nahelegt.[92] Ob Pilatus bereits Antisemit war, als er nach Judäa ging, Sejan das wußte, Tiberius aber nicht, ist weniger leicht zu entscheiden. Weiter unten mehr dazu – an dieser Stelle sollten wir wenigstens festhalten, daß Pilatus mit dem ebenfalls unter Tiberius bereits 18/19 n. Chr. eingesetzten Hohenpriester Kaiaphas ein ausgezeichnetes Verhältnis pflegte und vom Legaten Vitellius im Auftrag des Tiberius im Winter 36/37 n. Chr. vorrangig nicht wegen einer Reihe antijüdischer Handlungen abberufen wurde, sondern wegen der von den Juden nicht als Mitjuden anerkannten Samaritaner, die er auf dem Berg Garizim gefangengenommen und hingerichtet hatte.

Das Ende Sejans, der von Pilatus noch sechs weitere Amtsjahre lang überlebt wurde, ist schnell erzählt: Anfang 31, ein Dreivierteljahr nach der Kreuzigung Jesu, wurden Tiberius und Sejan gemeinsam zu Konsuln gewählt. Für Tiberius war es das fünfte Konsulat, für Sejan das erste. Nun hatte er doch noch Entscheidendes erreicht. Neben dem Kaiser als Konsul dazu berechtigt, ab dem darauffolgenden Jahr als *consularis* dem Senat anzugehören, verlobte er sich mit Julia, der Tochter des Drusus und der Livilla. Nun glaubte er sich so nahe an der wirklichen Macht, daß er seinen einzigen wirklichen Fehler beging: Er bat Tiberius, ihm vom Senat die »tribunizische Gewalt« verleihen zu lassen, die *tribunicia potestas*. Seit Augustus hatte das Signalwirkung: Wer so ausgezeichnet wurde, galt als designierter Nachfolger des Kaisers. Augustus hatte 18 v. Chr. erst den Agrippa so geehrt, dann nach dessen Tod gleich zweimal Tiberius (6 v. Chr. und 4 n. Chr.). Es kursierten Gerüchte, Tiberius selbst habe mitteilen lassen, bald werde es soweit sein. In Wirklichkeit aber sah der Kaiser nun, welche Gefahr ihm und seiner Familie drohte. Er trat nach nur vier Monaten am 8. Mai 31 n. Chr. von seinem Konsulat zurück und zwang damit Sejan, seinem Beispiel zu folgen. Statt Sejan die tribunizische Gewalt zu verleihen, rief er Gaius Caligula, den überlebenden dritten Sohn des Germanicus und der Agrippina, zu sich nach Capri. Dort wurde der Neunzehnjährige zum Priester geweiht und erhielt von Tiberius selbst die *toga virilis* zum Zeichen seiner Erlangung der Bürgerrechte eines römischen Mannes. Dem jüdisch-römischen Historiker Flavius Josephus verdanken wir die einzige auf ein Dokument gegründete Information über das, was dann geschah:

Antonia griff ein, die Großmutter der Caligula und Schwägerin des Tiberius, vom Kaiser hochgeschätzt, »weil sie als Frau seines Bruders Drusus zu seiner Verwandtschaft zählte und weil sie eine tugendhafte und sittenreine Frau war«. Und Josephus fährt fort: »Sie erwies Tiberius einen großen Dienst, denn es war von seinem Freund Sejan, der zu dieser Zeit als Präfekt der prätorianischen Kohorten eine große Machtfülle in seinen Händen hielt, eine großangelegte Verschwörung gegen ihn geplant worden. Die meisten Senatoren und Freigelassenen schlossen sich ihm an, die Truppen wurden bestochen, und die Verschwörung griff schnell um sich. Tatsächlich hätte Sejan Erfolg gehabt, wenn Antonia in ihrem kühnen Schachzug nicht größere Klugheit besessen hätte als Sejanus in seiner Niederträchtigkeit. Denn als sie von der Verschwörung gegen Tiberius erfuhr, schrieb sie ihm einen ausführlichen und detaillierten Bericht, gab den Brief Pallas, dem vertrauenswürdigsten unter ihren Sklaven, und schickte ihn zu Tiberius nach Capri. Der so informierte Tiberius ließ Sejan und seine Mitverschwörer hinrichten.«[93] Zu Unrecht haben manche Forscher die Existenz eines solchen Briefs und vor allem der gesamten Verschwörung bezweifelt, weil Cassius Dio davon nichts wissen will und gerade die Abschnitte jener Epoche in den *Annalen* des Tacitus verlorengegangen sind. Doch Sueton bestätigt den geplanten Putsch ausdrücklich und ergänzt den Bericht des Josephus.[94] Auch die Informationen bei Cassius Dio sind trotz ihrer Lücken und Tendenzen nicht grundsätzlich unglaubwürdig, so daß sich der Ablauf zum Gesamtbild rekonstruieren läßt:

Laut Sueton begriff Tiberius die unmittelbare Gefahr eines Umsturzes schon, als ihm die Nachricht von der Verehrung goldener Bildnisse des Sejan und der öffentlichen Feier seines Geburtstags zugetragen wurde. Darauf, so Sueton, inszenierte er eine Reihe trickreicher Gegenmaßnahmen, um Sejan in Sicherheit zu wiegen: die Mitaufnahme in das fünfte Konsulat, die Verheißung verwandtschaftlicher Bindungen und sogar das Gerücht der kommenden »tribunizischen Gewalt«. Schließlich, als alle Sicherheitsvorkehrungen getroffen waren, schrieb er eine Anklageschrift an den Senat – der Tiberiusverächter Sueton nennt sie »unerfreulich und bedauernswert« – und unterdrückte die Verschwörung.[95] Auch Cassius Dio bestätigt die Raffinesse des auf Capri noch längst nicht vergreisten Dreiundsiebzigjährigen. Er ernannte Quintus Naevius Cordus Sutorius Macro, den Präfekten der römischen Feuerwehr, in einer Geheimaktion, in die nur der neue und Tiberius treu ergebene Konsul Memmius Regulus eingeweiht war, zum neuen Präfekten der Prätorianerkohorten und beauftragte ihn mit der Ausschaltung Sejans. Macro reiste mitten in der Nacht, weihte seinen künftigen Nachfolger Publius Graecinus Laco ein und ging bei Tagesanbruch in den Senat. Dort suchte er die Nähe Sejans, ließ ihn wissen, daß er, Macro, zu seinem Nachfolger ernannt worden sei und der Kaiser einen Brief verlesen lassen werde, mit dem Sejan die tribunizische Gewalt verliehen wird. Gleichzeitig befahl er der beim Tagungsort des Senats, dem Apollotempel auf dem Palatin, wachestehenden Prätorianerkompanie, in die Kaserne zurückzukehren, und ließ an ihrer Stelle eine Einheit der *vigiles*, also der bewaffneten Feuerwehr, anrücken. Den Brief des Tiberius gab er dem Konsul Memmius Regulus. Im Vertrauen auf die Wirkung des Schreibens ging Macro in der Zwischenzeit zur Kaserne der Prätorianer, deren Loyalität zum Kaiser er unter anderem dadurch sicherte, daß er jedem Prätorianer die Auszahlung einer Treueprämie von 1000 Denaren versprach.

Cassius Dio zitiert nicht den Brief des Kaisers, sondern paraphrasiert ihn, so daß wir nicht mehr prüfen können, ob die spöttische Darstellung des Briefstils in einer Satire Juvenals (ca. 60 – 140 n. Chr.) zutrifft.[96] Vor allem die Wankelmütigkeit des Volks, der *plebs*, die Juvenal in seiner Schilderung der Vorgänge nach der Hinrichtung Sejans mit beißendem Sarkasmus beschreibt, warnen einmal mehr davor, allzuviel darauf zu geben, wen »Volkes Stimme« damals für gut oder schlecht, für liebens- oder hassenswert hielt.[97] Auch Tiberius soll beim Volk unbeliebt gewesen sein, wie es die antiken Quellen zu betonen nicht müde werden, und sicher war er es, wenn der Opportunismus dazu riet. Kaum aber sprach sich herum, daß der Sohn des noch immer populären Germanicus, Gaius Caligula, zum Favoriten des Tiberius geworden war, brach des Volkes Jubel aus, und Tiberius war der Held des Tages. Nehmen wir Juvenal und Cassius Dio zusammen, so scheint der Brief an den Senat ein für Tiberius typisches Schreiben aus Andeutungen und indirekten Beschuldigungen gewesen zu sein, bei dessen Vortrag jedoch allen Senatoren schnell klar wurde, daß es nicht um die Verleihung der tribunizischen Gewalt an Sejan ging, sondern um die Bestrafung zweier Senatoren und die Verhaftung Sejans. In einer weiteren Andeutung fügte Tiberius hinzu, er könne nicht selbst nach Rom kommen, da er auf der Reise mit Mordanschlägen rechnen müßte. Das war deutlich genug, denn wer sollte ihn, der doch unter dem Schutz des Prätorianerpräfekten Sejan stand, umbringen wollen und können, wenn nicht Sejan selbst? Memmius Regulus fragte einen der Senatoren, ob man bereit sei, dem Willen des Kaisers zuzustimmen, die Antwort lautete ja, der anwesende Sejan wurde sofort verhaftet.

Später am gleichen Tag trat der Senat erneut zusammen, um das Urteil zu fällen. Man traf sich im Tempel der Concordia, der Göttin der Eintracht und des Friedens, den Tiberius selbst restauriert und neu geweiht hatte. Sejan wurde zum Tode verurteilt und sofort hingerichtet.[98] Die Volksmassen, die sich schon vorher zunehmend von Sejan abgewandt hatten, zerstörten alle seine Statuen und Bildnisse und schändeten seinen Leichnam drei Tage lang, dann warfen sie ihn in den Tiber. Auch seine Kinder aus der Ehe mit Apicata wurden hingerichtet. Apicata, die geschiedene Frau Sejans, machte sich kurz vor ihrem Selbstmord am 26. Oktober 31 ein letztes Mal um den Staat und die Geschichtsschreibung verdient: Sie schrieb Tiberius einen Brief mit der Nachricht, Sejan hätte 23 n. Chr. im Einverständnis mit der ihm hörigen Livilla die Ermordung seines Sohnes Drusus veranlaßt. Tacitus hält die Information für zuverlässig und nutzt sie, um Tiberius vom Vorwurf der Mitschuld am Tod des Drusus zu entlasten. Anders gesagt, die Glaubwürdigkeit der Apicata muß über jeden Zweifel erhaben gewesen sein, wenn selbst ein Tacitus nicht anders kann, als Tiberius von einem Schuldvorwurf freizusprechen.[99] Livilla und die anderen im Brief der Apicata genannten Mittäter wurden umgehend hingerichtet.

Sejans Aufstieg und Fall beschäftigte die jüdische Geschichtsschreibung (Philo, Josephus) ebenso wie die römische Literatur (Valerius Maximus, Sueton, Tacitus, Cassius Dio), und schließlich die christliche (Euseb und seine Nachfolger). Vor allem die Frage nach dem Einfluß Sejans auf Pilatus läßt die Forschung bis heute nicht in Ruhe. Ob es ihn gab und wie er in einem solchen Fall ausgesehen haben könnte, ist aus der Karriere Sejans, wie wir sie hier verfolgen konnten, nicht zu erkennen. Wir werden im nächsten Kapitel aus der Perspektive von Pilatus und Jesus zuschauen und deutlicher erkennen, welche Rolle Tiberius selbst in den galiläischen und judäischen Geschehnissen gespielt haben mag, die am 7. April 30 n. Chr. in der Hinrichtung des Jesus von Nazareth gipfelten. Es wird immerhin auch zu fragen sein, ob Tiberius davon wußte, wissen konnte oder wollte. Das hat mit einem Stichwort zu tun, das in den entscheidenden Jahren, eben jenen, in denen Jesus öffentlich auftrat, mit Furcht und Ehrfurcht in den Mund genommen wurde: *Maiestas*. Ganz harmlos bezeichnet das Wort zuerst die Erhabenheit der Götter, dann die des römisches Volkes und seiner Führer, schließlich, seit Augustus, zunehmend die Majestät der Kaiser. In dieser Zeit wurde das Majestätsverbrechen definiert, das *crimen laesae maiestatis* – ein Ausdruck, der im französischen und englischen Begriff für die strafwürdige Majestätsbeleidung und den Hochverrat, *lèse-majesté*, bis heute erhalten geblieben ist. War zur Zeit der Republik der Staat die Majestät und wurden daher in erster Linie Beamte, Feldherren und Provinzstatthalter belangt, die Amtsdelikte begangen hatten, so war im Prinzipat jeder Untertan betroffen, der sich am Kaiser oder einem Mitglied der kaiserlichen Familie schuldig gemacht hatte. Tiberius verschärfte die Anwendung – ob er es auf Anraten Sejans tat oder aus eigener Überzeugung, ist umstritten –, und so stand jeder auch nur vermutete Eingriff in die kaiserlichen Privilegien unter dem Verdacht, ein Majestätsverbrechen zu sein. Hier mußte Pontius Pilatus ansetzen, der als Statthalter des Tiberius nicht ignorieren durfte, was Jesus vorgeworfen wurde: daß er der König der Juden sei. Es bedurfte keiner antisemitischen Neigungen, um diese Anklage ernst zu nehmen. Denn soviel war unbestritten: Tiberius hatte ihn nicht zum König ernannt. Pilatus mußte alles tun, um den Sachverhalt zu prüfen. Auch die Folter galt spätestens seit Tiberius als legitimes Befragungsmittel.[100] Und die Strafe im Fall der Schuldigkeit stand fest:[101] Es war die Todesstrafe.

6 Nach dem Leben ist vor dem Leben: Wie stirbt ein Sohn Gottes?

Am letzten Tag seines Lebens fragte er immer wieder, ob wegen seines Zustands draußen schon Unruhe herrsche, bat um einen Spiegel, ließ sich die Haare kämmen und die eingefallenen Wangen zurechtmachen und erkundigte sich bei den Freunden, die man zu ihm vorgelassen hatte, ob sie fänden, daß er das Possenspiel des Lebens bis zum Ende gut gespielt habe.

Sueton, Divus Augustus, 99,1

Ein Ächzen ging durch die Finsternis,
Das Kind lag hilflos auf seinem Stroh.
Der Tod war seines Sieges gewiß.
Aber das blieb nicht so.

Manfred Hausmann, Heilige Nacht, 1974, letzte Strophe

Der Stein des Pilatus

Pontius Pilatus ist der römische Präfekt, von dem wir mehr wissen als von jedem anderen. Das liegt nicht nur an den vier Evangelien, die ihm in der Leidensgeschichte des Jesus von Nazareth viel Platz einräumen. Philo von Alexandria, Flavius Josephus und Tacitus erwähnen ihn, zum Teil ausführlich und mit negativen Urteilen, die das Neue Testament bestätigen. In der Zeit nach diesen Autoren des 1. und (Tacitus) frühen 2. Jahrhunderts wird er bald von Geschichten umgeben, die mit den alten Quellen nicht mehr viel zu tun haben. So habe Pilatus einen Bericht über die Hinrichtung Jesu an Kaiser Tiberius geschickt – das ist an sich nicht unwahrscheinlich, denn es ging aus römischer Sicht um einen Hochverratsprozeß, und solche Prozesse hatte Tiberius, mit Sejans tatkräftiger Hilfe, reichsweit gefördert und aufmerksam verfolgt.[1] Justin, der frühchristliche Autor aus Sichem (dem heutigen Nablus), der um 165 n. Chr. unter Kaiser Mark Aurel in Rom hingerichtet wurde, wollte diese Akten noch gekannt haben und wies in seiner ersten *Apologie*, ca. 155 n. Chr., gerade die Gegner des Christentums darauf hin: Hier könne sich jeder davon überzeugen, daß die Evangelien wahrheitsgemäß berichten.[2] Gut vierzig Jahre später bestätigte ein weiterer frühchristlicher Autor, der aus Karthago stammende Tertullian, die Auskunft Justins.[3] Tertullian zeigte sich sogar überzeugt, daß Pilatus nicht lange nach der Kreuzigung Christ wurde.[4] Die äthiopische Kirche, eine der ältesten der Christenheit, machte ihn – man möchte sagen, folgerichtig – zum Heiligen. Sein Tag im äthiopischen Heiligenkalender ist der 25. Juni, und wer sich an diesem Tag in Jerusalem aufhält, kann noch heute, nur wenige Schritte von der Hinrichtungsstätte Jesu entfernt, das Schauspiel der Verehrung seines Henkers als eines Heiligen miterleben.

Was auch immer Pilatus an Tiberius geschrieben haben mag, es ist wie alle Berichte aller Präfekten und Prokuratoren verlorengegangen. Die heute noch zu lesenden sogenannten Pilatusakten sind frühestens im 4. nachchristlichen Jahrhundert entstanden.[5] Auch ein Brief des Pilatus an den späteren Kaiser Claudius hat sich als Fälschung erwiesen, und so gilt nach heutigem Kenntnisstand, daß kein von Pilatus selbst autorisiertes Schriftstück erhalten geblieben ist. Ein Briefwechsel mit Sejan wurde auffälligerweise nie behauptet oder gefälscht; so scheinen auch die alten Autoren, die von einem direkten Kontakt des Pilatus mit Tiberius wußten oder ihn jedenfalls vermuteten, den Prätorianerpräfekten nicht für die maßgebliche Kraft hinter Pilatus gehalten zu haben.[6] Um so wichtiger war für die Altertumswissenschaftler – und nicht zuletzt für all jene Hyperskeptiker, die historischen Berichten über eine Person der Antike erst dann trauen wollen, wenn es auch archäologische Belege über sie gibt – eine Entdeckung, die 1961 in Caesarea gelang. Dieses Caesarea hatte Herodes der Große als prachtvolle Hafenstadt ausgebaut und nicht zuletzt mit einem Tempel des Gottes Augustus versehen. [7] Seit 6 n. Chr. war es Verwaltungssitz der judäischen Provinz. Hier trat der erste Präfekt, Coponius, von 6 bis 9 n. Chr. sein Amt an, und hier residierten seine Nachfolger Ambibuchus (9–12 n. Chr.), Annius Rufus (12–15) und der bereits von Tiberius berufene Valerius Gratus (15–26), bis schließlich 26 n. Chr. der von Sejan und Tiberius protegierte Pontius Pilatus an der Reihe war.

Die Präfekten reisten zu den Hochfesten des jüdischen Kalenders, vor allem zu »Pesach« (Passa, christlich später Ostern genannt) und »Schawuot« (wörtlich »Wochenfest«, griechisch nach dem fünfzigsten auf Ostern folgenden Tag – *pentêkostós* – »Pfingsten« genannt) nach Jerusalem, weil aus solchen Anlässen mit über einer Million Pilgern aus dem ganzen Römischen Reich zu rechnen war und Unruhen nie ausgeschlossen werden konnten.[8] In Jerusalem war die römische Schutztruppe auf der »Antonia«-Festung stationiert, deren Lage einen Überblick über den gesamten Bereich der Tempelanlagen gewährte.[9] Der Präfekt residierte bei seinen Besuchen jedoch nicht unter den Soldaten, sondern in einem der beiden herodianischen Paläste. Dort errichtete er seinen provisorischen Amtssitz, das »Prätorium«, von dem auch in den Evangelien die Rede ist. Ob der Präfekt Pilatus zu Pesach 30 n. Chr. den oberen oder den unteren Palast wählte, bei der heute sogenannten Davidszitadelle am Jaffator oder nahe beim Tempel in den Räumlichkeiten, die heute sorgfältig restauriert im Wohlmuseum zu sehen sind, mag unter Forschern umstritten sein. In jedem Fall blieb es ein saisonales Provisorium. Residenz war Caesarea am Meer, auch Caesarea Maritima genannt; hier war die schnelle Eingreiftruppe stationiert, die sich aus wechselnden Kontingenten zusammensetzte, deren Sollstärke jederzeit durch syrische Einheiten unter dem Befehl des dortigen römischen Legaten verstärkt werden konnte. Hier, unter einer Bevölkerung von über 50 000 Juden und aus den syrischen Gebieten stammenden Griechischsprachigen, mit dem Zugang zum Seeweg in alle wichtigen Städten des Imperiums, hatte schon kurz nach Tod und Auferstehung Jesu die christliche Missionstätigkeit einen ihrer ersten Schwerpunkte, und es war ein römischer Offizier, der daran mitwirkte: jener Cornelius, der als Centurio eine Hundertschaft der in Caesarea stationierten Zweiten Italischen Kohorte befehligte.[10]

Die luxuriöse Verwaltungsstadt Caesarea besaß alles, was Römer liebten, darunter selbstverständlich auch ein Theater. Bei spätantiken Erneuerungen dieses Theaters war ein Stein wiederverwendet worden, der 1961 von italienischen Archäologen entdeckt und auf dem eine Inschrift des Pontius Pilatus erkannt wurde. Der aus hellgrauem Kalkstein geschnittene Block mißt heute 82 × 68 × 20 cm und befindet sich, öffentlich ausgestellt, im Israel Museum Jerusalem.[11] Damit war der erhoffte archäologische Beleg gefunden, und er korrigierte sofort einen Fehler des Tacitus. In seiner kurzen Erwähnung der Hinrichtung Jesu durch

Pontius Pilatus nennt Tacitus ihn *procurator,* während Pilatus selbst auf der Inschrift die Amtsbezeichnung *praefectus Iudaeae* verwendet, Präfekt Judäas.[12] Erst unter Kaiser Claudius wurde das Amt des Verwalters der Provinz Judäa vom militärischen Präfekten zum höheren Zivilbeamtenstatus des Prokurators aufgewertet; so waren die beiden römischen Gouverneure Judäas, mit denen es der Apostel Paulus zu tun bekam, bereits Prokuratoren.[13] Die Inschrift enthält aber nicht nur diese Korrektur, sie betont vor allem die Beziehung des Präfekten zu seinem Kaiser – denn sie gehörte zu einem Gebäude, das »Tiberiéum« genannt wird. Was war dieses Tiberiéum? Ließ Pilatus es bauen, um nach der Hinrichtung Jesu und dem politisch delikaten Vorwurf der Hohenpriester, daß er im Falle einer Freilassung des Galiläers seinen Ehrentitel als *amicus Caesaris* verlieren würde, die Kaiserfreundschaft gleichsam auch baulich zu verewigen? War die Hinrichtung Sejans ein Jahr später der Anlaß für den Bau, als ein Versuch, den Kaiser zu versöhnen, falls der den Verdacht haben sollte, mit Pilatus noch einen gefährlichen Weggefährten Sejans in Judäa sitzen zu haben? Tatsache ist, daß Pilatus sowohl die Kreuzigung Jesu als auch die Hinrichtung Sejans offenbar problemlos überstand. Ob das Tiberiéum damit etwas zu tun hat, kann nur eine genaue Rekonstruktion des stark beschädigten, fragmentarischen Textes zu klären helfen. Unbestritten lesbar ist folgendes:

[....]STIBERIÉVM
[....]NTIVS • PILATVS
[....]ECTVSIVDAE[.]E
[....]É[....]

Ebenso unbestritten kann ein Teil der fehlenden und beschädigten Wörter vervollständigt werden:[14]

[....]STIBERIÉVM
[..PO]NTIVS • PILATVS
[..PRAEF]ECTVSIVDAE[A]E
[....]É[....]

Das heißt also zweifelsfrei nur: Hier geht es um ein Tiberiéum, einen Tiberiusbau, der mit Pontius Pilatus, dem Präfekten Judäas, verbunden war. Und da der Name des Präfekten im Nominativ steht, darf angenommen werden, daß er der Bauherr war. So hat man das »É« der letzten Zeile meist zu »fecit« (machte, errichtete) oder »dedit« (widmete, schuf) ergänzen wollen. In jüngster Zeit hat sich allerdings eine andere Ergänzung durchgesetzt: *refecit* = erneuerte. Das hat zwei einleuchtende Gründe. Verschiedene Buchstaben der Inschrift tragen einen »Haken« über ihrem rechten Ende, einen sogenannten Apex, der als Längenzeichen diente. Damit scheidet das Wort »dedit« oder die auch vorgeschlagene Variante »dedicavit« (widmete) aus, denn sie haben ein kurzes, kein langes -e-. So bleibt »fecit« mit seinem langen -e-, doch ist dieses Wort zu kurz, um zusammen mit den anderen Wörtern eine symmetrische Anordnung des Textes zu ergeben. Eine vorangestellte Silbe, »re-«, löst das Problem, und da trifft es sich, daß in Rom Tiberius selbst schon acht Jahre vor seinem Amtsantritt als Nachfolger des Augustus eine Inschrift anbringen ließ, die das Wort *reficere*, wiederherstellen, enthielt. Sie wurde angefertigt aus Anlaß der Wiederherstellung eines Tempels: Der alte Dioskurentempel wurde 6 n. Chr. neu erbaut, und Tiberius, der sich und seinen bereits 9 v. Chr. verstorbenen Bruder Drusus auch noch nach dessen Tod gern als das Dioskurenpaar Castor und Pollux darstellen ließ, nutzte den Anlaß zur Feier des »gemeinsamen« Tempelneubaus.[15] Wenn aber Pilatus ein bereits existierendes Gebäude nur neu erbaut oder umgebaut hat, welchen Zweck hätte das haben können? Eins fällt trotz des einschränkenden *refecit* sofort auf: Pilatus weicht von dem beliebten Brauch ab, sich selbst, also den Erbauer, an erster Stelle zu nennen. Zuerst steht bei ihm der Kaiser, in Form des ihm gewidmeten Tiberiéums, erst dann nennt er sich selbst. Es ist ein Indiz dafür, wie wichtig ihm der Kaiser und dieser Bau waren. Die vermutete Symmetrie der Inschrift ist dafür keine ausreichende Erklärung; denn wäre das ein Problem gewesen, hätte er es mit einem anderen Text auch ganz anders lösen können.

Was aber hat Pilatus nun (neu) gebaut? Unter vielen Vorschlägen galt einer stets als der plausibelste: Das Tiberiéum war ein Tempel zu Ehren des Kaisers. Diese Vermutung liegt nahe, denn die lateinische Endung *-eum* entspricht der griechischen *-eion* und ist, an einen Personennamen angefügt, häufig belegt als Bezeichnung eines dieser Person geweihten Gebäudes. So nannte Herodes der Große den Bau, den er in Caesarea für den Kult des Gottes Augustus und der Stadtgöttin Roma errichten ließ – wohlgemerkt zu Lebzeiten des Augustus –, auf griechisch »Sebasteion«, mit der wörtlichen lateinischen Entsprechung »Augusteum«.[16] Flavius Josephus berichtet, wie Herodes in seinem gesamten Herrschaftsgebiet Kultstätten zu Ehren des Augustus errichten ließ; zusammenfassend nennt er sie griechisch *Kaisareia*.[17] Tiberius galt zwar als weitgehend verehrungsresistent, obwohl gerade er, wie wir im vorangegangenen Kapitel sahen, in seinen Münzprägungen alles vorkommen ließ, was die Vergöttlichung seines Adoptivvaters und seine eigene göttliche Rolle unterstrich. Doch auch bei Bauten gab es Ausnahmen. Zuverlässig überliefert ist seine Genehmigung, ihm, seiner Mutter Livia und dem Senat 23 n. Chr. einen Tempel in Smyrna errichten zu lassen.[18] Daß Tiberius mit feiner Ironie und mit der Geste des bescheidenen Gottessohnes, der eigene Tempel zu Lebzeiten gar nicht nötig hat – schließlich wurde er ja automatisch in allen Tempeln seines Vatergottes Augustus mitverehrt –, den Senat in den Tempel zu Smyrna einbeziehen ließ, hatte sich wenig später noch nicht bis nach Spanien herumgesprochen: Aus der »Hispania ulterior«, d. h. der Region um die Hauptstadt Cordoba (dem

Geburtsort des Philosophen und Nero-Erziehers Seneca und seines Vaters), wurde eine Gesandtschaft zu Tiberius geschickt, mit der Bitte, auch dort für ihn und seine Mutter (kein Wort vom Senat) nach dem Vorbild Smyrnas einen Tempel errichten zu dürfen.[19] Dieses Mal verweigerte Tiberius die Zustimmung. Verklausuliert, aber unmißverständlich beließ er es bei der Unterscheidung zwischen den Verehrungsformen im westlichen (lateinischsprachigen) und im östlichen (griechischsprachigen) Reich, die schon Augustus praktiziert hatte.[20]

Caesarea aber lag im griechischsprachigen Osten, dort hatten sich, als Augustus noch lebte, die Augustustempel angehäuft, und es mag in den Augen des Pilatus das »Entréebillet« für seine Amtszeit in Caesara gewesen sein, nun endlich auch Tiberius auf diese Weise zu ehren. Aus dieser Perspektive könnten wir sogar versuchen, den Zeitraum näher zu bestimmen: Nicht 30 oder 31 n. Chr. ist das Datum, die Zeit unmittelbar nach der Kreuzigung Jesu und der Hinrichtung Sejans, sondern 26 n. Chr. Pilatus war frisch in Caesarea eingetroffen, er wollte sich möglichst schnell als ein Präfekt profilieren, der des kaiserlichen Vertrauens würdig war, der Präzedenzfall des Tempels in Smyrna hatte sich herumgesprochen, den von Herodes errichteten Augustus-Tempel konnte er täglich von seinem Dienstzimmer aus sehen – und dann gab es noch ein kleines lokales Problem: Im benachbarten Galiläa, das nicht zur Provinz Judäa gehörte, sondern dem Vasallenkönig Herodes Antipas unterstand, war um 20 n. Chr. die neue Landeshauptstadt fertiggeworden, ein Reißbrettprodukt, das die alttestamentlichen Siedlungen Hammat und Rakkat (Josua 19,35) sowie – für praktizierende Juden höchst anstößig – einen Friedhof überbaute. Architektur und Siedlungspolitik machten die neue Hauptstadt zu einem Zentrum der nach Rom ausgerichteten, zugleich hellenistischen Strategie des Antipas, der sich seinem Förderer Tiberius verpflichtet wußte.[21] Und dann tat dieser Antipas etwas in den jüdischen Gebieten bis dahin Unerhörtes: Er benannte die Stadt nicht nach dem Ehrentitel des Kaisers, wie das schon Herodes mit »Sebaste« = »Augusta« und mit »Caesarea« getan hatte, sondern er wählte den persönlichen Namen seines Kaisers. »Tiberias« hieß sie seit 20 n. Chr., und so heißt sie bis heute. So stand Pilatus unter Zugzwang. Seine beiden Vorgänger Annius Rufus und Valerius Gratus, unter deren Ägide der Übergang von Augustus auf Tiberius in Judäa verwaltet wurde, hatten nichts wirklich Auffälliges unternommen. Das war sicher im Interesse des Kaisers, war aber insofern bemerkenswert, als Valerius Gratus, der unmittelbare Vorgänger des Pilatus, immerhin elf Jahre lang Präfekt Judäas gewesen war und doch kaum mehr als eine Fußnote der Geschichte geblieben wäre, wenn er nicht gleich vier Hohepriester abgesetzt und, sicher ohne die Konsequenzen zu ahnen, 18/19 n. Chr. einen gewissen Kaiaphas zum Hohenpriester ernannt hätte.

Wie konnte Pilatus seine Ernennung rechtfertigen und sich für Künftiges empfehlen? Mit einem kaisertreuen Paukenschlag, der auch in Rom nicht zu überhören war: der Errichtung eines Tiberiéums. Gefährlich war es nicht, angesichts der Vorkommnisse von Smyrna bis Tiberias, aber doch neu für Judäa, und deswegen kein unintelligenter Schachzug. Und die Strategie war um so eleganter, wenn er ein hier bereits stehendes Gebäude *refecit*, also zu einem Neubau machte, nach dem Vorbild, das Tiberius beim Dioskurentempel in Rom geliefert hatte. Denn auf diese Weise konnte er gerade zu Beginn seiner Amtszeit auch noch die Religionspolitik berücksichtigen, die schon Augustus in Judäa praktiziert hatte: jede Form der Verletzung der religiösen Gefühle der Juden zu vermeiden. Er machte allenfalls neu, was schon unter Herodes dem Großen begonnen worden war, und er tat es in Caesarea, dem römischen Verwaltungssitz, nicht in der hochsensibilisierten Stadt des Tempels. So wäre folgende Deutung denkbar: Bereits der unauffällige Valerius Gratus hatte unweit des Augustustempels kurz nach der Einweihung der Nachbarhauptstadt Tiberias (20 n. Chr.) und der Genehmigung des Tiberiustempels von Smyrna (23 n. Chr.) eine kleine Kultstätte für den Gottessohn Tiberius errichten lassen. Pilatus, der den bescheidenen Bau sah und bei seinem Eintreffen natürlich wußte, wie wenig der Kaiser im Osten des Reichs gegen seine Verehrung einzuwenden hatte – die Münzprägungen sprachen schließlich eine eindeutige Sprache –, baute den Tempel aus und benannte ihn auf übliche Weise als Tiberiéum. Er wird immer noch kleiner gewesen sein als der große Augustustempel des Herodes, und das gehörte sich auch so, denn Augustus war der tote Gott, während Tiberius der noch lebende Sohn Gottes war. Doch der Bau des Tiberiéums war ein Signal zum Amtsantritt des Pilatus, mit dem der neue Präfekt seine Loyalität, ja sogar seine Verehrung demonstrierte, ohne die üblichen Empfindlichkeiten auf irgendeiner Seite zu verletzen.

Rätselhaft bleibt die Inschrift selbst dann, wenn man dieser Deutung zustimmen sollte. Denn ein Tiberiéum in Caesarea wird von keiner antiken Quelle erwähnt, weder im Neuen Testament noch bei Flavius Josephus, noch anderswo. Die Inschrift muß also für sich selbst sprechen, und das fällt ihr schwer, zumal sie außerhalb ihres ursprünglichen baulichen Kontextes unter den Stufen des erweiterten Theaters der Stadt gefunden wurde. So hat der große Epigraphiker Géza Alföldy jüngst eine andere Erklärung vorgeschlagen. Auch für Alföldy ist der Stein ein Indiz für die ostentative Tiberiustreue des Pilatus, aber er gehört für ihn nicht mehr zu einem Tempel, sondern zu einem Leuchtturm am Hafen von Caesarea.[22] Josephus erwähnt in seiner Beschreibung Caesareas mehrere hohe Türme auf der Hafenmauer, »von denen der bedeutendste und schönste nach dem Stiefsohn des Kaisers ›Drusium‹ hieß«. Griechisch steht hier »Drusion«, eine Schreibvariante für das klassischere »Druseion«, das wiederum auf lateinisch »Druseum« gelautet hätte.[23] Mit dem Kaiser meint Josephus hier natürlich Augustus, zu dessen Regierungszeit die Hafenanlage gebaut wurde. Wie wir schon früher sahen, war Drusus der Sohn der Livia Drusilla aus ihrer ersten Ehe mit Tiberius Claudius Nero und damit der leibliche jüngere

Bruder des Tiberius. Als Augustus die Livia heiratete, wurde Drusus – ebenso wie Tiberius – sein Stiefsohn, so wie Josephus ihn korrekt bezeichnet. Adoptiert hat ihn Augustus nie, der frühe Tod in der Nähe von Mainz 9 v. Chr. kam einem etwaigen Plan des Kaisers zuvor; auch Tiberius wurde erst 4 n. Chr. adoptiert. Als Herodes mit dem Ausbau des Hafens begann, muß er sich der Zustimmung des Kaisers sicher gewesen sein, den prächtigsten der Türme nach dem jüngeren Stiefsohn zu nennen. Hier könnte man sogar ein Datum vorschlagen: kurz nach dem Tod des Drusus gegen Ende 9 v. Chr., zur Erinnerung an den nur dreißigjährig Verstorbenen, den Augustus dem älteren Tiberius häufig vorgezogen hatte.[24] Es fällt auf, daß Josephus keinen der anderen Türme mit Namen nennt und keinen als »Leuchtturm« bezeichnet – daß hier Leuchttürme standen, haben die archäologischen Arbeiten an der Mole belegt. Hatten sie keinen Namen, oder kannte man die Namen der anderen, kleineren, nicht mehr, als Josephus über sechzig Jahre nach dem Tod des Erbauers Herodes über die Stadt Caesarea schrieb?

Ein Desinteresse an den anderen Namen sollte man bei ihm nicht vermuten, es sei denn, die anderen hätten zu gänzlich unbedeutenden Personen gehört. Wahrscheinlicher ist, daß die ursprüngliche, herodianische Hafenanlage nicht lange Bestand hatte, schon um 26 n. Chr. teilweise baufällig war und kurz nach 70 n. Chr. allenfalls noch Reste der großen Mole zu sehen waren.[25] Hier setzt Alföldy an: Das Tiberiéum war einer der anderen Türme, genauer: zusammen mit dem Druseum war es einer der beiden Leuchttürme. Sagen wir es anders: Sie wären, vielleicht nicht unähnlich dem Castor-und-Pollux-Tempel in Rom, den Tiberius selbst als brüderliches Bauwerk verstanden hatte, das Gegenüber der beiden Stiefsöhne des Augustus als »leuchtende« Dioskuren gewesen. Pilatus hätte dann den Tiberiusturm neu gebaut und sich damit als ein tatkräftiger Präfekt erwiesen, der an seinem Amtssitz ein Bauwerk nicht verkommen ließ, das den Namen seines obersten Dienstherrn trug. Sollten die Vermutungen einiger Forscher zutreffen und der Tiberiusturm, das Tiberiéum, wäre auch nach dem Neubau durch Pilatus noch der kleinere gewesen, so hätte wohl gerade dies dem Tiberius gefallen: In ostentativer Bescheidenheit auf übertriebene Ehrungen seiner Person verzichtend, hätte er die Hochschätzung seines verstorbenen Bruders sicher gern gesehen.

Kurz: Alföldys Vorschlag, der hier nur knapp zusammengefaßt werden kann, hat vieles für sich; vor allem ermöglicht er es ihm, die fragmentarische erste Zeile der Inschrift sinnvoll und symmetrisch zu vervollständigen. Denn eine Verbindung mit der Hafenanlage legt nahe, vor das erhaltene »S« die Buchstaben »NAVTI« zu setzen und damit den Leuchtturm denen zu bestimmen, die davon profitierten: »NAVTIS«, auf deutsch »für die Seeleute«.[26] Zusammen ergeben die rekonstruierten Zeilen also: »Für die Seeleute das Tiberiéum / Pontius Pilatus / Präfekt Judäas / wiederherstellte.« Was, wörtlich übersetzt, im Deutschen ungelenk wirkt, ist bestes Inschriftenlatein.

Wer Alföldy nicht zustimmen will, müßte für das erste Wort, von dem auf dem Stein nur das Schluß-S geblieben ist, eine ähnlich stimmige Alternative bieten. *Incolis* wurde vorgeschlagen, »den Einwohnern«.[27] Doch nimmt man eine strenge Symmetrie der Zeilen dieser Inschrift an, könnte das zu lang sein. Und es ist in der Bedeutung strittig, denn es würde nicht die Bürger bezeichnen (dann stünde hier wohl *Caesarensibus*, was aber noch länger wäre), sondern Ansässige, die nicht Bürger der Stadt sind. Das allerdings könnte in einer Hafenstadt gerade die Pointe sein: Allen Zugereisten, allen Gästen, allen Weltbürgern des Reichs, die sich hier vorübergehend oder auf Dauer niederließen, galt die Inschrift als Gruß unter dem Namen des Kaisers. Zu einem kleinen Tempel, den sie alle aufsuchten, könnte das gut passen. Ob allein die angenommene Symmetrie der Zeilen diese Deutung zwingend ausschließt, wird von den Forschern sicher weiter diskutiert werden.[28] Géza Alföldy hat jedenfalls die bisher ausführlichste und in sich schlüssigste Interpretation vorgelegt. Und wer ihr zustimmt, wird auch in ihr wenigstens soviel lesen: Pilatus errichtete oder rekonstruierte ein nach Tiberius benanntes Gebäude, mit dem er den Kaiser ehrte, sich selbst zurückhaltend erst an dritter Stelle nannte – nach den Adressaten und dem im Gebäudenamen angesprochenen Kaiser – und sich als kompetenter Bauherr erwies, ohne seine Befugnisse zu überschreiten.

Aus der Inschrift erfahren wir noch einen anderen Hinweis auf Pontius Pilatus: Ein römischer Name bestand in der Regel aus drei Teilen, Vornamen, Familiennamen und Beinamen. Nicht immer sind alle Namensteile überliefert. Der Beiname, das *cognomen*, hatte meist die Funktion, verschiedene Linien einer Familie voneinander zu unterscheiden. Den Vornamen des Pilatus nennt keine der erhaltenen Quellen, auch nicht die Inschrift von Caesarea Maritima. »Pontius« war der Familienname. In den antiken Quellen gibt es zum Beispiel einen Lucius Pontius (hier fehlt der Beiname), der zum Freundeskreis Ciceros gehörte, und einen Pontius Aquila (hier fehlt der Vorname), der sich unter den Mördern Cäsars befand. Ein Gaius Pontius Nigrinus war unter Tiberius Konsul.[29] Wohin Pontius Pilatus in diesen Sippschaften gehörte, ist ungeklärt. Sein Beiname ist jedoch zweifelsfrei überliefert und hat bis heute den Familiennamen weitgehend abgelöst: Von Pontius wird verkürzend nicht gesprochen, wohl aber von Pilatus.[30] Beinamen haben eine Bedeutung, sie gehen meist auf körperliche oder geistige Eigenheiten des Begründers der Seitenlinie zurück. So trägt der vielschreibende Historiker Publius Cornelius Tacitus, den niemand Cornelius nennt, den Beinamen »Tacitus« = »der Verschwiegene« wohl kaum aufgrund eigener Verdienste. »Pilatus« seinerseits wurde wahlweise als »der Kahle«, »der Zottige« und »der Speerbewaffnete« gedeutet. Nun ist auf der Caesareainschrift das »I« von »Pilatus« nach oben verlängert, will also als langes I, als »*I longa*« gelesen werden.[31] Damit ist die Herkunft von *pilum* wahrscheinlich, dem Speer oder Wurfspieß der römischen Truppen. Ein erster »Pilatus« könnte sich also einst als zielsicherer Speerwerfer ausgezeichnet haben.[32]

Die Inschrift von Caesarea erweist sich als Fundgrube von Informationen und Indizien. Sie hilft uns, Pontius Pilatus ohne das Vorwissen von zweitausend Jahren jüdischer und christlicher Interpretationen aus seiner Zeit heraus zu verstehen. Pilatus war knapp zwei Jahre im Amt, als Jesus erstmals öffentlich auftrat. In seinem fünften Amtsjahr, längst erfahren in den Problemen seiner Provinz, verurteilte er ihn zum Tod am Kreuz. Ahnungslos und unerfahren war er also nicht. Was läßt sich heute noch ermitteln über die Verbindung Tiberius – Pilatus – Jesus, in der sich der Präfekt, ohne irgendein persönliches Interesse daran zu haben, plötzlich als das entscheidende Zwischenglied wiederfand?

Tödliche Beleidigungen?

Jesus unternahm in den ersten Jahren seines Wirkens nichts, was den Präfekten von Judäa hätte provozieren können. Der hätte nämlich auf den leisesten Verdacht von Unruhe sofort reagieren müssen. Denn der von ca. 25 bis 32 n. Chr. amtierende Legat von Syrien, Lucius Aelius Lamia, war seit seiner Ernennung in Rom geblieben, weil Tiberius vorübergehend mit einer Art Zentralregierung experimentierte und erproben wollte, ob Großprovinzen sich von einem römischen Schreibtisch aus regieren ließen.[33] Da hatte Pilatus kein Interesse daran, regionale Unruhen zuzulassen, die den Legaten nach Syrien gezwungen und seine eigenen Handlungsfreiräume eingeschränkt hätten. Und andererseits mußte er jede Unruhe, auch schon die ersten Vorboten, mit den ihm direkt zur Verfügung stehenden Auxiliarkohorten so schnell wie möglich niederwerfen, denn er konnte sich nicht darauf verlassen, daß ihm die Legionen aus Syrien ohne sofortigen Legatenbefehl schnell genug zu Hilfe kommen würden. Tatsächlich muß ihm das bis 31/32 n. Chr. so gut gelungen sein, daß der Nachfolger des Lamia, der nun wieder persönlich in Antiochia residierende Lucius Pomponius Flaccus, der von 32 bis 35 n. Chr. amtierte, keinen Anlaß sah, in Judäa nach dem Rechten zu sehen, und offenbar auch nicht mit jüdischen Protesten konfrontiert wurde. Von Jesus und seinen Anhängern ging in den Augen des Pontius Pilatus keine Ruhegefährdung aus. Keines seiner Wunder, keine seiner Reden in Judäa und Samaria waren antirömisch, und wer erwartet hatte, daß er sich als davidischer Messias an die Spitze endzeitlich motivierter Revolutionstruppen stellen würde, sah sich getäuscht. Auch seine Besuche in Syrophönizien und in der Tetrarchie des Philippus mit dem Höhepunkt der Messiasproklamation in Caesarea Philippi gefährdeten die von Tiberius ersehnte Ruhe nicht. Die Herausforderung an den Kaiserkult war kein Aufruf an die Massen, sondern blieb für die nächste Zeit das messianische Geheimnis der Gruppe um Jesus. Und was in Galiläa geschah, interessierte Pilatus nur am Rande; dort regierte Herodes Antipas als Vasallenherrscher, und die beiden mochten sich nicht, seit es bei einer römischen Polizeiaktion gegen galiläische Pesachfestpilger zu Verwundeten, vielleicht sogar zu Toten gekommen war (Lukas 13,1-5).[34]

Judäa, mit Samaria, hätte ein ruhiger Posten sein können, mit einer luxuriösen Residenz am Mittelmeer. Wenn Pilatus überhaupt ein Problem hatte, dann gab es dafür ein Wort: Jerusalem. Dreimal geriet Pilatus mit den Juden Jerusalems ernsthaft aneinander, ehe ein Konflikt mit Samaritanern zu seiner Abberufung führte. Die Kreuzigung paßte also zum Profil eines Mannes, der wie sein Kaiser Ruhe wollte, aber Unruhe anzog. Schon seine erste Amtshandlung 26 v. Chr. provozierte die Jerusalemer Orthodoxie, obwohl noch der Bericht des Josephus durchscheinen läßt, daß Pilatus nur eine harmlose, anderswo unproblematische Ehrung des Kaisers beabsichtigte. »Als Pilatus von Tiberius als Statthalter nach Judäa geschickt worden war«, schreibt Josephus, »ließ er die Kaiserbilder – die sogenannten Legionsadler – nachts verhüllt nach Jerusalem bringen. Am nächsten Tag entstand unter den Juden eine außergewöhnliche Beunruhigung.«[35] Der

Grund für die Unruhe lag auf der Hand: Auf den Standarten waren Abbildungen des Kaisers befestigt. Das verstieß gegen das Bilderverbot der Zehn Gebote. Josephus betont dieses Argument ausdrücklich und fügt hinzu, frühere Präfekten hätten daher Standarten ohne Kaiserbilder verwendet.

Schon bis hierher ist die Sache merkwürdig, denn Josephus unterstellt, Pilatus habe die Standarten in einer Nacht-und-Nebel-Aktion nach Jerusalem gebracht, damit das Volk es nicht bemerke. Das ist wenig einleuchtend, denn so merkten sie es eben am nächsten Morgen, und die Aufregung war nicht geringer, als sie es bei einer öffentlichen Überführung gewesen wäre. Wollte Pilatus die Standarten vor den Juden verbergen, hätte er sie auch am nächsten Tag nicht enthüllen dürfen.[36] Und auch das Argument mit dem Bilderverbot ist kaum überzeugend: Die gleichen Gruppierungen, die gegen Pilatus zum Widerstand aufriefen, hatten keine Probleme damit, Silberdenare des Tiberius bei sich zu tragen, auf denen der Kaiser nicht nur bildlich dargestellt war, sondern auch als Sohn eines Gottes bezeichnet wurde.[37] Hinter der Geschichte, die Josephus gleich zweimal erzählt, scheint also im historischen Kern etwas anderes zu stehen: Nicht Pilatus wollte die Juden provozieren, sondern die Jerusalemer Juden wollten erproben, wie weit sie bei dem neuen Präfekten gehen konnten. Da der Legat Syriens weit weg war, nämlich in Rom, war das ein verständliches Experiment, und das Risiko war vergleichsweise gering, denn man zog nicht wie ein heutiger Mob zerstörend durch die Straßen, sondern bildete gewaltfreie Demonstrationszüge. Auch die Bevölkerung außerhalb Jerusalems, die keine der Standarten gesehen hatte, schloß sich an; gemeinsam zog man zum Amtssitz des Kaisers nach Caearea. Josephus erwähnt keine Zahlen, vielleicht auch, weil sie so beeindruckend gar nicht waren.

Pilatus ließ sie in die Rennbahn von Caesarea kommen, wo sie von bewaffneten Soldaten umringt wurden – man kann das als eine vernünftige Sicherheitsmaßnahme deuten, denn gegen die möglicherweise bewaffneten Protestierer mußte er sich absichern. Und nun erprobte er seinerseits die Möglichkeiten, seinen Willen durchzusetzen, verweigerte den Abtransport der Standarten aus Jerusalem und drohte Hinrichtungen an.[38] Jetzt lag das Weitere an den Juden, und ihnen gelang ein genialer Schachzug: Noch immer gewaltfrei, warfen sie sich zu Boden, boten dem Präfekten ihre Nacken dar und erklärten, lieber würden sie mit Freuden sterben, als die Bestimmungen ihres Gesetzes zu übertreten. Natürlich rechneten sie damit, daß Pilatus gleich zu Beginn die Tötung von vielleicht mehreren hundert Juden nicht riskieren konnte, aber das machte ihre Handlung nicht weniger mutig und bekenntnishaft. Genau das verstand auch Pilatus. Josephus faßt zusammen: »Pilatus war von der Intensität ihrer [der jüdischen] Gesetzesverehrung ergriffen. Er ließ die Bilder aus Jerusalem entfernen und nach Caesarea zurückbringen.«[39] Streicht man die Unwahrscheinlichkeiten in den beiden Berichten des Josephus ab, dann kann man beim Präfekten keine sinnlose Gewalt, sondern allenfalls die Verwunderung darüber konstatieren, wie sehr er die frommen Juden unterschätzt hatte. Für die jüdische Seite war es denn auch ein Pyrrhussieg. Pilatus prägte nun Münzen, die eindeutige Symbole des Kaiserkults verwendeten, er wußte trotz der eindrucksvollen Demonstration in Caesarea, daß ein etwaiger orthodoxer Protest gegen diese Münzen eine selbstentlarvende Heuchelei wäre. Und künftig ging er gegen jedes Anzeichen einer Unruhe sofort mit harter Gewalt vor, um durch die schnelle Signalwirkung einiger weniger Opfer eine Eskalation mit möglicherweise vielen Toten gar nicht erst entstehen zu lassen. Umgekehrt hatte die Jerusalemer Oberschicht im Hohen Rat aber auch gelernt, daß dieser Präfekt bei geschickter Strategie durchaus zu handhaben war. Und das sollte ihnen vier Jahre später beim Prozeß gegen Jesus zugute kommen.

Etwa zwei Jahre nach dem Vorfall mit den Kaiserstandarten, wohl 28 oder 29 n. Chr., kam es in Jerusalem zur nächsten öffentlichen Auseinandersetzung. Hier führte Pilatus seine neue

Polizeitaktik vor. Es ging um den Bau einer Wasserleitung, die in erster Linie Pilatus selbst diente, aber aus dem Tempelschatz finanziert wurde. Wieder berichtet Josephus zweimal darüber, im *Jüdischen Krieg* und in den *Jüdischen Altertümern*.[40] Sieht man von der Wasserzufuhr in alttestamentlicher Zeit ab – die Gichonquelle und das eisenzeitliche Meisterwerk des unter König Hiskia gebauten Siloatunnels (2. Könige 20,20; 2. Chronik 32,2-4) sind noch heute für jeden Jerusalemreisenden ein Erlebnis –, so baute erst Herodes der Große Aquädukte, um die Versorgung der Stadt auf den neuesten Stand zu bringen. Eine untere Wasserleitung führte aus den Quellen südlich von Bethlehem zu den Zisternen des Tempels, ein oberes Aquädukt leitete das Wasser in das herodianische Viertel der Stadt, das nach römischen Standards ausgebaut war und den Reichen unter den Bewohnern vorbehalten blieb. Warum hätte Pilatus überhaupt ein drittes Aquädukt in die Stadt legen lassen sollen? Wahrscheinlich ging es nicht um einen völligen Neubau, sondern um einen Ausbau mit einer Abzweigung. Ganz genau wußte das Josephus wohl selbst nicht mehr – dafür sprechen die zwar widersprüchlichen, aber beide Male nicht geringen Entfernungsangaben von 400 Stadien *(Jüdischer Krieg)* und 200 Stadien *(Jüdische Altertümer)*, das heißt ca. 75,2 bzw. ca. 37,6 km, in beiden Fällen unrealistisch weite Entfernungen. Die Wasserleitung, die den Tempel versorgte, führte direkt am Hasmonäerpalast vorbei, in dem der Präfekt während seiner Jerusalemaufenthalte residierte; der Luxus dieser Anlage und vor allem die von Archäologen wieder freigelegten Bäder verraten, daß man hier nicht mit ein paar Tropfen Leitungswasser auskam.[41] Pilatus wird also am wahrscheinlichsten das eine der beiden Aquädukte in der Gesamtlänge renoviert und dann vor dem Erreichen des Tempels mit einer Ableitung in die Badeanlagen seiner Residenz versehen haben.

Von den Erneuerungen profitierte auch der Tempel. War dies der Grund für die Finanzierung aus der Tempelkasse? Die jüdischen Tempelbehörden müssen es so gesehen haben. Denn es ist angesichts der Respektierung des Tempels unter Augustus und Tiberius völlig undenkbar, daß Pilatus die Kasse gleichsam beschlagnahmt hätte. So bleibt nur die Annahme, daß sich der Präfekt frühzeitig der Zustimmung des Kaiaphas versicherte und sich dieser wiederum in der jüdischen Rechtspraxis sachkundig machte, ehe er zustimmte.[42] So handelten beide, der Präfekt als Verbesserer der städtischen Infrastruktur und der Hohepriester als Bewahrer der Tempelversorgung, im Rahmen ihrer rechtlichen Spielräume, und der nette, feine Nebeneffekt der Luxussteigerung im Hasmonäerpalast war die Geste, mit der die beiden sich ihrer guten Zusammenarbeit versicherten. Auch hier zeigten sich wenig später die nützlichen Folgen, als sich Kaiaphas problemlos an Pilatus wenden konnte, um einen Hochverratsprozeß gegen den für Pilatus völlig unauffälligen Galiläer Jesus anzustrengen. Daß diese Sache dann doch nicht so einfach zu Ende ging, steht auf einem anderen Blatt.

Was allem Anschein nach nur Pilatus rechtzeitig richtig einschätzte, war die Haltung der Juden in Jerusalem, die sich vom unbeliebten Hohenpriester nur ungern etwas sagen ließen – als legitim galt er vielen nicht, auf jeden Fall war er, den Valerius Gratus eingesetzt hatte, in den Augen der Bevölkerung eine Figur der Römer. Kaum hatte sich herumgesprochen, daß die Gelder für den aus nüchterner Sicht unnötigen Bau aus dem Tempelschatz stammten, kam es zu einem Aufstand. Pilatus hatte vorgesorgt, die ersten Anzeichen hatten ihm genügt, als Zivilisten getarnte Soldaten mischten sich unter das Volk, und als die Menschen seinem Aufruf, sich zurückzuziehen, nicht Folge leisteten, schlugen die Soldaten auf sein Zeichen mit Holzknüppeln, die sie unter den Kleidern versteckt hatten, auf die vor dem Prätorium versammelten Aufrührer ein – wie es scheint, nicht blindlings, sondern gezielt auf die Rädelsführer. Es handelte sich also nicht um einen militärischen Einsatz, sondern um eine gezielte Polizeiaktion, die »unnötige« Opfer verhindern sollte: Pilatus hatte aus der Szene in der Rennbahn von Caesarea gelernt. Viele wurden getötet oder im Tumult zu Tode getrampelt. Die Wirkung trat wie erwünscht ein: Die Toten versetzten die Menge – deren Zahl von Josephus wiederum nicht mitgeteilt wird – in einen Schrecken, der groß genug war, die Erhebung abzubrechen.[43] Für die nächsten zwei Jahre herrschte Ruhe, dann kam die Passazeit des Jahres 30 mit den kritischen Stunden vor dem Todesurteil über Jesus.

Wie schon erwähnt, hatte Pilatus in den Jahren zwischen seinem Amtsantritt und der Kreuzigung eigene Münzen geprägt. Er tat dies im Rahmen seiner kaiserlichen Vollmachten und folgte damit dem Verfahren dreier seiner Vorgänger, Coponius, Ambibulus und Valerius Gratus, die im Bedarfsfall neu geprägte Münzen ausgaben.[44] Es waren Bronzemünzen, die dem täglichen Bedarf dienten, also anders als die Silberdenare des Tiberius nicht für die Reichssteuern gedacht waren und den Kaiser auch nicht in einer besonderen Verehrungsform darstellten. Aber auch wenn sie keine Reichsprägungen des Kaisers waren, war ihr Bildprogramm nicht beliebig. Und da viele solcher Münzen aus den Amtszeiten der Präfekten und Prokuratoren erhalten sind, läßt sich erkennen, wie Pilatus von der Praxis früherer Präfekten abwich. Auch er stellte den Kaiser nicht dar und führte nicht die Vergöttlichung des Augustus oder die Gottessohnschaft des Tiberius auf. Doch die drei datierten Jahrgänge, die er prägen ließ, 29/30 n. Chr., 30/31 n. Chr. und 31/32 n. Chr., verwendeten Bildsymbole des Kaiserkults. Die Kontinuität ist auch deswegen auffällig, weil Pilatus mit der Kaisersymbolik nicht erst begann, als er sich des kaiserlichen Wohlwollens nach dem Sturz Sejans vergewissern wollte, sondern bereits kurz nach dem Aufruhr wegen des Tempelschatzes. Das enthielt eine politische Boschaft: Der Präfekt zeigte den Juden, daß er durchaus eigenes Geld herstellen konnte, auf den Tempelschatz also nicht zurückgegriffen hatte, weil ihm das nötige Kleingeld für seinen Badeluxus fehlte. Es war, wenn man so will, der »subtile« Versuch, die offizielle Position zu unterstreichen: Das Tempelgeld war für den Tempel verwendet worden. Aber wirkliche Subtilität gehörte nicht zum

Repertoire des Pilatus. Und so nutzte er die Münzen hauptsächlich, um seine Macht und die seines Kaisers auch nach dem unvergessenen Rückzug der Bildstandarten zu betonen.

Obligatorisch war der Name des Kaisers und sein Titel – und zwar auf griechisch – ein Indiz dafür, daß der Präfekt im öffentlichen Umgang mit den Juden seiner Provinz nicht das Lateinische benutzte, sondern die allgemeine, von allen verstandene griechische Verkehrssprache: »TIBERIOY KAISAROS« (= »des Kaisers Tiberius«), ergänzt durch die Buchstabenzeichen für das Ausgabejahr. Die älteste dieser Pilatusprägungen zeigt auf der Rückseite den Namen der Mutter des Tiberius, die 29 n. Chr. starb, mit ihrem Ehrentitel als Kaiserin: »OYLIA KAISAROS«, dazu ein Ährenbündel. Auf der Vorderseite aber war neben der Benennung des Tiberius ein *Simpulum* abgebildet, also das Schöpfgefäß für das Weinopfer, das dem vergöttlichten Kaiser – dem Augustus – dargebracht wurde. Ein normaler Jude, der diese Münze benutzte, mußte das gar nicht wissen, doch Pilatus genügte es, demonstrativ ein Utensil des Kaiserkultes allen Juden in die Hand zu geben, und zwar eben nicht als Fremdprägung des Kaisers aus Antiochia, Alexandria oder Lyon, sondern als seine eigene, in Caesarea geprägte Alltagsmünze.[45] Ein anderer Münztyp zeigt auf der Rückseite einen Kranz, Laub und die Jahresangabe, und auf der Vorderseite neben der Nennung des Kaisers Tiberius einen *lituus*, den Krummstab, den einst die Auguren getragen hatten, der seit Augustus aber zur Ausstattung der Kaiser gehörte, und zwar als Insignie der Vollmacht, göttliche Zeichen verkünden und deuten zu können. Auch hier mußte nicht jeder Jude wissen, was der *lituus* bedeutete; für den arglosen Betrachter sieht er wie ein Hirtenstab aus. Auch war es möglich, die Ähren und den Kranz als jüdische Zeichen zu verstehen. Unbestritten ist aber, daß auch der *lituus* zum Kaiserkult gehörte, und von der Befolgung des Kaiserkultes waren die Juden auch unter Tiberius befreit. Überempfindliche hätten also an diesem Symbol Anstoß nehmen können.

Juden, die in Jerusalem und anderswo in Judäa einkaufen wollten, kamen kaum darum herum, Geld zu benutzen, das sich auf der einen Seite neutral gab (Ähren und Kranz), auf der anderen aber die von Pilatus gewünschte Botschaft enthielt.[46] Es war, um es noch einmal deutlich zu sagen, seine Art der Revanche für die Rücknahme der Standarten und den Tumult über die Verwendung der Tempelkasse. Und wie es scheint, nahmen sie diese Kränkung – wenn sie ihnen denn als solche bewußt wurde – stillschweigend hin. Sie selbst hatten mit der freiwilligen Verwendung des Silberdenars den Präzedenzfall geschaffen, der einen Protest unglaubwürdig gemacht hätte. Erst unter Kaiser Claudius wurde diese Münzpolitik revidiert, wohl auch, weil dieser Kaiser einen Neuanfang im Verhältnis zu den Juden in Judäa versuchen wollte: Der Prokurator Antonius Felix (52–60 n. Chr.), mit dem auch Paulus zu tun bekam, ließ neue Bronzemünzen prägen, die keine auch nur verdachtsweise anstößigen Symbole enthielten.[47] Selbstverständlich kannte auch Jesus die Geldstücke des Pilatus. Da sie aber auch in jüdischen Händen keine Hinnahme einer direkten Blasphemie bedeuteten, wie es die Silberdenare des Kaisers aus frommer Perspektive taten, konnte er sie ignorieren. Vielleicht rangen sie ihm ein Lächeln darüber ab, mit welchen Mitteln dieser Präfekt versuchte, die Juden zu ärgern, die ihn geärgert hatten. Pilatus seinerseits dürfte still genossen haben, was ihm da in seinen Augen gelungen war.

Der Caprifischer: Das Netz des Tiberius wird enger

Als diese Dinge geschahen, war Tiberius längst auf Capri. Es waren die Jahre, in denen er den Rückzug in das private Refugium der Villa Julia zu einer auch administrativ durchorganisierten Dauerlösung machte. Und es waren die Jahre der Majestätsprozesse, die kurz schon am Ende des vorigen Kapitels zur Sprache kamen. Der Rückzug nach Capri war, wie so viele Handlungen des Tiberius, mit Begründungen eingeleitet worden, gegen die es keinen vernünftigen Widerspruch geben konnte. Er hatte öffentlich erklären lassen, daß er nach Capua und Nola (dem Sterbeort des Augustus) reisen wolle, um einen Jupitertempel und einen Augustustempel einzuweihen.[48] Nicht also irgendeine der Gottheiten des Pantheons galt es auszuzeichnen, sondern den höchsten der Götter, den Zeus der Römer, und im nächsten Nachbarort zugleich Augustus, den ersten Princeps, der zum Gott geworden war. Er machte also deutlich, daß ihm das Wohl des Staates unter dem höchsten denkbaren Schutz, dem der beiden für Rom wichtigsten Götter, vorrangig am Herzen lag. Doch auch Capri, das schließlich zu seinem Endziel wurde, war mehr als ein idyllischer Urlaubsort. Schon Augustus hatte hier mehrere Villen besessen. Die unermüdlichen Versuche des Tiberius, das Erbe der Republik und des Augustus gleichermaßen zu bewahren und zu mehren, hatten daher auf Capri einen Fluchtpunkt im doppelten Sinne des Wortes. Augustus hatte die Insel, die den lateinischen Namen Capreae trug, 29 v. Chr. mit den Neapolitanern gegen die Insel Aenaria getauscht und zog sich gern dorthin zurück, um sich zu entspannen.[49] Eine großangelegte Bautätigkeit unternahm erst Tiberius; er ließ zwölf Villen errichten, deren wichtigste er »Villa Iovis« nannte, Villa des Jupiter.[50] Reste sind noch heute zu sehen, in Marina di Capri, Damecuta und am zerklüfteten östlichsten Inselvorsprung, wo wohl die Jupitervilla lag. Exorbitanten Luxus leistete er sich auch hier nicht. Die archäologischen Spuren lassen eher auf unterschiedlich große Landhäuser schließen als auf die palastähnlichen Anlagen, die sich der Hochadel und die Neureichen gönnten und über deren verschwenderische Ausstattung Petronius in seinem *Gastmahl des Trimalchio* spottet.

Ermüdete der Kaiser in Rom, dann war Capri der Ort, der in jeder Hinsicht, auch in politischer, Erfrischung bedeutete. Einsam war er nicht: Erfahrene Juristen, griechische Gelehrte und Philosophen hatte er um sich, vor allem war sein alter Freund und Berater, der Philologe und Astronom Thrasyllus, mit ihm auf der Insel. Und wie wir mehrfach sahen, handelte Tiberius, auch als weit über Siebzigjähriger, gerade auf Capri wieder mit nahezu jugendlicher Tatkraft.[51] Sogar sein berüchtigter Sarkasmus blühte wieder auf. »Was soll ich euch schreiben, ihr Senatoren, oder wie soll ich schreiben, oder was soll ich zu diesem Zeitpunkt überhaupt nicht schreiben? Die Götter und Göttinnen mögen mich noch unglücklicher machen, als ich mich täglich unglücklicher werden fühle, wenn ich das weiß.«[52] Was Sueton, der diesen Briefauszug überliefert, als Ausdruck seines Elends und Ekels vor sich selbst mißversteht, ist ironische Rhetorik, beißender Spott, mit dem der auf der Insel entspannt und tatkräftig den Staatsgeschäften nachgehende Tiberius den Senatoren zu verstehen gibt, sie mögen doch auch einmal ein wenig selbständig denken, wie es alter republikanischer Brauch, auf den sie so stolz waren, von ihnen forderte. Allenfalls die Ernüchterung über den Betrieb in Rom, die ihn nach Capri getrieben hatte, mag hier eine gewisse »Untergangsstimmung« erzeugt haben. Der Gang nach Capri war, auch wenn die Senatoren und Bürger in Rom Schwierigkeiten damit hatten, daß der Kaiser sich aus ihrer Stadt zurückgezogen hatte, unter den gegebenen Umständen eine kluge Entscheidung. Erst in späteren Jahrhunderten konnte ein Kaiser, der von Rom genug hatte, noch einen Schritt weitergehen: Statt der Verlegung der Residenz in andere Städte, wie es auch nach Tiberius immer wieder einmal geschah, baute sich Constantin I., genannt der Große, ab 326 n. Chr. an der Stelle des alten Byzanz einfach eine neue Hauptstadt, Konstantinopel – das heutige Istanbul.

Wurde Tiberius auf Capri grausamer und rachsüchtiger? Die Indizien sprechen nicht dafür. Gerade die Prozesse wegen Majestätsbeleidigung, die Pilatus vor Augen standen, als er Jesus verurteilte, weisen in eine andere Richtung. Die Prozesse nahmen zwar im Vergleich zu seinen ersten Herrschaftsjahren zu, aber sie gingen nicht über die Zahl früherer Prozesse unter Augustus und in der Republik hinaus. Man sollte auch nicht vergessen, daß Tiberius mit einer Situation konfrontiert war, die es weder unter Augustus noch in der Republik gegeben hatte: Denn Majestätsverbrechen waren nun neu definiert, sie richteten sich jetzt gegen einen zum Gott erhobenen Princeps, eben Augustus. So bekamen Vergehen gegen den Namen und den Ruf des Kaisers und Gesten der Respektlosigkeit vor seinen Statuen und Bildern eine neue Dimension. Auch mündliche und schriftliche Äußerungen gegen die Würde des kaiserlichen Amtes und der Person des Kaisers, auch wenn sie pseudonym oder anonym waren, sollten nun strafrechtlich verfolgbar sein. Als Sohn des Gottes war Tiberius automatisch einbezogen. Und er folgte den Präzedenzfällen, die Augustus selbst zur Verschärfung der von Julius Cäsar erlassenen »Lex Iulia Maiestatis« eingeführt hatte. Ob Augustus bereits die Vertreter des Kaisers, also z. B. hohe Beamten und Personen des öffentlichen Lebens, unter den Schutz dieses Gesetzes stellte, ist umstritten.[53] Die Anwendung war nun allerdings Ermessenssache. Ging es um üble Nachrede gegen seine eigene Person, schien Tiberius nicht sonderlich empfindlich zu sein; in fünf Fällen legte er sein Veto gegen Urteilssprüche des Senats ein oder ließ einen Prozeß gar nicht erst zu, in drei anderen Fällen forderte er die Verurteilung. Soweit sich aus den Quellen die Sachlage noch rekonstruieren läßt, hatte das nichts mit Wankelmütigkeit oder zu- oder abnehmender Grausamkeit zu tun, sondern mit einer gewissenhaften Einzelfallprüfung.

In keinem Fall ging er über das geltende Recht hinaus, nie forderte er ein Urteil, das nicht den juristischen Richtlinien entsprach, an die sich Kaiser und Senat hielten. Um es noch deutlicher zu sagen: Der gegen ihn schon früh erhobene Vorwurf, er sei vor allem in den Jahren auf Capri zum Tyrannen geworden, entspricht zumindest aus rechtshistorischer Sicht nicht den Tatsachen. Selbst die vernichtenden Maßnahmen gegen die Angehörigen Sejans, die Tiberius Ende 31 n. Chr. ergreifen ließ und die wir heute wohl mit Begriffen wie »Sippenhaft« oder »Kollektivschuld« ablehnen müßten, entsprachen den rechtlichen Vorgaben. Es ist eine andere Frage, ob ein Kaiser menschliche Größe gewinnt, wenn er selbst da Milde walten läßt, wo er zuvor sein eigenes Leben in Gefahr gesehen hatte, oder ob er in einer instabilen Lage politische Größe zeigt, wenn das geltende Recht auch mit tödlichen Konsequenzen voll ausgeschöpft wird, um Ordnung herzustellen und potentielle Nachahmer abzuschrekken. Tiberius entschied sich für den zweiten Weg. Auch hierin blieb er sich selbst treu, und selbst wenn wir berücksichtigen, daß das Verfahren gegen Sejan und das Vorgehen gegen dessen Familie erst nach der Hinrichtung Jesu stattfanden, kann Pontius Pilatus im gar nicht so fernen Caesarea (Briefpost mit Hilfe des kaiserlichen *cursus publicus* war von Rom nach Caesarea im Durchschnitt nicht länger als höchstens vierzehn Tage unterwegs, das dauert bei den heutigen Postdiensten oft länger) über die Prinzipien der Rechtsauslegung des Tiberius nicht im unklaren gewesen sein. So muß er allerdings auch gewußt haben, daß es Ermessensspielräume gab und mehr als einmal zwischen Senat und Kaiser unterschiedliche Auffassungen über Verurteilung, Freilassung und Strafmaß auftraten.

Der Kaiser wollte dem Senat durchaus das uralte republikanische Recht belassen, als Gerichtshof zu agieren, und sah sich formell als Mitstimmender, nicht als letzte Instanz, konnte dann aber doch seine eigene Meinung so deutlich sagen, daß er die Urteilsfindung des Senats beeinflußte. Wo er »Princeps« war, also erster unter Gleichen im Senat, und wo er dann doch als Kaiser sprach, das war in solchen Fällen nicht immer leicht zu erahnen – ein Erbe, das er allerdings von Augustus übernommen hatte. Berühmt ist eine Szene im Senat beim Prozeß gegen Granius Marcellus, noch vor der Caprizeit. Als Tiberius die Anklagen gegen Marcellus hörte, sprach er außer der Reihe und erklärte, auch er werde abstimmen, und zwar offen und unter Eid. Daraufhin fragte ihn der Senator Gnaeus Piso, wann Tiberius denn abstimmen wolle. Sollte er als erster stimmen, dann hätte er, Piso, ein Beispiel, dem er folgen könne. Sollte er jedoch als letzter stimmen, dann könnte er als Senator unwillentlich von der Meinung des Princeps abweichen.[54] Da Piso und Tiberius Freunde waren (und auch nach dieser Szene blieben), ging es nicht um einen Angriff, sondern um den wohlwollend vorgebrachten Hinweis auf eine Problematik, die auch später weder der Senat in seiner Gesamtheit noch Tiberius selbst auf Dauer in den Griff bekamen. Im Fall des Marcellus folgte Tiberius dem Rat seines Freundes, äußerte sofort seine Meinung – die offenbar auch von Piso geteilt wurde – und trug so dazu bei, daß der Angeklagte vom Vorwurf des *crimen laesae maiestatis* freigesprochen wurde. Ungefähr zehn Jahre später griff Tiberius dann doch wieder mit einer sozusagen unangemeldeten Unwillensäußerung in ein laufendes Verfahren ein, und diesmal kam es zu einem Schuldspruch, wieder im Interesse des Kaisers.[55] In dem potentiellen Minenfeld solcher Machtspiele hatte sich auch ein Pontius Pilatus bei einem Hochverratsprozeß zurechtzufinden.

Nach allem, was wir bisher über Pilatus wissen, auch unter der Berücksichtigung der Interessen Sejans und des Kaisers, hätte er von sich aus keine Aktivitäten gegen Jesus entwickelt. Einen Hochverratsprozeß hätte er selbst dann, wenn wir annehmen, daß er von seinen Zuträgern über alle galiläischen und judäischen Reden und Wunder genauestens informiert war, aus eigenem Antrieb nicht in Erwägung ziehen können. Nicht erst ein Verhör, schon eine philosophische Unterhaltung, wie wir sie fiktiv, aber in realistischen Kategorien skizzierten, hätte sowohl Pilatus als auch Tiberius von der realpolitischen Ungefährlichkeit des Galiläers überzeugt. Dennoch mußte er den Prozeß einleiten, weil eine Anklage vorlag, die im Falle des Schuldspruchs das Todesurteil zur Folge hatte. Und das *ius gladii*, das Recht des Schwertes, also die Befugnis, ein Todesurteil zu verhängen und zu vollstrecken, hatte in Judäa nur der Vertreter des römischen

Kaisers.[56] Die ersten Schritte des Vorgehens gegen Jesus blieben dagegen in den Händen des Hohen Rates. Es ist zwar denkbar, daß Kaiaphas den Präfekten, zu dem er seit der Geschichte mit der Wasserleitung ein gutes Arbeitsverhältnis hatte, im voraus von den geplanten Schritten informierte, doch Pilatus konnte erst tätig werden, sobald ihm eine konkrete Anklage vorlag, und die mußte der Sanhedrin erst noch beschließen. Auch bei der Gefangennahme im Garten Gethsemane waren, entgegen einer verbreiteten Auffassung, daher wohl noch keine römischen Soldaten dabei. Weder die Synoptiker Matthäus, Markus und Lukas noch Johannes, der einzige Berichterstatter, der militärische Fachausdrücke für die angerückten Männer verwendet, sprechen ausdrücklich von römischen Einheiten.[57] Selbst wenn er informiert gewesen sein sollte, mußte Pilatus also warten. Es würde zu weit führen, alle Facetten des innerjüdischen Konflikts aufzulisten, die den Hohenpriester und sein Umfeld davon überzeugten, daß Jesus sterben mußte und daß es notwendig war, den römischen Präfekten davon zu überzeugen, den Fall zu seiner eigenen Angelegenheit zu machen. Wie beide Seiten agierten, immer mit dem Blick auf die Erfordernisse des mosaischen Gesetzes einerseits und der römischen Gesetzgebung andererseits, und beide, auch die jüdische, mit dem Blick auf Kaiser Tiberius, bleibt jedoch bis heute auch jenseits aller theologischen Fragen eine der faszinierendsten Episoden der antiken Geschichte.

Alle Evangelien sind sich darin einig, daß es in der Hierarchie der Jerusalemer Juden spätestens seit dem Passafest 29 n. Chr. eine Gruppe gab, die Jesus aus dem Weg räumen wollte. Das macht diese Schriften nicht antisemitisch. Sie sind von Juden über einen Juden verfaßt und zielten weitgehend auch auf jüdische Leser. So stellt ihre Kritik an dem Verhalten von Mitjuden keinen Angriff von außen und gegen Fremde dar, sondern eine innerjüdische Auseinandersetzung.[58] Und vor allem ist sie nicht undifferenziert. An keiner Stelle werden während der Kontroversen vor der Gefangennahme, im Verhör vor Hannas und

Kaiaphas und in den Stunden vor der Kreuzigung alle Juden als Gegner Jesu beschrieben, die seinen Tod wünschten, sondern stets nur einzelne Menschen und Gruppen. Anderes anzunehmen wäre unsinnig nicht zuletzt angesichts der Tatsache, daß Juden, die für Jesus Partei ergriffen, ausdrücklich benannt werden, selbst noch in den Stunden nach der Kreuzigung.[59] Die hohepriesterliche Familie, Kaiaphas als amtierender Hohepriester und sein Schwiegervater Hannas, den die Römer 15 v. Chr. abgesetzt hatten, und der engere Kreis, den sie innerhalb des Hohen Rates um sich bildeten – etwa das, was man in der heutigen Politik ein »Küchenkabinett« nennt –, hatten allerdings die Gefahr begriffen, die von Jesus für sie ausging. Präzise ist das im Bericht des Johannes erfaßt: Nicht lange vor der Verhaftung erklärte Kaiaphas den Versammelten, daß es in erster Linie um das Verhältnis zu den Römern ging. Natürlich wußte er, daß der wahre Messias auch ihn selbst und seine Autorität in Frage stellte, aber das konnte nicht als populärer Grund herhalten, ihn auszuschalten. Sollte es Jesus gelingen, aufgrund seiner unbezweifelten messianischen Wunder große Volksmassen um sich zu scharen, die an ihn als den Messias glaubten, dann könnte es bald zu einem Aufstand gegen die Römer kommen – das begriffen alle, die sich um Kaiaphas versammelt hatten. Denn die Mehrheit der Juden erwartete nun einmal den davidischen, militärisch siegreichen Messias. Immerhin hatten die Römer in früheren Jahren, auch vor Pilatus, gegen bewaffnete Aufstände selbst dann rücksichtslos durchgegriffen, wenn die Anführer gar nicht beanspruchten, der Messias zu sein. Diese Vorfälle, von denen hier in einem früheren Kapitel die Rede war, hatte man noch in frischer Erinnerung. Die Gefahr, daß die Römer eingreifen und sogar gegen den Tempel und das ganze Volk vorgehen würden, schien greifbar nahe.

Frühere Versuche, den Einfluß Jesu zu unterbinden, etwa indem man ihm Verstöße gegen das jüdische Gesetz vorgehalten hatte, waren gescheitert. Es ging ihnen also nun um einen Präventivschlag: Schlimmeres verhüten, solange noch Zeit war. Sie wußten nur nicht, wie man das am besten anstellen sollte. Erst Kaiaphas sprach es aus: »Ihr wißt nichts und bedenkt auch nicht, daß es vorteilhaft für euch ist, daß ein Mensch stirbt für das Volk und nicht das ganze Volk umkommt.« (Johannes 11,47-50) Widerspruch gegen dieses zynische Votum erhob sich nicht. Jetzt ging es nur noch um das Wie. Für eine Art Fememord ohne Wissen und Zustimmung der Römer war es zu spät; längst war die Anhängerschaft des Nazareners in der Tat zu groß, um damit durchzukommen.[60] So mußte ein Vergehen gefunden werden, das als Anklagepunkt im Sinne des römischen Rechtes schwerwiegend genug war, um als Kapitalverbrechen angesehen zu werden. Dafür war eine Einberufung des gesamten Hohen Rates nicht erforderlich. Die Verhaftung Jesu konnte vom Hohenpriester angeordnet werden, da ihm die Tempelpolizei und die Diener des Sanhedrins direkt unterstanden, und der Beschluß, ihn an Pilatus zu übergeben, bedurfte ebenfalls keiner Plenarsitzung, da ein jüdisches Gremium kein vollstreckbares Todesurteil fällen durfte. So kam es zu einer nächtlichen Zusammenkunft im Haus des Hohenpriesters – also nicht am regulären Tagungsort des Hohen Rates –, die als nicht ordnungsgemäß einberufene Sitzung hektisch und chaotisch verlief, mit widersprüchlichen Zeugenaussagen, bis erneut das Eingreifen des Kaiaphas die Entscheidung brachte.[61] Als Jesus zu allen Vorwürfen schwieg, fragte er ihn: »Bist du der Messias, der Sohn des Hochgelobten?« (Markus 14,61) Es ist eine wohlüberlegte Frage, in der Gott selbstverständlich nicht beim Namen genannt, sondern als »Hochgelobter« mit einer Formel umschrieben wird, die auch aus einer nichtbiblischen Schrift der Zeit vor Jesus bekannt ist (1. Henoch 77,2).[62]

Formell war es weder eine Gotteslästerung noch ein todeswürdiges Verbrechen, Messias sein zu wollen und sich Sohn Gottes zu nennen oder sich so nennen zu lassen. Der Messiastitel war im Alten Testament sogar für einen Nichtjuden denkbar – der

Prophet Jesaja teilt mit, daß Gott selbst den Perserkönig Kyrus, der das Volk Judas rettete, seinen Hirten und Messias nannte (Jesaja 44,26-45,1), und in der griechischen Übersetzung aus dem 3./2. vorchristlichen Jahrhundert, der »Septuaginta«, steht hier für Messias natürlich »Christus«. Wie wir bereits im ersten Kapitel sahen, war zu dieser Zeit auch »Sohn Gottes« im Judentum nicht von vornherein unbenutzbar; Philo von Alexandria nennt Abraham so, und etwa um die gleiche Zeit, jedenfalls vor den Evangelien, spricht die gleichfalls griechisch geschriebene »Weisheit Salomos« vom Gerechten als »Gottes Sohn« (2,18).[63] Es kam also auf den Zusammenhang und die Interpretation an, auf den Verdacht oder den Beweis des blasphemischen Mißbrauchs, wie ihn die Essener von Qumran sahen, als sie Psalm 82,6-8 auf die Römer anwandten.[64] Und es gab eine essenische Erwartung, die mit der messianischen Zeit verbunden war: Dann werde es eine Erneuerung des Tempels geben. Im ca. 70–63 v. Chr. entstandenen Qumranfragment 4Q 174 klingt das so: »Dies ist das Haus das [Er bauen wird in den] letzten Tagen, wie es im Buch Mose geschrieben steht: ›Im Heiligtum, das Deine Hände errichtet haben, o Herr, wird der Herr König sein immer und ewig.‹ (2. Mose / Exodus 15,17-18) […] Und die Fremden werden es nie mehr verwüsten, wie sie das Heiligtum früher verwüsteten wegen der Sünden Israels.« Und einige Verse später: »Nun verkündet dir der Herr, daß Er dir ein Haus bauen wird, und: ›Ich werde deinen Nachkommen nach dir aufrichten und fest hinstellen den Thron seines Königreichs in Ewigkeit. Ich werde für ihn Vater sein, und er wird für mich Sohn sein.‹ (2. Samuel 7,11-14) Dies meint den Sproß Davids, der mit dem Erforscher der Tora auftreten wird, und den [Er aufstehen lassen wird] am Ende der Tage in Zion, wie es geschrieben steht: ›Und ich werde die zerfallene Hütte Davids wieder aufrichten.‹ (Amos 9,11) Das meint die zerfallene Hütte Davids, die er wieder aufrichten wird, um Israel zu retten.«[65] Auch aus diesem Blickwinkel galt: Wenn die Essener und mit ihnen andere Juden eine solche messianische Endzeiterwartung pflegten, in der ein Sohn Gottes auftritt und der Tempel erneuert wird, und wenn viele Juden Jesus so verstanden, als habe er genau dies für sich selbst beansprucht (Johannes 2,16; 2,18-22), wie gefährdet war dann der von den Römern eingesetzte Hohepriester als höchste Autorität im Tempel?

Natürlich kannte ein Kaiaphas alle diese Texte, er mußte also im eigenen Interesse und im Interesse des von ihm gewünschten friedlichen Auskommens mit den Römern durch eine präzise Frage ermitteln, woran er war. Er war da nicht der einzige, der Jesus als Gefahr für den »Status quo« sah. Schon Monate vor dem Verhör durch Kaiaphas und seine Leute, zur Zeit des Chanukkafestes 29 n. Chr., hatten einige unter den Juden versucht, Jesus einer solchen Blasphemie zu überführen (Johannes 10,22-39). Auch davon wußte der Hohenpriester und formulierte seine Frage so, daß es keinen Raum für Mehrdeutigkeiten gab. Jesus verstand das sehr genau, und seine zweiteilige Antwort räumte daher jedes denkbare Mißverständnis aus. Zuerst kam die Bestätigung: »Ich bin es.« So steht es bei Markus (14,62). Matthäus und Lukas geben das scheinbar nur indirekt wieder. »Du sagst es« (Matthäus 26,64) und »Ihr sagt, daß ich es bin.« (Lukas 22,70) Versuche, Matthäus und Lukas gegen die Direktheit bei Markus zu stellen, wären jedoch sinnlos. Alle drei Formulierungen besagen exakt das Gleiche: Du, Kaiaphas, und ihr, seine Clique, habt recht. Der zweite Teil der Antwort unterstreicht das (Markus 14,62; Matthäus 26,64): »Und ihr werdet den Menschensohn sehen, sitzend zur Rechten der Kraft und kommend mit den Wolken des Himmels.« Das war für alle Anwesenden die entscheidende Aussage, denn hier zitierte Jesus zwei Prophetien des Alten Testaments, Daniel 7,13 und Psalm 110,1, die er nicht nacheinander vortrug, sondern ineinanderfügte und sich damit zu eigen machte. Daß er nicht nur zitierte, sondern mit eigener messianischer Vollmacht sprach, zeigte er auch durch den Gebrauch eines Wortes, das als Umschreibung für den Namen Gottes vorher in der jüdischen Literatur noch nicht vorgekommen war: »Kraft«. Erst im Talmud wird dieser Gottesname wieder benutzt.[66] Die Art der Wiedergabe der beiden Prophetien hat aber noch eine weitere Wirkung: Jesus betont, daß er wiederkommen wird. Jetzt, zur Zeit des Verhörs, ist er bereits anwesend. Dann wird er zur Rechten Gottes sitzen – und danach wird er »mit den Wolken des Himmels« zurückkommen, als der endzeitliche Richter.

Kaiaphas und die anderen hatten die Wahl: Sie konnten Jesus zustimmen und sich ihm anschließen, oder sie konnten diese Worte als höchste Form der Gotteslästerung verstehen. Da sie die erste Möglichkeit bereits vor dem Verhör ausgeschlossen hatten, blieb ihnen nur die zweite, und folgerichtig griff der Hohepriester zu einer alten jüdischen Geste: Er zerriß sein Gewand zum Zeichen des Zorns und des Schmerzes.[67] »Was brauchen wir weitere Zeugen?« rief er aus. »Ihr habt die Gotteslästerung gehört. Was meint ihr?« Die Antwort der anderen kam wie erwartet: »Sie verurteilten ihn aber alle, des Todes schuldig zu sein.« In alter Zeit, vor Beginn der römischen Herrschaft, hätten sie die Sache selbst in die Hand nehmen können. In 3. Mose / Levitikus 24,16 wird der Fall beschrieben: »Wer den Namen des Herrn lästert, der soll des Todes sterben. Die ganze Gemeinde soll ihn steinigen. Ob Fremdling oder Einheimischer, wer den Namen lästert, soll sterben.« Kaiaphas hatte bekommen, was er brauchte. Daß Jesus keine Gotteslästerung ausgesprochen, sondern die heilsgeschichtliche Wahrheit gesagt hatte, wollte oder konnte er nicht verstehen. Doch wir sahen bereits, daß er zur Vollstrekkung der Todesstrafe kein Recht hatte. So ging das Verfahren nun in die Hände des Präfekten über.

Pontius Pilatus übernahm den Fall wohl nur, weil er sich mit Kaiaphas gut genug verstand, um ihm wenigstens den Gefallen einer Anhörung zu tun. Die Gefälligkeit ging selbstverständlich nicht so weit, daß er sich über die Formalien des geltenden römischen Prozeßrechts hinweggesetzt hätte. Er entschied sich für die *cognitio extra ordinem*, das seit Augustus in den Provinzen übliche Verfahren, bei dem kein »Geschworenengericht« eingesetzt wurde, sondern der zuständige Beamte den Prozeß allein leitete und auch allein das Urteil fällte.[68] Für diese *cognitio*, die Untersuchung also, gab es feste Regeln, an die der Präfekt sich hielt. Zuerst mußte es namentlich bekannte, also nicht anonyme, Ankläger geben, die *delatores*. Diese Bedingung war durch Kaiaphas, Hannas und andere, die wohl auch noch benannt wurden, zweifelsfrei erfüllt. Dann mußte die Anklage durch das Verhör geprüft werden. Auch hier ließ Pilatus es nicht an Genauigkeit fehlen, denn er verhörte Jesus nicht nur einmal, sondern dreimal und ließ den gerade zum Passafest in Jerusalem eingetroffenen Herrscher über Jesus' Heimat, Herodes Antipas, ein weiteres Verhör durchführen. Wie stark diese Praxis des dreimaligen Verhörs in den Provinzen verankert war, zeigte noch um 109 n. Chr. der römische Legat von Bithynien und Pontus, Gaius Plinius Caecilius Secundus, besser bekannt als Plinius der Jüngere. Als er in seiner Provinz, an deren christliche Bewohner fünfzig Jahre vorher schon der Jünger und Apostel Petrus einen Brief gerichtet hatte (1. Petrus 1,1), Christen verhörte, fällte er das Urteil erst nach dem dritten und letzten Verhör.[69] Wie wir bereits sahen, war die Folter im Verlauf dieser Verhöre zulässig. Dann war festzustellen, ob der Angeklagte im Sinne des Vorwurfs der *delatores* gestanden hatte. Dazu bedurfte es keines ausgesprochenen Geständnisses; bereits das Schweigen durfte in diesem Sinne bewertet werden. Schwieg der Angeklagte, machte er sich zusätzlich des Vergehens der *contumacia* schuldig, der Verachtung des Richters, die ihrerseits zu bestrafen war. Zwangsarbeit oder Verbannung waren denkbar; Plinius entschied sich in diesem Fall für die Todesstrafe.

Gestand der Angeklagte oder verweigerte er die Aussage, sprach er sich selbst das Urteil, und der Richter mußte nur noch das Strafmaß festsetzen. Pilatus hätte es sich also leicht machen können. Er warnte Jesus sogar: »Redest du nicht mit mir? Weißt du nicht, daß ich Macht habe, dich freizulassen, und Macht, dich zu kreuzigen?« (Johannes 19,10) Mit dem, was Jesus ihm vorher gesagt hatte, konnte er in einem Prozeß, der nun einmal kein religionsphilosopischer Disput war, nicht viel anfangen. Noch heute streiten die Forscher darüber, wie der erste Wortwechsel zwischen Jesus und Pilatus zu verstehen ist. Die Frage des Präfekten ist eindeutig: »Bist du der König der Juden?« Das war eine römische Formulierung, keine jüdische, denn messianisch-korrekt wäre es um die Frage gegangen, ob Jesus der »König Israels« war. Aber Pilatus konnte sich auf solche Subtilitäten nicht einlassen. Ihn interessierte nur, ob er einen Prozeß aufgrund eines Verstoßes gegen die Würde des Kaisers durchführen konnte. Und Tiberius hätte sich für einen symbolisch-heilsgeschichtlichen König wenig interessiert. Wollte Jesus jedoch realpolitisch ein König der Juden sein, auf einer Ebene mit Herodes dem Großen und denen unter seinen Söhnen, die sich gern König nennen wollten, ohne von Augustus oder Tiberius dazu die Genehmigung zu erhalten, dann stand mehr auf dem Spiel. Nur der Kaiser durfte bestimmen, wer unter ihm irgendwo König war. Und soviel wußte Pilatus: Den vor ihm stehenden Jesus von Nazareth hatte Tiberius nicht zum König ernannt. Sagte Jesus »Ja«, dann war der Strafbestand der Majestätsbeleidigung erfüllt, und Pilatus hatte kaum eine andere Wahl, als die Todesstrafe vollstrecken zu lassen. Aber Jesus sagte nicht »Ja«. Er sagte auch nicht: »Ich bin es«, wie er noch auf die Frage des Kaiaphas geantwortet hatte, ob er der Messias und Sohn des Allerhöchsten sei.[70] Er antwortete mit einer Gegenfrage und durchbrach bereits damit die Regeln der Prozeßordnung: »Sagst du das von dir aus, oder haben dir es andere über mich gesagt?« (Johannes 18,34) Pilatus läßt sich darauf ein und fragt zurück: »Bin ich etwa ein Jude? Dein Volk und die Hohenpriester haben dich an mich ausgeliefert. Was hast du getan?« Jesus bestätigt, daß er ein Reich hat, also ein Herrscher ist. Nur ist sein Reich nicht von dieser Welt. Diese Welt oder eine andere Welt – der Präfekt hat, möglicherweise mit Bedauern, keine Zeit für philosophische Nuancen und hakt nach: »Also bist du doch ein König?« Und Jesus stimmt ihm zu. »Du sagst es, ich bin ein König.« Und wie schon zuvor bei Kaiaphas, so beläßt er es nicht bei dem einen Satz, sondern führt nun aus, welche Art König er ist. Wie wir im vorausgegangenen Kapitel sahen, versteht Pilatus genau, daß es hier nicht um irdischen Machtanspruch geht, der sich gegen Kaiser Tiberius richtet, sondern um Religionsphilosophie, und auf die stand keine Todesstrafe.[71]

Der ausführlichen Fassung bei Johannes stehen die kürzeren bei Matthäus, Markus und Lukas gegenüber, die aber alle mit Johannes darin übereinstimmen, daß Pilatus die Antwort Jesu auf die Königsfrage, »Du sagst es«, nicht als Majestätsbeleidigung versteht. Ihm muß sofort klargeworden sein, daß dieser galiläische Wanderprediger keine Gefahr für die Römer in Judäa oder gar für die Autorität des Kaisers bedeutet. Viel schwerwiegender war – und auch darin stimmen alle vier Evangelien überein –, daß Jesus immer wieder die Aussage verweigerte.[72] Matthäus und Markus unterstreichen die verblüffte Reaktion des Präfekten, der den zuerst einmal für unschuldig gehaltenen Angeklagten nun, zumindest *de iure*, wegen *contumacia* verurteilen mußte. Pilatus war folglich ratlos – einen solchen Prozeß mit einer höchst fragwürdigen Anklage und einem aus seiner Sicht eigenartig argumentierenden, vor allem aber wiederholt schweigenden Angeklagten dürfte er noch nicht erlebt haben. Das Verhör durch Herodes Antipas, von dem Lukas berichtet (23,6-12), gab ihm wenigstens einen Ansatzpunkt: Herodes Antipas, der von Jesus auf viele Fragen keine Antwort erhielt, schickte Jesus an den Präfekten mit einem weißen Prunkgewand zurück, einer *esthês lamprá*. Solche Gewänder trugen jüdische Könige.[73] Antipas tat es spottend (Lukas 23,11), aber hinter dem Spott war die Botschaft nicht zu übersehen: Mein lieber Pilatus, nimm die Sache nicht allzusehr auf die leichte Schulter, ich traue dem Mann nicht. Lukas unterstreicht, daß Pilatus die Geste des Antipas verstand: »An diesem Tag wurden Herodes und Pilatus Freunde; vorher waren sie nämlich Feinde gewesen.« Nun stellte Pilatus den anwesenden Mitgliedern des Hohen Rats eine Falle. Er teilte ihnen mit, sowohl Antipas als auch er selbst hätten ihn für unschuldig im Sinne der Anklage befunden. Er werde ihn allenfalls als Unruhestifter auspeitschen lassen, dann aber freigeben. Die erwartete Reaktion trat ein: lautstarker Protest und die Weigerung, die von Pilatus eingeführte jährliche Passaamnestie für Jesus zu beanspruchen.[74] Da wollten sie schon lieber einen Schwerverbrecher wie Barabbas freibekommen. Die Ironie war offensichtlich: Dieser Barabbas war ein Zelot und gehörte zu einer Gruppe mordender Terroristen, die schon seit längerem im Gefängnis saßen (Markus 15,7).[75] Anders als Jesus hatte er sich also in der Tat eines Kapitalverbrechens schuldig gemacht.

Nach römischem Prozeßrecht mußte sich der Präfekt jetzt vergewissern, ob die *delatores* ihre Anklage aufrechthielten, und formal völlig vorschriftsmäßig stellt er die Frage dreimal (Lukas 32,22). Und jedesmal erhält er die Antwort, daß die Vollstrekkung der Todesstrafe beantragt wird. In der ausführlicheren Fassung des Johannes betonen die Ankläger ihre Entschlossenheit durch einen Hinweis auf die Verantwortung, die Pilatus im Interesse des Tiberius trägt. Zuerst hatten sie nur auf ihr eigenes Gesetz hingewiesen: »Wir haben ein Gesetz, und nach diesem Gesetz muß er sterben, weil er sich zum Sohn Gottes gemacht hat.« (Johannes 18,7) Das ist die Kurzfassung der Vorwürfe, die in der Eilsitzung des Sanhedrins vorgebracht worden waren, und sie konnte Pilatus allenfalls mit Rücksicht auf Kaiaphas interessieren. Das jüdische Gesetz wurde unter Tiberius ebenso respektiert wie unter Augustus, er konnte aber keinen Anlaß haben, aus diesem Grunde – letztlich für ihn noch immer eine interne jüdische Auseinandersetzung – die Todesstrafe zu verhängen. So ist auch die deutsche Übersetzung seiner Reaktion mißverständlich. Er wurde nicht »noch ängstlicher« (Einheitsübersetzung) oder »fürchtete sich noch mehr« (revidierte Lutherbibel), denn er hatte sich vorher keineswegs vor irgend etwas gefürchtet. Der Satz besagt: Statt dem Verlangen der Schreier nachzugeben, »machte er sich nun Sorgen« darüber, wie er weiter vorgehen sollte. Diese Sorge hatte nichts mit einer Angst vor dem Sanhedrin zu tun, sondern davor, daß ihm Jesus langsam unheimlich wurde. Was für ein Sohn Gottes war er denn nun? Etwa doch ein Rivale des Kaisers, nicht als »König«, sondern als Träger des Titels, der im Kaiserkult dem Tiberius gehörte? An dieser Stelle begann das nächste Verhör mit der Frage an Jesus, wer er denn nun eigentlich sei, »woher er komme«, deren Konsequenzen wir im vorausgegangenen Kapitel untersucht hatten. Und wieder, zum drittenmal, erkannte Pilatus auf Schuldlosigkeit (Johannes 19,7-12).

Erst jetzt begreifen die Ankläger, daß sie diesen Präfekten nicht mit leicht widerlegbaren Vorwürfen oder mit innerjüdischen Gesetzestexten dahin bringen können, wo sie ihn haben wollen. Kaiaphas riskiert nun sogar seine gute Beziehung zu Pilatus und läßt den Druck mit einer wagemutigen Provokation erhöhen. »Wenn du diesen da freiläßt, bist du kein ›Freund des Kaisers‹. Jeder der sich zum König macht, lehnt sich gegen den Kaiser auf.« Riskant war diese Provokation, weil Pilatus längst festgestellt hatte, daß Jesus kein Königtum beanspruchte, das ihm und Tiberius gefährlich werden konnte. Er hätte also den ganzen Prozeß ohne weiteres abbrechen können, verärgert über die Hartnäckigkeit der Sanhedrinleute, die immer neue Verfahrenstricks an ihm ausprobierten. Doch er tat es nicht, weil die *delatores* eine stehende Formel benutzten, die bei ihm schlimmste Erinnerungen wachrief: *phílos toû Kaísaros*, lateinisch *amicus Caesaris*, Freund des Kaisers. Als offizieller Titel ist das für die Kaiserzeit auf Inschriften gut belegt, auch mit der zusammengezogenen griechischen Form *philokaîsar* und der Variante *phílos toû Sebastoû*, Freund des Anbetungswürdigen, lateinisch also des »Augustus«.[76] Senatoren trugen diesen Titel von Amts wegen; Rittern und anderen, die sich als Beamten verdient gemacht und das persönliche Vertrauen des Kaisers gewonnen hatten, konnte er persönlich verliehen werden. Wie Pontius Pilatus zu dieser Ehre kam, ist nicht überliefert. Tacitus läßt zwar den Ritter Marcus Terentius berichten, je näher einer dem Sejan gestanden habe, desto stärker sei die Freundschaft des Kaisers gewesen.[77] Doch ist hier nicht der eigentliche Titel gemeint, und wir sahen ohnehin bereits früher, daß Tiberius durchaus in der Lage war, einen Präfekten für Judäa auszuwählen, ohne auf Sejan und dessen Vertraute angewiesen zu sein. Die Wiedererrichtung des Tiberiéums in Caesarea Maritima und die im Sinne des Kaisers erfolgreiche Verwaltungsarbeit des Pilatus in den ersten Amtsjahren dürfte ausgereicht haben, ihm um 27 n. Chr. den Titel zu verleihen.

Nun hatte Octavian Augustus zwei von ihm geförderten Persönlichkeiten den Ehrentitel *amicus Caesaris* aberkannt, dem Jugendfreund und Statthalter Galliens, Salvidienus Rufus, und dem Präfekten Ägyptens, Gaius Cornelius Gallus. Salvidienus, wie Pontius Pilatus im Rang ein Ritter, hatte vor dem Vertrag von Brundisium mit Octavians Gegner Antonius verhandelt. Das wurde ihm als Hochverrat ausgelegt. Die Freundschaft wurde aufgekündigt, der Senat erklärte ihn zum Staatsfeind, und Salvidienus nahm sich 39 v. Chr. das Leben. Das geschah zu Beginn der Herrschaft des ersten Princeps, der zweite Fall trat später ein und mußte Pilatus noch näher gegangen sein. Cornelius Gallus, ein Freund Vergils, selbst ein anerkannter Dichter und spätestens seit 30 v. Chr. *amicus Caesaris,* hatte sich seine militärischen und sozialen Erfolge zu Kopf steigen lassen. An mehreren Orten hatte er Inschriften über seine Taten angebracht, auf der Insel Philae am 15. April 29 v. Chr. sogar eine dreisprachige.[78] Augustus rief ihn nach Rom zurück, als ihm anzügliche Bemerkungen und Amtsanmaßungen zu Ohren gekommen waren. Ihm wurden mangelnde Loyalität, Undankbarkeit und Verbrechen gegen den Princeps vorgeworfen, der Kaiser kündigte ihm die Freundschaft auf, er wurde aus dem Staatsdienst entlassen, vom Kaiserhof ausgeschlossen und mit dem Verbot belegt, seinen Wohnsitz in den Provinzen zu nehmen. Seine zahlreichen

Feinde machten ihm das tägliche Leben unmöglich, hoffnungslos, und verzweifelt beging er 26 v. Chr. Selbstmord.[79] Solche Fälle waren zwar lange her, aber unvergessen, und es kam hinzu, daß auch Tiberius schon vor 30 n. Chr. mehrfach bereit gewesen war, Freundschaften aufzukündigen. Sehr zugespitzt und, nüchtern betrachtet, wohl auch maßlos übertrieben, faßte Sueton das so zusammen: »Neben seinen alten Freunden und Vertrauten hatte er noch zwanzig aus der Zahl der führenden Männer der Stadt als Ratgeber in öffentlichen Angelegenheiten herangezogen. Von diesen allen kamen kaum zwei oder drei mit dem Leben davon, die anderen richtete er aus verschieden Anlässen zugrunde.«[80] Der Sturz Sejans erfolgte erst anderthalb Jahre nach dem Prozeß Jesu, doch ein anderer Fall hatte sich vor der Haustür des Pilatus ereignet, in der Provinz Syrien: Aufstieg und Niedergang des Gnaeus Calpurnius Piso, dem wir bereits begegnet sind.

Piso war nun in der Tat ein *amicus Caesaris*, ein Freund erst des Augustus und dann des Tiberius, der ihm 17 n. Chr. die Verwaltung Syriens anvertraute. Als es dort nach dem Tod des Germanicus, mit dem er sich irreparabel zerstritten hatte, zu Vorwürfen an Piso kam, er hätte ihn ermorden lassen, rief Tiberius den Freund nach Rom zurück, wo ihm vom Senat der Prozeß gemacht wurde. Tiberius hielt vor dem Senat eine Rede, in der er den auf Augustus zurückgehenden Freundschaftsstatus bestätigte und eine objektive Beurteilung einforderte; da Germanicus sein Neffe und Adoptivsohn war, mußte er sich in souveräner Unparteilichkeit zeigen.[81] Die Mordvorwürfe wurden widerlegt, Tiberius unterband die Zerstörung von öffentlich ausgestellten Bildern Pisos, doch seine Gegner fanden andere Beschuldigungen. Als Tiberius in einer weiteren Senatssitzung nach seiner stoischen Art »ohne Mitleid, ohne Zorn undurchdringlich und verschlossen« dazusitzen schien, weil er sich, wie Tacitus kommentiert, von keinem Gefühl überwältigen lassen wollte, deutete Piso das als den Verlust der Freundschaft. Noch vor dem Ende des Verfahrens nahm er sich in der Nacht das Leben.[82] Angesichts solcher Präzedenzfälle mußte Pilatus sich klar sein, daß er keine Wahl hatte. Käme Kaiaphas auf den Gedanken, einen Brief an Tiberius zu schreiben mit der Nachricht, der Präfekt habe einen Hochverräter freigelassen, der sowohl die jüdische als auch die römische Sicherheit gefährdete, hätte er zwar den von ihm ermittelten Sachverhalt darlegen können, aber der Ausgang wäre ungewiß geblieben. Zumindest seine Abberufung aus der Provinz, das Ende der Karriere, hätte die Folge sein können, wenn nicht Schlimmeres. »Soll ich euren König kreuzigen?« hatte er sie noch gefragt, und sie hatten ihm geantwortet: »Wir haben keinen König außer dem Kaiser!« (Johannes 19,15) Sollten Kaiaphas und seine Leute kaisertreuer sein als der Präfekt? War dieser Jesus das wert? Pilatus war in seine eigene Falle geraten. Er sprach das Strafmaß aus: Kreuzigung.

Schuld und Unschuld: Vom Händewaschen zum Judenhaß

Jedes der vier Evangelien setzt eigene Akzente, wählt aus den Zeugenaussagen und schriftlichen Quellen aus oder ergänzt aus eigener Kenntnis, was bei den anderen fehlt. In der späteren Geschichte des Christentums hat vor allem eine Episode nachgewirkt, die Matthäus berichtet: »Als Pilatus sah, daß er nichts erreichte, sondern daß der Tumult immer größer wurde, ließ er Wasser bringen, wusch sich vor allen Leuten die Hände und sagte: ›Ich bin unschuldig am Blut dieses Menschen. Das ist eure Sache!‹ Da rief das ganze Volk: ›Sein Blut komme über uns und unsere Kinder!‹« (Matthäus 27,24-25, Einheitsübersetzung) Noch heute waschen sich Menschen die Hände in Unschuld, aber nur wenige wissen, daß der römische Präfekt mit dem Bildungsgut spielte, daß einem Ritter wie selbstverständlich zur Verfügung stand. Schon in einer Tragödie des Sophokles (496–406 v. Chr.), dem *Aias*, tritt die Geste erstmals in Erscheinung, und in Vergils *Aeneis* wird sie wiederaufgenommen. Hätte Pilatus das Meer oder einen Fluß zur Verfügung gehabt statt des Wassers, das er sich aus der selbst angelegten Wasserleitung kommen lassen konnte, wäre er dem Beispiel der Altvorderen vielleicht noch deutlicher gefolgt. Denn so spricht der griechische Held Aias, der wie im Wahnsinn gemordet hatte, bei Sophokles *(Aias* 654–656):

> Doch werde ich zu einem Sühnebad gehen, zu den am Strand gelegnen Wiesen, die Befleckung von mir abzuwaschen und der Göttin schwerem Zorn so zu entrinnen bald.[83]

Und bei Vergil spricht der trojanische Held Aeneas, der Gründer von Alba Longa, der Mutterstadt Roms, und Ahnherr aller Römer:

> Nimm, Vater, du das heilige Gut und die Penaten der Väter.
> Mir, der aus der Schlacht erst kam und von der Mordtat,
> ist die Berührung versagt, bis im lebendigen Strome ich
> wieder reingewaschen bin.[84]

Pilatus nahm immerhin Wasser aus einer fließenden Leitung, folgte also den alten Vorbildern, so gut er es im Prätorium konnte. Und er überbot die Modelle, da er seine Reinwaschung nicht rückwirkend, sondern vor der »Mordtat« vollzog – der Kreuzigung des *de iure* für unschuldig befundenen Jesus. Den jüdischen Beobachtern der Szene (und den jüdischen Lesern des Matthäusevangeliums) mögen Sophokles und Vergil vielleicht nicht in den Sinn gekommen sein; sie konnten immerhin an 5. Mose / Deuteronomium 21,6-7 denken, wo die Handlung des Händewaschens zum Zeichen der Unschuld an einem Totschlag über einer eigens für diese Geste getöteten jungen Kuh vollzogen wird: »Und die Ältesten der Stadt sollen ihre Hände waschen über der toten Kuh und sollen sagen: ›Unsere Hände haben diesen Menschen nicht getötet, und unsere Augen haben es nicht gesehen, wer den Mord verübt hat.‹« Denkbar ist, daß einer der jüdischen Berater des Pilatus den Präfekten auf diese mosaische Anweisung hingewiesen hatte, doch die klassischen Parallelen lagen ihm sicher näher. In jedem Fall war es nichts anderes als der leicht durchschaubare Versuch, seine juristische Verantwortung abzustreifen, ohne dabei das Gesicht zu verlieren. Auch römische Kritiker seiner Prozeßführung hätten gegen eine Anlehnung bei Vergil nichts einwenden können. Matthäus, dessen Evangelium betont antirömische Züge enthält, berichtete von der Szene wohl nur, um den Präfekten zu entlarven, so wie er anschließend den Ausruf der versammelten Juden wiedergibt, um seine Mitjuden in eine Verantwortung einzubinden, die bis auf die Tora zurückgeht.

Ging das Waschen der Hände in Unschuld nur in den christlichen Wortschatz ein, so hatte die Reaktion der anwesenden Juden auf diese Geste schlimmere Folgen. Bis in die jüngste Vergangenheit las man den Ausruf als eine Selbstverfluchung für alle Zeit: »Da rief das ganze Volk: ›Sein Blut komme über uns und unsere Kinder‹« – die Juden als Mörder des Gottessohnes wurden zu Mördern Gottes.[85] Im Text des Matthäus steht davon jedoch nichts. Schon die Räumlichkeiten schließen aus, daß »alle« Juden gemeint sein könnten. Das »ganze Volk« bezeichnet selbstverständlich nur die Gesamtheit der Anwesenden. Die Architektur des Hasmonäerpalastes, in dem Pilatus sein Prätorium einrichtete, kannte damals jeder, auch Matthäus, der Jünger und Zeitzeuge, der vor der Zerstörung Jerusalems 70 n. Chr. schrieb.[86] Für das Prätorium und seinen Vorhof stand eine Fläche zur Verfügung, die für höchstens sechzig eng gedrängt stehende Personen ausgereicht hätte. Das heißt: Wer dort während des Prozesses stand, gehörte zu einer handverlesenen Gruppe, die von Kaiaphas und seinen Vertrauensleuten ausgewählt worden war. Das ganze Volk repräsentierten sie ebensowenig, wie 37 n. Chr.

die Fanatiker, die »Tiberius in den Tiber!« riefen, alle Bewohner des Römischen Reichs repräsentierten. Größeres Unheil als die Fehleinschätzung der Zahlen richtete jedoch die falsche Übersetzung an, die noch heute in so gut wie allen Bibelübersetzungen zu finden ist: »Sein Blut komme über uns und unsere Kinder.« Davon, daß hier etwas erst kommen soll, steht nichts im Text. Ein Verb fehlt. Die fast zweitausend Jahre christlicher Judenfeindschaft, die nicht zuletzt mit dieser angeblichen »ewigen Selbstverfluchung« begründet wurden, gehen auf eine manipulierende Interpretation und Übersetzung des tatsächlichen griechischen und lateinischen Textes zurück. Noch als man im 2. Jahrhundert damit begann, die griechischen Schriften ins Lateinische zu übertragen – eine Entwicklung, die im 5. Jahrhundert mit der Arbeit des Hieronymus, der später so genannten Vulgata, ihren Abschluß fand –, verstand man die griechische Formulierung dagegen richtig. *Sanguis eius super nos, et super filios nostros* – »Sein Blut über uns und über unsere Kinder.«[87] Es geht hier also nicht um die uneingeschränkte Fortdauer, sondern um die Gegenwart. Nur die Anwesenden einschließlich der Kinder sind gemeint – von einer Einbeziehung kommender Generationen, für die außerdem hier ein »Kinder und Kindeskinder« oder eine ähnliche Redewendung stehen müßte, fehlt jede Spur. Und schließlich: Die Aussage ist keine antijüdische Erfindung, sondern eine urjüdische Feststellung:

Schon in der Tora, den fünf Mosebüchern, ist dieses Sprachbild vorgegeben. In 3. Mose / Levitikus 20,9 heißt es: »Wenn jemand seinen Vater und seine Mutter verflucht, so wird er mit dem Tod bestraft. Er hat seinen Vater und seine Mutter verflucht, ihr Blut ist auf ihm.«[88] Unmittelbar nach der Tora greift das Josua 2,19 auf: Josua und seine Leute hatten gerade einen Vertrag mit Rahab geschlossen, nach dem ihre Verwandten vom Heer der Israeliten nicht getötet würden, solange sie das Haus nicht verlassen. So sagen sie zu ihr: »Und wer zur Tür deines Hauses herausgeht, dessen Blut komme über ihn, aber wir seien unschuldig; doch das Blut aller, die in deinem Hause sind, soll über uns kommen, wenn Hand an sie gelegt wird.« Auch David, der Vorfahre des Jesus von Nazareth, äußerte sich einschlägig (2. Samuel 1,14-16): »Dein Blut auf deinen Kopf«, sagte er über dem Leichnam eines Amalekiters, der die Tötung König Sauls gestanden hatte und seinerseits von einem Soldaten König Davids getötet wurde, »denn dein Mund hat gegen dich ausgesagt, als du sagtest: ›Ich habe den Gesalbten des Herrn getötet.‹«[89] Es ist auch nicht immer vorausgesetzt, daß der eigene Tod den Tod derer, auf die Blut kommt, zur Folge haben muß: In 5. Mose / Deuteronomium 19,10 ist davon nicht die Rede, und in diesem Sinne spricht rund fünfzehn Jahre nach der Kreuzigung Jesu der Apostel Paulus über die Situation in Korinth und das Verhalten seiner dortigen Mitjuden: »Als sie [die Juden in der Synagoge von Korinth] sich ihm entgegenstellten und Lästerungen aussprachen, schüttelte er die Kleider aus und sagte: ›Euer Blut über euer Haupt! Ich bin schuldlos; von jetzt an werde ich zu den Heiden gehen.‹« (Apostelgeschichte 18,6)

Die kleine Gruppe von Juden, die sich vor Pilatus so emphatisch für den Kreuzestod Jesu ausspricht und damit nichts anderes tut als fortzusetzen, was Kaiaphas und seine Mannschaft stets gewünscht hatten, spricht also mit einer Formel, die bis in die Anfänge des Judentums zurückreicht. Sie sind bereit, für das, was sie wollen, die Verantwortung zu übernehmen. Es entspricht den historischen Tatsachen, daß Pilatus kein Verfahren gegen Jesus angestrengt hätte, wenn nicht die *delatores* aus dem Sanhedrin eine Anklage vorgelegt hätten. Das ändert nichts daran, daß bei weitem nicht alle Juden so dachten und handelten. Wer diesen Abschnitt bei Matthäus antisemitisch liest und in Antisemitismus umsetzt, macht sich am Judentum schuldig. Im juristischen Sinne trägt nur einer die Verantwortung: der Richter, nicht der Ankläger. Auch wenn man argumentieren wollte, daß ein charakterschwacher Präfekt unter Druck handelte und seine Meinung am Ende eines Verfahrens änderte, in dessen Verlauf er begriff, daß er seine eigene Position nur retten konnte, wenn er Jesus opferte, kann die Schuld nicht an die Juden delegiert werden. Nicht zuletzt deswegen sorgte ein späterer römischer Kaiser, Konstantin I., noch 325 n. Chr. auf dem Konzil von Nicäa dafür, daß im »Credo« ausschließlich Pontius Pilatus als Verantwortlicher genannt wird.

Pilatus übergibt Jesus mit zwei anderen Gefangenen zur Kreuzigung und nutzt noch zweimal seine Befugnisse als Präfekt:[90] durch die Abfassung einer Tafel, die am Kreuz Jesu angebracht wird, und durch die Freigabe des Leichnams zur Bestattung. Es war nicht selbstverständlich, daß Menschen, die als Nichtrömer nach römischem Recht am Kreuz hingerichtet wurden, ein eigenes Grab bekamen, man konnte sie auch in einem Massengrab verscharren. Allerdings haben wir gerade aus der Zeit Jesu sogar einen archäologischen Beleg dafür, daß ein gekreuzigter Jude nicht nur bestattet wurde, sondern nach einem Jahr, wenn das Fleisch von den Knochen abgefallen war, die würdige Zweitbestattung in einem beschrifteten Ossuar erhielt.[91] An der Tatsache der Bestattung Jesu durch Joseph von Arimathäa (Matthäus 27,57-60; Markus 15,42-46; Lukas 23,50-54; Johannes 19,38-42) bestehen keine vernünftigen Zweifel. Ebenso historisch ist der Brauch, einem zum Tode Verurteilten schriftlich die *causa poenae* mitzugeben, griechisch die *aitía,* also die Angabe des Strafgrundes. Das griechische Wort wird von Matthäus (27,37) und Markus (15,26) für die Beschriftung der Tafel am Kreuz Jesu benutzt und von Johannes gleich dreimal dafür, daß Pilatus keinen Strafgrund gegen Jesus finden konnte (18,38; 19,4; 19,6). Zu den literarischen Belegen für solche Strafangaben gehört der Bericht des Cassius Dio über die Hinrichtung eines Sklaven des Fannius Caepio. Dieser Fannius gehörte 22 v. Chr. zu den Anführern eines Komplotts gegen Augustus. Der junge Tiberius war im Prozeß gegen ihn der Ankläger und erreichte die Verurteilung des Abwesenden wegen Hochverrats.[92] Er wurde von einem Sklaven in Neapel verraten und kurz darauf ermordet. Der Vater des Fannius ließ den einen der beiden Sklaven, die den Sohn auf seiner Flucht begleitet hatten, frei, den anderen aber, der ihn verraten hatte, ließ er mitten über das Forum führen, »mit einer schriftlichen Angabe, die den Grund *(aitía)* für seine Todesstrafe nannte; danach kreuzigten sie ihn, und der Kaiser war nicht verärgert«.[93] Eine andere Variante, in der wiederum ein Wort vorkommt, das auch der Evangelienbericht enthält, steht bei Sueton in einer Liste von Grausamkeiten des Kaisers Gaius Caligula:

»In Rom übergab er einen Sklaven, der bei einem öffentlichen Gastmahl eine Silberplatte von einer Liege gestohlen hatte, an den Henker, damit der ihm die Hände abhacke und sie ihm vom Hals über die Brust hängen lasse; ihm sollte eine Tafel *(titulus)* vorangetragen werden, auf der der Grund für die Strafe *(causa poenae)* angezeigt war, und so sollte er unter den Gästen des Festessens herumgeführt werden.«[94] Das lateinische Wort *titulus* für die Tafel entspricht dem griechischen *títlos,* das Johannes zweimal verwendet (19,19-20); und *causa poenae* ist die lateinische Entsprechung der griechischen *aitía.* So zeigt der Vergleich mit Sueton und Cassius Dio, wie gut die Evangelisten in ihren Berichten über das Fachvokabular informiert waren.[95] Alle vier erwähnen den Inhalt der Tafel und stimmen im entscheidenden Teil, dem Strafgrund, überein: »König der Juden«. Pilatus bestand also darauf, öffentlich sichtbar genau die Aussage anzubringen, deren gänzlich unpolitische Bedeutung Jesus ihm erklärt hatte und die ihn daher die Schuldlosigkeit des Angeklagten erkennen ließ. Aber für Jesus konnte er nun ohnehin nichts mehr tun, also wollte er wenigstens noch Kaiaphas und den Hohen Rat ärgern. Und es gelang ihm: »Da sagten die Hohenpriester der Juden zu Pilatus: ›Schreibe nicht: »Der König der Juden«, sondern daß er gesagt hat: »Ich bin der König der Juden.«‹ Pilatus antwortete: ›Was ich geschrieben habe, habe ich geschrieben.‹« (Johannes 19, 21-22)

Der Protest des Kaiaphas und seines Umfelds wirkt überzogen. Sie hatten erreicht, was sie wollten, Jesus hing am Kreuz, nicht sie waren für seinen Tod verantwortlich, sondern der römische Präfekt, die Sache war also aus ihrer Sicht bestens gelaufen. Da hätte man besser darauf verzichtet, durch philologisch-theologische Quisquilien neuen Unmut zu erregen. Möglicherweise gab es da aber etwas, das tatsächlich für die Jesusgegner unter den Juden unerträglich war. Johannes, der, wie er ausdrücklich betont, selbst als Augenzeuge beim Kreuz stand (19,35), überliefert die längste Fassung des *titulus*, wörtlich aus dem Griechischen übersetzt: »Jesus der Nazoräer der König der Juden«.[96] Während die drei anderen Evangelisten den Kern der Aussage festhalten und bei den Zusatzinformationen in Nuancen voneinander abweichen, spricht für die Langfassung des Johannes als dem vollständigen Text die Nennung des Namens und die Ergänzung durch den Hinweis auf die Herkunft. Kreuzigungen fanden an öffentlichen Orten statt, meist an Wegen, die viel begangen wurden, an Straßenkreuzungen oder vor Stadttoren, denn möglichst viele Menschen sollten die Gekreuzigten hängen sehen.[97] Die schriftliche Angabe des Strafgrundes und die Nennung des Namens hatten zusätzlich abschreckende Wirkung. Da nun aber Jesus mit den aramäisch / hebräischen Varianten Jeschu, Jeschua und Jehoschua damals der dritthäufigste jüdische Vorname war, gehörte die Einengung durch den Vaternamen oder die Herkunft sinnvollerweise dazu.[98] Johannes betont, daß die Kreuzesinschrift dreisprachig war – hebräisch, griechisch, lateinisch. Zahlreiche Handschriften des Lukasevangeliums bestätigen diese Dreisprachigkeit.[99] Überliefert ist nur der griechische Text. Wie der hebräische und lateinische lauteten, kann wenigstens hypothetisch rekonstruiert werden.

Man muß annehmen, daß der römische Präfekt den Text in lateinischer Sprache formulierte, da es sich um eine amtliche Entscheidung nach römischem Recht handelte. Auch wenn die Verhöre des Galiläers und die Anhörungen der Ankläger in griechischer Sprache stattfanden, hatte die Verkündigung des Strafgrundes in der römischen Verwaltungssprache zu erfolgen. Pilatus hatte sich, wie die Inschrift von Caesarea Maritima belegt, von Anfang an daran gehalten, daß Latein auch im griechischsprachigen Osten des Reichs bei Amtshandlungen obligatorisch war.[100] Alles weitere überließ er einem seiner jüdischen, mehrsprachigen Diener: die hebräische Fassung – nicht ohne Ironie gegen die Juden in der formellen Sprache des hingerichteten Königs und Gottessohnes, des Tempelkultes und der Heiligen Schriften, sowie die griechische, gerichtet an alle Passapilger und Jerusalembesucher, Juden wie Nichtjuden, deren reichsweite Verständigungssprache, wie wir sahen, längst das Griechische war. Die Rekonstruktion des in Rom erhaltenen, stark beschädigten Bruchstücks der Originaltafel, deren hebräische Zeile heute nur noch einige Unterlängen bietet, ergibt »... [HaNozr] ...«, also vollständig *HaNozri*, der Nazoräer.[101] Der aufgrund der Zeilenlänge anzunehmende Textteil vor und nach diesem Wort erlaubt eine Wiederherstellung, die ganz ähnlich schon vor vierzig Jahren von dem jüdischen Theologen Schalom Ben-Chorin vorgeschlagen wurde:[102] *Jeshu[a] HaNozri W^{e}Melek HaJehudim*, »Jesus der Nazoräer (und) König der Juden«. Das entspricht der griechischen Fassung, die wir kennen: erst der Name und die Herkunft bzw. Identität, dann der Strafgrund, beides verbunden durch das grammatisch korrekte »W^{e}« (= und). Ben-Chorin nahm an, der Schreiber habe bewußt oder unbewußt einen hebräischen Text formuliert, in dem jede der vier Wortgruppen mit einem erkennbar bedeutungsschweren hebräischen Buchstaben begann, nämlich *Jod, Heh, Waw* und wieder *Heh*. Das ergibt JHWH, das Tetragramm des heiligen, im Judentum unaussprechlichen Namen Gottes. Es kann hier offen bleiben, ob der Schreiber wie Joseph von Arimathäa und Nikodemus einer der »heimlichen« Anhänger Jesu war, einer, der gehört hatte, wie Jesus öffentlich sagte: »Ich und der Vater sind eins.« (Johannes 10,13) Konnten Kaiaphas, Hannas und die anderen auf der Kreuzestafel das JHWH erkennen, dann hatten sie aus ihrer Perspektive einen guten Grund, bei Pilatus gegen den hebräischen Text zu protestieren. Die Königstitulatur und das Tetragramm in einer einzigen Zeile: Noch im Augenblick des Triumphs sahen sie sich bis aufs Äußerste provoziert.

Das Original der lateinischen Fassung, also der von Pontius Pilatus selbst diktierten oder aufgeschriebenen rechtsgültigen Vorlage, ist verloren, kann aber dank des griechischen Textes korrekt rekonstruiert werden. Fast jeder hat sie wohl in Kirchen oder auf Gemälden in Museen als Kurzfassung gesehen: »INRI« oder ausgeschrieben *Iesus Nazarenus Rex Iudaeorum*. So steht sie auch in der lateinischen Bibelübersetzung, der Vulgata. Nur eine kleine sprachliche Ungenauigkeit enthält diese lateinische Wiedergabe – die Schreibweise »Nazarenus«. Sie ist vom Griechischen *Nazarênós* übernommen. Das steht zwar nicht bei Johannes, der die Variante *Nazôraîos* hat, kommt aber an sechs anderen Stellen der Evangelien vor.[103] Doch sie ist kein gutes, klassisches Latein. Im Lateinischen werden Attribute von Ortsnamen entweder mit der Endung *-ensis* oder mit der Endung *-inus* gebildet, zum Beispiel *Parmensis* von Parma, oder *Alexandrinus* von Alexandria. So hätte man Jesus lateinisch als »Nazarensis« oder »Nazarinus« bezeichnen können. Nun kam zur Zeit der lateinischen Bibelübersetzungen noch eine Besonderheit der Aussprache hinzu: Das lange -e- und das lange -i- wurden griechisch häufig gleichlautend ausgesprochen, »Nazarinus« und »Nazarenus« hörten sich also praktisch gleich an. So wird die bis heute gebräuchliche Schreibweise »Nazarenus« verständlich. Wie der Text auf der Holztafel ursprünglich aussah, kann immerhin noch fragmentarisch gelesen werden, dank des oben erwähnten Bruchstücks der echten Tafel, die sich heute in der römischen Kirche Santa Croce in Gerusalemme befindet. In seitenverkehrter, das Hebräische nachahmender Schrift von rechts nach links, ist dort »…]ERSVNIRAZAN[…« erkennbar, »…]NAZARINUSRE[…, wo vollständig einst »IESVSNAZARINUSREXIUDAEORUM« stand – in der damals auch auf Inschriften üblichen Schreibweise ohne Abstände zwischen den Wörtern. Das -I- in »NAZARINVS« ist unbeschädigt lesbar.[104]

Jesus, Augustus und Tiberius: Letzte Worte der Söhne Gottes

Bedeutende Frauen und Männer haben nicht selten letzte Worte hinterlassen, manchmal auch eine Abfolge letzter Grüße und Gedanken. Augustus, wir sahen es bereits, fragte am 19. August 14 n. Chr. die Umstehenden, ob er denn seine Rolle auch gut gespielt habe. Falls ja, fügte er dann noch auf griechisch hinzu, möge man ihm applaudieren. Und dann gönnte er sich noch ein drittes letztes Wort, nun wieder lateinisch und an seine Frau gerichtet: »Livia, gedenke stets unserer glücklichen Ehe und lebe wohl!«[105] Tiberius nutzte sieben Jahre nach dem Tod Jesu, am 16. März 37 n. Chr., keine Gelegenheit für große letzte Worte: Sueton erwähnt eine heute nicht mehr erhaltene Information des Philosophen Seneca, Tiberius habe sterbend seinen Ring abgezogen, wie um ihn an jemand zu übergeben, habe ihn aber doch festgehalten und wieder an den Finger gesteckt, dann habe er die linke Hand fest zusammengeballt und sei in dieser Haltung lange unbeweglich dagelegen. Plötzlich habe er nach seinen Dienern gerufen. Als niemand kam, sei er aufgestanden, doch nicht weit von seinem Lager mit versagenden Kräften zusammengebrochen.[106] Ein Ruf nach Dienern als letztes Wort, mehr wissen wir nicht. Anders sah es bei Jesus von Nazareth aus: Als er am 7. April 30 n. Chr. kurz vor 15.00 Uhr am Kreuz starb, hatte er nicht nur drei letzte Worte gesprochen wie Augustus, sondern deren sieben.[107]

Sieben letzte Worte – viele Bibelforscher, die Sueton über Augustus nicht gelesen und die Möglichkeit mehrerer letzter Worte nicht kennengelernt haben, glauben noch immer, das seien mindestens sechs zuviel. Es soll angeblich auch ein Problem sein, daß nicht alle diese sieben Worte in allen vier Evangelien stehen.[108] In welcher Reihenfolge sollte man sie anordnen? Man braucht dazu keine komplizierte Textforschung: Der Komponist Joseph Haydn gab die richtige Antwort gleich dreimal, in einem Orchesterwerk von 1786, einem Streichquartett von 1787 und einem Oratorium von 1796 – stets unter dem gleichen Titel: *Die Sieben Letzten Worte unseres Erlösers am Kreuz*. So lautet bei ihm die Reihenfolge der sieben Worte:

»Vater, vergib ihnen, denn sie wissen nicht, was sie tun.« (Lukas 23,34) »Wahrlich, ich sage dir, noch heute wirst du mit mir im Paradiese sein.« (Lukas 23,43) »Frau, siehe, dies ist dein Sohn; siehe, das ist deine Mutter.« (Johannes 19,26-27) »Eli, eli, lema sabachthani« / »Mein Gott, mein Gott, warum hast du mich verlassen?« (Markus 15,34; Matthäus 27,46) »Mich dürstet.« (Johannes 19,28) »Es ist vollbracht.« (Johannes 19,30) »Vater, in deine Hände befehle ich meinen Geist.« (Lukas 23,46)

Jeder der vier Evangelisten setzt seine eigenen Akzente, wählt aus und verfährt, wie antike Historiker und Biographen stets verfuhren; diesem Vorgehen sind wir auf den vorangegangenen Seiten oft genug begegnet. Wer wollte ernsthaft erwarten, daß alle sieben Worte in dieser Reihenfolge in allen oder auch nur einem der Evangelien stehen und aus dieser Inkohärenz das Argument ihrer Falschheit ableiten? Die Überlieferungsschritte sind unproblematisch. Es gab Augenzeugen, unter ihnen mehrere namentlich bekannte: der spätere Evangelienautor Johannes, Simon von Kyrene, die Mutter Jesu, Maria aus Magdala (Maria Magdalena), eine weitere Maria, die Frau des Kleopas und die Mutter des Jakobus und des Josef, ferner die Mutter der beiden Zebedäussöhne Johannes und Jakobus, Salome, und dazu zahlreiche andere.[109] Unabhängig von der Zeit, die es brauchte, bis letzte Worte Jesu aufgeschrieben wurden (wahrscheinlich doch schon kurz danach), ist ein Zweifel an der ununterbrochenen

Traditionskette nicht zu rechtfertigen. Ernst zu nehmen sind auch weitere Zeugen, zum Beispiel »die Leute, die vorbeikamen und ihn verhöhnten« (Markus 15,29), und der vielleicht mit ihnen identische Kreis derer, die Jesus spottend mißverstanden (»Siehe, er ruft den Elia«; Markus 15,35). Hätten die Zuschauer, die sich vor allem nach der Auferstehung zu Jesus bekannten, irgendwelche letzten Worte frei erfunden und kolportiert, wären diese Gegner die ersten gewesen, die das entlarvt hätten. Selbst die gleichfalls anwesenden Schriftgelehrten um den Hohenpriester Kaiaphas wären dazu in der Lage gewesen. Auch Joseph von Arimathäa und Nikodemus, die Jesus unmittelbar vor Sabbathbeginn mit Genehmigung des Präfekten bestatten, müssen bis zum Augenblick des Todes nahe beim Kreuz gestanden haben (Johannes 19,38-42).

Lukas erwähnt, daß »alle seine Bekannten in gewisser Entfernung« standen und »das alles mit ansahen« (Lukas 23,49). Was heißt »in gewisser Entfernung«? Griechisch steht da *apò makróthen*, und es läßt sich ermitteln, wie Lukas diese Formulierung gebraucht: In seinem Bericht über das Gleichnis, das Jesus vom reichen Mann und vom armen Lazarus erzählt (Lukas 16, 19-31), beschreibt er, wie in der Unterwelt ein Reicher »in gewisser Entfernung« Abraham und Lazarus zusammen sah. Er bittet Abraham, Lazarus zu ihm zu schicken, und es folgt ein Gespräch zwischen den beiden. Daraus ergibt sich: Die griechische Formulierung *apò makróthen*, die in heutigen deutschen Bibeln meist mit »in einiger Entfernung« oder »von ferne« übersetzt wird, bezeichnet bei Lukas eine Distanz, aus der man sehr genau verstehen kann, was ein anderer sagt. Und Jesus flüsterte nicht; ausdrücklich heißt es: »Und Jesus rief laut« (Markus 15,34). So gehörten wohl auch »alle Bekannten« des Gekreuzigten, die auf dem nächstgelegenen Ort mit einem Blick auf die Hinrichtungsstätte, der nur wenige Meter entfernten Stadtmauer, gestanden haben dürften, zum Kreis der Zeugen für die sieben letzten Worte Jesu am Kreuz.[110]

Beim ersten der sieben Worte, »Vater, vergib ihnen, denn sie wissen nicht, was sie tun« (Lukas 23,34), wird mitunter auf eine Schwierigkeit der Textüberlieferung hingewiesen. Es fehlt nämlich in einigen alten Handschriften des Lukasevangeliums, unter ihnen der zweitälteste Papyrus, der P 75 (Bodmer XIV), und der zweitälteste Kodex der gesamten griechischen Bibel, der Codex Vaticanus. Die unveränderte erste Fassung des Codex Sinaiticus hat es dagegen, ebenso, neben weiteren Handschriften, der Codex Alexandrinus. Auch frühchristliche Autoren, die über die sieben letzten Worte schrieben, von Tatian und Irenäus vor 190 n. Chr. über Origenes und Hieronymus bis zu Augustinus im späten 4., frühen 5. Jahrhundert, sind sich einig, daß Jesus diesen Satz sprach und daß er nicht später hinzugefügt wurde. Es ist nicht mehr zu klären, warum der Satz in einigen Handschriften getilgt wurde. Denkbar wäre, daß er von Kopisten oder ihren Auftraggebern herausgenommen wurde, die im Rückblick auf die Zerstörung des Tempels glaubten, Gott habe den Juden doch »nachweislich« nicht vergeben, da er es vierzig Jahre nach der Kreuzigung zuließ, daß der Tempel, das Haus Gottes, von den Feinden zerstört wurde. Möglich ist auch, daß unter den Judenhassern in der griechischsprachigen frühen Kirche der Satz als viel zu judenfreundlich galt und aus solchen Kreisen Einfluß auf Abschreiber des Lukastextes genommen wurde. Ohnehin hat Jesus auch die Römer gemeint.

Jesus beginnt mit einem Wort der Vergebung, im Vertrauen auf den Vater. Die Bitte gilt nicht nur Kaiaphas und dem Sanhedrin, seinen Anklägern; sie meint in ihrem unmittelbaren Kontext in erster Linie die Römer, seine Richter und Henker. Um so beachtlicher ist denn auch wenig später die Reaktion des Kommandanten des Exekutionskommandos nach dem Tod Jesu, eines Centurios: Er »pries Gott und sagte: ›Das war wirklich ein gerechter Mensch.‹« (Lukas 23,47) Matthäus und Markus überliefern das Wort des römischen Offiziers in der religiös-politischen Ausdrucksform der Zeit: »Wahrhaftig, dieser war ein Sohn Gottes.« (Matthäus 27,54; Markus 15,39)[111] Erinnern wir uns: Im Blick auf die Fürsten, die sich nach Psalm 82,6 widerrechtlich den Titel »Sohn Gottes« zulegten, unter ihnen nun Augustus und Tiberius, war das bis zum unwiderleglichen Beweis des Willens Gottes für Juden eine Anmaßung; für die Römer dagegen war der Titel »Sohn Gottes« zuerst einmal eine korrekte Anrede des Kaisers. Der Gekreuzigte hatte, am römischen Kreuz sterbend, den Vatergott angerufen. Weder Lukas noch Markus und Matthäus wollen behaupten, daß der römische Hauptmann ein Anhänger Jesu war oder wurde. Um so zu sprechen, wie er es tat, reichte die einem Römer zur Verfügung stehende griechisch-römische Rede von »Gott«, auf die sich später noch Paulus vor der Philosophenversammlung des Areopag in Athen beziehen konnte (Apostelgeschichte 17,22-30). Allenfalls könnte man annehmen, daß der Mann zu jenen zahlreichen römischen Offizieren gehörte – unter ihnen auch der Centurio von Kapernaum und Cornelius in Caesarea am Meer –, die sich in dieser Provinz mit der jüdischen Religion intensiv auseinandersetzten, Synagogengottesdienste besuchten und sich in der Sprache des griechischen Alten Testaments auskannten. Von der Art des Sterbens Jesu beeindruckt, konnten ihm solche Gedanken auch aus seiner eigenen griechisch-römischen Umwelt in den Sinn kommen.

Sowohl der Begriff »Gerechter« (bei Lukas *díkaios ánthrôpos*) als auch »Sohn Gottes« war ihm daher aus zwei Kulturen geläufig, der eigenen und der jüdischen. Das griechische Wort für den »Gerechten«, *díkaios*, konnte einem typisch gebildeten römischen Offizier sogar im Theater begegnet sein: Aischylos zum Beispiel, der Dramatiker (525–456 v. Chr.), dessen Stücke zur Zeit Jesu auf griechisch auch in den römischen Theatern Judäas aufgeführt wurden, läßt in *Sieben gegen Theben* den Eteokles sagen:

> Weh solchen Schicksals der Menschen, das zusammenbrachte
> Den gerechten Mann mit jenen ganz gottloser Art.[112]

Ein griechischsprachiger Jude, der zum Nachfolger Jesu wurde, griff später die Vergebungsbitte auf und wiederholte sie im Angesicht des eigenen Todes kurz vor seiner Steinigung, richtete sie nun aber schon an den auferstandenen und erhöhten Jesus selbst: Stephanus, der Leiter der Hellenisten in der Jerusalemer Urgemeinde. »Herr, rechne ihnen diese Sünde nicht an!« (Apostelgeschichte 7,60) Stephanus, der von einem aufgebrachten Mob im Auftrag des Hohenpriesters zu Tode gesteinigt wurde, brachte allerdings den zweiten Teil der Bitte Jesu nicht über die Lippen. Denn nun, einige Jahre nach der Kreuzigung und Auferstehung, wußten jene unter den Juden – alles andere als eine repräsentative Mehrheit –, die mordend gegen seine Anhänger vorgingen, sehr wohl, was sie taten.

Aber am Tag der Kreuzigung wirkte die Bitte Jesu nicht nur auf den römischen Offizier, sondern auch auf einen der beiden jüdischen Verbrecher, der an einem der anderen Kreuze hing. Das folgt aus dem zweiten der sieben Worte. Wieder berichtet Lukas: »Wahrlich, ich sage dir: Heute noch wirst du mit mir im Paradies« sein, sagte Jesus und reagierte damit auf das Schuldbekenntnis des Mitgekreuzigten, der Jesus gut zugehört hatte. »Uns geschieht recht«, hatte er gesagt und damit mit dem Blick auf Jesus seinen spottenden Kollegen zurückgewiesen. »Wir erhalten den Lohn für unsere Taten; dieser aber hat nichts Unrechtes getan. Jesus, denk an mich, wenn du in dein Königreich kommst.« Dieser Jude war ein rechtmäßig verurteilter Gewaltverbrecher, aber er nahm das Königswort über dem Kopf des Mitgekreuzigten ernst, er hatte den ersten Worten zugehört, und er kannte, wie alle Juden, die Tora und die Propheten. So dachte er allem Anschein nach an den Propheten Jesaja, der in Kapitel 53 den leidenden und aus dem Leiden heraus siegreichen Messias vorhersagte, nicht den militärischen Eroberer, den damals nahezu alle Juden erhofften. Ein Vers wie Jesaja 53,5 war da nicht weit: »Aber er ist um unserer Missetaten willen verwundet und um unsrer Sünde willen zerschlagen.« Und hatte man erst so weit gedacht, kam das Ende des Kapitels in den Sinn, das den Zerschlagenen als künftigen Herrscher beschreibt: »Darum will ich ihm die Vielen zur Beute geben, und er soll die Starken zum Raube haben, dafür, daß er sein Leben in den Tod gegeben hat und den Übeltätern gleichgerechnet ist und er die Sünde der Vielen getragen hat und für die Übeltäter gebeten.« (53,12) Auch ein von den Römern nach eigenem Bekenntnis rechtens hingerichteter Verbrecher konnte sehen und hören und mitdenken. So erwartete er das (Wieder-)Kommen des Messias und Gottessohnes als König.[113] Der Verbrecher wagte das Bekenntnis und die Bitte. War Jesus der Messias, dann würde er als König zurückkommen. Jesus antwortete ihm mit der Anspielung auf ein Wort, dessen Schlüssel sich zwei Kapitel früher bei Jesaja findet (51,3): »Denn der Herr hat Erbarmen mit Zion, er hat Erbarmen mit all seinen Ruinen. Seine Wüste macht er wie Eden (= das Paradies), seine Öde wie den Garten des Herrn. Freude und Fröhlichkeit findet man dort, Lobpreis und den Klang von Liedern.«[114] So nahm ihn Jesus mit sofortiger Wirkung in seine messianische Gemeinschaft hinein.

Es gibt eine außerbiblische, frühchristliche Tradition, die diesem bereuenden Räuber nachspürte, ihm den Namen Dismas oder Dysmas gab und seinen Herkunftsort festlegte. Den Namen finden wir nicht irgendwo, sondern ausgerechnet in den sogenannten Pilatusakten, die später auch als Nikodemusevangelium bekannt wurden. Dort heißt es in Kapitel 10: »Einer von den geretteten Missetätern aber sprach zu ihm: ›Wenn du der Messias bist, dann rette dich und uns!‹ Da griff Dymas ein und schalt ihn: ›Fürchtest du denn Gott gar nicht, da das gleiche Urteil dich trifft? Und zwar mit Recht. Denn wir empfangen die gerechte Vergeltung für unsere Taten. Dieser aber hat nichts Böses getan.‹«[115] Im Martyrologium der römisch-katholischen Kirche ist der Gedächtnistag des Dismas, der seit dem Mittelalter als Schutzheiliger der Gefangenen und Diebe gilt, der 25. März. Wer zwischen Tel Aviv und Jerusalem unterwegs ist, kann auf der südlichen Seite der Autobahn, gegenüber den Resten des spätantiken Nikopolis, das man lange für das Emmaus der Ostergeschichte des Lukas hielt (Lukas 24,13-35), Latrun liegen sehen, heute der Sitz eines berühmten Zisterzienserklosters mit einer erfolgreichen Rotweinproduktion und der nahegelegenen Begegnungsstätte einer evangelischen Bruderschaft. Der Ortsname Latrun ist abgeleitet vom lateinischen *Domus* (oder *Casa*) *Boni Latronis*, Heim des guten Räubers. Aus dem Genitiv *latronis* wurde kurz »Latrun«.[116]

Jesus wendet sich daraufhin zwei Menschen zu, die unter dem Kreuz stehen, seiner Mutter und dem Jünger, »den er liebhatte«. »Frau, siehe, dein Sohn«, sagt er, und: »Siehe, deine Mutter.« Das Plateau des Hügels von Golgatha, der sich heute innerhalb der mittelalterlichen Grabeskirche befindet, konnte von griechischen Archäologen und Architekturhistorikern rekonstruiert werden. Das ganze Gelände fiel nach allen Seiten ab, oben war tatsächlich kaum mehr Platz als für die drei Kreuze, von denen die Evangelien berichten. Eine größere Gruppe von Menschen, die neben Maria, dem Lieblingsjünger und weiteren Personen von Johannes ausdrücklich genannt wird, kann also nicht direkt am Kreuz gestanden haben. Das behauptet der Text auch nicht. Sie standen beim Kreuz unten am Hügel, etwa vier Meter tiefer und ungefähr ebenso weit entfernt, gut sichtbar für den Gekreuzigten und in unmittelbarer Hörweite. Lange, vielleicht fast ein Jahr lang, seit seinem letzten Abschied aus Galiläa und vielleicht sogar noch länger, hatte er Maria nicht mehr gesehen. Nun ist sie in Jerusalem, sicherlich nicht als Mitglied seiner Anhängerschar, denn zu seinen überzeugten Begleitern gehörte sie zu dieser Zeit ebensowenig wie seine Halbbrüder und Halbschwestern, sondern wie so viele andere als Festpilgerin zum Passafest. Die (Halb-)Geschwister, unter ihnen die beiden erst nach der Auferstehung in den Nachfolgerkreis findenden Jakobus und Judas, sind nirgends zu sehen. Aber der Lieblingsjünger, der möglicherweise doch mit dem Evangelisten und Zebedäussohn Johannes identisch ist, genießt das uneingeschränkte Vertrauen Jesu. Der Vorgang hat also nichts Geheimnisvolles. Er unterstreicht allenfalls, wie wenig Jesus seine Mutter aufgegeben hatte. In Galiläa war es zur vorübergehenden Trennung gekommen, es war nicht zu verbergen gewesen, daß die messianischen Hoffnungen der Menschen in Nazareth von Jesus nicht so erfüllt wurden, wie man es sich ausgemalt hatte.[117] Unter dem Kreuz, im Augenblick des Todes, wird alles Trennende aufgehoben. Das zeigen diese letzten Worte: Noch im Sterben spricht Jesus die Liebe zu seiner Mutter aus.

Umrahmt von je drei Worten, steht in der Mitte der sieben das einzige, das von zwei Evangelisten berichtet wird: *Eli, eli, lema sabachthani?* (Markus 15,34; Matthäus 27,46) Rekonstruiert man die plausibelste Abfolge der sieben Worte, steht es wohl nicht zufällig in der Mitte. Nur dieses Wort wird in der aramäischen Ursprache überliefert, nur hier redet Jesus Gott nicht als Vater an – wie im ersten und letzten Wort –, sondern mit einem seiner Gottesnamen, als *El*. Diese formelle und feierliche Redeweise bedeutet im Rahmen jüdischen Sprachgebrauchs selbstverständlich nicht, daß Jesus sich nun vom Vatergott distanziert, der ihn verließ. Man wußte immer schon, daß er hier den 22. Psalm zitiert. Und der beginnt auf hebräisch und aramäisch mit *Eli*, der Anredeform – »Mein Gott ...«. Die Spötter, die so tun, als glaubten sie, Jesus wolle Elias anrufen (den als Vorläufer des Messias wiedererwarteten Propheten), hören das Zitat nicht zu Ende.[118] Nun mußte man damals nicht einen ganzen Psalm zitieren, um seinen Zuhörern deutlich zu machen, daß mit dem ersten Vers auch alles Folgende gemeint ist. Die Evangelien beschränken sich auf diesen ersten Vers, der auf alles Weitere verwies, doch ist es keineswegs auszuschließen, daß Jesus nach einem ersten, lauten Ausruf den ganzen Psalm zu Ende betete. Auf jeden Fall wußte damals jeder, daß es weiterging nach dem einleitenden Teil, der von dem Gefühl tiefer Gottverlassenheit spricht. Schon die Verse 4 bis 6 erinnern daran, daß Gott jene nie verließ, die zu ihm schrien: »Du aber bist heilig, denn du thronst über den Lobgesängen Israels. Unsere Väter hofften auf dich, und als sie hofften, halfst du ihnen. Sie schrien zu dir und wurden errettet, sie hofften auf dich und wurden nicht zuschanden.«

Folgt man der Dramaturgie des Psalms, dann kommt es gleich danach zu einem Rückschlag. »Ich bin nicht wie diese Vorväter«, klagt der Psalmist David, »ich bin ein Wurm und kein Mensch, ein Spott der Leute, vom Volk verachtet.« Das konnte Jesus auf sich beziehen, und niemand in der Nähe des Kreuzes hätte dem Psalmisten und dem Gekreuzigten widersprochen. Sogar ein Spottwort des zweiten, reuelosen Verbrechers am Kreuz neben Jesus ist im Psalm Davids bereits zu erahnen: »Er klage es dem Herrn, der helfe ihm heraus und rette ihn, wenn er Gefallen an ihm hat«, riefen alle, die den verachteten Wurm David sahen. Und einer der beiden anderen Todeskandidaten auf Golgatha sagt: »Bist du nicht der Messias (also ein Nachfahre Davids)? Hilf dir selbst und uns!« (Lukas 23,39) Diese Herausforderung kommt auch von anderen: »Ha! Du willst den Tempel niederreißen und in drei Tagen wieder aufbauen?« wird ihm zugerufen. »Hilf dir doch selbst und steig herab vom Kreuz!« (Markus 15,29-30) Sogar »die Hohenpriester und die Schriftgelehrten« schließen sich an: »Anderen hat er geholfen, sich selbst kann er nicht helfen, der Messias, der König Israels. Steige jetzt herab vom Kreuz, damit wir sehen und glauben.« (Markus 15,31-32) Noch deutlicher an Davids Psalm erinnert ein ergänzendes Hohepriesterzitat bei Matthäus: »Er hat auf Gott vertraut, der soll ihn jetzt retten, wenn er will. Denn er hat gesagt: ›Ich bin Gottes Sohn.‹« (Matthäus 27,43)

An dieser Stelle kommt im Kreis um den Hohenpriester noch ein Motiv hinzu, das wir nicht übersehen dürfen: Die Herausforderung gehört zur Strategie des Kaiaphas, der sich nach allen Seiten absichern will. Er war für sich zu dem Ergebnis gekommen, daß Jesus ein todeswürdiger Blasphemiker war, ein Pseudomessias, eine wachsende Gefahr für den delikaten Drahtseilakt, den er zwischen Juden und Römern absolvierte. Davon hatte er den Sanhedrin und den Präfekten überzeugt. Wenn Jesus aber nun doch der Messias Gottes war, dann müßte er jetzt vom Kreuz steigen und den messianischen Endkampf beginnen. Kaiaphas läßt nichts unversucht. Er provoziert ihn. Ist Jesus der Messias, dann wird sein Sieg aus der Todesverlorenheit um so großartiger sein. Doch Jesus tut ihm den Gefallen nicht. Er steigt nicht vom Kreuz. Er gibt der menschlichen Versuchung nicht nach, so wie er ihr nicht nachgegeben hatte, als der fromme Jude Simon Petrus mit dem Schwert in der Hand im Garten Gethsemane das Zeichen zum messianischen Endkampf geben wollte. Jesus geht seinen Leidensweg zu Ende. So wird zwar der 22. Psalm, dessen ersten Vers er ausruft, in seinem späteren Verlauf zum Triumphpsalm, wie jeder Jude wußte – aber das änderte nichts daran, daß er mit dem Ausruf einer tiefen Gottverlassenheit beginnt, in einem Augenblick entsetzlicher Qualen dieser grausamsten und zugleich beliebtesten Hinrichtungsart, die sich die Römer für ihre nichtrömischen Opfer einfallen ließen.

Der Psalm Davids spricht es dann auch noch einmal aus: »Sei nicht ferne von mir, denn Angst ist nahe; denn es gibt hier keinen Helfer.« (22,12) Und die Verse 15 bis 19 sind nicht schwer zu verstehen als eine davidische Beschreibung dessen, was Jesus durchmacht: »Ich bin ausgeschüttet wie Wasser, alle meine Knochen haben sich voneinander gelöst; mein Herz ist in meinem Leibe wie zerschmolzenes Wachs. Meine Kräfte sind vertrocknet wie eine Scherbe, und meine Zunge klebt mir am Gaumen, und du legst mich in des Todes Staub. Denn Hunde haben mich umgeben, und der Bösen Rotte hat mich umringt; sie haben meine Hände und Füße durchbohrt. Ich kann alle meine Knochen zählen; sie aber schauen zu und sehen auf mich herab. Sie teilen meine Kleider unter sich und werfen das Los um mein Gewand.« Wer den Psalm mitdachte, nachdem Jesus den ersten Vers gesprochen hatte, wer vielleicht hörte, wie er, erschöpft nun und leiser, den ganzen Psalm zu Ende betete, mußte erschüttert sein von der unerträglichen Wirklichkeit des Geschehens: Hier erfüllte sich vor aller Augen ein Wort des messianischen Stammvaters David. Unter denen, die sich mit Spott aus ihrer Beklommenheit retten wollten, war einer, der das davidische Wort von der Zunge, die am Gaumen klebt, vielleicht sogar zu ironisieren versuchte: »Einer lief hin, tauchte einen Schwamm in Essig, steckte ihn auf einen Stock und wollte Jesus zu trinken geben. Dabei sagte er: ›Laßt uns doch sehen, ob Elia kommt und ihn herabnimmt.‹« (Markus 15,36)[119]

Doch gerade an dieser Stelle auswegloser Verzweiflung wendet sich im 22. Psalm das Blatt. David besinnt sich auf den rettenden Gott, der nicht nur für die Vorväter da war, sondern auch für ihn noch der lebendige Gott ist. »Aber du Herr, sei nicht ferne«, betet der Psalmist, »meine Stärke, eile, mir zu helfen.« Und er blickt, in der Gewißheit der Rettung, bereits voraus: »Ich will deinen Namen meinen Brüdern verkünden, ich will dich preisen inmitten der Versammlung.« Und dann wird aus dem Bekenntnis der Appell: »Preist den Herrn, die ihr ihn fürchtet, ehrt ihn, ihr alle vom Haus Jakobs, und erschauert alle vor ihm, ihr vom Haus Israels! Denn er hat das Elend des Armen weder verachtet noch verschmäht, und er verbarg sein Gesicht nicht vor ihm, und als er schrie, hörte er es.« Jesus betet diesen Psalm als Jude, der ihn auswendig kennt, und als Gottessohn, der ihn für sich in Anspruch nimmt. So unbeschreiblich das Leiden der Todesstunde ist (Mel Gibsons viel diskutierter Film *Die Passion Christi* konnte trotz aller Hingabe an die Details der Torturen nur eine schwache Ahnung davon geben), so unbeirrbar hält er fest an der Verheißung Davids: Gott wird ihn eben nicht der Verlassenheit übergeben. Juden wußten damals und wissen heute, welcher Trost in einem Wort des Propheten Jesaja liegt, das von diesem Handeln Gottes spricht: »Nur für eine kleine Weile habe ich dich verlassen, doch mit großem Erbarmen hole ich dich heim.« (Jesaja 54,7)

Im 22. Psalm folgt die messianische Prophetie. »Die Armen sollen essen und sich sättigen, den Herren sollen preisen, die ihn suchen, aufleben soll euer Herz für immer.« Hatte nicht Jesus genau dies mit seinen eigenen Worten gesagt? »Wenn du ein Essen gibst, dann lade die Armen ein, die Krüppel, Lahmen und Blinden. Du wirst selig sein, denn sie können es dir nicht vergelten; es wird dir aber vergolten werden bei der Auferstehung der Gerechten.« (Lukas 14,13-14) Und hatte nicht Jesus seinen Jüngern versprochen, daß nach einer Zeit der Traurigkeit bei seiner Wiederkehr »euer Herz sich freuen wird, und eure Freude niemand von euch nehmen wird« (Johannes 16,22)? Der Psalm Davids fährt fort: »Alle Enden der Erde sollen daran denken und werden umkehren zum Herrn: Vor ihm werden anbeten alle Stämme der Völker. Denn der Herr regiert als König, er herrscht über die Nationen. Vor ihm allein sollen niederfallen die Mächtigen der Erde, ihn allein werden anbeten alle, die in der Erde ruhen und ihr Leben nicht erhalten konnten.« Die Jünger des Gekreuzigten erkennen das wieder: In seiner Rede vom Wiederkommen des Menschensohns hatte Jesus es ihnen so gesagt. »Und dann wird er die Engel senden und wird seine Auserwählten sammeln aus den vier Winden, vom Ende der Erde bis zum Ende des Himmels.« (Markus 13,27) Auch im Gespräch mit der Samaritanerin, der Angehörigen eines Volkes, das von orthodoxen Juden nicht mehr als jüdisch angesehen wurde, hatte Jesus den Gedanken über das Judentum hinausgeführt: »Ihr betet an, was ihr nicht kennt, wir beten an, was wir kennen; denn das Heil kommt von den Juden. Aber die Stunde kommt, und sie ist schon da, zu der die wahren Beter den Vater anbeten werden im Geist und in der Wahrheit; denn so will der Vater angebetet werden.« (Johannes 4,22-23) Erst zwei Tage nach der Kreuzigung konnte verstanden werden, daß Jesus am Kreuz auch eine Hoffnung betete, die am 7. April 30 n. Chr. geradezu aberwitzig klingen mußte. Denn in den letzten Versen des 22. Psalms entwickelt sich etwas Unerhörtes: »Er wird Nachkommen haben, die ihm dienen; vom Herrn wird man erzählen einem künftigen Geschlecht. Sie werden kommen und seine Gerechtigkeit verkünden einem Volk, das noch geboren wird. Denn er hat es getan.« Das ist zweifellos ziemlich weit entfernt von der Bitte um Beifall, mit der Augustus starb, oder vom ungehörten Ruf nach einem Diener, mit dem Tiberius aus dem Leben schied.

Kein Zufall ist die enge Verwandtschaft des letzten Psalmworts, »Denn er hat es getan«, mit dem vorletzten Wort am Kreuz, von dem Johannes berichtet: »Es ist vollbracht.« (Johannes 19,30) Johannes hatte in seiner Auswahl aus den letzten Worten nicht das Psalmzitat erwähnt, aber auf andere Weise die menschliche Seite des Leidens hervorgehoben, die in Psalm 22,16 nachzulesen ist: »Mich dürstet.« Sehen wir alle sieben letzten Worte im Zusammenhang, dann ist es nur folgerichtig, daß Johannes, der Markus und Matthäus kannte, nur noch ein weiteres Wort vor dem Tod Jesu nennt – eben dieses: »Es ist vollbracht.« Das war unüberhörbar die Anspielung auf das Gott preisende Schlußwort des 22. Psalms und gilt auch in der christlichen, heilsgeschichtlichen Interpretation als die Bestätigung dafür, daß Jesus am Ende seines irdischen Weges angekommen ist, den Willen des Vaters erfüllt und das Heilswerk des Opfers für die Sünden der Menschheit am Kreuz vollbracht hat. Ein Grieche oder Römer hätte so etwas in der Stunde des Geschehens ebensowenig begreifen können wie die Vielzahl der Juden, die sich trotz der Prophezeiungen in Jesaja Kapitel 53 unter einem Messias etwas ganz anderes vorstellten. Im Zusammenhang aller sieben letzten Worte heißt es zuerst einmal rein philologisch und historisch, daß Jesus auf den Vater zurückverweist. Gott selbst hat es getan und vollendet. Dem hatte der römische Kaiserkult nichts entgegenzusetzen.

Was christliche Theologie in den nachfolgenden Jahrzehnten und Jahrhunderten erläutert und bis heute den Gläubigen zu vermitteln versucht, das Leiden des Gottessohnes für die Sünden der Menschheit, das ist in einem einzigen griechischen Wort zusammengefaßt, für das die Übersetzungen gleich drei Wörter benötigen: *Tetélestai,* es ist vollbracht – wörtlich: »Es ist ans Ziel gebracht.« Für den Betenden ist auch Psalm 22 ist in diesem Augenblick erfüllt und am Ziel angekommen. Der Sterbende sagt also: Der Tod am Kreuz ist der Sieg Gottes. »Vater, in deine Hände lege ich meinen Geist«, das siebte und abschließende Wort, dessen Überlieferung wir nun wieder Lukas verdanken, schließt den Kreis. Auch dies ist ein Zitat aus einem Psalm Davids (Psalm 31,6), eng verwandt mit dem 22. Psalm. Wie Psalm 22 blickt Psalm 31 in die messianische Zukunft. So endet er: »Ich aber dachte in meiner Angst: Ich bin aus deiner Nähe verstoßen. Doch du hast mein lautes Flehen gehört, als ich zu dir um Hilfe rief. Liebt den Herrn, all seine Frommen! Seine Getreuen behütet der Herr, doch den Hochmütigen vergilt er ihr Tun mit vollem Maß. Seid getrost und unverzagt, ihr alle, die ihr auf den Herrn wartet.« (Psalm 31,23-25)

Jesus leidet und stirbt als frommer Jude. Die sieben letzten Worte stehen als historisches Zeugnis für dieses Sterben. Mit dem letzten schließt sich der Kreis zum ersten. Und Jesus bringt damit auch noch etwas bis dahin Unvorstellbares fertig: Er verbindet die Geste der Vergebung gegenüber jenen, die seinen Tod verursachten, mit dem Anspruch, der wahre Sohn Gottes zu sein, der den göttlichen Willen zu historischem Geschehen macht. Kein Cäsar war in die Nähe solchen Bewußtseins gelangt. Klammert man aus der Perspektive des Historikers alle christliche Verkündung, alle Theologie und spätere Deutung aus, dann bleibt so viel: Weder vor Jesus noch nach ihm ist ein Sohn Gottes so gestorben.

7 Epilog: »Weh mir, ich glaube, ich werde ein Gott!«

»Dem göttlichen Caesar, dem Sohn
des göttlichen Iulius, Augustus,
Dem Tiberius Caesar, dem Sohn des
göttlichen Augustus, Augustus,
Geweiht«

Inschrift am Fuß des Obelisken
auf dem Petersplatz in Rom,
angebracht von Kaiser Gaius Caligula
(37–41 n. Chr.)

»Dem allerheiligsten Kreuz
Syxtus V. Pontifex Maximus
Hat ihn geweiht,
Von seinem früheren Platz
Hinweggerissen,
Und den Kaisern Augustus und Tiberius
Zu Recht weggenommen,
1586«

Inschrift an der Spitze des Obelisken
auf dem Petersplatz in Rom, angebracht
von Papst Sixtus V. (1585–1590)[1]

Unruhige Jahre

Sollten Pilatus und Kaiaphas gehofft haben, mit der Kreuzigung des Jesus von Nazareth ein kleines lokales Problem losgeworden zu sein, so hatten sie sich getäuscht. Die Art und Begleitumstände des Sterbens hatten den Hohenpriester beunruhigt, nun bat er den Präfekten um eine Wache am Grab. Wenn derart viele der biblischen Prophetenworte, von den Psalmen bis zu Jesaja, schon am Kreuz Wirklichkeit wurden, könnten die verbliebenen Anhänger des Nazareners – Joseph von Arimathäa und Nikodemus waren inzwischen als Bestatter des Gekreuzigten aktenkundig – auf den Gedanken kommen, noch ein wenig nachzuhelfen, den Leichnam rauben, ein leeres Grab vorweisen und die Auferstehung von den Toten proklamieren (Matthäus 27, 62-66). Pilatus stellte ein paar Soldaten zur Verfügung und ließ das Grab versiegeln, auch er wollte schließlich keinen weiteren Ärger in dieser Angelegenheit. Grabraub war immer wieder einmal vorgekommen – in der Tat ist die Grabräuberei bis heute ein lukratives Geschäft, zu dessen Bekämpfung die Israelische Antikenbehörde noch jetzt eine ebenso unterbesetzte wie überbeschäftigte, bewaffnete Einheit unterhält.[2] Versiegelung und Bewachung nutzten in den frühen Morgenstunden des 9. April 30 n. Chr. allerdings nichts. In einem überraschenden Vorgang, über dessen detaillierten Ablauf keinerlei Spekulationen in den Quellen zu finden sind, wurde das Grab von einem »Boten des Herrn« geöffnet und erwies sich als leer. Die verängstigten Wächter, die zu Tode erschrocken nur zusehen konnten, berichteten nicht dem Präfekten, vor dessen Disziplinarmaßnahme sie sich nicht ohne Grund fürchteten, sondern Kaiaphas, dem sie unterstellt worden waren. Man kam auf eine elegante Lösung, die allen Parteien nutzte und den verschreckten Soldaten sogar noch ein wenig Kleingeld für außerdienstliche Vergnügungen gab:

»Sie gaben den Soldaten genügend Silberstücke und sagten: ›Erklärt, seine Jünger seien nachts gekommen und hätten ihn gestohlen, während wir schliefen. Und wenn der Statthalter das hört, werden wir ihn überzeugen und werden sicherstellen, daß ihr keine Sorgen habt.‹ Sie aber nahmen die Silbermünzen und taten, wie sie unterwiesen worden waren. Und diese Rede wurde unter Juden bis zum heutigen Tag verbreitet.« (Matthäus 28, 12-15) Unbestritten ist also, daß das Grab leer war, auf unerklärliche Weise – denn die Leute des Kaiaphas glauben offensichtlich selbst nicht, was sie den Wachsoldaten erst mit einer Bestechung schmackhaft machen müssen: daß die Jünger den Leichnam gestohlen hätten. Wie sie anschließend Pilatus davon überzeugen wollten, die Soldaten nicht zu bestrafen, wird nicht näher erläutert. Es dürfte allerdings naheliegen, daß sie auch ihm eine ausreichende Geldsumme anboten – daß der Präfekt bestechlich war, ist anderweitig belegt.[3] Für Pilatus gab es keinen Grund, weitere Schritte in irgendeine Richtung zu unternehmen. Er hatte alles getan, um in seinem Interesse und dem des Sanhedrins Ruhe herzustellen. Die Anhänger des Gekreuzigten, die plötzlich überall in Jerusalem erzählten, der aus dem versiegelten Grab Verschwundene sei in Erfüllung ältester Prophetien von den Toten auferstanden, gefährdeten ihn nicht. Auferstehungen gehörten nicht zu seinem römisch-griechischen Weltbild, darüber sollten sich nun die Juden untereinander streiten. Gegen die Christen ging er in seinen verbleibenden sechs Amtsjahren kein einziges Mal vor, griff aber auch nicht ein, als es zu Gewalttaten gegen sie kam. Römische Interessen waren nicht tangiert, solange die allgemeine öffentliche Ordnung unbeeinträchtigt blieb. Selbst über die Steinigung des Stephanus 31 n. Chr. sah er hinweg, obwohl sie nach römischem Recht illegal war.[4]

Das alles änderte sich erst unter Felix, als es zu einem Mordversuch gegen Paulus im Bereich des Tempels kam und der römische Kommandant der Antoniafestung einschritt, obwohl sich die Anführer des Mobs auf ihr Recht beriefen, Juden zu töten, die mit Unbeschnittenen in den Tempel gingen.[5] Das Desinteresse des Pilatus an den innerjüdischen Querelen war sicher auch eine Folge seiner Unzufriedenheit über den Verlauf des Prozesses gegen Jesus. Und da die Anhänger des Hingerichteten keinen Aufruhr provozierten, als die Leiter ihrer Gemeinschaft immer wieder drangsaliert wurden, hatte er keinen Grund, gegen sie vorzugehen. Das einst so gute Verhältnis zu Kaiaphas war nun jedoch beschädigt. Der Hohepriester konnte mit seinem Hinweis auf die gefährdete Freundschaft des Kaisers noch so recht gehabt haben, kein römischer Ritter vergißt es, wenn er unter Druck gesetzt wurde. Schon anderthalb Jahre später demonstrierte Pilatus, wie wenig ihm Kaiaphas noch wert war. Nicht lange nach dem Sturz Sejans, im Spätherbst oder Winter 31 n. Chr., ließ er mitten in Jerusalem, im herodianischen Palast, Schilder zu Ehren von Augustus und Tiberius aufstellen. Es kam zu einem Aufstand. Den Bericht darüber verdanken wir Philo von Alexandria, auf dessen großes Interesse an der römischen »Judenpolitik« unter Kaiser Tiberius wir schon mehrfach gestoßen sind.[6] Die Sache war an und für sich harmlos: Es ging nicht wie zu Beginn der Präfektur um Standarten mit dem Kaiserporträt, sondern, wie Philo ausdrücklich betont, um Schilde ohne figürliche Darstellung »oder irgend etwas anderes, das verboten war«, sondern um »die kürzestmögliche« Inschrift mit den Namen des Stifters und der geehrten Person.

Anders gesagt, auch der Text schien nicht anstößig zu sein, denn die kürzeste Fassung hätte lauten müssen »Tiberio Augusto / Pontius Pilatus«.[7] Aber war das wirklich alles? Die erhaltenen Kurzinschriften zu Ehren des Tiberius lauten, einschließlich einiger Abkürzungen, schon provozierender: »Ti. Caesari Divi Augusti f. Augusto pontifici maximo«, »dem Tiberius Caesar, des göttlichen Augustus Sohn, [selbst] Augustus, dem Pontifex Maximus«.[8] Auch das paßt auf einen Schild, selbst dann, wenn man »Pontius Pilatus / Praefectus Iudaeae« hinzunimmt, wäre aber ungleich ärgerlicher in jüdischen Augen, denn hier wird Augustus zum Gott und Tiberius zum Sohn Gottes erhoben und außerdem zum Obersten Priester. Da aber Pilatus die Schilde nicht im Tempel aufstellen ließ, wo aus dem Ärgernis in den Augen der Orthodoxie eine Provokation geworden wäre, sondern in seiner Jerusalemer Residenz, erübrigte sich ein Protest. Warum dann aber der ganze Ärger? Warum, als Pilatus sich weigerte, die Schilde entfernen zu lassen, die wütenden Rufe, von denen Philo, seinerseits erregt, so dramatisch erzählt: »Errege keinen Aufstand! Provoziere keinen Krieg! Brich nicht den Frieden! Respektlosigkeit gegen unsere alten Gesetze bringt dem Kaiser keine Ehre. Mache Tiberius nicht zur Entschuldigung für die Beleidigung unseres Volkes! Der Kaiser will nicht, daß auch nur ein Teil unserer Tradition weggenommen wird. Meinst du aber, es sei sein Wille, dann zeige uns ein Dekret oder einen Brief oder irgend etwas dieser Art, so daß wir dir nicht länger zur Last fallen, sondern an unseren Herren durch eine Gesandtschaft appellieren.« Das war für diesen römischen Präfekten denn doch ein Schritt zu weit, so kurz nach der Kreuzigung Jesu, vor der man ihm schon einmal, wenngleich etwas subtiler, gedroht hatte, Tiberius zu informieren.[9] Philo fügt hinzu, Pilatus habe sich jetzt berechtigte Sorgen gemacht, daß Klagen über seinen unkorrekten Amtsstil nun vor den Kaiser gebracht werden. So habe er sich in einem Dilemma befunden. Einerseits wollte er, so kurz nach dem Sturz Sejans, den Kaiser auf – wie er meinte – unverfängliche Weise ehren, andererseits gab es gerade deswegen Ärger mit den jüdischen Adligen, zu denen diesmal auch Angehörige der herodianischen Familie gehörten.

Doch dieses Mal gab er nicht nach. Der Brief an den Kaiser wurde geschrieben, und laut Philo antwortete Tiberius postwendend und in scharfem Tonfall mit dem Befehl, die Schilde zu entfernen und am eigentlichen Amtssitz in Caesarea Maritima im Augustustempel aufzuhängen. Zufrieden schließt Philo seinen Bericht: »Auf diese Weise wurden gleichermaßen die Ehre des

Kaisers und die traditionelle Politik gegenüber Jerusalem gewahrt.«[10] Haben wir es hier tatsächlich mit einem zweiten Fall der erzwungenen Nachgiebigkeit des Pilatus gegenüber dem Druck der jüdischen Machtelite zu tun? Dann fällt allerdings doch auf, daß Philo sich bei Pontius Pilatus anders als bei Aulus Avillius Flaccus, dem Präfekten Ägyptens, gegen den er immerhin eine eigene Streitschrift verfaßte, vergleichsweise zurücknimmt. Nach dem Vorfall mit den Schilden blieb Pilatus nachweislich fünf weitere Jahre ungefährdet im Amt, und Philo erwähnt noch nicht einmal seine Absetzung durch den Legaten Vitellius im letzten Regierungsjahr des hochgelobten Tiberius.

Der historische Kern des Geschehens ist durchaus rekonstruierbar: Pilatus nahm Rundschilde, die den Kaiser und seinen Vorgänger ehrten, aus seinem Amtssitz Caesarea nach Jerusalem mit, möglicherweise bewußt zum erstenmal nach dem Sturz Sejans, um deutlich zu machen, daß da, wo er residierte, auch der Kaiser anwesend war. Er stellte sie nicht öffentlich auf, gerade weil er vermeiden wollte, daß es wegen einer sichtbaren Ausrufung des Kaisers als Gottessohn und Sohn eines Gottes zu Unruhen kommt, hatte aber auch nichts dagegen, daß Besucher seiner Residenz im Hasmonäerpalast von der Existenz dieser Kaiserschilder erzählten. Im Grunde war es eine raffinierte Maßnahme: Ein Bild des Kaisers war nirgends zu sehen, obwohl das auf dieser Art Rundschild, dem *clipeus* oder, wie Philo griechisch schreibt, *aspís*, durchaus üblich war.[11] Dennoch wurde der Kaiser in seiner offiziellen Titulatur gewürdigt, wie sie auch auf den Silberdenaren jedermann geläufig war, die, wie wir sahen, selbst fromme Juden bei sich hatten. Anders gesagt: Wie schon mit der Holztafel am Kreuz Jesu versuchte Pilatus, der politischen und religiösen Aristokratie der Juden (andere hatten keinen Zugang zu seinem Prätorium) eine Falle zu stellen – ärgert euch nur, es nützt euch gar nichts, den judenfreundlichen Tiberius ehrt doch auch ihr. Anfangs schien sich auch niemand daran zu stören. Philo betont ausdrücklich, daß die Sache weithin bekannt war und stillschweigend akzeptiert wurde, ehe man, doch wohl aufgrund einer gesteuerten Initiative, daran Anstoß nahm. Waren es Ultraorthodoxe, denen es schon unzulässig erschien, solche Gegenstände überhaupt in Jerusalem zu haben, selbst wenn sie vor der Öffentlichkeit verborgen blieben? Gehörte vielleicht sogar Kaiaphas zu ihnen, der sich nach der Kreuzigung Jesu und der in seinen Augen gotteslästerlichen Inschrift am Kreuz von Pilatus distanzierte? Philo nennt nur die Herodianer; das Schweigen über den Hohenpriester und den Sanhedrin ist so laut, daß man es nicht überhören kann. Und es fällt auch auf, daß Pilatus bei seiner Linie bleibt. »Was ich geschrieben habe, habe ich geschrieben«, hatte er Kaiaphas nach der Kreuzigung erklärt. Und dieses Mal ignoriert er die Drohung, man werde an Tiberius schreiben. Mit anderen Worten: »Was ich aufgestellt habe, habe ich aufgestellt.«

Pilatus ließ es also darauf ankommen. Tiberius würde verstehen, daß die Schilde an einem römischen Amtssitz – wenn auch dem inoffiziellen – zu seinen Ehren und nicht zuletzt zu Ehren des »Divus Augustus« angebracht wurden. Denkbar ist sogar, daß er gar keine Einwände gegen den Brief der herodianischen Fürsten an Tiberius hatte und ihn genehmigte. Ehe hier etwas geschah, das nun wirklich den religionspolitischen Interessen des Kaisers zuwiderlief, sollte der oberste Vorgesetzte entscheiden.[12] Jedenfalls bestätigt sogar Philo in seiner pilatusfeindlichen Darstellung, daß der Präfekt nichts gegen den Brief unternahm. Selbst wenn man die exzessive Polemik der Formulierungen bei Philo abstreicht, bleibt festzuhalten, daß Tiberius allem Anschein nach in der Sache gegen Pilatus und zugunsten der Sensibilität der Jerusalemer Juden entschied. Die Schilde mußten entfernt und an den eigentlichen Amtssitz überführt werden, was aber natürlich auch heißt, daß Tiberius gegen die Schilde als solche nicht das geringste einzuwenden hatte und ihre Bedeutung sogar ausdrücklich würdigte, indem er (immerhin laut Philo) ihre Anbringung im Augustustempel anordnete. Wieder anders gesagt: Philo erreicht mit seiner Darstellung der Ereignisse eigentlich das Gegenteil dessen, was er beabsichtigt: Die Loyalität des Pilatus gegenüber Tiberius wird nicht in Frage gestellt, und Tiberius seinerseits beruft den Präfekten nicht etwa ab oder diszipliniert ihn wenigstens, sondern würdigt sogar noch das Verhalten seines Beamten. Der Empfindlichkeit der Juden in der Stadt des Tempels wird nach inzwischen bewährter Kaisersitte Respekt gezollt, doch die Rundschilde hängen nun nicht mehr verborgen in einem herodianischen Palast, sondern allgemein zugänglich im Tempel des Gottes Augustus zu Caesarea am Meer.

Die vier Evangelien, Philo und Josephus sind sich einig: Die Taten des Pontius Pilatus waren kein Ruhmesblatt in der römischen Provinzialgeschichte. Es ist schwer zu verstehen, warum sich in manchen Kreisen noch immer die Auffassung hält, die neutestamentlichen Schriften gingen mit Pilatus im besonderen und den Römern im allgemeinen viel rücksichtsvoller um als die beiden anderen jüdischen Autoren. Wie wir sehen konnten, ist das nachweislich nicht der Fall. Im Urteil über den ambivalenten Charakter des Pilatus sind sie sich einig, Gutes weiß keiner über ihn zu sagen, und nur mit zusammengebissenen Zähnen gestehen sie ein, daß er alles dem einen Zweck unterordnete, seinem Kaiser nach bestem Wissen und Gewissen zu dienen. Wenn wir nicht erst heute erkennen, daß diese Einstellung zu einem Justizmord führte und zu einer Verschlechterung des Klimas in Judäa, so muß man das doch vor diesem Hintergrund beurteilen. Zum Schluß bleibt es bei der Ironie der Geschichte, daß Pilatus und sein Hohepriester Kaiaphas erst Ende 36 n. Chr gleichzeitig und vom gleichen Mann abgesetzt wurden, dem von Tiberius ernannten Legaten Lucius Vitellius, und daß es bei der Abberufung des Präfekten nicht um jüdische Angelegenheiten ging, sondern um die Ermordung von Samaritanern, Angehörigen jenes Stammes also, dessen Frömmigkeit und Nächstenliebe der Jude Jesus mehr als einmal hervorgehoben hatte.

Die vierzig Tage des Jesus Christus

Der Streit um die Kaiserschilde wurde nicht zum Volksaufstand. Die historischen Berichterstatter des Neuen Testaments erwähnen ihn ebensowenig wie Flavius Josephus. Sie setzen andere Akzente. Für Markus, Matthäus, Lukas und Johannes waren die vierzig Tage wichtiger, die auf das auch von Pilatus und seinen Soldaten nicht verhinderte Verschwinden des Gekreuzigten aus dem verschlossenen Grab folgten. Unter den zeitgenössischen Historikern geht außerhalb der Evangelien immerhin einer kurz darauf ein – Flavius Josephus. Die Beurteilung dieser Ereignisse wird heute noch oft nach philosophischen und ideologischen Maßstäben vorgenommen statt nach den Kriterien der Geschichtswissenschaft. Die erhaltenen Quellen, seit einigen Jahrzehnten auch die wiedergefundenen Schriftrollen vom Toten Meer, machen immerhin eine ziemliche präzise Rekonstruktion des Wissens, der Hoffnungen, Erwartungen und des Glaubens möglich. Eines war Freunden und Gegnern nach den Vorfällen in den frühen Morgenstunden am 9. April 30 n. Chr. klar: Der Leichnam war nicht gestohlen worden, und ein volles Grab Jesu war nirgends zu finden. Tatsächlich ist in der Antike nie, auch von den schärfsten Gegnern der Christen nicht, ein noch volles Grab oder ein real existierender Leichnam vorgewiesen worden. Nie hat es einen »Überläufer« aus dem Lager der ersten Christen gegeben oder einen unter Folter redenden, der ein angebliches Leichenversteck verraten oder ein neubelegtes Grab gezeigt hätte. Das nach normalen Erfahrungen unerklärlich leere Grab ist eines der sichersten Fakten der antiken Geschichte. Dafür hatten die verbliebenen Anhänger des Gekreuzigten, ein verlorener Haufen, der sich in allen messianischen Erwartungen enttäuscht sah und keinen Funken Zukunftshoffnung mehr hatte, eine überraschende Erklärung. An Jesus von Nazareth war etwas geschehen, das fromme Juden erst für das Ende der Zeiten und dann gleich für alle Getreuen des Gottesvolkes erwarteten: die Auferstehung. Aber ist das etwas, das mit den Kriterien der historischen Forschung überhaupt erfaßt werden kann? Welcher Historiker würde überprüfen wollen oder können, ob Kaiser Augustus tatsächlich – wie es nicht nur Tiberius feierlich verkündete – gleich nach seinem Tod in den Himmel auffuhr und dort unter den anderen Göttern residierte, wenn auch nur als Seele und ohne den Körper?[13]

Wer die jüdischen Schriften aus der Zeit vor Jesus liest, begreift sofort eines: Der jüdische Auferstehungsglaube war nicht mythisch, auch nicht symbolisch oder sonstwie im Irrealen beheimatet, sondern er war leiblich. Es ging nicht um Visionen, sondern um Knochen und Körper. Nicht die älteste, aber die folgenreichste Stelle ist der Abschnitt über »Israel, das Totenfeld« beim Propheten Hesekiel. Die Prophezeiung von den verdorrten Gebeinen in Kapitel 37 enthält u. a. die Verse 5-6: »So spricht der Herr Gott zu diesen Gebeinen: Siehe, ich will Atem in euch bringen, daß ihr wieder lebendig werdet. Ich will euch Sehnen geben und lasse Fleisch über euch wachsen und überziehe euch mit Haut und will euch Atem geben, damit ihr wieder lebendig werdet, und ihr sollt erfahren, daß ich der Herr bin.« Daraus war zuerst einmal die Körperlichkeit der Auferstehung abzuleiten, in unübersehbarem Gegensatz zu allen antiken Mythen, dann aber auch noch etwas anderes, Wichtiges: Der Körper eines am Ende der Tage Auferstehenden ist ein neuer, veränderter Körper. Sehnen, Fleisch, Haut: Nach Hesekiel entstehen sie neu über den verdorrten Gebeinen. Tatsächlich fällt auf, daß die Menschen, die dem auferstandenen Jesus begegnen, ihn zuerst nicht erkennen – Maria Magdalena hält ihn für einen Gärtner (Johannes 20,14-16), die Emmausjünger wissen erst überhaupt nicht, wer er ist (Lukas 24,15), und der Jünger Thomas, der zu Unrecht den Beinamen »der Ungläubige« erhielt (denn er war allenfalls skeptisch), will weitergehende Beweise (Johannes 20,24-28). Dem beharrenden Thomas wird etwas gezeigt: die Wundmale der Kreuzigung. Wenn es in dieser Situation ein Wunder gab, dann lag es nicht etwa darin, daß der Auferstandene plötzlich, wie es schien, durch Türen oder Wände hindurch auftrat. Was ein Auferstandener leisten konnte, war von den prophetischen Schriften im einzelnen schließlich nicht festgelegt – da mußte man, als informierter und aufgeklärter jüdischer Zeitgenosse, einfach offen sein. Verblüffend, nicht zuletzt für Thomas selbst, war vielmehr etwas anderes:

Da er als ein mit den Heiligen Schriften aufgewachsener Jude wissen mußte, daß der Auferstehungsleib ein neuer Körper war, durfte es diese Wundmale eigentlich gar nicht mehr geben. Daß der neue, veränderte Leib des auferstandenen Jesus sie dennoch als Zeichen des Leidens am Kreuz unverändert trug, überwältigte ihn. Er verstand plötzlich, mitten in diesem realen Geschehen, eine weitere Wirklichkeit: Der Auferstandene blieb immer noch der Gekreuzigte, seine Auferstehung machte die Kreuzigung und ihre Botschaft nicht ungeschehen. Und da sagte er etwas, das vorher keinem der römischen Kaiser und keinem Juden von Angesicht zu Angesicht gesagt worden war: »Mein Herr und mein Gott«.[14] In keinem dieser Fälle ist eine Vision vorausgesetzt, sondern eine reale, körperhafte Person. Er hat einen wirklichen Körper, er kann gehen, Fisch braten, essen und trinken – aber wiedererkennbar ist er erst an Gesten wie dem Brotbrechen und an bestimmten Worten oder an den unter dem Gewand verborgenen Wundmalen. Für Petrus war später das Essen und Trinken ein so entscheidendes Kriterium, daß er es ausdrücklich hervorhob, um dem römischen Hauptmann Cornelius, der sich als römisch-griechisch gebildeter Mann allenfalls Seelen auf einer Insel der Glückseligen vorstellen konnte und einen Hades ohne Wiederkehr, nicht aber eine körperliche Existenz nach dem Tod, die Leibhaftigkeit der Auferstehung zu beweisen (Apostelgeschichte 10,41; vgl. Lukas 24,42-43).

All das wird in den Evangelien sorgfältig notiert, sachlich und ohne weitschweifige Kommentare. Sie ersparen sich jede Ausmalung, wie wir sie aus Götter- und Heroenmythen bei wundersamen Geschehnissen kennen. Sie und ihre ersten Leser wußten: Wie es an Jesus, dem Auferstandenen, zu beobachten war, so hatte Hesekiel es schließlich beschrieben. Ein archäologischer Fund belegt wie zufällig, daß ein solcher Auferstehungsglaube auch von hartgesottenen Rationalisten geteilt wurde: In der Synagoge auf der jüdischen Festung Massada, in einem Raum hinter der Toranische, wurde 1964 ein Schriftrollenfragment mit Hesekiel Kapitel 37 entdeckt.[15] Das war es, was die verzweifelten Juden, die sich gegen die Römer verteidigten, im Jahre 73/74 n. Chr. beim Herannahen des sicheren Todes lasen: die Zusage einer wirklichen, körperlichen, nicht etwa irgendwie geisterhaften Auferstehung. Die Hoffnung dieser Männer und Frauen war nicht abstrakt, sondern sehr leiblich und sehr konkret. Sie waren dabei nicht allein auf Hesekiel angewiesen. Ähnlich hatte schon einige Jahrhunderte vor ihm der Prophet Jesaja argumentiert (Jesaja 26,19): »Aber deine Toten werden leben, deine Leichname werden auferstehen.« Und nach Hesekiel schrieb wieder ein anderer Prophet (Daniel 12,2): »Und viele, die unter der Erde schlafen liegen, werden aufwachen.«

Die sadduzäische Priesterelite lehnte es ab, an eine Auferstehung zu glauben, setzte sich damit aber im Volk nicht durch.[16] Später wurden die Sadduzäer und solche, die so wie sie zu denken geneigt waren, im jüdischen Schrifttum scharf verurteilt: »Wer auch immer sagt, die Auferstehung kann nicht aus der Tora abgeleitet werden, hat keinen Anteil an der künftigen Zeit.«[17] Selbst der Hohepriester Kaiaphas und seine Familie, alles Sadduzäer, waren sich ihres Unglaubens nicht ganz sicher und ließen sich in Knochenkästen bestatten, den sogenannten Ossuarien, deren einziger Zweck es war, die Knochen der Verstorbenen nach dem Verfall des Fleisches feierlich zweitzubestatten, um sie auf die Erfüllung von Hesekiel 37 vorzubereiten.[18] Die beiden anderen jüdischen Großbewegungen waren da erheblich aufgeklärter: Pharisäer und Essener glaubten an eine leibliche Auferstehung. Gerade auch die Bewegung der Essener, die zur Zeit Jesu keineswegs nur in Qumran, sondern überall unter Juden präsent war, zeigte sich von der leiblichen Auferstehung überzeugt: In der 4. Höhle, der großen Bibliothekshöhle von Qumran, wurde das Fragment 4Q521 entdeckt. Es greift diesen festen Glauben unmittelbar vor der Zeit Jesu auf und bestätigt damit, daß auch diese sehr frommen, sehr orthodoxen Juden nicht zögerten, solche Zuversicht auszusprechen. »Der Herr wird die Toten auferwecken«, heißt es da, und etwas später wird gesprochen von »dem Einen, der auferweckt, der die Toten seines Volkes auferstehen läßt«. Gegen Ende des letzten Bruchstücks dann noch einmal, völlig eindeutig, dieser Satz: »Und er wird öffnen die Gräber.«[19] Weil sich Josephus in seiner Beschreibung der essenischen Theologie gerade bei der Frage des Glaubens an das Geschehen nach dem Tod seltsam bedeckt hält und Philo das Thema überhaupt nicht berührt, hatte man lange Zeit dem christlichen Theologen Hippolyt nicht trauen wollen, der kurz nach 200 n. Chr. in seinem Hauptwerk, der *Widerlegung aller Häresien,* folgendes über die Essener schrieb: »Auch unter ihnen hat die Lehre der Auferstehung Verbreitung gefunden. Sie erkennen an, daß sie im Fleisch wiedergeboren werden und daß das Fleisch unsterblich ist, so wie bereits die Seele unvergänglich ist.«[20] Das Qumranfragment 4Q521 gibt Hippolyt recht.[21] Kurz: Jüdischer Auferstehungsglaube beharrt auf den Knochen, auf die Gott seine Sehnen spannen und das neue Fleisch und die neue Haut legen konnte. Es ging also insgesamt unter Juden nicht um die Frage, ob es eine leibliche Auferstehung gibt, sondern ob Jesus vor dem Kommen der künftigen Zeit bereits als erster und einziger auferstanden sein konnte. Die Juden, die sich zu Jesus bekannten, lösten das unter anderem damit, daß sie mit dem Messias Jesus das verheißene Kommen dieser Endzeit bereits als erfüllt sahen.

All das heißt aber auch, daß kein Jude an eine Auferstehungsbotschaft glauben konnte, bei der das Grab noch ungeöffnet und der Leichnam noch vorhanden war. Um es anders zu sagen: Ohne das leere Grab am Ostermorgen hätte die frühchristliche Botschaft in ihrem jüdischen Umfeld keine Stunde überlebt. Weder hätten die Frauen daran geglaubt noch einer der später hinzueilenden Männer und schon gar nicht irgendeiner der Skeptiker und Gegner. Das leere Grab war die unverzichtbare, historische Grundvoraussetzung dafür, daß überhaupt irgend jemand, Mann oder Frau, von einer Auferstehung berichten konnte. Auch für den Juden und Pharisäer Paulus war das so selbstverständlich, daß er es in seinen Briefen ebensowenig ausdrücklich erwähnt, wie das Begleitschreiben zu einem Biologielehrbuch erwähnen muß, daß ein Schimmel weiß ist. Die Evangelien ihrerseits, die von historischen Abläufen erzählen, müssen darüber natürlich berichten. Auch Petrus, der in seiner öffentlichen Rede zu »Shawuot«, dem Wochenfest, das wir Pfingsten nennen, vor den versammelten Festpilgern aus aller Welt sprach, wies auf den Gegensatz hin, von dem sich nun gleich jeder selbst überzeugen konnte: Das Grab Jesu war leer, das Grab des von allen verehrten Erzvaters David dagegen, nicht weit entfernt auf dem Ofelhügel, war noch immer voll. (Apostelgeschichte 2,29-32)

Das Problem für die Skeptiker war damals eben nicht, daß dieses Grab leer war. Ihr Problem bestand darin, den Vorgang möglichst geschickt umzuinterpretieren, um sich den Konsequenzen nicht stellen zu müssen. Gerade weil wir es hier mit Juden zu tun haben, müssen wir uns noch einmal vergegenwärtigen, was da geschehen war: Jesus war als Verbrecher von den Römern gekreuzigt worden. Der Tod »am Holz« galt seit der Tora als schändlichste Form der Hinrichtung (5. Mose / Deuteronomium 21,22-23). Das heißt: Nach menschlichem Ermessen hatten die verbliebenen Anhänger Jesu nicht die geringste Chance, weiter daran zu glauben, daß er der von den Gott verheißene, von den Propheten verkündete Messias, der Gesalbte des Allerhöchsten, gewesen sein könnte. Durch den Tod am Kreuz galt er unter frommen Juden im Gegenteil als »verflucht bei Gott«. Wollte man den Beweis, daß Jesus nicht der Messias war, sondern bestenfalls ein weiterer gescheiterter Prätendent, dann hatte sein Tod am Kreuz diesen Beweis erbracht. Seine ehemaligen Anhänger mußten sich, wenn sie messianisch gesinnt bleiben wollten, einfach einen neuen Kandidaten suchen oder aber still und leise nach Hause gehen, um im Dunkel der Anonymität zu verschwinden. Wer wollte denn zugeben, einem falschen Messias gefolgt zu sein, Haus, Arbeit und Familie für einen hingerichteten Verführer verlassen zu haben und sich dafür auch noch auslachen lassen? Denn unabhängig von der allgemeinen, endzeitlichen Auferstehungshoffnung kam hier erschwerend hinzu, daß die geradezu erdrückende Mehrheit des Judentums, die den Messias sehnsüchtig erwartete, nicht daran glaubte, daß es einen leidenden, sterbenden und auferstehenden Messias geben könnte: Jene Stellen vor allem bei Jesaja und Daniel, aber auch in anderen Schriften, die seit dem frühesten, jüdischen Christentum so verstanden wurden, kamen erst nach dem unerwarteten Ostergeschehen in den Blick.[22] Anders gesagt: Schon aus solchen Beobachtungen folgt zwangsläufig, daß die Jünger Jesu nicht nach einem oder zwei Tagen Bedenkzeit gleichsam von innen heraus das Gegenteil von dem glaubten, was sie als Juden bis dahin für sicher hielten, um in freier Phantasie, ohne jedwede physische Evidenz, öffentlich zu erklären, daß es doch alles ganz anders war. Und wie wir sahen, rechnete selbst die Mehrzahl der Juden, die an eine leibliche Auferstehung glaubten, damit erst für das Ende der Zeiten, wenn es zu einer allgemeinen Auferstehung des Volkes Gottes kommen würde. Daß einer allein, und dann noch einer, der zuvor an ein römisches Schandkreuz gehängt worden war, dem Gottesvolk vorangehen würde, lag zu diesem Zeitpunkt keineswegs im Bereich des zu Erwartenden oder zu Erhoffenden.

Und gegen alle diese Widerstände, die ihnen als frommen Juden natürlich bestens vertraut waren, verkündeten sie schon wenige Tage später, ohne Scheu vor ihren Mitjuden, auf deren spöttisches Gelächter oder erbitterten Widerstand sie sofort gefaßt sein mußten, daß es genau so war. Urteilt man strikt im Rahmen geschichtswissenschaftlicher Kriterien, dann wäre es geradezu abenteuerlich, angesichts solcher Zusammenhänge, vor dem Hintergrund einer so vollständigen Katastrophe, von wenig später einsetzendem fröhlichem Wunschdenken und Einbildungen zu sprechen, statt den nüchternen Befund zur Kenntnis zu nehmen: Die Zeugen sind glaubwürdig, den Berichten liegen Tatsachen zugrunde. Nicht zu vergessen ist auch, daß unter den ersten Zeugen keine begeisterten Visionäre waren, sondern entweder restlos enttäuschte ehemaliger Anhänger und erklärte Skeptiker oder sogar Gegner. Wie wir wissen, hatte sich der Halbbruder Jesu, Ja'akov Bar Josef, kurz Jakobus, in Galiläa von Jesus getrennt. Die Kreuzigung sah er nicht. Erst nach einer Begegnung mit dem Auferstandenen (1. Korinther 15,7) änderte er seine Meinung, schloß sich der Urgemeinde an, wurde nach einer Zeit der gemeinsamen Leitung mit Petrus ihr alleiniger »Bischof« und verfaßte einen Lehrbrief an alle Judenchristen, der heute als »Jakobusbrief« im Neuen Testament steht.[23] Und ein stolzer Pharisäer namens Sha'ul hatte eine erfolgversprechende Karriere als Aufspürer und Verfolger der ersten Jesusnachfolger begonnen, ehe er auf einer staubigen Landstraße selbst eine Begegnung hat, die sein Leben verändert (1. Korinther 9,1; 15,8; Apostelgeschichte 9,1-9; 22,3-11; 26,8-18), und er dann als Paulus zu einem der engagiertesten Verfechter der Auferstehungsbotschaft wird. Unverdächtigere Zeugen kann man sich nicht wünschen.

Etwas anderes kam hinzu: Paulus nennt in seiner kommentierten Liste von Zeugen, die den Auferstandenen sahen (1. Korinther 15, 3-18), zwar einzelne Apostel und sogar fünfhundert Personen, von denen die meisten zur Abfassungszeit des Briefes noch lebten, also befragt werden konnten, aber keine Frauen.[24] Man hat ihm das oft als Frauenfeindlichkeit ausgelegt, dabei jedoch übersehen, daß er kein historisches Dokument verfaßte, sondern einen Brief an die gefährdete Gemeinde von Korinth, der es darum ging, sich gewissermaßen juristisch gegen die Vorwürfe abzusichern, die Auferstehungsgeschichte sei bestenfalls ein frommer jüdischer Mythos. Paulus und seine Leser wußten, daß die Aussagen von Frauen vor Gericht nicht zugelassen waren.[25] Auch unter griechisch-römisch geprägten Menschen galt die Aussage von Frauen häufig als wertlos. Noch im 2. Jahrhundert machte sich Kelsos (Celsus), ein erklärter Gegner des Christentums, darüber lustig, daß man sich auf Maria Magdalena berief, »eine hysterische Frau«.[26] Die Skepsis gegenüber der Glaubwürdigkeit von Frauen schuf auch für die vier Evangelisten ein Dilemma. Sie hatten allerdings keine Wahl, denn sie wollten, wie Lukas es in seinem Vorwort ausdrücklich betont (1,1-4), Geschichte schreiben. Wenn nun einmal Frauen die ersten am leeren Grab waren und auch die ersten, die den Auferstandenen sahen, dann mußten sie das so schreiben, obwohl sie wußten, daß eine solche Bezeugung vor Gericht wertlos war. Man kann sich noch heute gut in Matthäus, Markus, Lukas und Johannes hineinversetzen, die wohl viel darum gegeben hätten, wenn sie es anders hätten darstellen können. Aber da sie angetreten waren, tatsächliches Geschehen zu berichten, mußten sie die Frauen nennen. Für professionelle Historiker ist das bis heute eines der stärksten Argumente dafür, daß es genau so war.

Philo von Alexandria, wir sahen es bereits, folgte seinen eigenen Interessen und Schwerpunkten, in die sich das Geschehen um Jesus von Nazareth nicht integrieren ließ. Der andere jüdische Autor des 1. Jahrhunderts, der sich, ohne Christ zu sein oder zu werden, mit Tiberius, Pilatus und den Ereignissen dieser Jahre intensiv beschäftigte, jener Josef Ben Mattitjahu, der nach seinem Seitenwechsel in Rom von der flavischen Kaiserfamilie den Namen Flavius Josephus erhielt, kommt dagegen auf den Messias Jesus gleich zweimal zu sprechen. Beide Abschnitte stehen in den *Jüdischen Altertümern*, die um 93 n. Chr. erschienen. Der zweite schildert ein Ereignis, das 62 n. Chr. stattfand, die Verurteilung des Leiters der Gemeinde in Jerusalem, Jakobus, und einiger weiterer Christen zum Tod durch Steinigung auf Veranlassung des Hohenpriesters Ananus sowie die anschließende Bestrafung des Ananus durch den römischen Prokurator Lucceius Albinus.[27] Jakobus wird hier als »Bruder Jesu, des Christus genannten« bezeichnet.[28] Mehr sagt Josephus über Jesus an dieser Stelle nicht, und das ist auch nicht zu erwarten, da es nicht um ihn, sondern um Jakobus geht. Aber nach gutem Brauch erläutert er wenigstens, um welchen Jesus es sich handelt, und nennt ohne jegliche Bewertung seinen Beinamen, mit dem bestimmten Artikel »der Christus«, das heißt »der Messias«. Wer ihn so nennt, erläutert Josephus nicht; man ist genötigt, aus dem Zusammenhang zu erschließen, daß er die Anhänger des Jesus meint – doch die Art der Beschreibung läßt das im Griechischen offen, Josephus kann hier durchaus anklingen lassen, daß dieser eine Jesus tatsächlich auch von anderen so genannt wurde, die sich ihm nicht anschlossen.[29] Warum diese Nuancierung wichtig ist, sehen wir beim genaueren Blick auf die erste der beiden Stellen, über die in der Forschung noch immer mit Leidenschaft gestritten wird.[30] Man hat ihr sogar einen Namen gegeben, »Testimonium Flavianum«, das flavianische Zeugnis, was allerdings ein wenig in die Irre führt, da hier kein Flavier aus dem Kaiserhause schreibt oder gar alle Flavier zusammen, sondern ein Freigelassener Vespasians, der den Beinamen durch Adoption in die erweiterte Familie erhielt. Wenigstens klingt es hübscher als »Testimonium Josephinum«.

So lautet der überlieferte Text, einschließlich des Hinweises auf die Auferstehung: »Um diese Zeit lebte Jesus, ein weiser Mensch, wenn man ihn denn einen Menschen nennen soll. Er tat nämlich ganz außerordentliche Dinge, ein Lehrer der Menschen, die gern die Wahrheit aufnehmen, und er gewann viele Juden, aber auch viele Griechen. Dieser war der Christus. Und als Pilatus ihn auf Anklage unserer führenden Männer zum Kreuz verurteilte, ließen diejenigen nicht ab, die ihn anfangs geliebt hatten. Er erschien ihnen nämlich am dritten Tage wieder lebend, wie es die gottesfürchtigen Propheten neben zahllosen Wunderdingen von ihm verkündet hatten. Noch bis jetzt hat die Sippe der Christen, die sich nach ihm nennen, nicht aufgehört zu existieren.« Kaum jemand, der diesen Abschnitt zitiert, hält ihn für echt, das heißt für einen von Josephus selbst verfaßten Text. Entweder alles oder doch sicher einzelne Einschübe sollen von christlichen Autoren eingefügt worden sein. Die berechtigte Frage lautet: Kann ein Jude so von einem anderen Juden sprechen, an dessen Auserwähltheit er nicht selbst glaubt? Soviel ist unbestritten: Josephus wurde nie Christ. Origenes schrieb im ersten Viertel des 3. Jahrhunderts ausdrücklich, daß er nicht an Jesus als den Christus glaubte.[31] Ein Jahrhundert nach Origenes zitiert Euseb von Caesarea sogar den Text des Josephus, behauptet aber ebenfalls nicht, daß er Christ war oder wurde.[32] Das aber heißt, beide Autoren nahmen die Aussage des Josephus als historisches Zeugnis. Gerade Euseb, der Josephus ausdrücklich als Juden kennzeichnet, scheint die umstrittenen Sätze nicht so verstanden zu haben, als liege hier ein sachlicher Widerspruch vor zwischen der Feststellung »dieser war der Christus« und dem ausbleibenden Glauben an den Messias. Hinzu kommt noch, daß es in der gesamten handschriftlichen Überlieferung keine auch nur zarte Spur irgendeines Eingriffs gibt.[33]

Geht man den Text vorurteilsfrei durch, gibt es im ersten Teil ohnehin nichts Anstößiges. »Ein weiser Mensch, wenn man ihn denn einen Menschen nennen soll«: Das kann gerade ein Autor, der am römischen Kaiserhof nicht zuletzt für ein römisch-griechisches Publikum publiziert, selbstverständlich geschrieben haben. Gemessen daran, wie Josephus an anderen Stellen über Jesaja und Mose schreibt, ist die Aussage sogar auffallend zurückhaltend – Josephus zeigt an, daß er das Besondere an Jesus sehr wohl erkennt, ihn aber eben nicht zum Beispiel zu einem neuen Mose stilisieren will.[34] Auch die »ganz außerordentlichen Dinge«, die Jesus laut Josephus tat, und seine Attraktivität für wahrheitssuchende Menschen entsprechen den Sprach- und Denkmustern bei jüdischen Autoren wie Philo und Josephus dort, wo sie außergewöhnliche Männer beschreiben. Wir sahen bereits, daß selbst ein Kaiaphas die Wundertaten des Jesus als wirklich geschehen anerkannte und gerade darin das für ihn existenzbedrohende religiöse und politische Problem sah. Es folgt also aus der Anerkennung des tatsächlich Geschehenen nicht, daß der Anerkennende zwangsläufig zum Glaubenden wird. Schwieriger ist auf den ersten Blick zu verstehen, was nun folgt: »Dieser war der Messias.« Fehlt hier nicht, falls Josephus den Satz überhaupt selbst geschrieben hat, wenigstens das griechische Wort, das er in der anderen Stelle benutzte, *legómenos,* »genannt«, so daß man lesen würde: »Dieser war der Christus genannte«? Betrachten wir aber den Zusammenhang nüchtern, fehlt hier nichts, und auch der Verdacht einer christlichen Einschiebung ist unbegründet.

Schon der ausgezeichnete Philologe und Historiker Adolf von Harnack, der als Theologe ausgesprochen liberale Positionen vertrat, hatte das sehr genau gesehen.[35] Am Ende seiner philologischen Argumentation, die den Sachverhalt klarstellt, versucht er, die Beweggründe des Josephus zu ermitteln, und dabei gelingt ihm ein anschauliches Psychogramm: »Aber warum hat er nicht auch hier ›sogenannt‹ hinzugefügt? Weil es sich von selbst verstand, weil jedermann, der vom jüdischen Messias gehört hatte, es ohne weiteres ergänzte und jedermann wußte, daß Josephus kein Jesusgläubiger war! Die Antwort mag genügen, aber ich glaube doch nicht, daß sie erschöpfend ist. Aus *Sensationsbedürfnis,* wenn ich recht sehe, hat Josephus sich so prägnant ausgedrückt. Das Sensationsbedürfnis – seine jüdische Geschichte ist eine Geschichte der Sensationen, und sie ist voll von sensationellen Helden – spielt in den Werken des Josephus eine große Rolle. Die messianischen Hoffnungen und der Messias (Christus) hatten für Josephus ihren Kern verloren; sie waren taube Nüsse geworden; um so leichter konnte er nun mit ihnen spielen und um so unbedenklicher konnte er sie zu Sensationen verwenden. Von dem jüdischen ›Christus‹ hatten viele gebildete

Griechen in Rom und im Reiche die Glocken läuten hören. Nun sagt es ihnen Josephus: Dieser weise Jesus war der Christus, nicht nur der sogenannte Christus, sondern wirklich der Christus. Aber hinzudenken muß man: Mit dem Christus qua Christus ist es überhaupt nichts; das ist eine religionspolitische Figur, die sich in unseren Tagen durch den Untergang des jüdischen Staats als ein großer Irrtum enthüllt hat! So verstanden, konnte Josephus sehr wohl die Worte schreiben: ›Er war der Christus.‹ Mißverstanden hat ihn schwerlich einer seiner griechischen Leser, für die er sein Werk geschrieben hat, und an christliche Leser hat er nicht gedacht.«

Diese radikale Absage an den jüdischen Messiasglauben steht in engem Zusammenhang mit der Kaisertreue des Josephus, auf die Harnack nicht weiter eingeht. Nicht Tiberius ist hier gemeint, dessen Wirken er ohne die Häme eines Tacitus, Sueton und Cassius Dio beschrieb, sondern Vespasian. Erinnern wir uns: Als Oberbefehlshaber der galiläischen Aufständischen war Josephus 67 n. Chr. von Vespasian, der damals noch als General unter Kaiser Nero diente, gefangengenommen worden. Als er Vespasian prophezeite, er werde römischer Kaiser werden, ließ dieser ihn nicht hinrichten, behielt ihn aber in seiner Entourage, so daß Josephus zum Zeugen des weiteren Kriegsverlaufs wurde. Zwei Jahre später war es soweit. Noch vor Ende des Dreikaiserjahrs mit Galba, Otho und Vitellius, die nach dem Selbstmord Neros zu regieren versuchten, wurde Vespasian am 1. Juli 69 in Alexandria zum Kaiser erhoben, von den Truppen in Judäa am 3. Juli 69, einige Tage später auch in Syrien anerkannt und am 21. Dezember 69 vom Senat in Rom bestätigt. Josephus hatte sich als wahrer Prophet erwiesen, wurde freigelassen und durfte mit einer großzügigen Apanage in kaiserlichen Palästen wohnen.[36] Auch wenn Josephus in der Rückschau das eine oder andere Detail zum eigenen Ruhm ausgeschmückt haben mag, ist doch gerade im Blick auf die Aussagen über Jesus entscheidend, wie er sich und den Kaiser darstellt. »›Du glaubst, Vespasian, in

Josephus lediglich einen Kriegsgefangenen in die Hand bekommen zu haben?‹«, läßt er sich selbst zu Vespasian und dessen Sohn Titus sagen. »›Ich komme aber zu dir als Künder großer Ereignisse. Denn wäre ich nicht von Gott gesandt, so hätte ich gewußt, was das Gesetz der Juden bestimmt und wie es einem Feldherrn zu sterben geziemt. Zu Nero willst du mich schicken? Wozu denn? Werden denn die Nachfolger Neros bis zu deinem Regierungsantritt lange an der Herrschaft bleiben? Du, Vespasian, wirst Kaiser und Alleinherrscher, sowohl du wie dieser dein Sohn.‹«[37]

Josephus verband mit seiner Rede vor Vespasian also den höchsten denkbaren Anspruch. Als von Gott gesandter Prophet stellte er sich neben die messianischen Propheten des Alten Testaments. Und nachdem die Vorhersagen eines jüdischen Messias noch nicht eingetreten waren – denn der Christus Jesus hatte nichts von dem getan, was die Mehrheit der Juden seiner Zeit vom Messias erwartet hatte – verkündete er nun den wahren Messias: den Römer Vespasian. Im 6. Buch seines *Jüdischen Kriegs* sagt er es mit aller wünschenswerten Deutlichkeit: »Was sie [die jüdischen Aufständischen] aber am meisten zum Krieg aufstachelte, war eine zweideutige Weissagung, die sich ebenfalls in den heiligen Schriften fand, daß in jener Zeit einer aus ihrem Land über die bewohnte Erde herrschen werde. Dies bezogen sie auf einen aus ihrem Volk, und viele Weise täuschten sich in ihrem Urteil. Der Gottesspruch zeigt vielmehr die Herrscherwürde des Vespasian an, der in Judäa zum Kaiser ausgerufen wurde.«[38] Den »Beweistext« dafür nahm er konsequenterweise nicht von einem der alten Propheten, sondern aus der Tora: »Es wird das Zepter von Juda nicht weichen noch der Stab des Herrschers von seinen Füßen, bis daß der Held komme, und ihm werden die Völker anhangen.« (1. Mose / Genesis 49,10)[39] Josephus interpretiert um: Die Weltherrschaft geht gerade zu dieser Zeit von Judäa aus – das sahen auch Tacitus und Sueton nicht anders –, aber nicht von einem jüdischen Messias, sondern von einem römischen.[40] Deutet er den Messiastitel so, dann kann er selbstverständlich auch daran gedacht haben, daß schon einmal ein nichtjüdischer König als Messias bezeichnet wurde, Kyros II., auch der Große genannt, der 538 v. Chr. die Juden aus der babylonischen Gefangenschaft zurückkehren ließ und den Wiederaufbau des Tempels in Jerusalem gestattete (2. Chronik 36,22-23; Esra 1,1-3). Der Prophet Jesaja nennt ihn den Messias, griechisch den Christus, den Gott selbst gerufen hat, obwohl er den Gott der Juden nicht kannte (Jesaja 45,1-5).

Vor einem solchen Hintergrund ist leicht einzusehen, daß Josephus meinte, einen konsequenten Weg zu gehen, der ihn zwar für gläubige Juden bis heute zur Unperson macht, aber seine Äußerungen zu Jesus über jeden Verdacht erhebt.[41] Der Messias der Juden – eben Jesus – war gekommen, er war gegangen, von den Römern hingerichtet, und nichts hatte sich geändert. »Dieser *war* der Christus«: Josephus betont das Wort »war«. Wäre der Satz eine christliche Einfügung, hätte hier ganz selbstverständlich die Gegenwartsform gestanden: »Dieser *ist* der Christus.« Aber Jesus, der jüdische Messias, steht in der Vergangenheitsform. Die Gegenwart bestimmen die Römer, und der Messias ist der ihre, der triumphal aus Judäa kam.

So ist jetzt nicht schwer zu verstehen, daß auch der Abschluß der Stelle über Jesus echt ist. Selbstverständlich konnte Josephus davon berichten, daß Jesus am dritten Tag erschien. Das gehörte zu den jüdischen Hoffnungen, die ein pharisäischer Priester – und das war Josephus, ehe er General wurde und sich in der Niederlage den Römern anschloß – auswendig kannte.[42] Die ersten Christen, die vom Auferstandenen berichteten, erkannten plötzlich – vorher hatten auch sie nicht damit gerechnet –, daß sich Prophezeiungen erfüllten, und Josephus hat keinen Anlaß, ihnen das zu bestreiten.[43] So war es, er hat sich sachkundig gemacht, die christlichen Quellen und Zeugenaussagen waren glaubwürdig. Er will etwas ganz anderes: Wie die Mehrheit der Juden zu seiner Zeit, die sich den Jesusbekennern nicht anschlossen, weil sie einen im politischen Sinn siegreichen Messias erhofften, trifft er seine Entscheidung. Anders als bei Hannas, Kaiaphas und deren Leuten, die auch er nicht mochte, ist sie keine Entscheidung gegen die geschichtliche Wahrheit des Jesus von Nazareth und dessen Anhänger. Er läßt sie und die historischen Ereignisse von der Kreuzigung bis zur Auferstehung gelten. Er läßt auch die dazugehörigen Prophezeiungen gelten. Das durfte er tun, denn als jemand, der die messianischen Erwartungen seiner Epoche sorgfältig studiert hatte, wußte er genau, daß mehr als nur ein Messias erwartet wurde.

Nicht zuletzt dank der Schriftrollen vom Toten Meer ist heute bekannt, daß im Judentum – nicht nur unter den Essenern – mindestens zwei Messiasse erwartet wurden: ein Messias aus dem Stamm des Mosebruders Aaron, ein anderer aus dem Stamm Davids, vielleicht sogar noch ein dritter, ein priesterlicher Messias, der nicht mit dem aus der Linie Aarons identisch war.[44] Der davidische – wir wissen es bereits – galt als der königliche, der militärisch siegreich war und über seine Widersacher triumphierte.[45] Dieser Messias, von dem der Prophet Jesaja im 11. Kapitel seines Buchs sprach und den noch im Garten Gethesemane der Jünger Simon Petrus erhoffte, als er das Schwert zog, dem Stellvertreter des Hohenpriesters das rechte Ohr abschlug und damit den messianischen Endkampf einleiten wollte, war Jesus nicht und wollte es nicht sein.[46] Der andere Messias, jener aus dem Haus Aarons, galt wenigstens den Essenern als der überlegene. Er ist es, der »Gerechtigkeit lehren wird am Ende der Zeiten«.[47] Dieser Messias, also in christlicher Deutung Jesus, wird über die gottlosen Feinde triumphieren, aber er benötigt dazu keine militärischen Mittel.[48] Josephus, der kein Christ wurde, entschied sich gegen den priesterlich-aaronitischen Messias, akzeptierte jedoch, daß es ihn gab und daß Jesus ihn verkörperte, ganz im Sinne der alten Prophezeiungen und natürlich auch mit der dazugehörigen Auferstehung.

Das alles war bestens bezeugt. Nur politisch hatte es keine

Konsequenzen. Josephus brauchte tatsächlich den militärisch siegreichen Messias. Alle Auslegungen, nach denen die alten Propheten (auch) ihn als Juden vorhergesagt hätten, lehnt er ab und verweist auf Mose in der Tora. Jesus war in seinen Augen tatsächlich der Messias, an dem sich erfüllte, was Prophetenworte gesagt hatten, aber er war für ihn der aaronitische, und der hatte in der historischen Wirklichkeit nicht den Sieg über die Römer gebracht. Den Auffassungen, daß es einen jüdischen Messias geben müsse, der militärisch siegt, schloß er sich eben nicht an. Der militärisch triumphierende Messias war, wie einst der Perserkönig Kyros, kein Nachfahre Davids, sondern ein Nichtjude: Kaiser Vespasian, dessen Krönung er selbst, Josephus, vorhergesagt hatte. Und so widmete er sein literarisches Lebenswerk dem Versuch, diese Zusammenhänge zu erläutern und sogar noch die Zerstörung des zweiten Tempels als notwendigen Bestandteil der jüdischen Geschichte verständlich zu machen. Daß 133–135 n. Chr. ein anderer Jude, Simon Bar Kochba, zum kriegerischen Messias ausgerufen wurde, einen totalen Krieg gegen die Römer proklamierte und schließlich katastrophal scheiterte, konnte er nicht ahnen.

Das Zeugnis des Flavius Josephus über Jesus von Nazareth ist folglich wörtlich zu nehmen. Es zeigt aber auch den unauflöslichen Widerspruch zwischen jüdischen Hoffnungen, christlicher Verkündigung und römischem Kaiserkult. Letztlich zog Josephus nur die Konsequenzen aus einer Entwicklung, die mit Augustus begann, zur Zeit des Auftretens Jesu unter Tiberius im ganzen Römischen Reich unbestrittene Gültigkeit erlangte und für ihn selbst mit dem Kaiser, den er prophezeite und der ihn am Leben ließ, höchste Erfüllung erreichte. Wie so oft geht es allerdings auch hier nicht ganz ohne eine Spur der ironischen Distanz aus: Vespasian, der sich in seiner Regierungszeit als souveräner Kaiser erwies und im Bedarfsfall auch Heilungswunder vollbringen konnte,[49] war gegen die Überhöhung seines Amtes ähnlich wie Tiberius und anders als der kultbesessene Nero ziemlich immun. Als er krank wurde und seinen Tod ahnte, sagte er: »Weh mir, ich glaube, ich werde ein Gott.«[50] So kam es denn auch. Wenige Monate nach seinem Tod am 23. Juni 79 n. Chr. wurde er als »Divus Vespasianus Augustus« zum Gott erhoben. Das war um so beachtlicher, als er, der Sohn des Schweizer Bankiers Flavius Sabinus, zuvor kein »Sohn Gottes« gewesen war.[51]

Tiberius dagegen erlangte diese Göttlichkeit nicht. Nach seinem Tod in Misenum am 16. März 37 wurde der Leichnam nach Rom in das Mausoleum des Augustus überführt, sein Enkel und Nachfolger Gaius Caligula beantragte beim Senat jedoch nicht die *consecratio*. Und da man im Römischen Reich nur dann ein Gott werden konnte, wenn der Senat es beschloß, blieb Tiberius ein Sohn Gottes, der in den Provinzen wie ein Gott verehrt wurde, zur Gottheit im Pantheon der Kaiser aber nicht aufsteigen durfte. Seine Mutter Livia hatte es da besser: Kaiser Claudius ließ sie dreizehn Jahre nach ihrem Tod, am 17. Januar 42 n. Chr., vom Senat konsekrieren. So wurde Tiberius wenigstens nachträglich noch zum Sohn einer Göttin, nachdem er bereits seit 14 n. Chr. Sohn eines Gottes gewesen war. Als Jesus nach vierzig Tagen in den Himmel aufgenommen wurde, verzichtete Lukas, der darüber berichtet (Lukas 24,50-52; Apostelgeschichte 1,9), auf Spekulationen darüber, wie das denn im einzelnen abgelaufen sein kann – damit setzten sich erst die Theologen auseinander, die es seit dem Beginn der Neuzeit in den Bereich der Mythologie verbannten. Tiberius hätte da kaum Probleme gesehen: Mythos oder nicht, auch Augustus war schließlich in den Himmel aufgefahren, wenn auch nur in Gestalt seiner Seele. Daß das ganze Wesen, Körper und Seele, von diesem Geschehen betroffen wurde, war neu und schuf Diskussionsstoff auch unter Ungläubigen. Ob Tiberius damit rechnete, daß auch er wie sein Vorgänger in den Himmel der Götter einziehen würde, wissen wir nicht. Beschieden war es ihm jedenfalls nicht.

Tiberius und ein Altar für den Messias Jesus

Dieses Buch soll nicht enden ohne die wohl erstaunlichste Erzählung, die Tiberius und Jesus miteinander verbindet. Wir sahen bereits, daß Pilatus nach der Kreuzigung Jesu nichts gegen die Christen unternahm und sie bis zum Ende seiner Amtszeit in Ruhe ließ. Schon früh wurde vermutet, dies könnte mit seinem persönlichen Interesse an dem neuen Glauben zu tun gehabt haben, der sich vor seinen Augen als gewaltfreie Form des Judentums entwickelte.[52] Aber vor allem Tiberius selbst dürfte die Entwicklungen in Judäa mit großem Interesse beobachtet haben: Nach dem Skandal mit Sejan und dem Aufruhr in Jerusalem wegen der kaiserlichen Schilde, der ihn in einen ärgerlichen Briefwechsel hineinzog, mußte ihm auffallen, daß es in der Provinz Judäa eine wachsende Gruppe von Juden gab, die sich zu keiner Unruhe, zu keinem Gewaltakt provozieren ließ, obwohl ihr Anführer hingerichtet worden war und andere Juden keineswegs sanft mit ihnen umgingen. Dem Kaiser konnte nicht entgehen, daß diese Jesusnachfolger noch immer den Messias verkündeten und noch immer von seiner messianischen Herrschaft sprachen, aber ohne jede Spur der antirömischen Polemik und Gewaltbereitschaft. Mit ihrer noch vergleichsweise geringen Zahl ließ sich das nicht erklären; Tiberius wußte, daß eine kleine Gruppe von Juden der Provinz einen mehrtägigen Tumult begonnen und sich seinem Präfekten in der Rennbahn von Caesarea Maritima todesbereit vor die Füße gelegt hatte, als sie ihre Interessen gefährdet sahen. Die Sache mit den Schilden bestätigte nur den Eindruck. Doch von den Jesusleuten war dergleichen nicht zu hören. Vielleicht lohnte es sich also, die Entwicklung dieser neuen jüdischen Bewegung mit neutralem Wohlwollen zu begleiten – ganz so, wie Tacitus gerade für diese Jahre nach 30/31 die Strategie des Tiberius charakterisiert: Es sei sein Grundsatz gewesen, »mit klugen Überlegungen und List die auswärtigen Angelegenheiten zu betreiben«.[53] Noch im späten 7. Jahrhundert wollte man wissen, wie das auf der internationalen Bühne funktionierte – da nämlich erzählt der armenische Judenhasser Moses von Khoren im zweiten Band seiner Geschichte Armeniens von einem Briefwechsel zwischen König Abgar V. von Edessa und Tiberius. Abgar soll den Kaiser über Tod und Auferstehung Jesu informiert und die Bitte geäußert haben, er möge die Juden bestrafen. Tiberius soll darauf geantwortet haben, genau dies werde er tun, er müsse aber erst noch den Aufstand der kaukasischen Iberer niederschlagen.[54] Was auch immer man vom Geschichtswert dieses Briefwechsels halten mag, Tiberius ging insofern tatsächlich gegen einen Juden vor, als er nicht nur seinen Präfekten Pilatus, sondern auch den Hohenpriester Kaiaphas absetzen ließ.[55] Wird Tiberius durch Moses von Khoren als Freund und Förderer der Christen auf eher unglaubhafte Weise vereinnahmt, so ist ein anderer Bericht ungleich ernster zu nehmen:

»Es paßt auch dies zu unserer Verteidigung, daß bei euch die Göttlichkeit abhängt von der menschlichen Willensentscheidung. Wenn ein Gott dem Menschen nicht gefällt, wird er nicht Gott sein. Der Mensch wird also dem Gott gewogen sein müssen. Tiberius nun, zu dessen Zeit der Name der Christen in die Weltgeschichte eintrat, berichtete dem Senat vom ihm aus dem syrischen Palästina gemeldeten Ereignis, das dort die Wahrheit der Gottheit selbst offenbart hatte, und stimmte dem ausdrücklich zu. Der Senat mißbilligte es, weil er es nicht selbst geprüft hatte. Der Kaiser blieb bei seiner Meinung und drohte den Anklägern der Christen einen Prozeß an. Konsultiert eure Chroniken!« so schreibt Quintus Septimius Florens Tertullianus, besser bekannt als Tertullian (ca. 150–230 n. Chr.), in seinem *Apologeticum,* das sich 197 n. Chr. in lateinischer Sprache an die Spitzen der römischen Beamtenschaft *(antistetes)* wendet. Der rhetorisch und juristisch hochgebildete Tertullian praktizierte in Rom als Rechtsanwalt, wurde dort Christ und kehrte anschließend in seine Heimatstadt Karthago zurück, wo er Bücher und Aufsätze publizierte.[56] Berüchtigt für seinen dunklen Stil, hat er manche Rätsel darüber hinterlassen, was er eigentlich meinte – und das gilt auch für die Stelle über Tiberius und den Senat.[57] Sicher ist soviel: Tertullian behauptet, es gebe Dokumente über einen Versuch des Tiberius, Jesus auf der Grundlage der ihm zugänglichen Berichte vom Senat zur Gottheit erklären zu lassen.

Was Tertullian mit seiner Schrift will, macht er klar genug: Gegen den Vorwurf, das Christentum sei eine Religion außerhalb des Gesetzes, erklärt er, Gesetze können auch falsch sein und müßten dann geändert werden.[58] Er überprüft, woher die antichristliche Gesetzgebung kommt und lokalisiert die Ursprünge in der Verweigerung des Senats, dem Vorschlag des Tiberius Folge zu leisten. Unmittelbar nach der oben zitierten Passage weist er seine Leser auf die Dokumente hin, in denen sie finden werden, daß es Nero war, der in Rom als erster »mit dem Schwert wütete«. Am Verhalten des Tiberius ist nichts, das seinem Charakter oder seiner Religionspolitik widerspräche. Gegen die Götter fremder Völker hatte er nichts einzuwenden, solange sie nicht gegen Rom instrumentalisiert wurden. Die offizielle Anerkennung der Gottheit Jesu wäre die Möglichkeit gewesen, einer friedliebenden neuen Bewegung, die ihre Gründergestalt als göttlich verehrte, die gleichen Privilegien einzuräumen, die auch die Judenheit selbst bereits seit Julius Cäsar überall im Römischen Reich genoß. Mitten in Samaria hatten die Römer bereits kurz nach der Erhebung Judäas und Samarias zur Provinz 6 n. Chr. ihren Willen gezeigt, neben den Juden auch anderen Gruppen religiöse Privilegien zu bestätigen: Unter Augustus war den Samaritanern die religiöse Unabhängigkeit vom Judentum des Tempels zugestanden worden, und er erreichte damit kaum unbeabsichtigt die Loyalität der Samaritaner gegenüber Rom.[59] Die Sache hatte aus seiner Perspektive noch einen weiteren Vorteil: Jesus hatte als wirklicher Mensch gelebt, er kam also der Vorstellung eines Römers, daß Götter in menschlicher Gestalt auftreten, erheblich näher als der Gott der Juden, der nicht abgebildet werden durfte. So wäre die Folge seines Vorschlags unvermeidlich gewesen: die Aufnahme eines Jesusaltars mit einer Jesusstatue unter den anderen Gottheiten, die überall zu sehen waren.

Vielleicht ging gerade das dem Senat zu weit; er verweigerte die Vergöttlichung des Jesus von Nazareth, und Tiberius modifizierte seine Vorstellungen, konzentrierte sie auf die Provinz Judäa – wo eine Götterstatue Jesu natürlich undenkbar gewesen wäre –, bestand also nicht auf der Göttlichkeit des Nazareners nach römisch-griechischem Modell, folgte aber dennoch seiner Maxime, »mit klugen Überlegungen und List die auswärtigen Angelegenheiten zu betreiben«: Ohne den Senat zu befragen, schickte er Vitellius nach Jerusalem, der Kaiaphas und Pilatus absetzte und den dortigen Christen Freiräume schuf. Aus der weiteren Geschichte wissen wir, daß die Auswirkungen dieser Maßnahme lange anhielten. Nur in der kurzen Phase der Teilautonomie Judäas von Rom unter Agrippa I. 41–44 n. Chr. fanden von Regierungsseite – aber eben nicht von römischer! – punktuelle Maßnahmen statt, denen Jakobus, der Bruder des Johannes, zum Opfer fiel und denen Petrus durch seine Flucht aus der Stadt entging (Apostelgeschichte 12,1-24).

Während es in Rom nach dem Brand der Stadt zu einer mehrjährigen Christenverfolgung unter Nero kam, die offenbar erst mit seinem Tod am 9. Juni 68 n. Chr. endete, blieben die Judenchristen in Judäa auch dann insgesamt unbehelligt, als ihr Leiter, der Jesusbruder Jakobus, von Mitgliedern des Sanhedrins ermordet wurde. Sie warteten darauf, daß der römische Prokurator die Schuldigen bestrafen würde.[60] Als der Aufstand gegen die Römer 66 n. Chr. begann, weigerten sich die Judenchristen, in die Gewaltaktionen hineingezogen zu werden; und weil sie damit rechnen mußten, dafür von ihren revoltierenden Mitjuden angegriffen zu werden, zogen sie sich nach Transjordanien zurück.

Nach Ende der Revolte waren sie die einzigen Juden, denen es Kaiser Vespasian gestattete, sich in Jerusalem niederzulassen.[61] Die Passage bei Tertullian ist vor diesem Hintergrund und angesichts solcher Entwicklungen überaus glaubhaft, sie ergänzt unser Bild von Tiberius und Jesus inmitten der Wirklichkeiten römischer Religionspolitik.

Geschichte kann nicht in Konjunktiven geschrieben werden. Es hätte keinen Sinn, darüber zu spekulieren, wie sich die Geschichte des Römischen Reichs weiterentwickelt hätte, wenn auf den vielgeschmähten Tiberius, der das Imperium im Frieden des Augustus zusammenhielt, nicht der zunehmend wahnsinnige Gaius Caligula gefolgt wäre, sondern gleich der solide Finanzpolitiker und Gelehrte Claudius. Auch Claudius wurde, wie Caligula, ermordet, und auf ihn folgte mit Nero wieder ein Kaiser, der gut begann, aber dann alles tat, um an Wahnsinn Caligula noch zu übertreffen. Mit Galba, Otho und Vitellius traten im einen Jahr 69 drei Kaiser an, die nichts bewirkten und dennoch umgebracht wurden oder wie Nero Selbstmord begingen (Otho). Erst mit dem effizienten Pragmatiker Vespasian, der die Staatsfinanzen ordnete und die Unruhen in den Provinzen beendete, und seinem überaus beliebten Sohn und Nachfolger Titus kehrte von 69 bis 81 n. Chr. jene Ruhe zurück, an der sich das Reich aufrichtete. Es gehört zu den Ironien der Geschichte, daß gerade unter diesen beiden, am Ende eines Aufstands, der zur Zeit Neros begonnen hatte, Jerusalem und der Tempel zerstört wurden. Antike Historiker suchten seit dem frühen zweiten Jahrhundert die ursprüngliche Verantwortung für die langanhaltenden Miseren zu Unrecht bei Tiberius, dem Sohn des Gottes Augustus. Jene anderen frühen Historiker, die im ersten Jahrhundert über den Sohn Gottes Jesus schrieben, wußten dagegen zu berichten, wie aus dem Sterben am römischen Kreuz der von Gott selbst gewollte Triumph über Leiden und Tod wurde, und sie übermittelten die Botschaft, daß dies für alle Menschen geschah. Als er sich für seinen Glauben an Jesus vor dem Prokurator Festus und dem König Herodes Agrippa II. zu rechtfertigen hatte, fand der Römer und Jude Paulus eine Formulierung, die auch die kleine Welt Judäas auf engste mit der Geschichte Roms verband (Apostelgeschichte 26,26): »Das alles ist ja nicht in irgendeinem Winkel geschehen.«

In der Tat war das Römische Reich eine eng vernetzte Welt – wie eng, das beginnen wir jetzt wieder zu begreifen, wenn wir von der heutigen Welt als einem »globalen Dorf« sprechen, dem *global village*, und uns eingestehen müssen, daß es dies alles auch ohne satellitengesteuerte Kommunikation vor zweitausend Jahren schon längst einmal gab. Man sollte sich auch nicht der Illusion hingeben, das alles sei nur längst vergangene Geschichte ohne Folgen für spätere Zeiten. Selbst in der Neuzeit hat es wenigstens zwei Versuche gegeben, das Erbe anzutreten und zu mehren – unter den Habsburgern, von denen es zur Zeit Kaiser Karls V. hieß, ihr Reich sei so groß, daß darin die Sonne nicht unterginge, und unter der britischen Monarchie, die zwischen den Königinnen Elisabeth I. und Viktoria ein Imperium schuf, dessen Ausmaße in der Geschichte einmalig waren. Christliche Monarchen, die sich direkt von Gott in ihr Amt eingesetzt sahen und für sich bis ins 19. Jahrhundert das »Gottesgnadentum« reklamierten, wollten zwar nicht Söhne und Töchter Gottes sein, aber ihrer Unmittelbarkeit zu Gott waren sie sich gewiß. Das ging bis in die Details der praktizierten Nachfolge:

Wenn ein Tiberius Kranke besuchte und ein Jesus sie heilte, wollte noch lange nach der Reformation auch das britische Königshaus nicht dahinter zurückstehen. Der akribische Tagebuchautor Samuel Pepys notierte am 13. April 1661, wie er in Whitehall König Karl II. »bei seinen öffentlichen Heilungen« zusah. Noch die Mutter des englischen Aufklärers Samuel Johnson (1709–1784) brachte ihren kranken Sohn nach London, weil sie hoffte, daß eine königliche Handauflegung ihn heilen werde, und Königin Anna tat ihr den Gefallen. Die zeitgenössischen Kommentatoren hielten das zwar für Aberglauben, notierten es aber getreulich und verlängerten damit die Linie einer Tradition, die bis in das römische Kaiserreich zurückreichte. Die Vereinigten Staaten von Amerika, in denen manche heutigen Beobachter bereits ein neues, konkurrenzloses »Imperium Romanum« sehen, haben dagegen bisher noch keine Präsidenten hervorgebracht, denen ähnliche Taten nachgesagt werden.

Aufgeklärte Skepsis und ironische Distanz ändern nichts daran: Die Zeit der ersten Kaiser und des Jesus von Nazareth setzte Maßstäbe, und einige wirken bis in die Neuzeit und ihre politischen Debatten nach. So ist nach wie vor umstritten, ob in der Präambel einer kommenden Verfassung der Europäischen Union der Bezug auf Gott erforderlich ist. Unter den Mitgliedsländern, die es in ihren Verfassungen bisher so halten, ist das wiedervereinigte Deutschland, dessen Grundgesetz mit einer Aussage beginnt, der Tiberius ebenso zugestimmt hätte wie Jesus: »Im Bewußtsein seiner Verantwortung vor Gott und den Menschen, von dem Willen beseelt, [...] dem Frieden der Welt zu dienen, hat sich das Deutsche Volk [...] dieses Grundgesetz gegeben.« Für Tiberius war dieser Gott sein Vorgänger und Adoptivvater Augustus, dessen Frieden, der »Pax Augusta«, er zum Wohle der Menschen des Imperiums dienen wollte. Für Jesus war dieser Gott sein Vater im Himmel, dessen ewiges Friedensreich von ihm für alle Menschen verkündet wurde.

Beide Gottessöhne folgten einem Programm. Dieses Buch hat gezeigt, wie sie es taten, und ist dabei das Wagnis eingegangen, alte Quellen und neue Funde nicht nur ernst zu nehmen, sondern auch miteinander zu verbinden. Die Gemeinsamkeiten der beiden zeitgleich wirkenden Söhne Gottes haben die Unterschiede um so deutlicher hervortreten lassen. Zu Beginn des 21. Jahrhunderts läßt es sich auch so sagen: Der eine regierte, als der andere durch einen seiner Beamten als Kreuz geschlagen wurde. Der eine ist als verachteter Kaiser in die Geschichtsbücher eingegangen, der andere lebt noch heute für Menschen der unterschiedlichsten Völker weit über die Grenzen des Römischen Reichs hinaus. Skeptiker mögen bezweifeln, daß es im Abendland zu einer Renaissance des Christentums kommen wird. Daran, daß es zu keiner Renaissance der römischen Söhne Gottes und ihres Kaiserkults kommen wird, zweifelt niemand. Der große Renaissancekünstler Raffael, in antiker Mythologie ebenso zu Hause wie in christlicher Geschichte, malte auf eine Decke in den vatikanischen Palästen ein Podest, vor dem die zerbrochenen Reste einer Götterstatue zu sehen sind. An ihrer Stelle steht der gekreuzigte Christus. Raffael zeigt bis heute allen, die nach oben schauen: Am Kreuz der Römer hängt einer, der über Tiberius und seine Welt triumphierte.

Anmerkungen

1 Einleitung: Die Söhne Gottes und die Quellen

1 Die wenigen Ausnahmen in den vergangenen Jahrzehnten, verstorbene und lebende Wissenschaftler wie Wolfgang Schadewaldt und Klaus Rosen in Deutschland, Olof Gigon in der Schweiz, Heikki Koskenniemi in Finnland, Marta Sordi in Italien, Adrian Nicholas Sherwin-White in Großbritannien, bestätigen die Regel.

2 Erst langsam setzt sich die Einsicht durch, daß die Sprache des Neuen Testaments kein eigenes Koordinatensystem benötigt, sondern in die blühende Zeit des Hellenismus gehört und dort auf höchstem Niveau angesiedelt ist. Auch hier, bei der Erforschung des neutestamentlichen Umfelds, gab und gibt es in den vergangenen Jahrzehnten immerhin Ausnahmen unter den Forschern; es seien stellvertretend nur Martin Hengel, Klaus Haacker, Peter Lampe, Marius Reiser und Klaus Berger unter denen in Deutschland genannt, die ebenso anregend wie gelegentlich kontrovers um sachkundiges Brückenbauen bemüht sind.

3 Die philologisch-historischen Studien eines Adolf von Harnack, Franz Dornseiff, Theodor von Zahn oder Eduard Meyer, um wieder nur Beispiele zu geben, werden meist nicht einmal mehr zitiert, geschweige denn ernsthaft zur Kenntnis genommen und diskutiert.

4 Dionysius Exiguus (ca. 470–550 n. Chr.) erstellte in päpstlichem Auftrag einen neuen christlichen Kalender, berechnete dabei jedoch die Gründung der Stadt Rom falsch und erfand das Jahr 0. (›De cyclo magno Paschae‹, ›Argumenta paschalia‹, beide nach 526 n. Chr.) Lange schon war jedoch klar, daß Jesus auf jeden Fall vor dem Jahr 4 v. Chr. heutiger Chronologie geboren worden sein muß, d. h. vor dem Tod Herodes des Großen (Matthäus 2,1; Lukas 1,5; zum Todesjahr des Herodes siehe u. a. Flavius Josephus, ›Jüdischer Krieg‹ 1,665; ›Jüdische Altertümer‹ 17,190-191). Seit Johannes Kepler haben auch Astronomen angenommen, daß es den ›Stern von Bethlehem‹ nicht nur wirklich gab, sondern daß sich mit seiner Hilfe das Geburtsjahr Jesu errechnen läßt. Eine genaue Festlegung wurde dank der Keilschrifttafeln von Sippar möglich, in denen das Himmelsphänomen bereits im 1. vorchristlichen Jahrhundert berechnet und beschrieben wurde. Siehe im Detail und die jahrhundertelange Diskussion zusammenfassend:

K. Ferrari d'Occhieppo, Der Stern von Bethlehem in astronomischer Sicht. Legende oder Tatsache?, Gießen/Basel [4]2004, mit Abbildungen.

5 Josephus, ›Jüdische Altertümer‹ 11,326-339. Gelegentlich wird der Tempelbesuch Alexanders und sein Opfer für eine historisch unglaubwürdige Legende gehalten, doch spricht nichts dagegen, daß Alexander sich des Wohlwollens (auch) des jüdischen Gottes vergewissern wollte.

6 Jerusalem selbst blieb im Umfeld des Tempels natürlich ein Zentrum des Hebräischen als Sprache des Kultus und des Aramäischen als alltäglicher Umgangssprache, doch auch hier nahm die Bedeutung des Griechischen ständig zu. Mehrere Synagogen – mindestens drei sind archäologisch oder literarisch belegt – wurden von griechischsprachigen Juden gebaut, die sich in der Stadt niedergelassen hatten. Eine von ihnen erscheint später indirekt im Evangelium des Markus: die Synagoge der Juden aus der Kyrenaika nämlich, zu deren Umfeld auch Simon von Kyrene gehörte, der Mann, der von den Römern gezwungen wurde, den Querbalken des Kreuzes Jesu zu tragen (Markus 15,21). Kyrene, im Osten des heutigen Libyen gelegen, war die Verwaltungshauptstadt einer griechischsprachigen Region mit einer aktiven jüdischen Minderheit, die von Kaiser Augustus in die senatorische Provinz »Kreta und Kyrene« eingegliedert wurde. In neutestamentlicher Zeit galt gerade die Kyrenaika als hochentwickelte Landschaft. Erst 114 n. Chr. kam es aufgrund lokaler Unruhen zu einem Aufstand der jüdischen Bevölkerung. Es ist eines der kleinen historischen Lichter, deren Aufscheinen wir in diesem Buch noch öfter begegnen werden, daß es ein griechischsprachiger Jude aus dieser international ausgerichteten Kulturregion war, der das Kreuz Jesu trug. Dieser Simon war keiner der zahlreichen Festpilger, die zu Passa von überallher nach Jerusalem kamen (vgl. Apostelgeschichte 2,10). Markus betont, daß er »ap'agroû« kam, also »vom Felde«, »vom Lande«. Hier dürfte das besagen, daß Simon noch rechtzeitig einige Stunden vor Sabbathbeginn von der Landarbeit in die Stadt zurückkehrte, in der er wohnte. Eine zweite griechischsprachige Synagoge läßt sich im Neuen Testament erkennen: Jene, aus der die »Hellenisten« um Stephanus zum Christentum fanden (Apostelgeschichte 6,1-15). Die dort erwähnte »Synagoge der Libertiner« war möglicherweise identisch mit jener der Kyrenaiker. Die dritte griechichsprachige Synagoge Jerusalems, von der wir mit Sicherheit wissen, ist durch eine griechische Inschrift bezeugt: die Synagoge des Theodotos (griechischer und deutscher Text, mit Bild und Kommentar, in: A. Deissmann, Licht vom Osten. Das

Neue Testament und die neuentdeckten Texte der hellenistisch-römischen Welt, Tübingen [4]1923, 378–380.

7 Hier spielte sicher auch eine Rolle, daß unter Antiochus IV. die Einhaltung des Sabbats und die Beschneidung unter Androhung der Todesstrafe verboten wurden. Es ging nicht mehr nur um den Tempel als Ort des Kultes, sondern um zentrale Daseinsformen des Volkes und seiner religiösen Identität.

8 Josephus, ›Jüdische Altertümer‹ 12,241; vgl. 1. Makkabäer 1,15: »Da richteten sie in Jerusalem eine Kampfbahn her, wie sie auch die Heiden hatten, stellten künstlich ihre Vorhaut wieder her und fielen vom heiligen Bund ab, paßten sich den anderen Völkern an und gaben sich dazu her, allen Lastern zu frönen.«

9 2. Makkabäer 4,14

10 1. Makkabäer 2,1-28

11 Mit der Wiederweihung des Tempels ist zugleich eines der bis heute populärsten jüdischen Feste verbunden, »Chanukka«, das vom 25. Kislew bis zum 2./3. Tewet gefeiert wird, nach christlicher Chronologie in der Dezemberadventszeit. Das 1. Buch der Makkabäer (4,52-57) berichtet, wie die Makkäber beim Betreten des Tempels am 25. Kislew 165 v. Chr. nur ein kleines Fläschchen mit Öl für den Siebenarmigen Leuchter vorfanden, das für einen einzigen Tag gereicht hätte. Doch das Öl brannte wundersam acht Tage lang, bis Oliven gepreßt und frische Ölvorräte gewonnen waren. So wurde das achttägige Chanukkafest mit seinem achtarmigen Leuchter eingerichtet als ein Fest der Freude und des Lobpreises, bei dem nachts in alle Hauseingänge brennende Leuchter gestellt werden, die an das Wunder erinnern.

12 Die These, wenigstens das 1. Buch der Makkabäer sei ursprünglich hebräisch (oder aramäisch) verfaßt, hat keinen Anhalt an den bekannten überlieferungsgeschichtlichen Fakten und läßt sich dem Text an keiner Stelle entnehmen.

13 ›Werke und Tage‹ 251

14 Maximus Tyrus, XII 12. Siehe auch U. Victor, ›Die Religionen und religiösen Vorstellungen im Römischen Reich im 1. und 2. Jahrhundert n. Chr.‹, in: U. Victor / C. P. Thiede / U. Stingelin (Hrsg.), Antike Kultur und Neues Testament, Basel 2003, 87–170, hier v. a. 89–91.

15 Erst später, zur Zeit Jesu und der frühen Kirche, kam es zu einer Gegenbewegung: Zahlreiche Römer sahen in der Schlichtheit des monotheistischen Glaubens eine reizvolle Alternative zur unüberschaubaren Vielgötterei und wandten sich als »Gottesfürchtige« dem Judentum zu, gingen in die Synagogen, lasen die Bibel (damals also das, was wir heute Altes Testament nennen) auf griechisch, lebten koscher –

verzichteten jedoch meist darauf, zu konvertieren. Zu den bekanntesten dieser Philosemiten gehörte Poppaea, die Frau Neros. Auch im Neuen Testament stoßen wir auf solche Personen, unter ihnen Cornelius, ein römischer Hauptmann, der sich von Petrus in der judäischen Verwaltungshauptstadt Caeaarea Maritima taufen läßt und den Lukas als »Gottesfürchtigen« kennzeichnet (Apostelgeschichte 10,2). Zu den Strategien des Apostels Paulus gehörte es später, auf seinen Missionsreisen zuerst in die Synagogen zu gehen, um dort nicht zuletzt die noch nicht zum Judentum konvertierten Gottesfürchtigen davon zu überzeugen, daß sie dem wahren Messias und Sohn Gottes, dem Juden Jesus nämlich, auch ohne Beschneidung auf direktem Wege nachfolgen könnten.

16 Zitiert bei Josephus, ›Gegen Apion‹ 148 (II,14).

17 ›Für Flaccus‹ 67-69

18 ›Agamemnon‹ 1624; ähnlich auch in Aischylos' ›Prometheus‹ 325, später übernommen von Euripides, ›Bacchae‹ 795.

19 Arat, ›Phainomena‹ 5: »Wir sind seines (Gottes) Geschlechts« = Apostelgeschichte 17,28; Euripides, ›Aiolos‹, Fr. 1024 Nauck; später auch bei Menander, ›Thais‹, Fr. 187 Koerte, Fr. 218 Kock: »Schlechter Umgang verdirbt gute Sitten = 1. Korinther 15,33. Vgl. auch Kallimachos, ›Eis Dia‹ (Zeus-Hymnus) 8: »Alle Kreter sind Lügner, böse Tiere und faule Bäuche« = Titus 1,12.

20 Das Pogrom hatte 38 n. Chr. stattgefunden; der Bericht über die Ereignisse steht bei Philo, ›Legatio ad Gaium‹.

21 Im Jahre 40 n. Chr. plante Caligula, eine Statue seiner selbst als Gottheit im Jerusalemer Tempel aufstellen zu lassen; vor seiner Ermordung am 20. oder 24. Januar 41 kam es nicht mehr dazu (vgl. Josephus, ›Jüdische Altertümer 18,261-283; Tacitus, ›Historien‹ V,9,2). Nero, der am 9. Juni 68 n. Chr. Selbstmord beging, war als Adoptivsohn des nach seinem Tod zum »Divus« erhobenen Claudius ein »Filius Divi«, führte seine eigene Göttlichkeit aber vor allem auf die Abstammung vom Gottkaiser Augustus zurück.

22 Und zugleich schrieben einige der bis heute populärsten lateinischsprachigen Autoren – Seneca, Lucan, Persius, Petron, um nur diese zu nennen.

23 Sehr geschickt verpflichteten sie sich Tausende von Männern, die turnusmäßig als Hilfspriester im Tempel eingesetzt wurden. Nur wenige dieser Hilfspriester waren jedoch überzeugte Anhänger der sadduzäischen Partei. Auch der Vater Johannes des Täufers, Zacharias, war ein solcher Hilfspriester (Lukas 1,5-23).

24 Hesekiel 37,1-14 und Jesaja 26,19 sind zweifelsfrei Schriftteile, die vor

der Rückkehr der ersten Exilierten aus dem zweiten Babylonischen Exil 538 v. Chr. abgeschlossen waren.

25 Josephus, ›Jüdische Altertümer‹ 13,376. Schon lange vor dem Eingreifen der Römer 63 v. Chr. gingen sie gemeinsam mit dem Hasmonäerkönig Alexander Jannai (103–76 v. Chr.) gegen die Pharisäer vor. Alexander, der als erster Jude griechische Münzen prägte, auf denen er sich als König nach hellenistischer Art präsentierte, ließ 6000 Phariäser und ihre Anhänger umbringen. Im nachfolgenden Bürgerkrieg kamen mehr als 50 000 Juden um. Als Alexander Jannai 76 v. Chr. an den Folgen seines Alkoholismus starb, machte seine Witwe Salome Alexandra ihren Sohn Hyrkan, der ein Anhänger der Pharisäer war, zum Hohenpriester. Statt einen inneren Frieden und die Rückbesinnung auf den praktizierten Glauben ohne hellenistisches Königtum zu fördern, bereiteten nun jedoch die Pharisäer ihren Rachefeldzug gegen die Sadduzäer vor. Hyrkans jüngerer Bruder Aristobul stellte sich auf die Seite der Sadduzäer. Nach Salome Alexandras Tod kam es zum Krieg zwischen den beiden Brüdern. Hyrkan verlor und verzichtete auf sein Amt als (propharisäischer) Hohepriester.

26 Traktat ›Pesachim‹ 54

27 Es ist in der Forschung umstritten, ob sich unter den Rollen von Qumran einige sadduzäische Schriften erhalten haben könnten. Vgl. C. P. Thiede, Die Messias-Sucher. Die Schriftrollen von Qumran und die jüdischen Ursprünge des Christentums, Stuttgart 2002.

28 So in den Qumrantexten 1QpHab 6,1-12 und 9,4-7; 4QpNah (4Q169) 1,11 und 3-4 1.3.

29 Aramäischer Text, mit Übersetzung, in: A. Steudel (Hrsg.), Die Texte aus Qumran II. Hebräisch / Aramäisch und Deutsch. Mit masoretischer Punktation, Übersetzung und Anmerkungen, Darmstadt 2001, 167–173, 266–267. Steudel vertritt dort noch die nicht mehr haltbare These, mit dem negativ gezeichneten »Sohn Gottes« sei der Seleukidenkönig Antiochus IV. Epiphanes gemeint. Der war zur – paläographisch ermittelten – Abfassungszeit von 4Q246 allerdings bereits 120 Jahre lang tot und stellte keinerlei endzeitliche Bedrohung mehr da. Vgl. die deutsche Übersetzung mit Kommentar in: C. P. Thiede, Die Messias-Sucher. Die Schriftrollen vom Toten Meer und die jüdischen Ursprünge des Christentums, Stuttgart 2002, 240–248. Dort auch weitere Literatur zur Forschungsdebatte.

30 Gott = Theós. Text: Supplementum epigraphicum Graecum (SEG) XIV 474.

31 Vgl. H. Hänlein-Schäfer, Veneratio Augusti. Eine Studie zu den Tempeln des ersten römischen Kaisers, Rom 1985.

32 Papyrus P. Oxy 1453, 11; siehe auch, auf 25/24 v. Chr. datiert, Orientis Graeci Inscriptiones Selectae (OGIS) 655,2. Näheres bei U. Victor, ›Die Religionen und religiösen Vorstellungen im Römischen Reich im 1. und 2. Jahrhundert‹, in: U. Victor / C. P. Thiede / U. Stingelin (Hrsg.), Antike Kultur und Neues Testament, Basel 2003, 87–170, hier v. a. 132–135.

33 Vgl. A. Deissmann, Licht vom Osten. Das Neue Testament und die neuentdeckten Texte der hellenistisch-römischen Welt, Tübingen [4]1923, 214 mit Anm. 2.

34 Text: Sylloge Inscriptionum Graecarum Nr. 347

35 Vgl. den ersten Brief des Johannes: 1. Johannes 4,14.

36 Deuteronomium / 5. Mose 32,15; Jesaja 12,2; Psalm 24,5, u. a. m. In den sogenannten Pastoralbriefen, die von den meisten Neutestamentlern für Briefe eines unbekannten Autors gehalten werden (dagegen jetzt wieder die grundlegende Studie von Rüdiger Fuchs, Unerwartete Unterschiede. Müssen wir unsere Ansichten über die Pastroralbriefe revidieren?, Wuppertal 2003), nennt Paulus auch Gott selbst den »Sôtêr«: 1. Timotheus 1,1; 2,3; 4,10; Titus 1,3; 2,10; 3,4. Dort benutzt er die Titulatur zugleich für Jesus als den Messias: 2. Timotheus 1,10; Titus 1,4; 3.6. Vor allem der Titus-Brief läßt aufhorchen, denn hier werden innerhalb zweier Verse sowohl Gott als auch Jesus als »Heiland« bezeichnet: »[…] aber zu seiner Zeit hat er sein Wort offenbart durch die Predigt, die mir anvertraut ist nach dem Befehl Gottes, unseres Heilands; […] Gnade und Friede von Gott, dem Vater, und Christus Jesus, unserm Heiland!« (Titus 1,3-4).

37 Siehe den Qumrantext 4Q Florilegium 1; im Neuen Testament dann, auf Jesus gedeutet, Lukas 1,32-35, und, spezifisch auf den Messias aus dem Hause Davids, Johannes 1,49; Hebräer 1.15; Offenbarung 21,7, u. a. m.

2 »Wegen ausschweifenden Lebenswandels«: Skandale und Propheten

1 »Censor« war vor Augustus und dem Kaiserreich die Amtsbezeichnung des höchsten Steuerbeamten in der römischen Bürgerschaft; alle fünf Jahre wurden zwei Amtsträger gewählt. Zu ihren Aufgaben gehörten die Erstellung der Steuerlisten nach Ständen, die Erhebung der Liste der Senatoren und die Feststellung der öffentlichen Ausgaben, u. a. für den Bau von Straßen und Tempeln. »Consul« war die Bezeichnung der beiden gleichzeitig für ein Jahr amtierenden höchsten

römischen Beamten zur Zeit der Republik. Ihnen unterstanden die Zivil- und Militärverwaltung und die Gerichtsbarkeit; auf die Chronologie hatten sie entscheidenden Einfluß, denn die Jahreszählungen wurden namentlich nach ihren Amtszeiten benannt. Seit Augustus nahm die Bedeutung der Consules ab; zur Zeit Jesu und bis zum Ende der Consules, im 6. Jahrhundert n. Chr., ersetzte äußere Pracht die innere Macht. »Praetor« hießen seit 367 v. Chr. die vom Volk auf ein Jahr gewählten leitenden Gerichtsbeamten. Das Amt wechselte im Laufe der republikanischen Zeit und des Kaisertums öfter seine Bedeutung.

2 Bei Forum Appii endete der straßenbegleitende ›Decemnovium‹-Kanal, den Reisende von Terracina aus benutzten. Siehe A. Esch, Römische Straßen in ihrer Landschaft, Mainz 1997, 19; 25 (Anm. 62). Cicero schrieb hier einen seiner Briefe an Atticus (›Ad Atticum‹ 2,10). Tres Tabernae war eine weitere Station, 48 km südsüdöstlich vor Rom (siehe R. Riesner / C. P. Thiede, Artikel ›Tres Tabernae‹, in: Das Große Bibellexikon, Bd. 3, Wuppertal / Gießen [2]1990, 1591).

3 »Faber est suae quisque fortunae«; vgl. Pseudo-Sallust, ›De re publica ordinanda‹ 1,1.

4 Titus Livius, ›Ab urbe condita‹ 3,33-58, am Beispiel des Appius Claudius Crassus Inregillensius Sabinus. Dionysius Halicarnassus (ca. 50 v. Chr. – ca. 10 n. Chr.), ›Römische Altertumskunde‹ 10.54-11,46, usw.

5 »Aedil« war die zweite Stufe der römischen Ämterlaufbahn; die Aedilen waren u. a. für die Versorgung Roms mit Lebensmitteln und für die Ausrichtung der Spiele zuständig.

6 Vergil, ›Aeneis‹ 6,860-886; Properz, ›Elegien‹ 3,18

7 Das musiktheoretische Werk ›Perì tôn hepta tónôn‹ ist nicht erhalten. Vgl., auch zu den astronomischen Studien, H. G. Gundel, Astrologumena, Gießen 1966, 148–151; s. a. F. Cumont, Astrology and Religion among the Greeks and Romans, London 1912 ([2]1960); u. a. m. Tacitus berichtet über Thrasyllus in seinen ›Annalen‹ 6,20,2-22,4. Vgl. Sueton, ›Tiberius‹ 14,4; 62,3, und Cassius Dio, ›Römische Geschichte‹ 55,11,1; 58,27,1, u. a. m.

8 Das wohl weitgehend auf Thrasyllus zurückgehende, bis heute erhaltene Astronomie-Lehrbuch des Vettius Valens, die neunbändigen »Anthologien«, entstand zwischen 152 und 162 n. Chr. und wurde bis ins Mittelalter von den Byzantinern und Arabern gelesen. So hatte eine Maßnahme des Kaisers Tiberius Nachwirkungen auf die akademische Sternenkunde bis zum Beginn der Neuzeit. (Vgl. die Edition von D. Pingree, Leipzig 1986.)

9 Selbst nach dem Tod des mittlerweile zum Friedensbringer aufgestiegenen Augustus flammte die Kritik wieder auf. Statt nach dem Wort

des Solon über die Toten nicht schlecht zu reden, wurde das alte Vergehen mit Bitterkeit kommentiert. »Auch sein Privatleben wurde nicht verschont«, berichtet Tacitus in seinen ›Annalen‹. »Weggenommen habe er dem (Tiberius Claudius) Nero die Gattin und habe zum Spott die Priesterschaft befragt, ob sie (Livia) nach einer Empfängnis, aber noch vor der Niederkunft rechtmäßig heiraten dürfe.« ›Annalen‹ 1,5.

10 Im Jahr, als der herrschaftsentscheidende Krieg zwischen Octavian und Antonius ausbrach und Herodes der Große gerade Gaza und Jericho an Kleopatra, die Geliebte des Antonius, abgetreten hatte.

11 ›Georgica‹ 1, 24-35, 40-42

12 Das im 4. Jh. v. Chr. von Pytheas aus Marseille beschriebene Thule wird meist mit Island, gelegentlich mit Norwegen identifiziert. Goethe machte es durch seine Ballade vom »König von Thule« in der deutschen Literatur bekannt (Faust I, 2759 ff.); in ›Dichtung und Wahrheit‹ 3,13 schreibt er, der sagenumwobene Dichter Ossian habe ihn »bis ans letzte Thule« geführt – wörtlich das »ultima Thule« Vergils.

13 Formal von Augustus adoptiert wurde Tiberius erst am 26. Juni 4 n. Chr.

14 Papyrus P. Oxy. 1453

15 In zweiter Ehe heiratete er Claudia Pulchra, eine Großnichte des Augustus, wie auch Tiberius seine erste Frau Vipsania Agrippina nach dem Tod Agrippas 12 v. Chr. verließ und Julia heiratete, die Tochter des Augustus.

16 Siehe S. 139–145.

17 Er wurde erst 8 n. Chr. von Augustus ans Schwarze Meer verbannt.

18 Ovid, ›Ex Ponto‹ 4, 9, 105-116

19 4, 9, 133-134

20 »videsque / Caesar, ut est oculis subdita terra tuis«, 4, 9,127-128.

21 Im griechischen Original: »Pátêr hymôn ho en toîs ouranoîs«.

22 Sueton, Kaiserviten, ›Divus Augustus‹ 52

23 Vergil, ›Aeneis‹ 6, 791-797. Ganz so weit ging dann die irdische Wirklichkeit nicht; Augustus und sein Nachfolger Tiberius beschränkten sich letztlich auf die Sicherung der Reichsgrenzen und des reichsweiten Friedens. »Man solle sich bescheiden innerhalb der jetzigen Grenzen des Reiches«, hatte Augustus in einer Denkschrift verfügt, die Tiberius dem Senat vorlas (Tacitus, ›Annalen‹ 1,11,4). Die »Pax Augusta«, der von Augustus geschaffene Friede, blieb denn auch bis in die Mitte des 3. Jahrhunderts die größte Errungenschaft der frühen Kaiserzeit und trug wesentlich zur aufrichtigen Verehrung des Augustus als Gott und Heiland bei. »Es dürfte schwer sein, in der menschlichen Geschichte eine ebenso lange Zeit des Friedens ein zweites Mal zu

finden.« (U. Victor, ›Die Religionen und religiösen Vorstellungen im Römischen Reich‹, in: U. Victor / C. P. Thiede / U. Stingelin [Hrsg.], Antike Kultur und Neues Testament, Basel 2003, 87–170, hier 129)

24 Z. B. Seneca d. Ä., ›Suasoriae‹ 3,7; die ›Ratschläge‹, in denen Seneca, Theodorus aufgreifend, sieben Fälle studiert und die Gründe und Gegengründe rhetorisch durchexerziert. Bei Quintilian erscheint Theodorus häufig, u. a. in den zwölf Büchern der ›Institutio oratoria,‹ z. B. 3,1,17. Noch Sueton (ca. 70 – ca. 150 n. Chr.) nennt ihn in seiner Schrift ›De rhetoribus« einen exzellenten Mann: »claruit« (40,2).

25 Juvenal, ›Satiren‹ 7, 175-177; »artem scindes Theodori«

26 Von der »Technê rhêtôrikê« sind nur Zitate überliefert, fast ausschließlich in lateinischer Sprache; vgl. Quintilian, ›Institutio‹ 2,15,21.

27 Josephus, ›Jüdischer Krieg‹ 1,155

28 M. Nun, Der See Genezareth und die Evangelien. Archäologische Forschungen eines jüdischen Fischers, Gießen 2001, 70–72, 189–202, mit Fotos.

29 Josephus, ›Jüdische Altertümer‹ 15,217; 17,320

30 Vgl. Josephus, ›Jüdischer Krieg‹ 2,459; 2,478. Genaueres über den Niedergang der Stadt ist trotz ausgiebiger archäologischer Forschung nicht gesichert; eine Inschrift aus der späteren Kaiserzeit teilt mit, daß Gadara nur noch eine Kolonie war. Symptomatisch für den Verlust an allgemein anerkannter geistiger Leistung sind die mit der Stadt namentlich verbundenen Philosophen Oinómaos von Gadara (ca. 90–160 n. Chr.) und Apsines von Gadara (um 250 n. Chr.). Oinómaos war ein radikaler Kyniker; seine scharfe Kritik an rivalisierenden Denkrichtungen wurde von Gegnern als maßlos bezeichnet; für Juden und Christen war er allerdings interessant durch seine rücksichtslose Polemik gegen das beliebte Orakelwesen und durch seinen zynisch-ungehemmten Spott über die Götter und ihre Unmoral. Noch viel später verwahrte sich selbst Kaiser Julian ›Apostata‹ (332–363), der angesichts des auch im intellektuellen Wettstreit immer stärker werdenden Christentums eine philosophische, gegen Juden und Christen gerichtete Restauration versuchte, gegen dessen Äußerungen und deren bleibenden Einfluß. Apsines dagegen brachte es immerhin zu politischem Erfolg – unter Kaiser Maximinus Thrax, einem Christengegner, der von 235–238 n. Chr. herrschte, war er Konsul. Erhaltenen Verzeichnissen ist zu entnehmen, daß er ein Vielschreiber war, und sein von späteren Benutzern vielfach verändertes Lehrbuch der Rhetorik liest sich heute nur noch wie die Offenbarung eines epigonalen Mangels an Originalität. Früh siedelten in Gadara Christen; unter Konstantin dem Großen wird 325 n. Chr. in der Liste der Teilnehmer am Konzil von

Nizäa Bischof Sabinus aus Gadara erwähnt. Spuren der Bischofskirche wurden ausgegraben, und aus dem 5. Jahrhundert sind Reste einer Synagoge erhalten. Zu dieser Zeit allerdings war die Blüte Gadaras längst vergangen.

31 ›Anthologia Graeca‹ VII, 417, Übs. Beckby; vgl. M. Hengel, Judentum und Hellenismus, Tübingen ²1973, 155–157; ders, Juden, Griechen und Barbaren. Aspekte der Hellenisierung des Judentums in vorchristlicher Zeit, Stuttgart 1976, 95–97.

32 Die sogenannte Villa dei Papiri wurde bereits 1752–1754 entdeckt; zur Auswertung der Funde und weiterer Literatur siehe u. a. M. Gigante, ›Filodemo e il Peripato‹, in: Akten des 21. Internationalen Papyrologenkongresses Berlin 1995, Archiv für Papyrusforschung, Beiheft 3 (1997), 305–311.

33 Horaz, ›Sermones‹ 1,2,120-121

34 Die beiden meistbenutzten griechischen Textausgaben, Nestle-Aland[27] und UBS[4], und heutige Bibelübersetzungen, die ihnen folgen (eine rühmliche Ausnahme: die »Hoffnung für alle«, revidierte Fassung Basel 2002), irritieren durch eine unsinnige Entscheidung: Das gleiche Ereignis wird an zwei verschiedenen Orten lokalisiert, Gadara (Matthäus) und Gerasa (Markus, Lukas). Die Trennung wird mit textkritischen Erwägungen begründet, denen eine irrige Beurteilung der handschriftlichen Überlieferung zugrunde liegt. Natürlich ist klar, daß in allen drei Evangelien nur ein Ort gemeint sein kann, und es ist die sachgerechte Beurteilung der Überlieferung, daß es von Anfang an Gadara war. Gerasa scheidet auch aus topographischen Erwägungen aus: Der Ort, das heutige Jerasch in Jordanien, liegt gut 50 km südöstlich vom See Genezareth und hatte kein Gebiet am See. Keiner der Evangelisten kann daher Gerasa gemeint haben. Eine auf die Fehler zweier Kirchenväter, Origenes und Hieronymus, zurückführende dritte Ortsangabe, Gergesa, die in manchen Handschriften auftaucht, spielt keine ernsthafte Rolle. Zu den Irrtümern der handschriftlichen Literatur und der historisch ebenso wie textkritisch eindeutigen Entscheidung zugunsten von Gadara in allen drei Evangelien siehe C. P. Thiede, Jesus. Der Glaube. Die Fakten, Augsburg 2003, 117–122; U. Victor, ›Textkritik‹, in: U. Victor / C. P. Thiede / U. Stingelin (Hrsg), Antike Kultur und Neues Testament, Basel 2003, 171–252, hier 223–224.

35 U. Victor, ,‹Die Religionen und religiösen Vorstellungen im Römischen Reich‹, in: U. Victor / C. P. Thiede / U. Stingelin (Hrsg.), Antike Kultur und Neues Testament, Basel 2003, 89–170, hier 115. Victor verweist auf Studien von Theologen, die mittlerweile gegen den noch

vorherrschenden Trend zum gleichen Ergebnis gekommen sind, v. a. den Neutestamentler Marius Reiser: ›Die Wunder Jesu – eine Peinlichkeit?‹, in: Erbe und Auftrag 73 (1997), 425–437, vgl. auch B. Kollmann, Jesus und die Christen als Wundertäter, Göttingen 1996. Zur grundsätzlichen Sicht professioneller Althistoriker siehe stellvertretend den führenden britischen Kenner antiker Religionen, A. D. Nock, ›Early Gentile Christianity and its Hellenistic Background‹, in: ders., Essays on Religion and the Ancient World, Oxford 1972, I, 49–133, hier 104: »He (Mark) and the other synoptic strain represent a remarkably careful attempt to reproduce a record of the past, rather than an adaptation thereof to present needs and experience.«

36 Das Lukasevangelium, Teil 1 des Doppelwerks dieses Verfassers, kann nicht jünger sein als Teil 2, die ›Apostelgeschichte‹, deren Datum um 62 n. Chr., spätestens 67 n. Chr. anzusetzen ist, d. h. vor den Ermordungen des Jakobus (62 n. Chr.), des Paulus und des Petrus (ca. 65, nicht später als 67 n. Chr.), die nicht mehr erwähnt werden. Da das Evangelium entgegen der Behauptung mancher Bibelforscher noch nicht einmal einen wenigstens indirekten Hinweis auf die Zerstörung des Tempels und Jerusalems im Jahre 70 n. Chr. enthält, ist ein Datum vor diesem katastrophalen Wendepunkt der jüdischen und jüdisch-christlichen Geschichte historisch ohnehin sicher. Vgl. u. a. C. P. Thiede, Ein Fisch für den römischen Kaiser. Juden, Griechen, Römer: Die Welt des Jesus Christus, München 1998, 248–299; dort auch weitere Literatur. Richtig sahen das u. a. schon F. Godet, Kommentar zu dem Evangelium des Lukas, Hannover ²1890, Nachdr. Gießen / Basel 1986, 6–17, J. A. T. Robinson, Wann entstand das Neue Testament?, Paderborn / Wuppertal 1986, 95–148, D. A. Carson / D. J. Moo / L. Morris, An Introduction to the New Testament, Grand Rapids / Leicester 1992, 111–134. Siehe jetzt auch U. Victor, ›Warum und wann entstanden die Evangelien und die Apostelgeschichte?‹, in: U. Victor / C. P. Thiede / U. Stingelin (Hrsg.), Antike Kultur und Neues Testament, Basel 2003, 16–22.

37 Lukas redet Theophilos als »krátiste« an (1,3), eine Bezeichnung, die er sonst nur für Prokuratoren gebraucht: Apostelgeschichte 23,26 (für den Prokurator Felix); 24,3 (wieder Felix); 26,25 (der Prokurator Festus) ; mit Lukas 1,3 sind es die einzigen Stellen, in denen dieser Ehrentitel im Neuen Testament vorkommt. Über die Person des Theophilos, dem auch die Apostelgeschichte gewidmet ist, wissen wir ansonsten nichts Gesichertes. In den Pseudo-Clementinischen ›Recensiones‹ 10,71 wird ein hochrangiger Christ namens Theophilus in Antiochia erwähnt, der zur Zeit des Petrus ein Haus der dortigen Chri-

stengemeinde zur Verfügung stellt; der historische Wert dieses Abschnitts ist jedoch umstritten.

38 Josephus, ›Gegen Apion‹ 1,1

39 Griechisch »hyiè toû theoû toû hypsístou

40 Auch die Juden selbst dürften in diesem Gebiet schon seit langem vorwiegend, wenn nicht ausschließlich griechischsprachig gewesen sein.

41 Der ›Zeús Húpsistos‹; Pausanias, ›Beschreibung Griechenlands‹ 9,8, 5. Das Buch entstand um die Mitte des 2. Jh. n. Chr.

42 Zur Inschrift: O. Rubensohn, ›Neue Inschrift aus Ägypten‹, in: Archiv für Papyrusforschung und verwandte Gebiete 5 (1913), 163. Weitere Inschriften sind u. a. aus Palmyra bekannt. Zur Zeus-Gilde v. a. der Papyrus P. Lond. 2710 und dazu C. H. Roberts / T. C. Skeat / A. D. Nock, ›The Guild of Zeus Hypsistos‹, in: Harvard Theological Review 29 (1936), 40–41. Zu den jüdischen Rachegebeten von Rheneia, datiert auf ca. 100 v. Chr., siehe W. Dittenberger, Sylloge Inscriptionum Graecarum[3] (SIG), III, 1181 und, ausführlich erläuternd, A. Deissmann, Licht vom Osten. Das Neue Testament und die neuentdeckten Texte der hellenistisch-römischen Welt, Tübingen [4]1923, 351–362, mit Abb.

43 Siehe G. A. Smith, The Historical Geography of the Holy Land, London 1925, 461.

44 So schon, mit dem Verweis u. a. auf Cicero, J. M. C. Toynbee, Death and Burial in the Roman World, London 1982, 50. Auch im Heiligen Land begruben die Römer ihre Soldaten und Zivilisten unter Begleitung von Schweineopfern und Knochenbeigaben; ein solcher Fall ist z. B. für das römisch besetzte Megiddo belegt, siehe I. Hershkovitz, ›Cremation, Its Practice and Identification: A Case Study for the Roman Period‹, in: Tel Aviv 15–16 (1988–1989), 98–101. Vgl. dazu, im Kontext der Identifizierung römischer Gräber auf der Festung Masada: J. Zias, ›Human Skeletal Remains from the Southern Cave at Masada and the Question of Ethnicity‹, in: L. H. Schiffman / E. Tov / J. C. VanderKam (Hrsg.), The Dead Sea Scrolls Fifty Years After Their Discovery. Proceedings of the Jerusalem Congress, July 20–25, 1997, Jerusalem 2000, 733–738, mit Abb.

45 Vgl. im Neuen Testament u. a. Offenbarung 9,1-11; 20,1-3.

46 In der ›Septuaginta‹ Psalm 81. Die »Söhne des Allerhöchsten« sind griechisch »hyoì hypsístou« (Vers 6). Zu diesem Psalm und dessen Anwendung auf die Römer im Qumranfragment 4Q246 siehe Kapitel 1.

47 Jesus zitiert den Satz wörtlich, wie er in der ›Septuaginta‹ steht: »Egô eîpa: theoí este«, wörtlich: »Ich habe gedacht: Ihr seid Götter.« Er will

also deutlich machen: Wenn Gott selbst im Gesetz – dem Sammelbegriff für das, was wir heute Altes Testament nennen und in dessen theologischem Zentrum das eigentliche Gesetz stand, die Tora, die fünf Mosebücher – zumindest unausgesprochen denken konnte, daß es andere gab, denen Gott seine Verkündigung zuteil werden ließ und die mit der Bezeichnung ›Götter‹ und ›Söhne des Allerhöchsten‹ versehen wurden, um wieviel mehr verdient er selbst, Jesus, den der Vater in die Welt schickte, diesen Titel? (Zur Frage, an wen sich Psalm 82,6 richtet, siehe, mit Diskussion der unterschiedlichen Positionen und weiterer Literatur, G. R. Beasley-Murray, John (Word Biblical Commentary vol. 36), Waco 1987, 175–177; vgl. E. D. Freed, Old Testament Quotations in the Gospel of John, Leiden 1965, 60–65. Nach wie vor sehr nützlich auch Theodor von Zahn, Das Evangelium des Johannes, Leipzig / Erlangen [6]1921, Nachdr. Wuppertal 1983, 469–471.

48 Die »Allgott«-Vorstellung geht literarisch bereits auf Homer zurück, ›Hymne an Pan‹, 47. Vgl. zum Weg der Gruppe von Bethsaida nach Caesarea Philippi, C. P. Thiede, Der Petrus-Report, Augsburg 2002, 46–63.

49 Sueton, ›Tiberius‹ 57,1; verfaßt um 110 n. Chr.

50 Terenz, ›Phormio‹ 506

51 Sueton, ›Tiberius‹ 21,6. Für »Gott« steht im Brief des Augustus »medius Fidius«; das Homer-Zitat stammt aus der ›Ilias‹, 10,246-247, und bezieht sich darauf, daß Diomedes sich den Odysseus als Begleiter wählt. Die oben zitierte Übersetzung ist die klassische von Johann Heinrich Voß.

52 Sueton, ›Tiberius‹ 215. Das Ennius-Zitat steht in dessen ›Annalen‹, 370.

53 Euphorion, ca. 275 bis 200 v. Chr., war Direktor der Bibliothek im syrischen Antiochien (vgl. Apostelgeschichte 6,5; 11,19; 11,26-30; 13,1-3, usw.), Kulturhistoriker und Epiker und hatte großen Einfluß auf den römischen Lyriker Catull (ca. 87–54 v. Chr.) und dessen Kreis. Tiberius dürfte an ihm vor allem seine Vorliebe für gewählte Sprache und altertümliche, kaum noch gebrauchte Wörter geschätzt haben; der spätere Kaiser wurde von weniger kunstsinnigen Lesern kaum zufällig für seine gezierte und pedantische Schriftsprache kritisiert. Rhianos, der um 300 v. Chr. auf Kreta wirkte (vgl. Apostelgeschichte 27,7-21; Titus 1,5), war Ependichter, Verfasser erotischer Epigramme und Herausgeber der Werke Homers. Parthenios kam der Lebenszeit des Tiberius am nächsten: Um 73 v. Chr. gelangte er als Kriegsgefangener nach Rom, wurde freigelassen und schrieb Elegien sowie ein erhaltenes

Prosawerk, die »Leiden der Liebe«. Sein Einfluß auf Vergil (dessen Griechischlehrer er war), Horaz und Gaius Cornelius Gallus war groß, und es ist nicht undenkbar, daß der junge Tiberius ihn noch persönlich kennenlernte. Jedenfalls wurde Parthenios auch später in Kaiserkreisen so hoch geschätzt, daß Hadrian sein Grabmal restaurieren und verschönern ließ.

54 Sueton, ›Tiberius‹ 70,2

55 Sueton, ›Tiberius‹ 57,1. Das Harte (»saepus«) und das Unempfindlich-Gefühllose (»lentus«) im Charakter des Tiberius, sein angeblich wirkliches Wesen also, sei durchmischt mit dem Blut des Impulsiven, Grausamen. Sueton bringt das Zitat zuerst griechisch und übersetzt es anschließend ins Lateinische: »›pêlòn haímati pephuraménon‹, id est ›lutum a sanguine maceratum‹«.

56 Tiberius hatte allerdings einen Sohn aus seiner ersten Ehe mit Vipsania Agrippina, der Tochter des Vipsanius Agrippa, jenes Mannes also, der damals noch mit seiner künftigen zweiten Frau Julia verheiratet war. Dieser Sohn, Nero Claudius Drusus, wurde am 7. Oktober 14 v. Chr. geboren und starb nach einer erfolgreichen politischen Laufbahn vierunddreißigjährig vor seinem Vater am 14. September 23 n. Chr. in Rom.

57 Sueton, ›Tiberius‹ 11,4. In der Mehrzahl gebraucht, kann »libido«, das wie noch heute auch damals schon »sinnliche Lust«, »Begierde« und, kritisch, »Wollust« meinte, auch für »Obszönitäten« stehen.

58 Sueton, ›Tiberius‹ 7,3

59 Die Liste, die Velleius Paterculus in seiner ›Römischen Geschichte‹ 2,100,4-5, bietet, ist beeindruckend lang: Sempronius Gracchus, Iulius Antonius, Quinctius Crispinus, Appius Claudius Pulcher, Cornelius Scipio.

60 Tacitus meint, das Verhalten der Julia, die ihn mit Geringschätzung behandelte, sei der wesentliche Grund für den Rückzug nach Rhodos gewesen; er wirft ihm vor, später nichts getan zu haben, um sie vor dem langsamen Sterben in Krankheit und Not zu bewahren; ›Annalen‹ 1,53,1-3; vgl. Sueton, ›Tiberius‹ 50,1.

61 Siehe auch S. 68–71.

62 Pilatus wurde 26 n. Chr. ernannt und 36 n. Chr. kurz vor dem Tod des Tiberius im März 37 vom römischen Gouverneur Syriens, Vitellius, abgesetzt. Er war der fünfte Präfekt der Provinz Judäa. Sein Vorgänger war der gleichfalls von Tiberius unmittelbar nach dem eigenen Amtsantritt 14 n. Chr. ernannte Valerius Gratus. Wir werden noch sehen, daß es auch für die Strategie des Tiberius gegenüber den Juden wichtig war, einem Soldaten die Herrschaftsverwaltung anzuver-

trauen – denn »praefectus« war eine militärische Position, keine zivile. Daß Pilatus Präfekt war, nicht Prokurator, wie Tacitus ihn irrtümlich bezeichnet (›Annalen‹ 15,44,3), geht aus der 1961 in Caesarea Maritima gefundenen Inschrift hervor, die Pontius Pilatus als Erbauer eines ›Tiberiéum‹ und als ›Praefectus Iudaeae‹ nennt. Erst die Nachfolger des Pilatus, die von Kaiser Claudius eingesetzten Felix (Apostelgeschichte 23,24-26; 25,14 u. a. m.) und Festus (Apostelgeschichte 24,27; 26,24-32 u. a. m.), waren Prokuratoren, also Zivilbeamte.

63 Josephus, ›Jüdische Altertümer‹ 18,36-38; vgl. Johannes 6,23.

64 Markus 6,14-19; Lukas 23,6-12. Vgl. zur Hichrichtung des Täufers Josephus, ›Jüdische Altertümer‹ 18,116-119.

65 Josephus, ›Jüdische Altertümer‹ 18,250-251; vgl. D. R. Schwartz, Agrippa I. The Last King of Judaea, Tübingen 1990, 58–59.

66 Lukas, ›Apostelgeschichte‹ 12,20-23; Josephus, ›Jüdische Altertümer‹ 19, 343-350. Vgl. D. R. Schwartz, wie in Anm. 62, 145–149.

67 Vgl. Josephus, ›Jüdische Altertümer‹ 18,28; 18,106-108.

68 Josephus, ›Jüdische Altertümer‹ 18,27.

69 In der Forschung wird gelegentlich angenommen, daß Antipas die Stadt schon früher, noch zu Lebzeiten des Augustus, »Livias« nannte, dann 14 n. Chr. in »Julias« umbenannte und sie später, im 2. Jahrhundert, wieder in Livias zurückbenannt wurde. Die heutigen Ruinen der Stadt heißen »Tell Iktanû«, ein Name, der keine onomastische Ortstradition bewahrt.

70 Johannes 12,21 informiert mit 1,44 darüber, daß neben dem Jünger Philippus auch Simon Petrus und Andreas aus diesem galiläischen Bethsaida stammten. Ohne weit ausholen zu müssen, unterstreicht der Evangelist damit für Ortskundige, daß es hier um Männer geht, die eng mit dem Betrieb im Hafen verbunden waren. Die Vertrautheit der Brüder Andreas und Simon Petrus mit dem Fischereiwesen, die sich wie ein roter Faden durch alle vier Evangelien zieht, ist daher bereits mit dem Herkunftsort verbunden, nicht erst mit ihrem späteren Wohnort Kapernaum.

71 Siehe dazu B. Pixner, Wege des Messias und Stätten der Urkirche, Gießen ³1996, 127–141, 389–393, 423.

72 »Als sie (die Römer) erfuhren, daß eine Zahl in Tarichaea (ein anderer Name für Migdal / Magdala, vgl. Matthäus 27,56) eingeschiffter, bewaffneter Soldaten Julias erreicht hatte, zogen sie sich besorgt zurück [zu ihrem Lager].« Josephus, ›Vita‹ 406.

73 Vgl. Plinius der Ältere, ›Naturgeschichte‹ 7,149.

74 So F. Strickert, Bethsaida. Home of the Apostles, Collegeville 1998, 95–103, hier 101–102; vgl. auch ders., ›The Coins of Philip‹, in: R. Arav /

R. A. Freund (Hrsg.), Bethsaida. A City by the North Shore of the Sea of Galilee, Kirksville 1995, 165–189.

75 Johannes 1,44 nennt Bethsaida eine »pólis«, also eine Stadt. Da Johannes stets sorgfältig formuliert, hat man angenommen, daß er die Bezeichnung um seiner Leser willen benutzte, die Bethsaida ab 30 n. Chr. nur noch als Stadt kannten. Wahrscheinlicher ist allerdings, daß Philippus das Gebiet von Hügelstadt und Hafenvorort bereits unmittelbar nach seinem Herrschaftsbeginn 4 v. Chr. zur Stadt erhob; die Ungenauigkeit läge dann bei Josephus, dem solche Dinge des öfteren unterliefen, wie wir sahen: So hätte Josephus, über ein halbes Jahrhundert später schreibend, die Stadterhebung 4/3 v. Chr. unrichtig mit der rund vierunddreißig Jahre später durchgeführten Umbenennung zusammengezogen.

76 Traktat ›Kiddushim‹ 16 b

77 Talmud-Traktat ›Megillah‹ 13 a

78 ›Pirke Awot‹ 5,25. Aus dem Hebräischen von Annette Böckler, Berlin 2001, 166–167. Die ›Mischna‹ ist die religionsgesetzliche Auslegung der Heiligen Schrift, deren Kodifizierung in den Jahren nach der Zerstörung des Tempels 70 n. Chr. stattfand; die ›Gemarra‹ bezeichnet die Kommentare zur Mischna.

79 In den Evangelien am deutlichsten Johannes, z. B. 1,46; 7,41-52; vgl. Markus 15,70 mit Matthäus 26,73. Wenn es in Johannes 7,15 über Jesus heißt: »Wie kann dieser die Schrift verstehen, wenn er es doch nicht gelernt hat?« (vgl. Matthäus 13,56), so hat das beim Erwachsenen Jesus weniger mit seiner Herkunft aus Nazareth in Galiläa zu tun, sondern mit der unbestrittenen Tatsache, daß er keine rabbinische oder priesterliche Berufsausbildung durchlaufen hatte, also, in heutigen Sprachgebrauch übertragen, keinen Universitätsabschluß in Theologie besaß. Vgl. auch Apostelgeschichte 4,13, wo die Jünger von den Mitgliedern des Hohen Rates zuerst ebenso abschätzig-verständnislos begutachtet werden. In der Geschichte vom zwölfjährigen Jesus im Tempel fügt Lukas das heilsgeschichtliche Element erst zum Schluß an, nach der Episode im Tempel selbst (2,48-51).

80 Origines, ›Gegen Celsus‹ 1,28; 1,32. Origines zitiert die Celsusstellen und widerlegt sie mit den philosophischen Mitteln des Celsus selbst, argumentiert aber auch philologisch und historisch (1,32-38). Die Replik des Origenes entstand um 240 n. Chr., belegt also auch, wie lange das heute nur noch fragmentarisch erhaltene Werk des Celsus, ›Die wahre Lehre‹, im Römischen Reich nachwirkte.

81 Zusammenfassend wurde diese rabbinische Literatur erst im 6. Jahrhundert veröffentlicht. Hier: Babylonischer Talmud, Traktate ›Schab-

bat‹ 104, ›Sanhedrin‹ 67 a; Jerusalemer Talmud, ›Schabbat‹ XIV,4; s. a. Tosefta ›Chullin‹ II,22-24.

82 Vgl. dazu F. F. Bruce, Außerbiblische Zeugnisse über Jesus und das frühe Christentum, hrsg. v. E. Güting, Gießen / Basel 1991, 48.

83 Unmißverständlich im griechischen Text von Hosea 1,2: »tékna porneías«; vgl. auch Hosea 2,2; 2,4; 4,11-12; 5,4; 6,10.

84 Ein anderer Abschnitt dieses Streitgesprächs, Johannes 8,44, wurde wiederum zu einer angeblich antisemitischen Äußerung umgedeutet: »Ihr habt den Teufel zum Vater«, sagt Jesus, »und wollt das tun, wonach es euren Vater gelüstet.« Siehe dazu C. P. Thiede / U. Stingelin, Die Wurzeln des Antisemitismus. Judenfeindschaft in der Antike, im frühen Christentum und im Koran, Basel/Gießen [6]2003, 103–104.

85 Außer den beiden eben zitierten Stellen im Markusevangelium noch Matthäus 13,54 und 57 (Nazareth), Lukas 4, 23 und 24 (Nazareth), Johannes 4,44 (wieder das väterliche Heimatdorf) und Hebräer 11,14 (die zu suchende Heimat des Vaters, nämlich Gottes im Himmel).

86 Über den Hintergrund der Frage »Woher hat er das?« siehe Kapitel 1. Das griechische Wort »téktôn« umfaßt den Bauhandwerker, der mit Stein, Eisen und Holz baute. »Zimmermann« ist daher eine verkürzende Übersetzung. In der jüdischen Tradition wird die Bibelgelehrtheit der Bauhandwerker u. a. im Jerusalemer Talmud, ›Jebamot‹ 9 b, erwähnt. Matthäus schwächt die Aussage bei Markus etwas ab (13,55); hier wird Jesus »der Sohn des Bauhandwerkers« genannt; allerdings nennt auch Matthäus nicht den Namen des Joseph, sondern nur den der Mutter. Auch die abgeschwächte Matthäusstelle läßt folglich das Geheimnis aus der Sicht der Ortsbevölkerung offen, zumal, wie wir oben sahen, auch ein Adoptivsohn den legalen Status des Sohnes erhielt. In der talmudischen Literatur wird »Sohn des …«, gefolgt von einer Berufsbezeichnung, für jemanden gebraucht, der Lehrling in dem betreffenden Handwerk war oder den man noch als solchen kannte (siehe J. Levy, Wörterbuch über die Talmudim und Midrashim, III, Darmstadt 1963, 338).

87 Das gleiche griechische Wort, »ginôskô«, »erkennen« im Sinne des Geschlechtsverkehrs, kommt auch in der Verkündigungsgeschichte des Lukasevangeliums vor: »Wie kann das sein,« fragt Maria den Engel, als er ihr die Geburt ankündigt, »da ich doch mit keinem Mann schlafe?« (Lukas 1,34).

88 I,4: Daß Jesus »ex Maria pura, sancta, semper virgine nasceretur«.

89 ›Protevangelium des Jakobus‹ 17,1-2

90 Gregor von Nyssa, ›Über die Auferstehung Christi‹, 2

91 Siehe dazu u. a. R. H. Gundry, Mark. A Commentary on His Apology

for the Cross, Grand Rapids 1993, 975–978, mit kommentierter Darstellung der Forschungsdebatte.

92 Zu Judas und zu den Briefen des Jakobus und Judas immer noch wegweisend: R. Bauckham, Jude and the Relatives of Jesus in the Early Church, Edinburgh 1990. Zu Jakobus als ›Bischof‹ der Jerusalemer Urgemeinde siehe M. Hengel, ›Jakobus der Herrenbruder – der erste »Papst«?‹, in: E. Gräßer / O. Merk (Hrsg.), Glaube und Eschatologie. FS W. G.Kümmel, Tübingen 1985, 71–104. Zum Verhältnis des Judas-Briefs zum 2. Brief des Petrus siehe C. P. Thiede, Geheimakte Petrus. Auf den Spuren des Apostels, Stuttgart 2000, 257–268.

93 Euseb, ›Kirchengeschichte‹ 3,20,1-6

94 Hegesipp, ›Hypomnemata‹, bei Euseb, ›Kirchengeschichte‹ 4,22,4

95 Hegesipp, ›Hypomnemata‹, bei Euseb, ›Kirchengeschichte‹ 3,11.

96 ›Jebamot‹ 6,6

97 Trakat ›Kidduschin‹ 29 b

98 Philo, ›Leben des Mose‹, 2,68-69. Philo selbst war ein überzeugter Asket und Anhänger der Ehelosigkeit; siehe auch seine Schrift ›Über das kontemplative Leben‹.

99 Midrasch, ›Sifre‹ zu Numeri 12,1-2, § 99–100

100 Midrasch ›Exodus Rabbah‹ 46,3. Siehe hierzu und zu den anderen Stellen jetzt v. a. P. W. van der Horst, ›Celibacy in Early Judaism‹, in: Revue Biblique 109 / 3 (2002), 390–402.

101 Siehe Johannes 21,2-3 und 1. Korinther 9,5.

102 Selbstverständlich ist hier nicht gemeint, daß die betroffenen Personen der dritten Gruppe von anderen kastriert wurden oder sich selbst kastrierten. »Eunuch« konnte übertragen gebraucht werden, oft auch als polemische Bezeichnung für einen asexuell lebenden, unverheirateten Mann. Die aktive und passive Kastration war Angehörigen des Volkes Gottes durch das Gesetz der Tora ausdrücklich untersagt: Deuteronomium / 5. Mose 23,2. Daß es (dennoch) Kastrierte geben konnte und wie sich das zu den von Geburt an ehe- und zeugungsunfähigen Männern verhielt, diskutiert die Mischna: ›Jebamot‹ 8,4-6.

103 Das noch immer weitverbreitete Bild einer Art Mönchsgemeinschaft hatte sich schon lange vor der Entdeckung Qumrans und der Schriftrollen durchgesetzt, da antike Autoren wie Philo von Alexandria, Plinius der Ältere und Josephus Flavius diese Ehelosigkeit ausdrücklich betonten. Allerdings hat sich mittlerweile herausgestellt, daß sie »nur« die Verhältnisse am Ausbildungszentrum von Qumran und in Jerusalem gemeint haben können. Auch die gelegentlich vorgeschlagene Kompromißlösung, es habe zwei Gruppen oder Bewegungen von Essenern gegeben, verheiratete und unverheiratete, trifft die Sachlage

nicht. Siehe dazu ausführlich, mit Belegen und Zitaten auch aus erst in jüngerer Zeit publizierten Fragmenten und zur Archäologie von Qumran mit den Belegen des Friedhofs der Siedlung, C. P. Thiede, Die Messias-Sucher. Die Schriftrollen vom Toten Meer und die jüdischen Ursprünge des Christentums, Stuttgart 2002, 30–35.

104 Vgl. zu den gegenseitigen Beeinflussungen zwischen hellenistischen und jüdischen Sexualnormen und Sonderfällen auch M. L. Satlow, ›Rhetoric and Assumptions: Romans and Rabbis on Sex‹, in: M. Goodman (Hrsg.), Jews in a Graeco-Roman World, Oxford 1998, 135–144.

3 Im Osten nur Neues: Varus, Tiberius und die Jugend des Jesus

1 Markus 1,9; Matthäus 2,23; 4,13; 21,11; Lukas 1,26; 2,4; 2,39; 2,51; 4,16; Johannes 1,45; 1,46; Apostelgeschichte 10,38. In Matthäus 4,13 und Lukas 4,16 steht die alternative Schreibweise »Nazará«. Das Attribut »Nazarener« / »von Nazareth«, griechisch »Nazarênós«, kommt sechsmal vor: Markus 1,24; 10,47; 14,67; 16,6; Lukas 4,34; 24,19. Die alternative Attributivform »Nazôraîos« tritt dreizehnmal auf: Matthäus 2,23; 26,71; Lukas 18,37; Johannes 18,5; 18,7; 19,19; Apostelgeschichte 2,22; 3,6; 4,10; 6,14; 22,8; 24,5; 26,9. Zur Geschichte des Zweifels am Ort Nazareth siehe v. a. G. Dalman, Orte und Wege Jesu, Gütersloh [4]1967, 61–88.

2 Der Herkunftsort darf hier nicht mit dem Geburtsort verwechselt werden; historisch sicher ist, daß Jesus in Bethlehem geboren wurde. Vgl. C. P. Thiede, Jesus. Der Glaube. Die Fakten, Augsburg 2003, 13–38.

3 Vor allem dank der Qumranrollen wissen wir heute, daß es in manchen Kreisen auch die Erwartung eines weiteren Messias aus dem Stamme Aarons gab, vielleicht sogar noch eines dritten, priesterlichen Messias. Vgl. C. P. Thiede, Die Messias-Sucher. Die Schriftrollen vom Toten Meer und die jüdischen Ursprünge des Christentums, Stuttgart 2002, 232–239.

4 Markus 15,26; Matthäus 27,37; Lukas 23,38; Johannes 19,19. Zu den Details und Zusammenhängen siehe C. P. Thiede / M. d'Ancona, Das Jesus-Fragment. Kaiserin Helena und die Suche nach dem Kreuz, München 2000, 97–120.

5 Man sollte nicht vorschnell folgern, daß der Evangelist Johannes, der sich ausdrücklich als Augenzeuge vorstellt (19,35), diese Textfassung selbst »erfunden« hat. Der römische Präfekt hat seinem Schreiber

kaum einen Papyruszettel mit den Text der drei Sprachen Hebräisch-Griechisch-Latein in die Hand gedrückt, sondern nur die amtliche lateinische Zeile. Dem Schreiber oblag es, die beiden anderen Zeilen daraus zu übersetzen. War nun dieser Schreiber einer der jüdischen Bediensteten in der Umgebung des Pilatus (der Präfekt residierte über Passa im Palast der Hasmonäier zu Jerusalem und richtete dort sein vorübergehendes Prätorium ein), die wie ein Joseph von Arimathäa und ein Nikodemus zu den zuerst noch »verborgenen« Anhängern des Messias Jesus gehörten, so kann er ohne weiteres aus der lateinischen Vorlage »Nazarinus« (mit dem langem -i- korrekter Rechtschreibung; »Nazarenus« ist späteres Volkslatein) das griechische »Nazôraîos« gemacht haben. Siehe dazu ausführlich C. P. Thiede / M. d'Ancona, wie in Anm. 4, 127–132.

6 Auch »die freche Regierung« möge Gott »ausrotten in unseren Tagen«, heißt es in der ›Birkat Ha-Minim‹, was sich wohl gegen die römische Besatzungsmacht wendet. Die ursprüngliche Fassung der 12. Benediktion ist in der Forschung nicht unumstritten; an der Verstoßung der Judenchristen im Zusammenhang mit der Synode von Jamnia / Jafne um oder kurz nach 80 n. Chr. sollte jedoch kein Zweifel bestehen. Zu diesem Zeitpunkt hatten die judenchristlichen Missionare, nicht zuletzt dem Beispiel des Barnabas, Paulus und anderer Apostel folgend, bereits ein halbes Jahrhundert lang in den Synagogen von Jesus als Sohn Gottes und Messias gesprochen. Man hatte sie immer wieder hinausgeprügelt, ihnen den Zugang als Mitjuden aber nicht grundsätzlich verwehren dürfen. Erst ihre Aussonderung als »Nozrim« unter den jüdischen Ketzern und Häretikern verschaffte dafür überall im Römischen Reich eine schriftliche Handhabe.

7 Josephus, ›Leben‹ 230-233, 270

8 Julius Africanus bei Euseb, ›Kirchengeschichte‹ 1,7,14

9 Vgl. auch die ›Mischna‹, Qohelet 2,8, die von der Bedeutung des ortsansässigen Priestertums spricht.

10 Dazu vor allem B. Pixner, Wege des Messias und Stätten der Urkirche, Gießen / Basel ^{3}1996, 48–50.

11 Die Orthodoxen beziehen sich dabei auf eine Stelle im apokryphen ›Protevangelium des Jakobus‹ (ca. 150 n. Chr.), 11,1: »Und sie (Maria) nahm den Krug und ging hinaus, um Wasser zu schöpfen, und siehe, eine Stimme sprach zu ihr: ›Sei gegrüßt, du Begnadete unter den Frauen, der Herr sei mit dir, du Gesegnete.‹ Heute steht die Gabrielskirche über großen Teilen des Quellenbereichs. Systematische Ausgrabungen haben dort noch nicht stattgefunden.

12 Eine Londoner Tageszeitung brachte den bisher ausführlichsten und

zugleich sachlichsten Bericht: J. Cook, ›Is this where Jesus bathed?‹, in: The Guardian, 22. 10. 2003.

13 Mündliche Mitteilungen; ein Forschungsbericht ist noch nicht veröffentlicht.

14 Zum Centurio Cornelius und den römischen Truppen siehe C. P. Thiede, Artikel ›Kornelius‹, in: Das Große Bibellexikon, Bd. 2, Wuppertal / Gießen [2]1990, 822–823.

15 Siehe dazu auch S. J. Chase, ›Jesus and Sepphoris‹, in: Journal of Biblical Literature 45 (1962), 14–22; B. Schwank, ›Das Theater von Sepphoris und die Jugendjahre Jesu‹, in: Erbe und Auftrag 52 (1976), 199–206; R. A. Batey, ›Is not this the carpenter?‹, in: New Testament Studies 30 (1984), 249–258; *ders.*, Jesus and the Forgotten City. New Light on Sepphoris and the Urban World of Jesus, Pasadena 2000.

16 Siehe Cassius Dio, ›Römische Geschichte‹ 69,14,3.

17 Abbildungen der Höhle, der Schmuckfunde und einiger Papyri bei A. Schick / O. Betz / F. M. Cross, Jesus und die Schriftrollen von Qumran, Berneck 1996, 232–241.

18 N. Lewis (Hrsg.), Judaean Desert Studies: The Documents from the Bar Kokhba Period on the Cave of Letters, Jerusalem 1989; s. a. Y. Yadin, The Finds from the Bar-Kokhba Period in the Cave of Letters, Jerusalem 1963.

19 Unter einem Zensus / Census – die Lutherübersetzung nennt es »Schätzung«, die sogenannte Einheitsübersetzung »Eintragung in Steuerlisten« – verstand man die Ermittlung der steuerpflichtigen Bevölkerung und deren Steuerbelastung mittels der Erfassung des Grundbesitzes. Es gab Provinzialerfassungen, aber auch reichsweite, von denen Augustus nicht weniger als drei durchführte.

20 Siehe dazu v. a. K. Rosen, ›Jesu Geburtsdatum, der Census des Quirinus und eine jüdische Steuererklärung aus dem Jahre 127 n. Chr.‹, in: Jahrbuch für Antike und Christentum 38 (1995), 5–15; vgl. C. P. Thiede, Jesus. Der Glaube. Die Fakten, Augsburg 2003, 20–27.

21 Matthäus zitiert auf griechisch und kürzt den Text etwas ab; im Hebräischen lautet der Abschnitt: »Aber du, Bethlehem-Ephrata, so klein unter den Gauen Judas, aus dir wird hervorgehen, der über Israel herrschen soll. Sein Ursprung liegt in ferner Vorzeit, in längst vergangenen Tagen. Darum gibt der Herr sie preis, bis die Gebärende einen Sohn geboren hat. Dann wird der Rest seiner Brüder heimkehren zu den Söhnen Israels. Er wird auftreten und ihr Hirt sein in der Kraft des Herrn, im hohen Namen von JHWH, seines Gottes.«

22 Eine Stelle im Johannesevangelium (7,43) bestätigt das aus einer anderen Perspektive: Noch als Jesus längst auftrat, von seinen Anhän-

gern als Messias erkannt war und die Geburt in Bethlehem kein Geheimnis war, konnten einige Juden über das Kommen des Messias nachdenken, ohne Micha 5,1-3 in den Blick zu bekommen.

23 Im griechischen Text »apográphestai«, von »apográphô«, der Fachausdruck, der auch in der Babataurkunde vorkommt. Das dazugehörige Substantiv »apographê« benutzt Lukas in 1,2.

24 Also die zuständige Stadt für die Eintragung des in der Umgebung liegenden Grundbesitzes.

25 Lukas 1,32 setzt ebenfalls voraus, daß Jesus auch mütterlicherseits von David abstammte. Daß er durch Maria auch von Aaron, dem Bruder des Mose, abstammte, ergibt sich – wie bereits gesehen – aus Lukas 1,5 mit Lukas 1,36.

26 Dies alles gilt ungeachtet der alten Streitfrage, welchen Zensus Lukas meinte. Der Evangelist nennt Publius Sulpicius Quirinius als zuständigen Statthalter von Syrien (Lukas 2,2). Ein erster von Quirinus in dieser Position durchgeführter Zensus ist erst für das Jahr 6 n. Chr. nachweisbar, und ein von Kaiser Augustus in der Zeit der Geburt Jesu, also unter Herodes, veranlaßter reichsweiter Zensus ist nicht belegt. Es wäre denkbar, daß Lukas und seine mündlichen Quellen rund 65 Jahre später, als das Evangelium entstand, zwar noch von einem Zensus wußten – und es steht außer Frage, daß die Menschen unter Augustus und seinen Vasallenkönigen mehr als einen Zensus erlebten –, aber Quirinius nur deswegen nannten, weil der von ihm geleitete den Zeitgenossen besonders tief ins Gedächtnis eingeprägt war: Er war immerhin der erste nach einer entschneidenden Veränderung der politischen Umstände, denn 6 n. Chr. wurde Judäa zur unselbständigen römischen Provinz. Lukas könnte also verschiedene Ereignisse in ein einziges zusammengezogen haben: eine Reihe regelmäßiger Eintragungen in Steuerlisten, die unter Augustus als Kaiser des Reichs, aber durch Herodes als König durchgeführt wurden, ehe dann 6 n. Chr. der Kaiser selbst aktiv wurde. Denkbar und in der Forschung vorgeschlagen ist allerdings auch eine rein philologische Lösung: Wenn Lukas schreibt, daß unter Augustus »alle Welt geschätzt« wurde (so die Lutherübersetzung), sollte dann das griechische Wort »oikouménê« nicht als »alle Bewohner des Reichs« (so die ›Einheits-Übersetzung‹) verstanden werden, sondern so, wie wir auch heute noch »alle Welt« sagen, wenn wir nicht die ganze Welt meinen, sondern »jedermann«, in einer spezifischen Gruppe, hier also der Menschen in den jüdischen Gebieten unter Herodes? Auch der zweite Satz kann anders übersetzt werden: »Diese Steuerregistrierung fand früher statt als diejenige zur Zeit des Statthalterschaft des Quirinius über Syrien.« Nimmt man

diese Bedeutung an, hat sich das Problem gelöst. Im übrigen ist nicht zu bestreiten, daß Lukas über einen (späteren) Zensus im Jahr 6 n. Chr. Bescheid wußte: In Apostelgeschichte 5,37 zitiert er die Rede Gamaliels I. mit einem abschreckenden Beispiel für einen im Tod endenden Aufruhr: »Danach stand Judas der Galiläer auf, in den Tagen der Steuereinschreibung (›apographê‹), und brachte eine große Volksmenge hinter sich zum Aufruhr; auch er kam um und alle, die ihm folgten, wurden zerstreut.« Der Aufstand dieses Judas begann im Jahr 6 n. Chr., also dem bezeugten Jahr der Erfassungsmaßnahme des Quirinius (vgl. Josephus, ›Jüdischer Krieg‹, 2,118; 2,433; 7,253; ›Jüdische Altertümer‹ 18,4-10; 18,23-25; 20,102.

27 Zu den damaligen Währungseinheiten und ihren Wert vgl. M. Reiser, ›Numismatik und Neues Testament‹, in: Biblica 81/4 (2000), 457–488; B. Schwank, ›Das Neue Testament und seine Münzen‹, in: Erbe und Auftrag‹ 75 /3 (1999), 214–232; C. P. Thiede, Ein Fisch für den römischen Kaiser. Juden, Griechen, Römer: Die Welt des Jesus Christus, München 1998, 134–141.

28 »Es wird dir schwerfallen, gegen den Stachel auszuschlagen« (oder, sprichwörtlich seit Luther, »wider den Stachel zu löcken«), Apostelgeschichte 26,14, stammt fast wörtlich aus dem ›Agamemnon‹ des Aischylos, 1619–1624. Dazu, zu weiteren Parallelen und zum historischen Kontext des Zitats bei Jesus und Paulus, siehe C. P. Thiede, Ein Fisch für den römischen Kaiser. Juden, Griechen, Römer: Die Welt des Jesus Christus, München 1998, 43–56.

29 Auch der Talmud weiß noch davon: Traktat ›Schabbat‹ 6,4.

30 Alle vier Evangelien berichten den Handlungskern übereinstimmend. Johannes 18,10 bringt den vollständigsten Bericht mit den Namensnennungen. Lukas 22,50-51 nennt die Namen nicht, erwähnt aber als einziger, vielleicht aus dem medizinischen Interesse des Arztes, der er ursprünglich gewesen war, daß Jesus die Aktion nicht nur ablehnte, sondern auch die Wunde wieder heilte. Matthäus 26,51 nennt gleichfalls die Namen nicht und sagt auch nicht, welches Ohr abgeschlagen wurde. Markus 14,47 hat die knappste Fassung, die den Handlungsablauf ohne Namensnennung enthält und ohne die bei den anderen berichtete emphatische Ablehnung der Handlung durch Jesus (die sich allerdings auch bei ihm aus dem folgenden ergibt).

31 Lukas nennt ihn zweimal den Zeloten: Lukas 6,15 und Apostelgeschichte 1,13. Markus (3,18) und Matthäus (10,4) nennen ihn auf griechisch »tòn kananaîon«, was vom Hebräischen »qannâ‹i« und dem Aramäischen »qan‹anâ« abgeleitet ist, exakt das gleiche meint wie das griechische »zêlôtês« und zurückverweist auf alle Anhänger einer ge-

waltbereiten religiösen Partei, die ihre Wurzeln in der erfolgreichen Makkabäerrevolte sah: In 1. Makkabäer 2,27 wird jeder, der ein Eiferer (Zelot) für das Gesetz ist und den Bund Gottes hält, aufgefordert, sich der Revolte anzuschließen.

32 Siehe Apostelgeschichte 5,37; Lukas 2,2.

33 Josephus, ›Jüdischer Krieg‹ 4,1-54; 4,62-83

34 Vgl. Josephus, ›Jüdischer Krieg‹, 7,253; 7,304-306; 20,102.

35 Im ersten der Aufstände, dem von 4 v. Chr., sind drei führende Gestalten greifbar, ein ehemaliger Sklave des Herodes namens Simon, ein Hirte namens Athronges oder Athrongaius, und ein Judas Sohn des Hesekia. Simon ließ sich als König ausrufen (Josephus, ›Jüdische Altertümer‹ 17,273-274), wollte damit aber nicht Messias sein, sondern »nur« nach dem nichtjüdischen Idumenäer Hedrodes dem Volk wieder einen jüdischen König bieten. Athronges wollte als neuer David gesehen werden (›Jüdische Altertümer‹ 17,278-280), bezweckte aber keine Messiasproklamation. Und Judas distanzierte sich von allen potentiellen Königen, forderte eine radikale Gottesherrschaft, ohne sich selbst zum König oder Messias zu machen (›Jüdische Altertümer‹ 17,272; ›Jüdischer Krieg‹ 2,56). Im großen Jüdischen Krieg ab 66 n. Chr. traten Menachem und Simon Ben Giora wie Könige auf und kleideten sich auch so; doch fehlt auch hier wieder jeder Hinweis darauf, daß sie die weltliche Macht mit der von Gott kommenden Messiaswürde gleichsetzten (›Jüdischer Krieg‹ 2,433-434; 4,510; 4,575). Simon Ben Giora wird von den Römern nach dem Triumph in Rom nicht als Messias hingerichtet, sondern ganz irdisch als »König« bzw. Königsprätendent, der den Kaiser herausgefordert hatte (›Jüdischer Krieg‹ 7,26-31; 7,118; 7,154-155). Das änderte sich erst mit Simon Bar Kochba und dessen Aufstand 132-135 n. Chr.: Hier ist nachzuweisen, dank eines Papyrus, der in der ›Briefhöhle‹ südlich von En Gedi gefunden wurde, daß Bar Kochba sich selbst mit dem auch aus den Rollen von Qumran bekannten messianischen Titel »Nasir« als »Fürst« (über Israel) bezeichnete. Rabbi Akkiba, der 135 n. Chr. von den Römern hingerichtet wurde, rief Bar Kochba zum Messias aus und gab dem eigentlich Simon Bar Kosiba heißenden Revolutionär seinen neuen Namen, indem er die Stelle Numeri / 4. Mose 24,17, wo vom »Stern (»Kochaba«) aus Jakob« die Rede ist, als Prophetie auf Simon deutete. So wurde er zu »Bar Koch(a)ba«, dem »Sternsohn«. Doch das war über einhundert Jahre nach Jesus, zu dessen Lebzeiten nachweislich außer ihm selbst keine weitere zum Messias erklärte Person auftrat.

36 Johannes 18,3 zählt unter den Verhaftenden eine »speîra«; dieser grie-

chische Begriff kann eine römische Kohorte meinen, bei voller Stärke 600 Mann, eine Manipel (der dritte Teil einer Kohorte, also bei voller Stärke 200 Mann) oder allgemein eine Gruppe von Soldaten. Was gemeint ist, erklärt in militärischen Texten der Bezug zur jeweils nächsten Einheit. Hier wird der Ausdruck vielleicht »pars pro toto« benutzt, d. h.: Soldaten der auf der Antonia stationierten Kohorte nahmen möglicherweise an der Verhaftung Jesu teil. Die anderen Evangelien erwähnen die »speîra« nicht, formulieren aber so, daß ihre Präsenz denkbar bleibt. Siehe dazu S. 390, Anm. 57.

37 Näheres zum Vorkommen des Namens in den Quellen: C. P. Thiede, Art. ›Malchus‹, in: Das Große Bibellexikon, Wuppertal / Gießen [2]1990, Bd. 2, 916.

38 Daß im Judentum der Vertreter wie der eigentliche Amtsinhaber behandelt wurde, zeigen Stellen wie 1. Samuel 25,40-41 und 2. Samuel 10,3-5.

39 Josephus berichtet, wie unter Berücksichtigung dieser Anordnung jemand daran gehindert werden konnte, das Amt des Hohenpriesters auszuüben – man mußte ihm nur die Ohren abschneiden (›Jüdische Altertümer‹ 13,366). Vgl. D. Daube, ›Three notes having to do with Johanan ben Zaccai‹, in: Journal of Theological Studies 11 (1960), 53–62.

40 So die in Qumran gefundene ›Gemeinderegel‹, 1QS 28 a, 2,3-7.

41 Siehe V. Tzaferis, ›New Archaeological Evidence on Ancient Capernaum‹, in: Biblical Archaeologist 46 (1983), 198–206; V. Tzaferis / M. Peleg, ›Kefar Nahum‹, in: Excavations and Surveys in Israel 4 (1986), 59.

42 Zur antirömischen Polemik in der zeitgenössischen jüdischen Literatur siehe u. a. auch R. Deines, ›Reinheit als Waffe im Kampf gegen Rom. Zum religiösen Hintergrund der jüdischen Aufstandsbewegung‹, in: H.-P. Kuhnen (Hrsg.), Mit Thora und Todesmut. Judäa im Widerstand gegen die Römer von Herodes bis Bar-Kochba, Stuttgart 1994, 70–87.

43 ›Jüdischer Krieg‹ 4,138-146; 4,353-357

44 Die christliche Urgemeinde von Jerusalem lehnte die Revolte ab und begab sich rechtzeitig nach Pella in Transjordanien; so kam es dann, daß nach der Zerstörung Jerusalems nur die Judenchristen als einzige Juden die kaiserliche Genehmigung erhielten, in die Stadt zurückzukehren und dort zu bauen. Vgl. Euseb, ›Kirchengeschichte‹ 3,5,3; s. a. B. Wander, Trennungsprozesse zwischen frühem Christentum und Judentum im 1. Jh. n. Chr., Tübingen/Basel 1994, 267–272.

45 Wie oft sich jüdische Gemeinden ihre Synagogen von Nichtjuden (mit-)bezahlen ließen, ist nicht mehr sicher zu ermitteln; immerhin

geht auch der Talmud darauf ein (›Megilla‹ 3,5 [244]). An der historischen Glaubwürdigkeit des Berichts bei Lukas besteht jedenfalls kein vernünftiger Zweifel. Gelegentlich kann man noch heute lesen, die Evangelien hätten eine prorömische und antijüdische Tendenz, beschönigten also auch das Verhalten der Römer gegenüber Jesus und den ersten Christen. Das ist Unsinn. Ungeachtet der scharfen innerjüdischen Kritik an den Mitjuden, die in Jesus nicht den Messias Gottes erkennen wollten, ist noch nicht einmal bei der Schilderung vom Prozeß Jesu eine Schonung der Römer zu erkennen. Es ist kaum ein zynischeres Porträt eines juristisch überkorrekt, aber menschlich zutiefst verächtlich handelnden Machtmenschen denkbar als das des Präfekten Pontius Pilatus in den vier Evangelien. Erinnern wir uns: Noch der erste christliche Kaiser Roms, Konstantin I., genannt ›der Große‹, korrigierte diese den Römer entlarvende Darstellung nicht, als er auf dem Konzil von Nizäa 325 n. Chr. in seiner Gegenwart den Text des Credos, des Glaubensbekenntnisses, festlegen ließ. »Gekreuzigt unter Pontius Pilatus« heißt es dort, nicht etwa »gekreuzigt wegen Kaiaphas und der Juden«.

46 Gegen die Forschungslegende, Jesus sei einer von zahlreichen Wundertätern gewesen, siehe jetzt ausführlich U. Victor, ›Die Religionen und religiösen Vorstellungen im Römischen Reich im 1. und 2. Jahrhundert n. Chr.‹, in: U. Victor / C. P. Thiede / U. Stingelin, Antike Kultur und Neues Testament, Basel 2003, 87–170, hier 105–115.

47 Es sind zwei Schreibweisen des alten Patriziergeschlechts überliefert: Quinctilius oder Quintilius. Die Form mit -c- ist die ursprüngliche, hat sich aber in den späteren Handschriften und Editionen nicht durchgesetzt. Varus war das häufigste bezeugte Cognomen (Beiname) des Geschlechts, ursprünglich wie häufig bei cognomina die Bezeichnung einer Eigenschaft (»varus« = o-beinig).

48 In der Forschung wird er meist als Quinctilius Varus Cremonensis bezeichnet, also aus Cremona (wie Vergil), doch ist das eine moderne Ergänzung.

49 Horaz, ›Epistula ad Pisones de arte poetica‹, 438-452

50 Cassius Dio, ›Römische Geschichte‹ 54,6-10, hier v. a. 7,6; vgl. Markus 7,24-31.

51 Einige dieser Stationen des Varus sind auch durch Inschriften belegt; siehe v. a. Inscriptiones Graecae XII 5 Nr. 940 (Achaia), Corpus Inscriptionum Atticarum III 584a (Athen-Station auf der Orientreise); Corpus Inscriptionum Latinarum VI 386 (Spiele für Augustus).

52 Vgl. Cassius Dio, ›Römische Geschichte‹ 27,1; Sueton, ›Divus Augustus‹ 56,2.

53 So jedenfalls Cassius Dio, ›Römische Geschichte‹ 54,31, der darin allerdings keine Geringschätzung des Tiberius sieht, denn Drusus gegenüber verfuhr Augustus ebenso (32,1; 33,5). Es schien der grundsätzlichen Zurückhaltung des Augustus gegenüber öffentlichen Zuschaustellungen und Ehrungen anderer wie auch seiner eigenen Person zu entsprechen.

54 Ohne weiteren Kommentar so bei Sueton, ›Tiberius‹ 9,2.

55 Genauer gesagt: den Querbalken des Kreuzes, denn der vertikale Stamm war bei römischen Kreuzigungen in der Regel fest installiert. Zu Simon von Kyrene siehe Markus 15,21; Matthäus 27,23; Lukas 23,26.

56 Apostelgeschichte 6,9; vgl. Apostelgeschichte 11,20 und 2,10. Zur Identifizierung der Jerusalemer Synagoge dieser Juden aus der Kyrenaika siehe M. Hengel, ›Der vorchristliche Paulus‹, in: M. Hengel / U. Heckel (Hrsg.), Paulus und das antike Judentum, Tübingen 1991, 177–291; geringfügig bearbeitet in M. Hengel, The Pre-Christian Paul, London/Philadelphia 1991, v. a. 68–69.

57 Siehe u. a. P. Schaefer, Judaeophobia. Attitudes towards the Jews in the Ancient World, Cambridge (MA) / London 1997, 121–135; C. P. Thiede / U. Stingelin, Die Wurzeln des Antisemitismus. Judenfeindschaft in der Antike, im frühen Christentum und im Koran, Basel [6]2003, 17–19.

58 Philo von Alexandria, ›Gegen Flaccus‹, vor allem 1-7 und 16-24; 54-72; 81-85. Zum Lob des Augustus vgl. G. Delling, Studien zum Frühjudentum. Gesammelte Aufsätze 1971–1987, Göttingen 2000, 340–362, hier v. a. 355.

59 Siehe seine Schrift ›Gesandtschaft an Gaius‹.

60 »Sôtêr kaì euergétês«, ›Gegen Flaccus‹ 74. An anderer Stelle, ›Gesandtschaft an Gaius‹ 22, teilt Philo mit, daß auch Kaiser Caligula (Gaius) von den Menschen vorübergehend als ihr Heiland und Wohltäter angesehen wurde.

61 Z. B. Deuteronomium / 5. Mose 32,15; Psalm 23,5; 24,5; Micha 7,7; Habakuk 3,18; oft ausdrücklich als »Gott der Retter«. Vgl. auch 1 Samuel 10,19; Jesaja 12,2; 17,10; 45,15-18; 45,21-22; 62,11. Die Verbindung »Herr« und »Heiland«, »kyrios« und »sôtêr«, findet sich in Psalm 27,1, dem Wappenspruch der Universität Oxford: »Der Herr ist mein Licht und mein Heiland, wen soll ich fürchten?« Zum »sôtêr« als Heiland und Retter, siehe auch Kapitel 1.

62 ›Über die Schöpfung der Welt‹ 169 u. a. m.

63 »tô sôtêri kaì euergétê theô«, ›Legum Allegoria‹ II,56. In der Septuaginta kommt »euergétês« ohne die Verbindung mit dem Heiland / Retter in einem Einschub des Buches Esther vor (8,13), wo es im Plu-

ral Wohltäter der Menschen bezeichnet; ansonsten nur in den deuterokanonischen Schriften, die der Septuaginta beigegeben sind: v. a. Weisheit Salomos 19,14; 2. Makkabäer 4,2 (hier ist der Hohepriester Onias III. gemeint); 3. Makkabäer 3,19; 6,24. Im Neuen Testament findet sich das Wort ein einziges Mal, Lukas 22,25, und bezieht sich hier, in einem Wort Jesu, auf die Machthaber, die Wohltäter der Menschen genannt werden.

64 Siehe die Belege bei A. D. Nock, Essays on Religion and the Ancient World II, Cambridge (MA) 1972, 720–735; vgl. F. W. Danker, Benefactor: Epigraphic Study of a Graeco-Roman and New Testament Semantic Field, St. Louis 1982.

65 Inschrift in Inscriptiones Graecae ad Res Romanas pertinentes (IGRom) IV,20.

66 Die Tiberiusinschriften: IGRom III, 719 und 721. Claudius: IGRom III,721. Nero: Orientis Graeci Inscriptiones Selectae (OGIS) II,668. Titus: Supplementum epigraphicum graecum (SEG) IV,209.

67 Dazu A. D. Nock, Essays on Religion and the Ancient World II, Cambridge (MA) 1972, 724.

68 Hier sei sicherheitshalber daran erinnert, daß entgegen einer noch immer verbreiteten Auffassung auch Lukas Jude war, ehe er Christ wurde. Die These, er sei ein griechischer Nichtjude gewesen, entwickelte sich erst im 4. und 5. Jahrhundert, als die zunehmend judenfeindlich werdende Kirche wenigstens einen einzigen nichtjüdischen Autor der neutestamentlichen Grundschriften finden wollte und Lukas mit Hilfe einer Fehlinterpretation von Kolosser 4,7-14 dazu machte. »Sôtêr« für Gott im Neuen Testament: Lukas 1,47; 1. Timotheus 1,1; 2,3; 4,10; Titus 1,3; 2,10; 3,4; Judas 25. Für Jesus: Lukas 2,11; Johannes 4,42; 1. Johannes 4,14; Apostelgeschichte 5,31; 13,23; Epheser 5,23; Philipper 3,20; 2. Timotheus 1,10; Titus 1,4; 2,13; 3,6; 2. Petrus 1,1; 1,11; 2,30; 3,2; 3,18.

69 Josephus, ›Jüdischer Krieg‹ 1,618-619. Übersetzung nach O. Michel / O. Bauernfeind (Hrsg.) Flavius Hosephus, De Bello Judaico / Der Jüdische Krieg. Griechisch und Deutsch. Band I: Buch I–III, München [3]1982, 162–165.

70 ›Jüdischer Krieg‹ 639

71 Josephus, ›Jüdische Altertümer‹ 17,213-218

72 ›Jüdische Altertümer‹ 17,285

73 Vgl. C. P. Thiede / U. Stingelin, Die Wurzeln des Antisemitismus. Judenfeindschaft in der Antike, im frühen Christentum und im Koran, Basel [6]2003, 30–34.

74 ›Jüdischer Krieg‹ 2,69; ›Jüdische Altertümer‹ 17,289.

75 ›Jüdischer Krieg‹ 2,71

76 Lukas 24,13-35. Das Dorf Emmaus des Lukas lag 8,5 km von Jerusalem entfernt; Josephus nennt es im ›Jüdischen‹ Krieg 7,217 als Ort einer von Kaiser Vespasian 71 n. Chr. eingerichteten Veteranenkolonie. Siehe dazu C. P. Thiede, ›Die Wiederentdeckung von Emmaus bei Jerusalem‹, in: Zeitschrift für Antike und Christentum 47 (2004), im Druck.

77 Beide von Varus bzw. auf seinen Befehl zerstörte Städte wurden kurz darauf wiederaufgebaut; Sepphoris wurde vorübergend zur Hauptstadt von Galiläa, und Emmaus behielt seine Stadtrechte.

78 ›Jüdischer Krieg‹ 2,75

79 ›Jüdischer Krieg‹ 2,76

80 Bei Anreppen an der Lippe *(Lupia)* wurde das Winterquartier mit dem Prätorium des Tiberius ausgegraben. Velleius Paterculus, ›Römische Geschichte‹ 105,3; zur Elbe 106,3.

81 Velleius Paterculus, ›Römische Geschichte‹ 107,1-2. Übersetzung nach der Edition von M. Giebel, Velleius Paterculus: Historia Romana / Römische Geschichte, Stuttgart 1989, 225–227.

82 Cassius Dio, ›Römische Geschichte‹ 55,10,2

83 Cassius Dio, ›Römische Geschichte‹ 56,18,3-5

84 Valleius Paterculus, ›Römische Geschichte‹ 117,2. Das Gerücht folgt dem Klischee, noch jeder römische Provinzgouverneur habe seine Amtszeit genutzt, um zu Wohlstand zu kommen.

85 Tacitus, ›Annalen‹ 55,1

86 Velleius Paterculus, ›Römische Geschichte‹ 2,119,5

87 Tacitus, ›Annalen‹ 1,55,2

88 Cassius Dio, ›Römische Geschichte‹ 56,19,3-4; weiter 19,5-22,2 mit der Beschreibung des Hinterhalts und des Kampfverlaufs.

89 Theodor Mommsen, Die Örtlichkeit der Varusschlacht, Berlin 1885.

90 Dazu das Buch des Entdeckers, Major Tony Clunn, MBE: Auf der Suche nach den verlorenen Legionen, Bramsche 1998.

91 Auch Verteidiger der Stätte im Teutoburger Wald bei Detmold, wo das Hermannsdenkmal Touristen anzieht, melden sich wieder zu Wort. Eine Beschreibung der Zusammenhänge bietet P. S. Wells, The Battle That Stopped Rome: Emperor Augustus, Armenius, and the Slaughter of the Legions in the Teutoburg Forest, London 2003.

92 Sueton, ›Divus Augustus‹ 23,2

93 Die bewegende Schilderung dieses Ereignisses bei Tacitus, ›Annalen‹ 1,61,1-62,2.

94 Tacitus, ›Annalen‹ 88,2

95 Heinrich von Kleist, ›Die Hermannsschlacht‹, 1808; Friedrich Gottlieb Klopstock, ›Hermanns Schlacht‹, 1769, ›Hermann und die Fürsten‹, 1784, ›Hermanns Tod‹, 1787. In E. Frenzels ›Stoffe der Weltliteratur‹, Stuttgart [8]1992, umfaßt die Auflistung der Bearbeitungen des Hermann / Arminius-Stoffes dreieinhalb engbedruckte Seiten.

4 Meuterer und Rebellen: Der Kaiser und seine Gegner von Gallien bis Judäa. Ein Zwischenspiel

1 ›Historien‹, 6,3

2 Josephus, ›Jüdische Altertümer‹ 18, 33-35. Josephus nennt Ananus, der noch vom Vorgänger des Valerius Gratus, Annius Rufus ernannt worden war, als ersten der von Gratus abgesetzten Hohenpriester. Ihm folgte Ismael, Sohn des Phabi, diesem schon wenig später Eleazar, ein Sohn des Ananus. Ein Jahr später folgte Simon Sohn des Kamith. Auch dieser Simon blieb nur ein Jahr im Amt, bis Kaiaphas an der Reihe war. Zur amtserhaltenden Bestechungspolitik des Hannas und des Kaiaphas siehe D. R. Catchpole, The Trial of Jesus, Leiden 1971, hier v. a. 249.

3 Vgl. Augustus, ›Res gestae‹ 12.

4 Cassius Dio, ›Römische Geschichte 53,16,8. Weiter sagt er: ›Auch auf griechisch sprachen sie ihn daher als ›Sebastós‹ an, was einen zu verehrenden meint, von ›sebázesthai‹ abgeleitet.‹ (Genau: vom Verb ›sebázomai‹, hier mit der Bedeutung ›in heiliger Ehrfurcht verehren‹.)

5 Ennius, ›Annalen‹ 502: Augusto augurio condita Roma«, Rom, gegründet aufgrund eines heiligen Götterzeichens. Ennius (239–169 v. Chr.) meint damit die zwölf Geier, die Romulus erschienen und ihm den Ort der zu gründenden Stadt zeigten (vgl. Livius, ›Ab urbe condita‹ 1,7,1; Plutarch, ›Biographien‹, Romulus 9). Daß diese hochreligiöse Beziehung vom Senat und von Augustus selbst verstanden wurde, kann nicht bezweifelt werden: Auch ihm, dem Imperator Caesar Divi Filius, erschienen während seines ersten Konsulats 43 v. Chr. zwölf Geier (Sueton, ›Divus Augustus‹ 95).

6 Sueton, ›Divus Augustus‹ 58

7 ›Res gestae‹ 35, erhalten im zweisprachig lateinisch-griechischen ›Monumentum Ancyranum‹.

8 Vgl. Cicero, ›De Re Publica‹ 1,64.

9 Matthäus 6, 9-13; vgl. Lukas 11,2-5. Im Neuen Testament wird Gott an mehr als einhundertzwanzig Stellen Vater genannt. Vgl. Kapitel 2.

10 Seneca, ›De clementia‹ 1,10,3. Zur nicht authentischen Korrespondenz zwischen Seneca und Paulus siehe C. Römer, ›Der Briefwechsel zwischen Seneca und Paulus‹, in: W. Schneemelcher, Neutestamentliche Apokrpyhen II, Tübingen [5]1989, 44–50 (mit deutschem Text).

11 Sueton, ›Tiberius‹ 26,2. Tacitus, ›Annalen‹ 2,87. Tacitus fügt seinen Kommentar hinzu: »Daher war das Reden unter einem Princeps, der die Freimütigkeit fürchtete und die Schmeichelei haßte, eingeschränkt und riskant.«

12 Sueton, ›Tiberius‹ 28

13 »boni pastoris esse tondere pecus, non deglubere«, Sueton, ›Tiberius‹ 32,2.

14 Homer, ›Hymnus auf Hermes‹, 567-570; Hesiod, ›Theogonie‹, 444-450.

15 Vgl. auch Hesekiel 34,11-31; 37,24.

16 Daß hier nicht David selbst, sondern ein künftiger Nachfahre Davids gemeint ist, geht aus der Zeit, in der Hesekiel schrieb, gut 500 Jahre nach König David, ebenso unzweideutig hervor wie aus anderen Prophetensätzen, z. B. Jeremia 30,9 und Hosea 3,5.

17 Auch diese Aussage wendet sich, schon für ihre ersten Leser erkennbar, gegen die im Römischen Reich vorherrschenden Ideen vom Kaiser als Heiland (»sôtêr). Das Attribut »Herr«, griechisch »kyrios«, lateinisch »dominus«, das hier Jesus, der neugeborene Messias / Christus erhält, gelangte jedoch erst nach Augustus und Tiberius ins offizielle Repertoire der Kaiseranreden; beide lehnten es für sich ab. »Als er von jemandem mit ›Herr‹ angeredet wurde, wies er das zurück«, heißt es über Tiberius bei Sueton, »da er diese Anrede wie eine Kränkung betrachtete.« (›Tiberius‹ 27; vgl. Tacitus, ›Annalen‹ 87) Augustus und Tiberius dachten hier westlich; in den Religionen und Kulten des griechischsprachigen Ostens hatte der Titel »Herr« dagegen durchaus eine göttliche Komponente. So konnte es im Osten dazu kommen, daß auch schon diese beiden so betitelt wurden. Die Titulatur eines Gottes als Herr ist in Syrien belegt, auch für eine Gottheit wie Serapis. »Man kann mit Sicherheit sagen, daß zur Zeit der Entstehung des Christentums *Herr* ein der ganzen östlichen Welt verständliches göttliches Prädikat gewesen ist.« (A. Deissmann, Licht vom Osten. Das Neue Testament und die neuentdeckten Texte der hellenistisch-römischen Welt, Tübingen [4]1923, 298.) Zu den Belegen aus der Zeit vor Augustus und Tiberius gehört eine Inschrift vom Isis-Tempel auf der Nilinsel Philae

vom 12. Mai 62 v. Chr., auf der Ptolemaios XIII. als »Herr König Gott« tituliert wird (Orientis Graeci Inscriptiones Selectae, OGIS, Nr.1868); seine Mitregenten Ptolemaios XIV. und Kleopatra werden 52 v. Chr. »die Herren, die größten Götter« genannt (vgl. A. Deissmann, 300). Auf einem Papyrus des Jahres 1 n. Chr. wird dann Augustus als »Gott und Herr, Selbstherrscher« bezeichnet (P. Oxy. 1143). Kurz vor 29 v. Chr. entstand eine Inschrift im syrischen Abila, in der Tiberius und seine Mutter Livia als »Herren Augusti« angesprochen werden (OGIS Nr. 606; vgl. A. Deissmann, 300, Anm. 11). Für Caligula und Claudius gibt es Einzelbelege; Nero scheint der erste Kaiser gewesen zu sein, der die Anrede »Herr« im Sinne der Göttlichkeit nicht nur zuließ, sondern förderte; die Belege auf Inschriften und in Papyri sind zahlreich. Nero ist der Kaiser, zu dem Paulus als römischer Bürger geschickt werden will, um einen abschließenden Prozeß zu erhalten (Apostelgeschichte 25,11-12; 26,32). Lukas gibt wieder, wie der römische Prokurator Festus seinerseits vom Kaiser Nero als »Herrn« spricht (Apostelgeschichte 24,26). Juden waren sich der Problematik solcher Gottestitulaturen natürlich bewußt; Philo von Alexandria, der Zeitgenosse des Paulus, läßt daran keinen Zweifel und betont, wie sich Augustus in seiner Bescheidenheit auszeichnete: »Für die Tatsache, daß er nicht durch maßlose Ehren zu einem Popanz aufgeblasen wurde, gibt es wohl einen untrüglichen Beweis: Er wollte sich niemals Gott nennen, sondern er konnte sogar ungehalten werden, wenn jemand ihn in dieser Weise ansprach; außerdem empfing er freundlich die Juden, von denen er genau wußte, daß sie dergleichen verabscheuten.« (›Gesandtschaft an Gaius‹, 154; vgl. U. Victor, ›Die Religionen und religiösen Vorstellungen im Römischen Reich im 1. und 2. Jahrhundert n. Chr.‹, in: U. Victor / C. P. Thiede / U. Stingelin (Hrsg.), Antike Kultur und Neues Testament, Basel 2003, 87–170, hier v. a. 132–133). Für jeden Juden, der sich in einer griechischsprachigen Umwelt bewegte, Philo und Paulus unter ihnen, war spätestens seit der Übersetzung der hebräischen Bibel ins Griechische, d. h. seit dem 3./2. vorchristlichen Jahrhundert, eines klar: »Herr«, also »kyrios«, war die Bezeichnung Gottes. An zahllosen Stellen des Alten Testaments steht das Wort für das hebräische »adonai«, das seinerseits das unaussprechliche Tetragramm des Gottesnamens, JHWH, umschrieb. Im Neuen Testament wird das konsequent weitergeführt, doch kommt hier hinzu, daß auch Jesus als »Herr« beschrieben wird und dadurch mit Gott gleichgesetzt ist. Im Matthäusevangelium bezieht Jesus diese Titulatur mit einem Hinweis auf Psalm 100,1 auf sich selbst. Die Gleichsetzung von Gott und Jesus unter dem Begriff »Herr« wird zum festen Bestandteil der frühchristlichen Verkündigung – vgl. die Petrus-Rede in Apostelgeschichte 2,34-36 sowie Paulus in 1. Korinther 15,23-28 und Philipper 2,5-11; ferner Hebräer 10,11-18. (Siehe auch C. P. Thiede / M. d'Ancona, Der Jesus-Papyrus, München 1996, 203–212; C. P. Thiede, Ein Fisch für den römischen Kaiser. Juden, Griechen, Römer: Die Welt des Jesus Christus, München 1998, 206–213.)

18 Auch die griechische Übersetzung des Alten Testaments, die Septuaginta, kannte natürlich das »Egô eimi«, das der griechisch schreibende Johannes in seiner Wiedergabe der Jesusrede benutzt, als Selbstbezeichnung Gottes: neben der schon oben genannten Stelle, Deuteronomium / 5. Mose 32,39 (»Siehe, siehe, daß ich es bin, und daß kein Gott neben mir ist«, griechisch »Idete, ídete hóti egô eimi, kaì ouk ésti theòs plên emoû«), z. B. Hesekiel 34,15 (»egô eimi Kyrios«). Vgl. dazu und zu weiteren Belegstellen den ausgezeichneten Abschnitt in E. Stauffer, Jesus. Gestalt und Geschichte, Bern 1957, 130–146.

19 Sueton, ›Tiberius‹ 17,2; charakteristischerweise erhob Augustus Einspruch.

20 Tacitus, ›Annalen‹ 52,2

21 Velleius Paterculus, ›Römische Geschichte‹ 2,126,2. Den allgemein populären Götterkulten konnte Tiberius nicht viel abgewinnen und hielt sich auch beim Bauen von Tempeln für diese Art von Göttern auffällig zurück.

22 ›Annalen‹ 2,85,4. Mit den Freigelassenen sind jene Juden gemeint, die bereits unter Pompeius nach Rom gekommen waren und danach den Status von »libertini« erhielten; sie lebten vor allem »trans Tiberim«, in dem Viertel, das noch heute Trastevere heißt.

23 ›Tiberius‹ 36

24 ›Gesandtschaft an Gaius‹, 159-161. Die abschließend erwähnten Maßnahmen werden auf die Zeit nach dem Hinrichtung Sejans am 18. Oktober 31 n. Chr. datiert, Tiberius selbst starb am 16. März 37 n. Chr. In Judäa konnte also Pontius Pilatus trotz der von Philo beschriebenen Anweisungen noch gut fünf Jahre weiter als Präfekt amtieren, ehe er zusammen mit dem Hohenpriester Kaiaphas vom syrischen Legaten Vitellius abgesetzt wurde. Immerhin unterließ Pilatus nach 31 die antijüdischen Maßnahmen – die Kreuzigung Jesu hatte im Jahr davor stattgefunden, doch wie wir noch sehen werden, konnte sie auch Tiberius kaum als antisemitischen Akt verstehen –, ehe er 36 n. Chr. auf dem Berg Garizim die dort versammelten Samaritaner umbringen ließ, was unmittelbar zu seiner Absetzung und Verschickung nach Rom durch Vitellius führte.

25 ›Jüdische Altertümer‹ 18,65-80

26 ›Jüdische Altertümer‹ 18,81-84

27 ›Römische Geschichte‹ 57,18,5 a

28 Schon Horaz schrieb vom werbenden Verhalten der Juden Roms (›Satiren‹ 1,4,140-143), und noch im 2. Jahrhundert ist die Mode des Konvertierens oder zumindest des Liebäugelns mit dem Judentum unter hochrangigen Römern ein Thema der römischen Literatur (vgl. u. a. Juvenal, ›Satiren‹ 14,96-106). Auch die Frau Neros, Poppaea, war eine »Gottesfürchtige«, die jüdische Bräuche pflegte und Juden privilegierte (Josephus, ›Vita‹, 3,16; ›Jüdische Altertümer‹ 20,195).

29 Vgl. auch H. J. Leon, The Jews of Ancient Rome, upated edition, Peabody 1995, 16–20, 251.

30 Augustus deutet das selbst in seinem Testament an. Sueton, ›Tiberius‹ 23.

31 Sueton, ›Tiberius‹ 22. Tacitus beschuldigt, ohne Belege vorzubringen, Tiberius und seine Mutter Livia des Mordauftrags – Tiberius habe aus Furcht (vor dem möglichen Rivalen), Livia aus der Abneigung einer Stiefmutter gehandelt – und behauptet dann, Tiberius habe im Senat vorgeschützt, es sei eine Anordnung des Augustus an den Tribunen des Wachkommandos gewesen, Agrippa sofort umzubringen, sobald er selbst gestorben sei (›Annalen‹ 1,6,1-3). Die Mitteilung des Sueton, der Senat habe den Vergang überhaupt nicht debattiert, ist im Gesamtzusammenhang erheblich glaubwürdiger. Cassius Dio (›Römische Geschichte‹ 57,3,5) hält Tiberius für den alleinigen Anstifter, sichert sich aber ab: Es seien Geschichten, die er gehört habe.

32 So auch B. Levick, Tiberius the Politician, rev.ed. London 1999, 65–66.

33 »Servatum munere deum Agrippam«, Tacitus, ›Annalen‹ 2,40,1.

34 ›Annalen‹ 2,40,3. Vgl. Cassius Dio, ›Römische Geschichte‹ 57,16,3-4.

35 Aus Markus 8,22 und 8,27 geht hervor, daß sie diesen Weg gingen. Die Trasse läßt sich heute in der Landschaft wieder rekonstruieren. 50 km war eine Wegstrecke, die zu Fuß auf jeden Fall in mindestens zwei Tagesreisen unterteilt wurde.

36 Matthäus 14,1-2; die Vorstellung, die Herodes Antipas, der alles andere als ein frommer Jude war, von einer solchen »Wiedergeburt« hatte, könnte vielleicht mit Hilfe einer Schilderung des Josephus im ›Jüdischen Krieg‹ 7,185 verstanden werden. Dort schreibt er über Vorgänge auf der Burg Machärus, die auch der Ort der Hinrichtung des Täufers durch Antipas gewesen war: Die Wurzel einer bestimmten Pflanze soll, sobald man sie an einen Kranken heranträgt, die Dämonen vertreiben, die Geister böser Menschen, die in die Lebenden fahren und diese töten, wenn nicht früh genug Hilfe kommt. So wäre, in der magischen Vorstellungswelt des Antipas, Jesus vom Dämon des

getöteten Johannes besessen und werde hoffentlich – weil ihm diese Pflanze nicht zur Verfügung stand – bald selbst tot sein. Einen jüdischen Auferstehungsglauben besaß Antipas wohl kaum; darin unterscheidet er sich von der Überzeugung frommer Juden, Jesus sei der auferstandene Johannes (vgl. auch Markus 6,14-16: Markus setzt den Akzent etwas anders, läßt erst die galiläischen Juden sagen, daß sie Jesus für Johannes den Täufer halten, der von den Toten auferstanden ist, für Elia oder einen der Propheten, ehe Herodes Antipas erklärt: ›Johannes, den ich enthaupten ließ, ist auferstanden.‹ Antipas war sicher nicht plötzlich zum gläubigen Juden mutiert. Da auch die Leser des Markus – und der anderen Evangelisten – wußten, wer Antipas war, kann man annehmen, daß Markus die Aussage des Antipas als ironisches Nachäffen der ihm zugetragenen Meinung gläubiger Juden verstanden wissen will).

37 Hier sind nur die Wunder aufgeführt, die ausdrücklich von Jesaja mit dem Messias und seiner Zeit in Verbindung gebracht werden, und unter diesen nur jene, die vor der Umfrage bezeugt waren. Die Stellenangaben bei Matthäus stehen hier stellvertretend für weitere Belege in den Evangelien.

38 Vgl. auch die sogenannte Hymnenrolle 1QH, 3,15 bzw. 18,14. Siehe dazu C. P. Thiede, Die Messias-Sucher. Die Schriftrollen vom Toten Meer und die jüdischen Ursprünge des Christentums, München 2002, 248–254.

39 2. Könige 5,1-14; vgl. Lukas 4,27.

40 Zu Choni und Chanina siehe jetzt U. Victor, ›Die Religionen und religiösen Vorstellungen im Römischen Reich im 1. und 2. Jahrhundert n. Chr.‹, in: U. Victor / C. P. Thiede / U. Stingelin (Hrsg.), Antike Kultur und Neues Testament, Basel 2003, 87–170, hier 105–115.

41 Exodus / 2. Mose 23,30 mit Maleachi 3,1; in Matthäus 11,10.

42 Das jüdische ›Alte Testament‹, der ›Tanach‹, enthält zwar die gleichen Bücher wie die protestantisch-christlichen Ausgaben, hat jedoch nach der Tora, den fünf Mose-Büchern, eine andere Reihenfolge, so daß im ›Tanach‹ die ›Ketubim‹ (›Schriften‹) den Schluß bilden und die 2. Chronik das letzte Buch ist. Maleachi ist das abschließende Buch des zweiten Blocks im ›Tanach‹, der ›Nebi'im‹, und dort wiederum des zweiten Teils, der ›Tree Asar‹ oder ›Zwölf kleinen Propheten‹.

43 Im hebräischen Jesajatext lautet der Satz »Es ruft eine Stimme: In der Wüste bereitet dem Herrn den Weg.« Der Täufer hat also den lokalen Akzent verändert; nicht der Weg wird in der Wüste bereitet, sondern die Wüste ist der Ort, an dem der Prediger spricht. Diese Verschiebung findet sich jedoch bereits in der griechischen Übersetzung der 3. / 2. vor-

christlichen Übersetzung, der Septuaginta, ist also zweihundert Jahre älter als der Täufer und die Evangelisten, die über ihn berichten. Es kommt im jüdischen Denken beides zusammen: sich in der Wüste messianisch vorbereiten, wie es der Messias tat, in vierzigtägigem Fasten (Matthäus 4,1-2), und ihn in der Wüste (der realen ebenso wie in der geistigen) verkünden, wie der Täufer. Völker, die fern von Gott sind, befinden sich in der Wüste – so beschrieb es denn auch ein Qumrantext, die ›Kriegsrolle‹ (1QM 1,3; vgl. Levitikus / 3. Mose 26,40-45). In der ausführlichsten Wiedergabe der Täuferrede, bei Lukas 3,4-6, läßt sich das besonders deutlich nachvollziehen, denn hier kommt zum Zitat aus Jesaja 40,3-5 noch eine Anspielung auf Psalm 67,3 hinzu: »Es ruft eine Stimme in der Wüste: ›Bereitet den Weg des Herrn, macht seine Wege gerade. Alle Täler sollen erhöht werden, und alle Berge und Hügel sollen sich senken. Und was uneben ist, soll gerade, und was hügelig ist, soll eben werden. *Und alle Menschen werden den Heiland Gottes sehen.*‹«

44 Matthäus 5,35 mit Klagelieder 2,1; Matthäus 5,39 mit Klagelieder 3,30.

45 Zur Topographie vgl. C. P. Thiede, Geheimakte Petrus.

46 Eine frühere Messiasaussage des gleichen Jüngers findet sich bereits in Johannes 1,34; seine Erkenntnis ist also ebensowenig neu wie der Beiname »Petrus«, den Jesus in seiner Antwort (Matthäus 16,18) für Simon nicht erfindet, sondern »nur« bestätigt. Entscheidend ist, daß Jesus hier nicht eine spontane Ehrfurchtserklärung hört (wie in Johannes 1,34), sondern die bedachte Antwort auf eine Frage, deren Kommen die Jünger natürlich seit Beginn der Meinungsumfrage längst erwarteten. Es ist hier nicht der Ort, auf die philologischen und historiographischen Detailfragen einzugehen, die mit dem gesamten Abschnitt 16,15-20 und den Parallelstellen verbunden sind; siehe dazu ausführlich C. P. Thiede, Geheimakte Petrus. Auf den Spuren des Apostels, Stuttgart 2000, 51–76; *ders.*, Der Petrus-Report. Der Felsen der Kirche in neuem Licht, Augsburg 2002, 42–63.

47 Im Alten Testament findet sich das Wort vom »lebendigen Gott« u. a. in Psalm 42,3; 84,3; Jeremia 10,10 und Daniel 6,27.

48 Siehe auch Kapitel 2 zum Gedicht des Ovid auf den Vater und Gott Augustus, ›Tristia ex Ponto‹ 4,9,105–116.

49 Cassius Dio, ›Römische Geschichte‹ 57,5,1-4

50 Dramatisch dargestellt bei Tacitus, ›Annalen‹ 1,40-44.

51 Tacitus, ›Annalen‹ 1,45; 1,48,1-49,2

52 Tacitus, ›Annalen‹ 2,71; in 2,69,3 erwähnt Tacitus, man habe im Krankenzimmer des Germanicus Zaubersprüche mit Verwünschungen und

Spuren von magischen Mitteln gefunden, die den Tod beschwören sollten.

53 Vgl. Tacitus, ›Annalen‹ 4,7,1-11,3. Zu den Auswirkungen der Intrigen Sejans siehe Kapitel 5.

54 Siehe dazu ausführlich die in Anm. 46 genannte Literatur.

55 »pylai hádou« steht bei Matthäus im griechischen Text, wörtlich also die Tore des Hades; in Offenbarung 1,18 wird das gleiche griechische Wort für die Unterwelt, »hádês«, gebraucht. Gelegentlich wird von Bibelforschern angezweifelt, daß Jesus überhaupt von einer Kirche sprechen konnte bzw. eine solche Gemeinschaft gründen wollte. Diese Zweifel scheitern am Text des Alten Testaments und dem Sprachgebrauch der Juden zur Zeit Jesu, wie er den Schriftrollen vom Toten Meer zu entnehmen ist. »Ekklêsía«, das griechische Wort, das bei Matthäus für »Kirche« bzw. Gemeinschaft steht, und die aramäische Entsprechung »qâhal« sind für eine Gott zugewandte Gemeinde schon vor Jesus belegt, und es wäre ohnehin absurd, sich einen Messias zu denken, der keine messianische Gemeinschaft gewollt hätte. Ob er sich die Kirchen in ihrer heutigen Form gewünscht hätte, ist selbstverständlich eine ganz andere Frage, ändert aber nichts an der historischen Glaubwürdigkeit der Aussage im Matthäusevangelium.

56 Vgl. die heftige Auseinandersetzung des Paulus mit den Silberschmieden und Handwerkern beim damals weltberühmten Artemistempel in Ephesus, die sich gegen die geschäftsschädigende Jesusverkündigung des Apostels und seiner Mitarbeiter mit einem Tumult und den stundenlangen Rufen des Mottos der Artemisanhänger sträubten: »Groß ist die Artemis von Ephesus!« Der Schlüssel des Artemistempels von Lusoi wird auf das 6. vorchristliche Jahrhundert datiert, er befindet sich heute im Fine Arts Museum Boston.

57 ›Josua-Homilie‹ 7,1

58 ›Kirchengeschichte‹ 6,25,8

59 Zur Debatte über die Echtheit der Briefe und zum aktuellen Forschungsstand siehe C. P. Thiede, Geheimakte Petrus. Auf den Spuren des Apostels, Stuttgart 2000, 257–268; vgl. auch *ders.*, Artikel ›Erster Petrusbrief‹ und ›Zweiter Petrusbrief‹, in: Das Große Bibellexikon, Bd. 3, Wuppertal / Gießen [2]1990, 1169–1171, 1171–1174.

60 Siehe dazu im Detail C. P. Thiede, ›A Pagan Reader of 2 Peter: Cosmic Conflagration in 2 Peter 3 and the *Octavius* of Minucius Felix‹, in: Journal for the Study of the New Testament 26 (1986), 79–96.

61 Tiberius‹ 42,1. ›Biberius‹ ist abgeleitet von ›bibere‹, trinken‹, ›Caldius‹ von ›caldum‹, warmes Getränk – vielleicht auf Glühwein bezogen, und

›Mero‹ und ›merum‹, Wein, der nicht mit Wasser vermischt war und den nur hartgesottene Säufer tranken.

62 Siehe auch die Antwort Jesu in Lukas 5,31-32 und den Kommentar des Evangelisten in Johannes 2,11-12.

5 »Der Frieden sollte gewahrt bleiben«: Gegen Jesus und Sejan

1 Sueton, ›Tiberius‹, 59

2 Vor Tiberius auch schon bei Cicero, ›Philippika‹ 1,14,34; ›Pro Sestio‹ 48; ›De officiis‹ 1,28,97. Nach Tiberius bei Seneca, ›De ira‹ 1,20,4; ›De clementia‹ 1,12,4; 2,2,2.

3 Sueton, ›Caligula‹ 29

4 Das heißt: Sie konnten subjektiv als schuldlos gelten, solange sie noch nicht mit seiner personifizierten Verkündigung konfrontiert waren. »Schuld«, griechisch »hamartía«, wird an dieser Stelle meist mit »Sünde« übersetzt.

5 Johannes 19,7; 19,10

6 Wie sehr Pilatus den Angeklagten mißverstand, spielt hierbei keine Rolle. Was Jesus vom alttestamentlichen Wahrheitsbegriff wußte und wie er ihn auf sich und den Vatergott anwandte, hätte der Präfekt erst ermitteln müssen. Auch den Satz aus dem Jerusalemer Talmud, ›Sanhedrin‹ 18 a, »Gottes Siegel ist Wahrheit. Was bedeutet Wahrheit? Daß er, Gott, lebt, und ein ewiger König ist«, konnte er natürlich noch nicht kennen.

7 Poseidonius stammte aus Apameia in Syrien, das heißt aus der Provinz, deren Legaten der Präfekt Pilatus unterstand. Er lehrte in Athen, auf Rhodos und in Rom. Erhalten sind von ihm vor allem Fragmente aus seinen Geschichtswerken. Von seinen ungleich folgenreicheren philosophischen Lehren wissen wir nur durch die Zitate und Kommentare der von ihm beeinflußten Autoren.

8 Zur klassischen Bildung römischer Offiziere siehe u. a., im Zusammenhang mit der Entdeckung eines Vergilzitats auf der von der Zehnten Legion eroberten jüdischen Festung Massada, H. M. Cotton / J. Geiger, Masada II. The Latin and Greek Documents, Jerusalem 1989, 31–34.

9 Johannes 19,10-12; 18,37-38

10 Sueton, ›Tiberius‹ 21,1

11 Philo, ›Gesandtschaft an Gaius‹ 157. Augustus wollte damit nicht seine Hinwendung zum Gott der Juden demonstrieren, sondern sei-

nen Respekt vor dem höchsten Gott auch dieses ihm untergebenen Volkes.

12 Josephus, ›Gegen Apion‹ 2, 76-77. Die lateinische Formulierung »neque pro filiis«, »jedoch nicht für die Söhne«, wird von manchen Interpreten auf die Söhne des Kaisers bzw. die kaiserliche Familie bezogen, von anderen auf die Söhne, Kinder, der Juden selbst. Das Gebet für einen fremden König *und seine Söhne* bzw. seinen Sohn kennen in der jüdischen Tradition bereits Esra 6,10 (Gebet für Kyrus und seine Söhne) und die deuterokanonische Schrift Baruch 1,11 (Gebet für Nebukadnezar und seinen Sohn Belsazar).

13 Markus 12,13-17 und die Parallelstellen Matthäus 22,15-22; Lukas 20,20-26.

14 In der Fassung des Matthäus (22,18) redet er sie direkt als Heuchler / Schauspieler an: »hypokritaí!«

15 »SEBASTOS«, Anbetungswürdiger, ist hier der Titel, wie ja auch das gleichbedeutende lateinische »AUGUSTUS« kein Eigenname, sondern Titel war. E. Stauffer, Christus und die Cäsaren, München / Hamburg 1966, 113, übersetzt die Bedeutung: »Kaiser Tiberius, der anbetungswürdige Sohn des anbetungswürdigen Gottes«. Auch Silberdenarprägungen aus Alexandria sind belegt; vgl. H. S. J. Hart, ›The Coin of »Render unto Caesar …«. A Note on Some Aspects of Mark 12,13-17, Matthew 22,15-22, Luke 20,:20-26‹, in: E. Bammel / C. F. D. Moule (Hrsg.), Jesus and the Politics of His Day, Cambridge 1984, 241–248.

16 Eine gute Abbildung mit Erläuterung in H. Schröder, Jesus und das Geld. Wirtschaftskommentar zum Neuen Testament, Karlsruhe [3]1981, 44, 275–276. Zu Varianten des Bildprogramms und des Textes auf griechischen Tiberiusmünzen siehe H. Mattingly, Coins of the Roman Empire in the British Museum, I, London 1923, 126:45.

17 B. Schwank, ›Ein griechisches Jesuslogion? Überlegungen zur Antwort Jesu auf die Steuerfrage (Mk 12,16 parr.)‹, in: N. Brox / A. Felber, u. a. (Hrsg.), Anfänge der Theologie, Graz 1987, 61–64.

18 Die Vertreibung einiger jüdischer und judenchristlicher Anführer aus Rom unter Kaiser Claudius, 48 n. Chr., hatte einen konkreten, lokalen Anlaß, nämlich die Störung der öffentlichen Ruhe durch den in der Stadt ausgetragenen Konflikt zwischen orthodoxen Juden und leidenschaftlichen Christusverkündern, und war keine allgemeine Maßnahme gegen die Christen. Sie endete spätestens mit dem Tod des Claudius 54 n. Chr. Siehe dazu H. Botermann, Das Judenedikt des Kaisers Claudius, Stuttgart 1996.

19 Auch die frühen lateinischen Übersetzungen unterstreichen das: »Reddite igitur« lesen wir in der Vulgata bei Markus 12,17, »gebt da-

her zurück«; und auch in Römer 13,7 steht: »Reddite ergo«, gebt also zurück. Siehe weiter auch E. Stauffer, Christus und die Caesaren, wie in Anm. 15, 120–125.

20 Tacitus, ›Annalen‹ 38,3

21 Dazu gehörten alle Juden, die Hebräisch und Aramäisch lasen. Das Qumranfragment 4Q246, wohl schon zur Zeit des Augustus entstanden, enthält die schärfste Zurückweisung des Kaiserkultes und der Erhebung des kaiserlichen (Adoptiv-)Sohns zum Sohn Gottes. »›Sohn Gottes‹ wird er genannt werden«, heißt es da im Mittelteil der zweiten Kolumne, »und ›Sohn des Höchsten‹ werden sie ihn nennen. Doch wie die Sternschnuppen wird sein Königreich sein. Sie werden nur für einige Jahre herrschen, und sie werden alles niedertreten. Ein Volk wird das andere niedertreten und eine Provinz die andere Provinz. [...] Bis das Volk Gottes aufstehen wird und alle Ruhe haben werden vor dem Schwert. Sein Königreich wird ein ewiges Königreich sein, und seine Wege werden rechtschaffen sein. Er wird die Erde gerecht richten, und alle werden Frieden machen. Zerstörung wird von der Erde ablassen, und alle Provinzen werden ihm huldigen.« Das heißt: Gott wird seinen Messias schicken, den Fürst der Gemeinde, und er wird die Kaiser und Kaisersöhne wie Sternschnuppen vergehen lassen. Dahinter steht Psalm 82,6: »Ich hatte gedacht: ›Seid ihr Götter, seid ihr Söhne des Allerhöchsten? Nein! Ihr werdet sterben wie die Menschen. Wie ein Mensch, Fürsten, werdet ihr fallen.‹ Mache dich auf, Gott, richte die Welt, denn alle Nationen gehören dir.« (vgl. Jesaja 14,12-21; Hesekiel 28,1-10) Siehe dazu ausführlich C. P. Thiede, Die Messias-Sucher. Die Schriftrollen vom Toten Meer und die jüdischen Ursprünge des Christentums, Stuttgart 2002, 232–248.

22 Josephus nennt die Beendigung dieses Opfers ausdrücklich als Grund: »[...] es gelang Eleazar, Sohn des Hohenpriesters Ananias, einem verwegenen jungen Mann, die im Tempel diensttuenden Hohenpriester zu überreden, sie sollten von Nichtjuden keine Gaben oder Opfer mehr annehmen. Damit war der Grund zum Krieg gegen die Römer gelegt; denn so verwarfen sie das für diese und den Kaiser dargebrachte Opfer.« (›Jüdischer Krieg‹ 2,409)

23 Tacitus, ›Annalen‹ 4,14,3; vgl. Sueton, ›Tiberius‹ 37,2.

24 Schon die im 3./2. vorchristlichen Jahrhundert entstandene ›Septuaginta‹, die von Juden für Juden angefertigte griechische Übersetzung der hebräischen Bibel, in die auch Texte aufgenommen wurden, deren Ursprache ohnehin das Griechische war, kennt die Gleichsetzung von »hypokritês« mit Heuchler: Hiob 34,20; 2. Makkabäer 5,25. Im Neuen Testament kommt das Wort siebzehnmal vor, immer dann, wenn

Jesus zu Gegnern spricht und sie beschreibt (ein Beispiel: Matthäus 6,2).

25 Siehe S. 153–155.

26 Sueton, ›Tiberius‹ 57,2

27 Sueton, ›Tiberius‹ 75,1

28 Seneca, ›De clementia‹ 1,1,6. Die Nero gewidmete Schrift entstand 55/56 n. Chr.

29 Seneca, ›Apocolocynthosis‹ 1,2. Seneca schreibt, man wisse, sie seien auf der Via Appia ins Reich der Götter eingezogen. So scherzt er darüber, daß die Leichname des Augustus und des Tiberius, die beide in Kampanien gestorben waren, auf der Via Appia nach Rom gebracht wurden und daher auf dieser Strecke ihren Weg in den Himmel begonnen hatten.

30 Philo, ›Gesandtschaft an Gaius‹ 141

31 Beide waren die Söhne von Männern, denen für ihre Verdienste um Rom das römische Bürgerrecht verliehen worden war; das Gentilnomen »Iulius« zeigt an, daß sie in die Caesarensippe der Julier aufgenommen wurden. Ähnlich wie der Cheruskerfürst Arminius / Hermann waren sie daher nicht einfach aufständische Führer eines unterworfenen Volkes, sondern *de iure* Verräter.

32 Vgl. Plinus d. Ä., ›Naturgeschichte‹ 30,13. Die Maßnahme des Tiberius war offenbar regional begrenzt; erst Claudius verbot den Kult in ganz Gallien (Sueton, ›Divus Claudius‹ 25,5).

33 Tacitus, ›Annalen‹ 4,72,1-4,74,1

34 Sueton, ›Tiberius‹ 37,1; Sueton listet einige Beispiele dafür auf, wie einfallsreich und rücksichtslos der Kaiser dabei vorgehen konnte (37, 2-4).

35 B. Levick, Tiberius the Politician, London rev. ed. 1999, 130.

36 Z. Yavetz, Tiberius. Der traurige Kaiser, München 2002, 116–117.

37 Tacitus, ›Annalen‹ 2,47,1

38 Das ist eine vorsichtige Schätzung. Andere Berechnungen gehen von Einkommensvergleichen aus und kommen auf einen Gegenwert von 193 Euro pro Denar, so daß sich die Gabe des Tiberius auf 482,5 Millionen Euro belaufen hätte. Zu den grundsätzlichen Problemen heutiger Umrechnungen vgl. M. Reiser, ›Numismatik und Neues Testament‹, in: Biblica 81/4 (2000), 457–488, hier v. a, 483–484; B. Schwank, ›Das Neue Testament und seine Münzen‹, in: Erbe und Auftrag 75/3 (1999), 214–233, hier v. a. 226–232.

39 ›Annalen‹ 2,48,1: »Diese großartige staatliche Schenkung ergänzte der Kaiser durch eine nicht weniger dankenswerte persönliche Freigiebigkeit.«

40 Unter den anderen betroffenen Städten nennt Tacitus das Magnesia am unteren Hermos, Temnia, Aigai (eine erhaltene Inschrift bezeugt den Dank der Bewohner an Tiberius), Hierocaesaria, Mostene (auch hier eine Inschrift), Myrina, Kyme und Tmolos.

41 Josephus, ›Jüdische Altertümer‹ 14,235; 16,171

42 Zur Entstehungszeit der Offenbarung des Johannes siehe J. A. T. Robinson, Wann entstand das Neue Testament?, Paderborn / Wuppertal 1986, 232–264; K. Berger, Theologiegeschichte des Urchristentums, Tübingen / Basel 1994, 569–571; C. P. Thiede, Bibelcode und Bibelwort, Basel 1998, 86–87.

43 Siehe C. P. Thiede / U. Stingelin, Die Wurzeln des Antisemitismus. Judenfeindschaft in der Antike, im frühen Christentum und im Koran, Basel ^{6}2003, 137–139. Vgl. S. 394, Anm. 85.

44 Die Offenbarung des Johannes nennt sie schlicht die »Synagoge des Satans«, vgl. C. P. Thiede / U. Stingelin, Die Wurzeln des Antisemitismus, 118–120.

45 Auch das persönliche Engagement des Germanicus beim Wiederaufbau mag dazu beigetragen haben. Vgl. C. J. Hemer, The Letters to the Seven Churches of Asia in Their Local Setting, Sheffield 1986, 157.

46 Tacitus, ›Annalen‹ 6,16,2-6,17,4

47 Tacitus, ›Annalen‹ 6,45,1

48 Velleius Paterculus, ›Römische Geschichte‹ 2,126, 3-4

49 Velleius Paterculus, ›Römische Geschichte‹ 2,114,1-2

50 Sueton, ›Tiberius‹ 11,2

51 Tacitus (›Historien‹ 4, 81,1-3), Sueton (›Divus Vespasianus‹ 7,2-3) und Cassius Dio (›Römische Geschichte‹ 65, 8,1-2) erzählen, wie Vespasian einen fast Erblindeten und einen Mann mit gelähmter Hand heilte. Zur Bewertung siehe U. Victor, ›Die Religionen und religiösen Vorstellungen im Römischen Reich im 1. und 2. Jahrhundert n. Chr.‹, in: U. Victor / C. P. Thiede / U. Stingelin (Hrsg.), Antike Kultur und Neues Testament, Basel 2003, 87–170, hier 107–108.

52 Sueton, ›Tiberius‹ 63,1

53 Zu den Magiern und Astrologen siehe Tacitus, ›Annalen‹ 2,32,3.

54 Im Falle der Magier und Astrologen muß es sie schon deswegen gegeben haben, weil Tiberius trotz der Ausweisung und der doppelten Hinrichtung nach wie vor einen Berufsastrologen wie Thrasyllos unter seinen engsten Beratern hielt, den er als erfahrenen Philosophen und vertrauenswürdigen Freund schätzengelernt hatte.

55 Velleius Paterculus, ›Römische Geschichte‹ 2,126,2. Für die Streitigkeiten in der Kurie, dem Versammlungsort des Senats, gebraucht Velleius das Wort *discordia* und spielt so darauf an, daß Tiberius den Tem-

pel der *Concordia*, der Göttin der Eintracht und des Friedens, an der Nordwestecke des Forums restauriert und eingeweiht hatte, nur wenige Meter von der ›Curia‹ entfernt.

56 Josephus, ›Jüdische Altertümer‹ 18,174-175

57 ›Jüdische Altertümer‹ 18,177-178. Wird das erste und letzte Regierungsjahr vollständig gezählt, ergeben sich von 14 bis 37 n. Chr. dreiundzwanzig Jahre. Ein anderes Beispiel für eine weit überdurchschnittliche Amtszeit ist Gaius Poppaeus Sabinus, der von 11 bis 35 n. Chr. Gouverneur von Moesia war, einer Provinz, der 15 n. Chr. noch Achaia und Macedonia hinzugefügt wurde. Er war der Großvater mütterlicherseits der Poppaea Sabina, die als Mätresse Neros und dessen spätere Ehefrau, aber auch als Freundin und Förderin der Juden in die Geschichte einging. Poppaeus wurde 35 n. Chr. nicht etwa abberufen, sondern starb friedlich an seinem Amtssitz.

58 Fabel 314, bei Aristoteles, ›Rhetorik‹, 2,1393 b 23–1394 a 1.

59 Zu den Pforten der Hölle, wörtlich des Hades, siehe S. 174.

60 Tacitus, ›Annalen‹ 6,51,3. ›Ingenium‹ kann soviel heißen wie ›natürliche Veranlagung‹, aber auch Phantasie und Talent, Genie, Begabung, Intelligenz. Tacitus sieht das ›Ingenium‹ des Tiberius in gewisser Weise genialisch, nur eben als destruktive Kraft, die beim Kaiser zum Durchbruch kam.

61 Euseb, ›Kirchengeschichte‹ 2,5,7. Zu den von Euseb hier angedeuteten Übergriffen des Pilatus siehe unten. Die Nennung Philos als Quelle veranlaßte christliche Historiker, genauer bei ihm nachzulesen. Es fiel ihnen nicht schwer, denn die Werke Philos wurden bis ins Mittelalter nur von christlichen Herausgebern abgeschrieben und verbreitet. Die fehlende Rezeption Philos in der jüdischen Spätantike ist noch nicht ausreichend geklärt. Anders als Josephus, der von der Gesandtschaft Philos zu Kaiser Gaius Caligula berichtet (›Jüdische Altertümer‹ 18,259-260), der aber selbst wegen seines nicht ganz freiwilligen Seitenwechsels zu den Römern mitten im Aufstand von 66–73 n. Chr. als Verräter und Apostat geächtet wurde und seine Überlieferung christlichen Tradenten verdankt, hat Philo sich nichts Vergleichbares zuschulden kommen lassen. Ein Grund könnte gewesen sein, daß Philo ausschließlich griechisch schrieb, während sich das Judentum nach der Zerstörung des Tempels auf seine hebräisch-aramäischen Wurzeln besann und dann die großen Sammlungen der Mischna und der Talmude ausschließlich hebräisch bzw. punktuell aramäisch verfaßt wurden, ohne jemals für das Diasporajudentum ins Griechische übersetzt zu werden. Griechisch-jüdische Literatur und ihre Rezeption brachen bereits gegen Ende des 1. nachchristlichen Jahrhunderts weitgehend ab.

Umgekehrt wurde Philo unter den griechischsprachigen Kirchenvätern begeistert gefeiert als Modell für die Verbindung von biblischer Offenbarungswahrheit und philosophischem Denken. Seine allegorische Auslegung des Alten Testaments beeinflußte nachhaltig die frühchristliche Theologie. Klemens von Alexandria, der einige Jahrzehnte nach Philos Tod in dessen Heimatstadt wirkte, rezipierte und kommentierte ihn als erster, Origenes und andere folgten, dann auch, zum Teil dank lateinischer Übersetzungen in der Zeit des spätantiken Staatschristentums, Ambrosius und Augustinus. Byzantinische Anthologien werteten ihn zu einer Art Kirchenvater auf und bezeichneten ihn als »Philo der Bischof«.

62 Philo, ›Gegen Flaccus‹ 1. Einige Forscher nehmen an, daß die heute erhaltene Schrift gegen Flaccus der zweite Teil eines umfangreicheren Werkes ist.

63 Philo, ›Gesandtschaft an Gaius‹, 159-160

64 Sueton, ›Divus Augustus‹ 93

65 Philo, ›Gesandtschaft an Gaius‹ 294-297; Josephus, ›Jüdische Altertümer‹ 16,55.

66 Cicero, ›Für Flaccus‹ 28,66,10. Menahem Stern hält diese und ähnliche Äußerungen nicht für Antisemitismus; schließlich habe Cicero in seinen Gerichtsreden ganz ähnlich über andere Völker wie z. B. die Gallier (in ›Für Fonteius‹) und die Sardinier (in ›Für Scaurus‹) gesprochen, um die Zeugen der Anklage in ihrer Nationalität als unrömisch zu inkriminieren (siehe M. Stern, Greek and Latin Authors on Jews and Judaism, vol. 1, Jerusalem 1976, 193–195.

67 Zu diesem frühantiken Brauch der Römer siehe Plutarch, ›Numa‹ 8.

68 Das Zitat findet sich bei Augustinus, ›Über den Gottesstaat‹, 4,31.

69 Tacitus, ›Annalen‹ 4,2,1-2

70 Vgl. Tacitus, ›Annalen‹ 4,34-35. Die Schärfe des Vorgehens gegen Cremutius ist gleichwohl ein Zeichen für die Radikalität der Versuche, den historischen Werdegang des Prinzipats nicht durch die Glorifizierung seiner frühen Gegner in Gefahr zu bringen. Die ›Annalen‹ des Cremutius wurden verbrannt, allerdings konnte seine Tochter Marcia wichtige Schriftrollen retten, so daß es unter Gaius Caligula zu einer neuen Publikation kam. Heute sind nur noch wenige Fragmente erhalten. Seneca, der kurz nach 37 n. Chr. eine Trostschrift für Marcia schrieb, nennt Sejan und seine Helfershelfer (›satellites‹) allein schuldig. Er rühmt Marcia dafür, die Hauptwerke ihres Vaters, den er nicht wegen seiner Meinung, sondern wegen seiner Beredtsamkeit und Freiheitsliebe verteidigt (›eloquentiam et libertatem‹), der Nachwelt erhalten zu haben. (›De consolatione ad Marciam‹ 1,2-4)

71 »actu otiosis simillimum«, Velleius Paterculus, ›Römische Geschichte‹ 2,127,3-4, hier 4.

72 ›Römische Geschichte‹ 2,128,3

73 ›Römische Geschichte‹ 2,128,4

74 ›cruentis in tenebris sepelire‹; Valeius Maximus, ›Facta et dicta memorabilia‹ 9.11, ext. 4.

75 ›Facta et dicta memorabilia‹ 9,11, ext. 4

76 Tacitus, ›Annalen‹ 4,1,3

77 Tacitus, ›Annalen‹ 4,2,3

78 Velleius Paterculus, ›Römische Geschichte‹ 2,130,3

79 Tacitus, ›Annalen‹ 4,31,1

80 Diese Vipsania Agrippina, 14 v. Chr. geboren als Tochter des Marcus Vipsanius Agrippa und der Iulia, ist nicht zu verwechseln mit der gleichnamigen, 33 v. Chr. geborenen Tochter aus der ersten Ehe des Vipsanius Agrippa mit Caecilia Attica, die 16 v. Chr. Tiberius heiratete und mit ihm den Sohn Drusus zeugte.

81 Tacitus, ›Annalen‹ 4,12,1

82 Tiberius ging sogar gegen den Senat vor, wenn dort ohne seine Zustimmung entschieden worden war. Als Gaius Clutorious wegen eines voreiligen Gedichts auf den Tod des noch nicht verstorbenen Drusus zum Tode verurteilt und hingerichtet wurde, tadelte er den Senat und erließ ein Gesetz, daß kein vom Senat verhängtes Todesurteil vor Ablauf von zehn Tagen vollstreckt werden dürfe, so daß er auch auf Reisen die Gelegenheit habe, vom Urteil zu erfahren, um es gegebenenfalls revidieren zu können (Cassius Dio, ›Römische Geschichte‹ 57,20,3-4, vgl. Tacitus, ›Annalen‹ 3,49-51).

83 Sueton, ›Tiberius‹ 55; vgl. Tacitus, ›Annalen‹ 6,46,1.

84 In ›Tiberius‹ 62,3 widerspricht Sueton seiner eigenen Darstellung: Keineswegs habe Tiberius den Gemellus zu seinem Nachfolger machen wollen, da er aus einem Ehebruch hervorgegangen sei. So auch Cassius Dio, ›Römische Geschichte‹ 57,22,4. Jedenfalls wurde Gemellus 37 n. Chr. kurz nach dem Tod des Tiberius von Caligula ermordet.

85 ›Tiberius‹ 53,1-2. Sueton fügt noch das Klatschspaltengerücht hinzu, Tiberius habe Agrippina auspeitschen lassen, als sie sich bei ihm beschwerte; dabei habe sie ein Auge verloren.

86 Sueton, ›Tiberius‹ 62; Tacitus, ›Annalen‹ 4,33; 4,8-11; Cassius Dio, ›Römische Geschichte‹ 57,22.

87 Tacitus, ›Annalen‹ 4,40,1-5

88 Tacitus, ›Annalen‹ 4,59,1-2

89 So B. Levick, Tiberius the Politician, London rev. ed. 1999, 168.

90 Tacitus, ›Annalen‹ 4,41. Immerhin äußert Tacitus dann noch selbst

Zweifel an den von ihm ermittelten Gründen für den Rückzug nach Capri, ›Annalen‹ 57,1-2: Es falle auf, daß der Kaiser auch nach dem Tod Sejans noch sechs weitere Jahre auf Capri geblieben sei. Im gleichen Atemzug unterstellt er ihm aber wieder niedere Motive: In der Einsamkeit Capris habe er seine Grausamkeit und Wollust verborgener ausleben könne, auch habe er sich, wie einige behaupteten, im Alter seines häßlichen Äußeren geschämt. Tacitus gibt hier, wie er selbst erklärt, Klatsch und Gerüchte weiter, scheint ihnen aber ganz gern glauben zu wollen.

91 Velleius Paterculus, ›Römische Geschichte‹ 2,130,3-5. Auch die innig geliebte erste Frau des Tiberius, Vipsania, war 20 n. Chr. gestorben. Sein enger Freund Lucilius Longus, der einzige Senator, der mit Tiberius in sein erstes langes, freiwilliges Exil nach Rhodos gegangen war, starb 23 v. Chr. und wurde mit einem Staatsbegräbnis geehrt (Tacitus, ›Annalen‹ 4,15,1). Die zunehmende äußere Vereinsamung des Tiberius und die daraus folgende Vereinsamung im Inneren sind also nachprüfbar und verständlich; Velleius dürfte in aller Knappheit das Richtige getroffen haben.

92 Siehe S. 211.

93 Josephus, ›Jüdische Altertümer‹ 18,179-182

94 Solange Sejan nicht ausdrücklich Verbündete gegen Tiberius sammelte oder jedenfalls keinen Verdacht in dieser Richtung weckte, fiel es ihm leicht, im Senat Anhänger für seine Pläne zu finden, denn die Senatoren mußten natürlich bis zum Beweis des Gegenteils annehmen, daß er mit Wissen, im Interesse und generell im Auftrag des Kaisers handelte.

95 Sueton, ›Tiberius‹ 65,1-2

96 Juvenal, ›Satura‹ 10, 56-107, eine zynisch-anschauliche Beschreibung des Sturzes Sejans.

97 ›Satura‹ 10, 72-81. »Aber was tut die Masse des Remus (also die Römer)?« fragt Juvenal rhetorisch; »das gleiche Volk hätte …, wenn das sich ungefährdet wähnende Greisenalter des Tiberius keinen Verdacht geschöpft hätte, zu genau dieser Stunde den Sejan ›Augustus‹ genannt.«

98 Cassius Dio, ›Römische Geschichte‹ 58, 9,1-11,5

99 So sieht Tacitus es auch selbst, ›Annalen‹ 4,10,1-11,3; s. a. ›Annalen‹ 4,7,1-8,1; vgl. Sueton, ›Tiberius‹ 62,1-2; Cassius Dio, ›Römische Geschichte‹ 57,22,1-4; 58,11,6-7.

100 Sueton, ›Tiberius‹ 58. Vgl. Tacitus, ›Annalen‹ 11,22,1; noch für die Regierungszeit des Claudius: Cassius Dio, ›Römische Geschichte‹ 60,15,6.

101 Vgl. Tacitus, ›Annalen‹ 6,18,1.

6 Nach dem Leben ist vor dem Leben: Wie stirbt ein Sohn Gottes?

1 Zur Forschung über die Statthalterakten zu Hochverratsprozessen vgl. J. Blinzler, Der Prozeß Jesu. Das jüdische und römische Gerichtsverfahren gegen Jesus Christus aufgrund der ältesten Zeugnisse dargestellt und beurteilt, Regensburg [3]1960, hier v. a. 29. Vgl. auch K. Jaroš, In Sachen Pontius Pilatus, Mainz 2002, 112–114.

2 Justin, ›Apologie I‹, 35,7-9; 48,1-3

3 Tertullian, ›Apologeticum‹ 5,2

4 Tertullian, ›Apologeticum‹ 21,24: »Dies alles, was mit Christus geschah, berichtete Pilatus, der selbst nach seinem Gewissen schon Christ war, dem damaligen Kaiser Tiberius.«

5 Zu Geschichte und Text siehe F. Scheidweiler, ›Nikodemusevangelium, Pilatusakten und Höllenfahrt Christi‹, in: W. Schneemelcher (Hrsg.), Neutestamentliche Apokryphen, I: Evangelien, Tübingen [5]1987, 395–424.

6 Der jüdische Historiker Heinrich Graetz nennt Pilatus »Sejans Kreatur«, belegt das aber auch nur mit der Koinzidenz des Jahres 26 n. Chr., in dem unter der vermuteten Regie Sejans Tiberius nach Capri und Pilatus nach Caesarea gingen: H. Graetz, Geschichte der Juden. Von den ältesten Zeiten bis auf die Gegenwart, Bd. 3/1, Leipzig 1905, repr. Darmstadt 1998, 269.

7 Den Augustustempel beschreibt Josephus; er nennt u. a. die »gewaltige Bildsäule des Kaisers, die ihrem Vorbild, dem Zeus in Olympia, in nichts nachstand« (›Jüdischer Krieg‹ 1,414).

8 Zu den Zahlen der Pilgermassen siehe W. Reinhardt, ›The Population Size of Jerusalem and the Numerical Growth of the Jerusalem Church‹, in: R. Bauckham (Hrsg.), The Book of Acts in its First Cebtury Setting, Bd. 4: Palestinian Setting, Michigan / Carlisle 1995, 237–265, hier v. a. 259–263.

9 Vgl. Apostelgeschichte 21,31-40. Noch heute läßt sich das nachvollziehen, wenn man an der ›Via Dolorosa‹ über den Innenhof der arabischen ›Umariyya‹-Jungenschule zu den Fenstern geht, die den heute muslimisch verwalteten Tempelplatz überblicken. Der Hof und die mit unverglasten Öffnungen durchbrochene Mauer bewahren Teile der Antoniafestung, die im jüdischen Aufstand besetzt und 70 n. Chr. von den Römern selbst zerstört wurde.

10 Apostelgeschichte 10,1-11,18. Zur Datierung der Episode, den archäologischen Belegen und den häufigen Standortwechseln römischer

Kohorten siehe C. P. Thiede, Artikel ›Kornelius‹, in: Das Große Bibellexikon, Bd. 2, Wuppertal / Gießen ²1990, 822–823.

11 Erstveröffentlichung: A. Frova, ›L'iscrizione di Ponzio Pilato a Cesarea‹, in: Rendiconti, Istituto Lombardo (Accademia di scienze e lettere) 95 (1961), 419–425.

12 Tacitus, ›Annalen‹ 15,44,3. Die neutestamentlichen Schriften nennen ihn griechisch »hêgemôn«, was allgemein für Provinzgouverneure gilt und von Luther sehr anschaulich mit »Landpfleger« übersetzt wurde.

13 Antonius Felix, von 52–60 n. Chr.: Apostelgeschichte 23,24-24,27; Porcius Festus, von 60–62 n. Chr: Apostelgeschichte 24,27-26,32.

14 Siehe dazu im einzelnen G. Alföldy, ›Pontius Pilatus und das Tiberiéum von Caesarea Maritima‹, in: Scripta Classica Israelica XVIII (1999), 85–108, sowie *ders.*, ›Nochmals: Pontius Pilatus und das Tiberiéum von Caesarea Maritima‹, in: Scripta Classica Israelica XXI (2002), 133–148.

15 vgl. Cassius Dio, ›Römische Geschichte‹ 55,27,4; s. a. Sueton, ›Tiberius‹ 20. Weiteres bei G. Alföldy, Studi sull'epigrafia augustea e tiberiana di Roma, Rom 1992, v. a. 39–56.

16 Philo, ›Gesandtschaft an Gaius‹ 305; Josephus, ›Jüdischer Krieg‹ 1,414; ›Jüdische Altertümer‹ 15,339.

17 Josephus, ›Jüdischer Krieg‹ 1,407

18 Tacitus, ›Annalen‹ 4,15,3; 4,55,1-56,3

19 Tacitus, ›Annalen‹ 4,37

20 Siehe U. Victor, ›Die Religionen und religiösen Vorstellungen im Römischen Reich im 1. und 2. Jahrhundert n. Chr.‹, in: U. Victor / C. P. Thiede / U. Stingelin (Hrsg.), Antike Kultur und Neues Testament, Basel 2003, 87–170, hier 131–135.

21 Josephus nennt ihn einen der engen Freunde des Tiberius: ›Jüdische Altertümer‹ 18,36. Zur Errichtung der Stadt über einem jüdischen Gräberfeld siehe ›Jüdische Altertümer‹ 18,38.

22 Siehe dazu Alföldys Aufsätze, wie in Anm. 14.

23 Josephus, ›Jüdischer Krieg‹ 1,412; ›Jüdische Altertümer‹ 15,336.

24 So erhielt Drusus das ›imperium proconsulare‹ im Januar 10 v. Chr., Tiberius erst 8 v. Chr.; in anderen Fällen kam es zu gleichzeitigen Beförderungen, obwohl Tiberius der um vier Jahre ältere war. Nur Konsul wurde Tiberius früher als sein Bruder, 13 v. Chr. (Drusus 9 v. Chr.). Die Bevorzugung des Jüngeren durch Augustus scheint das Verhältnis der beiden Brüder nicht getrübt zu haben; wie wir sahen, stilisierte Tiberius sich und Drusus sogar noch nach dessen Tod als das Dioskurenpaar Castor und Pollux.

25 So jedenfalls G. Alföldy, unter Bezug auf archäologische Forschungen

von A. Raban u. a., in ›Nochmals: Pontius Pilatus und das Tiberiéum von Caesarea Maritima‹, wie in Anm. 14, 139; Anm. 21, 142–143.

26 G. Alföldy, ›Pontius Pilatus und das Tiberiéum von Caesarea Maritima‹, wie in Anm. 14, 104–108. In Anm. 59 liefert Alföldy Belege für Inschriften mit der Bestimmung der Nutznießer am Anfang des Textes. Er betont auch, daß Herodes selbst den gesamten Hafen den Seeleuten widmete (Josephus, ›Jüdischer Krieg‹ 1,414). Eine Rekonstruktionszeichnung, die alle Details genauestens einbezieht, findet sich in G. Alföldy, ›Nochmals: Pontius Pilatus und das Tiberiéum von Caesarea Maritima‹, wie in Anm. 14, 137.

27 K. Jaroš, In Sachen Pontius Pilatus, Mainz 2002, 39–40, hier v. a. Anm. 41.

28 Das I, C, L und S sind unter Buchstaben eines angenommenen INCOLIS an anderen Stellen der Inschrift erhalten; wie breit das O und das N wären, kann nur hypothetisch rekonstruiert werden; auch die Rekonstrukltion mit »NAVTIS« ergibt keine vollkommene Symmetrie mit der zweiten Zeile der Inschrift.

29 Sueton, ›Tiberius‹ 73,1; vgl. Tacitus, ›Annalen‹ 6,45,1.

30 Gern denkt man hier an die Redewendung, jemanden »von Pontius zu Pilatus« zu schicken, die auf Lukas 23,6-11 zurückgeht, wo Jesus von Pontius Pilatus zu Herodes Antipas und von diesem wieder zu Pontius Pilatus geschickt wird.

31 Vgl. G. Alföldy, ›Pontius Pilatus und das Tiberiéum von Caesarea Maritima‹, wie in Anm. 14, 87. Das lange -i- wird unterstrichen durch den ältesten Papyrus, der den griechisch geschriebenen Namen des Präfekten enthält, den auf ca. 150 n. Chr. (oder etwas früher, siehe Ph. W. Comfort / D. P. Barrett, The Text of the Earliest New Testament Greek Manuscripts, corrected, enlarged edition, Wheaton 2001, 376–379) zu datierenden Papyrus Bodmer II (P66). Hier wird Pilatus ›Peilâtos‹ geschrieben, nach der Aussprache also mit langem -i-. Auch im fragmentarischen Papyrus Rylands Greek 457 (P52), der vor dem Ende des ersten nachchristlichen Jahrhunderts geschrieben wurde (siehe zur Korrektur der noch vorherrschenden Datierung auf ca. 125 n. Chr.. Ph. Comfort / D. P. Barrett, 365–367), ist aufgrund der Zeilenlängen -ei- statt -i- zu rekonstruieren. Die Schreibweise in den heutigen griechischen Ausgaben des Neuen Testaments, »Pilâtos«, kopiert die lateinische Schreibweise und widerspricht dem griechischen Textbefund. Hätten die ersten griechischen Schreiber ein kurzes -i- gemeint, wären sie durchaus in der Lage gewesen, es zu benutzen; sie haben es aber nachweislich nicht getan.

32 Unter britischen Historikern kursiert der Scherz, Pontius Pilatus

könnte ein Vorfahre von William Shakespeare, dem »Speerschüttler«, gewesen sein.

33 Sueton (›Tiberius‹ 63) und Tacitus (›Annalen‹ 1,80). Beide unterstellen, Tiberius habe solche bedeutenden Männer aus Furcht vor der Entwicklung von Provinz-Machtpositionen nicht aus den Augen lassen wollen, aber das unsinnig. Es stand ihm schließlich frei, unbedeutende Höflinge zu ernennen, wenn ihn das beruhigt hätte. Zu Lamia siehe auch Tacitus, ›Annalen‹ 6,27.

34 Nach der Chronologie des Lukas lag das Ereignis wohl noch vor dem ersten Auftreten Jesu, möglicherweise beim Passafest 27 n. Chr. An eine größere Revolte ist hier nicht zu denken, und die blumige Formulierung einiger Galiläer, Pilatus habe das Blut der Pilger mit dem der Opfertiere vermischt, besagt weder, daß der Vorfall im Tempel stattfand, noch, daß es überhaupt zu Toten kam. Josephus übergeht das Ganze. Was Herodes Antipas ärgerte, war wohl eher der Übergriff des judäischen Präfekten auf Juden aus Galiläa, die ihm nicht unterstanden. Zur Feindschaft zwischen Herodes Antipas und Pilatus: Lukas 23,12; zur Wiederversöhnung wegen der guten Zusammenarbeit bei den Verhören Jesu: Lukas 23,6-11.

35 Josephus, ›Jüdischer Krieg‹ 2,169, im Bericht weiter bis 2,174. Vgl. seine Darstellung in den ›Jüdischen Altertümern‹ 18,55-59.

36 Und genau das tat Pilatus Ende 31 n. Chr., als er Schilde hinter verschlossenen Türen in seiner Jerusalemer Residenz aufstellen ließ – und trotzdem für Unruhe sorgte. Siehe S. 307–310. Gelegentlich wird darauf hingewiesen, daß Standarten, mit oder ohne Abbildungen, für die Einheiten, die sie trugen, einen sakralen Charakter hatten (H. K. Bond, Pontius Pilate in history and interpretation, Cambridge 1998, unter Hinweis auf weitere Forscher und mit Bezug auf Plinius d. Ä. ›Naturgeschichte‹ 23,3(4),23; Tacitus ›Annalen‹ 1,39,7; 2,17,2, u. a. m.). Aber das wäre eine interne Angelegenheit der römischen Truppen gewesen; kein Jude war genötigt, sich dieser Form des Kults zu unterwerfen oder einen solchen Brauch, der nicht öffentlich zelebriert wurde, überhaupt zur Kenntnis zu nehmen. Daß die römischen Einheiten, die 70 n. Chr. Jerusalem eingenommen und den Tempel zerstört hatten, ihren Standarten öffentlich Opfer darbrachten (so jedenfalls Josephus, ›Jüdischer Krieg‹ 6,316), hat mit Pilatus nichts zu tun, ist vor 70 n. Chr. nirgends belegt und steht im Zusammenhang mit dem Triumph, den die Römer mit ihrem Kaisergott und kaiserlichen Gottessohn über den Gott der Juden errungen zu haben meinten.

37 Siehe S. 189–192.

38 Im jüngeren der beiden Berichte, ›Jüdische Altertümer‹ 18,55, fügt Jo-

sephus hinzu, Pilatus habe den Abtransport auch deswegen verweigert, weil das eine grobe Beleidigung für den Kaiser wäre.

39 ›Jüdische Altertümer‹ 18,59; vgl. ›Jüdischer Krieg‹ 2,174. K. Jaroš, der im übrigen Pilatus für den unklug handelnden Hauptverantwortlichen hält, deutet an, warum Josephus die Geschichte überhaupt und in beiden seiner Geschichtsbücher herausstellt: »Josephus freilich schlachtet dieses Vorgehen aus, um den Juden zu zeigen, daß ein gewaltfreier Protest gegen den römischen Beamten Erfolg gebracht hat, während ein aktiver gewaltsamer Protest zur Katastrophe geführt hätte.« (K. Jaroš, In Sachen Pontius Pilatus, Mainz 2002, 57)

40 ›Jüdischer Krieg‹ 2,175-177; ›Jüdische Altertümer‹ 18,60-62.

41 Siehe dazu schon L. H. Vincent, ›Chronique archéologique. Jérusalem‹, in: Revue Biblique 11 (1914), 428–436, mit dem Hinweis auf bauliche Veränderungen an der Wasserleitung nach der Zeit des Herodes, aber vor der Mitte des ersten nachchristlichen Jahrhunderts; vgl. auch u. a. H. Blok / M. Steiner, Jerusalem. Ausgrabungen in der Heiligen Stadt, Gießen 1996, 98–100.

42 Vgl. Mischna ›Schekalim‹ 4: Überschüsse aus den Einahmen der Tempelkasse durften für die Wasserversorgung des Tempels ausgegeben werden.

43 So jedenfalls das Gesamtbild aus den beiden sich ergänzenden Berichten des Josephus.

44 Annius Rufus prägte keine eigenen Münzen.

45 Der israelische Numismatiker Y. Meshorer (Ancient Jewish Coinage, Bd. 2, New York 1982, 186) nimmt dagegen Jerusalem als Münzprägestätte an. Hier sei immerhin bereits die Prägestätte des Herodessohnes Archelaus gewesen, der bis zur Übernahme Judäas in die römische Provinzverwaltung 6 n. Chr. regiert hatte; ferner habe man in Jerusalem eine noch nicht für den Geldverkehr freigegebene Pilatusmünze gefunden, an der noch Streifenteile aus der Prägeform hingen. Hätte Meshorer recht, dann wäre die symbolische Botschaft des Pilatus durch die Prägung in der Stadt des Tempels noch offensiver gewesen.

46 Schon Herodes der Große und Archelaus hatten ›heidnische‹ Symbole verwendet, z. B. einen Dreifuß mit einem Bronzebecken und einen Botenstab, wie er zur Gottheit Merkur gehörte, und der Präfekt Valerius Gratus ließ einen ›kantharos‹ zeigen, ein zweigriffiges Trinkgefäß, das in paganen Kulthandlungen benutzt wurde, doch die allgemeine griechisch-pagane Mythologie wurde von Juden nicht als Provokation ihrer Frömmigkeit verstanden. Die Verehrung des römischen Herrschers und seines (Adoptiv-)Vaters als Gottheiten und damit die Benutzung von Symbolen, die zum Kaiserkult gehörten, waren etwas anderes.

47 Abbildungen und Zeichnungen aller Präfekten- und Prokuratenprägungen in G. F. Hill (Hrsg.), Catalogue of the Greek Coins of Palestine in the British Museum, London 1914. Vor dem Prokurator Felix hatte bereits Herodes Agrippa I., den Claudius als Vasallenherrscher über Judäa, Samaria und Idumenäa eingesetzt hatte, um 42 n. Chr. neue eigene Münzen ohne heidnische bzw. kaiserkultverhaftete Symbole geprägt. Aus der Sicht Roms ersetzte aber erst die Neuausgabe des Felix die Münzen des letzten unter seinen Vorgängern, der römisches Geld hergestellt hatte.

48 Sueton, ›Tiberius‹ 40; Tacitus, ›Annalen‹ 4,57,1; Cassius Dio, ›Römische Geschichte‹, 56,46,3.

49 Sueton, ›Augustus‹ 92,2; 98,1

50 Die Zwölfzahl bei Tacitus, ›Annalen‹ 67,3; der Name ›Villa Iovis‹ ist bei Sueton, ›Tiberius‹ 65,2, bezeugt und läßt vermuten, daß die anderen elf Villen ebenfalls nach römischen Gottheiten benannt waren.

51 Wie schon oben erwähnt, ist den Gerüchten über die Ausschweifungen, denen Tiberius sich dort als angeblicher Lustgreis hingegeben haben soll (Tacitus, ›Annalen‹ 67,3; Sueton, ›Tiberius‹ 42,1-45,1, u. a.) kein Glaube zu schenken.

52 Sueton, ›Tiberius‹ 67,1

53 Tacitus behauptet es: ›Annalen‹ 1,73.

54 Tacitus, ›Annalen‹ 1,74

55 Tacitus, ›Annalen‹ 4,42,2 zum Prozeß gegen Votienus Montanus.

56 Vgl. auch Johannes 18,31.

57 Johannes 18,3 und 12. »Speîra« und »chilíarchos« sind die beiden griechischen Ausdrücke. Da Johannes beide Begriffe kein zweites Mal verwendet, kann man nur den sonstigen griechischen Sprachgebrauch heranziehen: »speîra« bezeichnet allgemein eine Anzahl von Bewaffneten. Da, wo das römische Militär griechisch sprach, also zum Beispiel im Osten des Reichs und damit auch in Judäa, konnte »speîra« auch »Kohorte« bedeuten. So wird das Wort in Matthäus 27,27 und Apostelgeschichte 21,31 gebraucht, aber eben an keiner Stelle bei Johannes. Wenn Johannes römisches Militär meint, benutzt er den griechischen Begriff »stratiôtai«. Der zweite Fachausdruck, »chilíarchos«, meint wörtlich den Anführer einer Gruppe von tausend Männern. In der griechischen Militärterminologie der Römer bezeichnet das Wort einen (Militär-)Tribun, so auch an mehreren Stellen der Apostelgeschichte (u. a. 21,31; 22,24; 23,10; 24,7; 24,22; 25,23 – in den meisten deutschen Übersetzungen als »Oberst« wiedergegeben). Bei Josephus kann auch ein jüdischer Befehlshaber ›Chiliarch‹ genannt werden (›Jü-

discher Krieg‹ 2,11; ›Jüdische Altertümer‹ 17,215). Aus dem Sprachgebrauch des Johannes und dem Ablauf der Aktion schließt K. Jaroš (In Sachen Pontius Pilatus, Mainz 2002, 76), daß hier die Tempelwache gemeint ist, die dem Hohenpriester als polizeiliche Exekutive zur Verfügung stand, jedoch keine Soldaten der auf der Antoniafestung stationierten römischen Kohorte. Die Evangelien des Markus, Matthäus und Lukas schreiben ohnehin nur ganz allgemein von einer Gruppe bewaffneter Männer und schließen ihrerseits eine römische Präsenz aus. Neben der Tempelpolizei nahmen auch die Gerichtsdiener, d. h. die Diener des Sanhedrins / Hohen Rates, an der Verhaftung teil.

58 Ausführlich dazu C. P. Thiede / U. Stingelin, Die Wurzeln des Antisemitismus. Judenfeindschaft in der Antike im frühen Christentum und im Koran, Basel [6]2003, 21-24, 93-120. Auch für den Evangelisten Lukas, der weithin als heidenchristlicher Verfasser angesehen wird, gilt, daß er ein Jude war, wenngleich aus dem griechisch geprägten Judentum der Diaspora, möglicherweise aus Antiochia. Zu den Irrtümern, die dazu führten, ihn als Nichtjuden darzustellen, vgl. u. a. C. P. Thiede, Ein Fisch für den römischen Kaiser. Juden, Griechen, Römer: Die Welt des Jesus Christus, München 1998, 332, Anm. 38.

59 Namentlich Joseph von Arimathäa (in allen vier Evangelien) und Nikodemus (bei Johannes).

60 Zu späteren Vorfällen, zu denen die Steinigung des Stephanus (Apostelgeschichte 7,58-60) und des Herrenbruders Jakobus (Josephus, ›Jüdische Altertümer‹ 20,200-203) sowie weitere, außerbiblische Tötungen gehören, vgl. K. Jaroš, Jesus von Nazareth. Geschichte und Deutung, Mainz 2000, 322–323, Anm. 1277. Wo die Römer rechtzeitig von solchen Tötungsversuchen erfuhren, griffen sie ein (Apostelgeschichte 21,27-36; 23,30) oder ließen die Schuldigen bestrafen (Josephus, ›Jüdische Altertümer‹ 20,203).

61 Matthäus 26,57 und Johannes 18,24 lassen keinen Zweifel daran, daß eine ausgewählte Gruppe von Mitgliedern des Sanhedrins zusammenkam. Wenn Matthäus 26,59 mit Markus 14,53 und Lukas 22,66 vom ganzen Hohen Rat spricht, dann meint das nicht die Gesamtheit des Großen Sanhedrins, sondern alle, die anwesend waren.

62 Wenn Matthäus (16,63) statt dessen »Sohn Gottes« schreibt, dann »übersetzt« er die ursprüngliche Formulierung für seine Leser. Kaiaphas selbst kann es so weder griechisch noch aramäisch gesagt haben, das wußte auch der Jude Matthäus.

63 Die »Weisheit Salomos« ist in römisch-katholischen Bibeln und in evangelischen Bibeln mit »Apokryphen« enthalten. Trotz ihrer Ent-

stehungszeit und trotz der Rede vom »Gerechten« und »Sohn Gottes« steht fest, daß sie im Neuen Testament nicht benutzt wird und den Verfassern der Evangelien wohl noch nicht bekannt war. In den ersten Jahrhunderten wird sie auch von anderen jüdischen Autoren nicht rezipiert. Erst die frühe Kirche beginnt gegen Ende des 2. Jahrhunderts, diese Schrift zur Kenntnis zu nehmen und prophetische Vorahnungen des Kommens Jesu in ihr zu sehen.

64 4Q 246, dazu Kap. 5, Anm. 21.

65 4Q Florilegium = 4Q 174, Kolumne III, 1,1-7, 10-13

66 Babylonischer Talmud, ›Sabbat 87a; ›Sota‹ 37a (u.a.). Der Talmud wurde erst im 5./6. Jahrhundert n. Chr. fertiggestellt, ob solche Stellen bereits auf die Zeit vor Jesus zurückgreifen, muß offenbleiben.

67 Vgl. 1. Mose / Genesis 44,13; Richter 11,35; 2. Könige 6,30 und 11,14; Esther 4,1.

68 Siehe dazu u.a. K. Rosen, ›Der Prozeß Jesu und die römische Provinzialverwaltung. Zur historischen Methode und Glaubwürdigkeit der Evangelien‹, in: H. Dickerhof (Hrsg.), Festgabe. Heinz Hürten zum 60. Geburtstag, Frankfurt a.M. 1988, 121–143, hier 127; vgl. A. N. Sherwin-White, Roman Society and Roman Law in the New Testament, Oxford ^{2}1974, repr. 2000, 24–27.

69 Plinius d. J., ›Briefe‹, 10,96,1-4

70 Wie oben Markus 14,62. Bei Matthäus hatte die Antwort auf die Frage des Kaiaphas griechisch gelautet: ›Sy eîpas‹, wörtlich: »Du hast es gesagt«, d. h.: So ist es.

71 Die kürzeren Wiedergaben der Verhöre in den synoptischen Evangelien enthalten wörtlich diesen zentralen Teil, »Du sagst es«, griechisch »Sy légeis« (Markus 15,2; Matthäus 27,11; Lukas 23,3). Es ist nicht ganz klar, warum sich in der Forschung die Auffassung hält, Jesus habe das nicht wörtlich gemeint, sondern als Rückgabe an den Präfekten – du sagst es, nicht ich. Möglicherweise wollte Johannes, in Kenntnis der Synoptiker, gerade dieses Mißverständnis ausschließen, als er die ausführliche Erläuterung Jesu hinzufügte. Jedenfalls stimmt Jesus dem Präfekten durchaus zu, erklärt ihm aber, daß beide unter dem Begriff »König« etwas anderes verstehen. Daß auch Markus, Matthäus und Lukas nichts anderes vermitteln wollen, geht schon daraus hervor, daß auch bei ihnen der Präfekt die Unschuldigkeit des Angeklagten erkennt. Alle vier Evangelisten beherrschten Griechisch nun wirklich gut genug, um das zu sagen, was sie meinten.

72 Markus 15,5; Matthäus 27,14; Lukas (23,9) betont das Schweigen im Verhör durch Herodes Antipas.

73 Vgl. Josephus, ›Jüdische Altertümer‹ 8,186.

74 Eine solche Amnestie ist von drei unabhängigen Quellen bezeugt, Matthäus (27,15), Markus (15,6) und Johannes (18,39), und wird von einer vierten vorausgesetzt (Lukas 23,18). Dagegen wird sie bei Josephus und den römischen Historikern für die Provinzen nicht bezeugt, was ihre historische Glaubwürdigkeit natürlich nicht einschränkt. Zu den Versuchen des Pilatus, mit den Juden in seiner Provinz einigermaßen klarzukommen, kann eine solche Amnestie durchaus gehört haben, möglicherweise sogar auf Rat des Kaiaphas. Vgl. auch J. Blinzler, Der Prozeß Jesu, Regensburg [4]1969, 317–320. Gelegentlich ist die Geschichtlichkeit der Passaamnestie mit dem Argument bestritten worden, nur der Kaiser selbst hätte Begnadigungen vornehmen dürfen, ein Akt des Pilatus wäre also seinerseits ein Verrat am Kaiser gewesen. Doch das bezieht sich auf einen Punkt in den ›Digesten‹ (48,8.4), ein Werk, das erst unter Kaiser Justinian am 30. 12. 533 in Kraft trat. Darauf, daß Provinzpräfekten im 1. Jahrhundert kein Amnestierecht hatten, fehlt jeglicher Hinweis. Vgl. zur Rechtmäßigkeit der Pilatusamnestie auch: E. Schürer, Die Geschichte des jüdischen Volkes im Zeitalter Jesu Christi, Bd. 1, Leipzig [4]1901, 469.

75 Josephus benutzt das griechische Wort bei Johannes, ›lêstês«, durchgehend für zelotische Revolutionäre. Barabbas war also mehr als ein »Räuber« (revidierte Lutherübersetzung) oder »Straßenräuber« (Einheitsübersetzung).

76 Siehe Corpus Inscriptionum Graecarum (CIG) Nr. 3499,4; 3500;4; vgl. die Liste bei W. Dittenberger, Orientis Gracei Inscriptiones Selectae II, Index, 719; siehe auch. A. Deismann, Licht vom Osten. Das Neue Testament und die neuentdeckten Texte der hellenistisch-römischen Welt, Tübingen [4]1923, 324; E. Bammel, ›phílos toú kaísaros (John 19:12)‹, in: Theologische Literaturzeitung 77 (1952), 205–220. Der Titel »amicus Caesaris« darf nicht verwechselt werden mit der Titulatur der »amici«, die seit Augustus immer größere Bedeutung im römischen Umfeld der Kaiser gewann. Hier hießen ›amici Augusti‹ jene Auserwählten, die zur ›salutatio‹, der kaiserlichen Audienz, zugelassen waren und in mehrere ›Klassen‹ unterteilt wurden – Vorrang hatten die ›amici primae et secundae admissionis‹ der ersten und zweiten Zulassung.

77 »ita ad Caesaris amicitiam validus«, ›Annalen‹ 6,8,2.

78 Corpus Inscriptionum Latinarum (CIL) 3.14147,5. Von einer Inschrift auf den Pyramiden berichtet Cassius Dio (›Römische Geschichte‹ 53, 23,5). Auch auf dem Obelisken, der heute auf dem Petersplatz in Rom steht, hatte er eine sich selbst rühmende Inschrift anbringen lassen, die nach seinem Tod getilgt wurde (›L'Année épigraphique‹ 1964, 255).

79 Sueton, ›Divus Augustus‹ 66,1-2; vgl. Cassius Dio, ›Römische Geschichte‹ 53,23,5-24,1.

80 Sueton, ›Tiberius‹ 55; Sueton nennt dann auch Sejan unter diesen vernichteten Freunden und Vertrauten.

81 Tacitus, ›Annalen‹ 3,12,1-7

82 Tacitus, ›Annalen‹ 3,15,3

83 Übersetzung nach R. Rauthe (Hrsg.), Sophokles, ›Aias‹, griechisch und deutsch, Stuttgart 1990, 60–61.

84 Penaten sind die Hausgötter. Vergil verewigte die Überlieferung, daß Aeneas und sein Vater Anchises sie aus Troja mitgebracht hatten (vgl. ›Aeneis‹ 1, 68).

85 Der Vorwurf des Gottesmordes wurde erstmals von Melito, dem Bischof von Sardes, in seiner ›Osterhomilie‹ von ca. 160 n. Chr. erhoben. (›Osterhomilie‹ 710-738; Text und Kommentar in C. P. Thiede / U. Stingelin, Die Wurzeln des Antisemitismus. Judenfeindschaft in der Antike, im frühen Christentum und im Koran, Basel [6]2003, 137–139). Vgl. S. 201.

86 Zu den Eigentümlichkeiten der neutestamentlichen Forschung gehört die nach wie vor mehrheitliche Datierung auf die achtziger oder sogar neunziger Jahre des ersten Jahrhunderts. Der Text gibt dafür keine Anhaltspunkte, sondern weist im Gegenteil auf eine Entstehungszeit vor der Zerstörung des Tempels hin. Vgl. u. a., mit einer Darstellung der Debatte zu Datum und Verfasserschaft, R. Gundry, Matthew. A Commentary on his Handbook for a mixed Church under Persecution, Grand Rapids [2]1994, 599–622; s. a. J. A. T. Robinson, Wann entstand das Neue Testament?, Paderborn/Wuppertal 1986, 95–126; vgl. C. P. Thiede, Ein Fisch für den römischen Kaiser. Juden, Griechen, Römer: Die Welt des Jesus Christus, München 1998, 259–279.
Es gilt in der Forschung als möglich, daß Pilatus im oberen Hasmonäerpalast residierte (bei der sogenannten Davidszitadelle), die räumlichen Verhältnissse dort entsprechen jedoch denen des Palastes südwestlich vom Tempelbezirk. Zur Lokalisierung siehe B. Pixner, Wege des Messias und Stätten der Urkirche, Gießen [3]1996, 242–266.

87 Griechisch: ›tò heîma autoû eph'hêmâs kaì epì tà tékna hêmôn«. Siehe dazu auch C. P. Thiede / U. Stingelin, Die Wurzeln des Antisemitismus, 97–101.

88 Vgl. auch 4. Mose / Numeri 35,33 und 5. Mose / Deuteronomium 19,10.

89 Vgl. auch Jeremia 26,15; Hesekiel 33,4-6; Apostelgeschichte 18,6.

90 Wenn es bei Johannes 19, 16 unmittelbar nach dem abschließenden Dialog mit Kaiaphas und Hannas heißt, Pilatus »übergab ihnen Jesus,

damit er gekreuzigt würde«, meint das natürlich nicht, daß es Juden waren, die Jesus zur Kreuzigung führten. Gemeint sind die Soldaten, die bei ihm standen; Johannes 19,23 bestätigt das.

91 Ausführlich in Thiede / d'Ancona, Das Jesus-Fragment, s. Anm. 96.

92 Sueton, ›Tiberius‹ 8

93 Cassius Dio, ›Römische Geschichte‹ 54,3,7

94 Sueton, ›Gaius Caligula‹ 32,2

95 Auch in der nachneutestamentlichen Zeit ging es unter den Kaisern offenbar so weiter; vgl. Sueton, ›Domitian‹ 10,1; s. a. Euseb, ›Kirchengeschichte‹ 5,1,43-44.

96 Markus hat nur die eigentliche ›aitía‹, ›Der König der Juden‹ (15,26); bei Matthäus steht ›Dieser ist Jesus der König der Juden‹ (27,37); Lukas bietet ›Der König der Juden ist dieser‹ (23,38). Zu den Unterschieden und zur handschriftlichen Überlieferung siehe C. P. Thiede / M. d'Ancona, Das Jesus-Fragment. Kaiserin Helena und die Suche nach dem Kreuz, München 2000, 109–120.

97 Quintilian, der römische Rhetoriker (ca. 35–95 n. Chr.) empfahl, Kreuzigungen unter möglichst großer Beteiligung der Öffentlichkeit an Wegkreuzungen durchzuführen (›Declamationes minores‹ 274). Pilatus, der Jesus unmittelbar vor dem westlichen Stadttor an der Straße zum Mittelmeer hinrichten ließ, praktizierte das schon fünf Jahre vor der Geburt Quintilians: Johannes 19,19-20; Hebräer 13,12.

98 Auch im Neuen Testament gibt es mehrere Personen, die im griechischen Text Jesus heißen; sie werden durch Beifügungen voneinander unterschieden: Jesus Justus (Kolosser 4,11), Jesus Bar Eliezer (Lukas 3,29), Jesus Bar Abbas = Barabbas (Matthäus 27,15).

99 Luther nahm den griechischen Lukastext mit den drei Sprachen in 23,38 noch ernst (Ausgabe letzter Hand, Wittenberg 1544); in heutigen Übersetzungen ist er aufgrund einer fragwürdigen Entscheidung des Herausgeberkomitees der griechischen Textausgaben von ›Nestle-Aland‹ und der ›United Bible Societies‹ allenfalls in Fußnoten zu finden. Zur unterschiedlichen Reihenfolge der Sprachen bei Johannes und Lukas und zur Überlieferung in den Papyri siehe C. P. Thiede / M. d'Ancona, Das Jesus-Fragment, wie in Anm. 96, 109–113.

100 Auch der perfekt zweisprachige Tiberius, der sogar griechisch dichten konnte, achtete auf solche Feinheiten. »Einem Soldaten, der (im Senat) auf griechisch um eine Zeugenaussage gebeten wurde, verbot er, anders als lateinisch zu antworten.« (Sueton, ›Tiberius‹ 71)

101 Zur Rekonstruktion und zur Echtheit siehe C. P. Thiede / M. d'Ancona, Das Jesus-Fragment, wie in Anm. 96, 97–140, zum hebräischen Text v. a. 133–140.

102 Sh. Ben-Chorin, Bruder Jesus. Der Nazarener in jüdischer Sicht, München 1967, 180.

103 »Nazarênós« in Markus 1,24; 10,47; 14,67; 16,6; Lukas 4,34; 24,19. »Nazôraîos« in Matthäus 2,23; 26,71; Lukas 18,37; Johannes 18,5; 18,7; 19,19; Apostelgeschichte 2,22; 3,6; 4,10; 6,14; 22,8; 24,5; 26,9. Nur ein Verfasser, Lukas, benutzt also beide Formen: »Nazarênós« durchgehend in seinem Evangelium, »Nazôraîos« durchgehend in der Apostelgeschichte.

104 Solche Details gehören zu den philologischen Argumenten für die Echtheit des Fragments in Rom; so weicht auch die griechische Großbuchstabenzeile mit ihrem »E« (Episolon) statt des »H« (Eta) des korrekten »NAZARHNÓC« von allen Handschriften des Johannesevangeliums ab. Ein Fälscher hätte natürlich eine der spätestens seit Ende des ersten Jahrhunderts kursierenden griechischen bzw. der seit Ende des zweiten Jahrhunderts vorliegenden lateinischen Papyri, Rollen oder Kodexausgaben des Johannesevangeliums als Vorlage benutzt, um nicht aufzufallen. Der Schreiber des ›Titulus‹ ware kein erfahrener Sekretär, sondern einer, der die von Pilatus in korrektem Beamtenlatein vorgegebene lateinische Zeile so gut wie möglich in die anderen beiden Sprachen übertrug und dabei als hebräisch denkender Jude in der großen Eile zwischen der Verurteilung und der Hinrichtung nach der hebräischen Eingangszeile wohl aus Versehen weiter von rechts nach links schrieb. Für Korrekturen oder eine neue Tafel reichte dann die Zeit nicht mehr. Johannes, der einige Jahrzehnte nach der Kreuzigung schrieb, wohl um 68 n. Chr., brauchte diese Fehler nicht wiederzugeben. So setzte er dann auch an die Stelle des »Nazarênós« das ihm vertrautere »Nazôraîos«.

105 Sueton, ›Divus Augustus‹ 99,1; der griechische Zweizeiler entsprach der Aufforderung am Ende von Theateraufführungen, Beifall zu spenden.

106 Sueton, ›Tiberius‹ 73,1. Später kamen Legenden auf, Tiberius sei von Gaius Caligula langsam vergiftet worden (Sueton, wie oben), oder man habe ihn auf Befehl des Prätorianerpräfekten Macro mit einem Kissen erstickt, als er, schon totgeglaubt, noch einmal zu Bewußtsein gekommen sei (Tacitus, ›Annalen‹ 6,50,5).

107 Zu Todestag und Todesstunde detailliert K. Jaroš, Jesus von Nazareth. Geschichte und Deutung, Mainz 2000, 293–298.

108 Vgl. dazu C. P. Thiede / G. Lüdemann, Die Auferstehung Jesu – Fiktion oder Wirklichkeit?, Basel 2001, hier v. a. 53–59, 114–119; C. P. Thiede, Jesus. Der Glaube. Die Fakten, Augsburg 2003, 157–170.

109 Johannes 19,35; Markus 15,21; 15,40; Matthäus 27,55; Lukas 23,49.

Über die Identität einiger der Frauen ist lange debattiert worden. Vgl. jetzt R. Bauckham, Gospel Women. Studies of the Named Women in the Gospels, London / New York 2002, 203–286.

110 Zur Lokalisierung von Golgatha: B. Pixner, Wege des Messias und Stätten der Urkirche, Gießen [3]1996, 275–280; M. Biddle, Das Grab Christi, Gießen 1998, 65–92.

111 Daß sie nicht einfach voneinander abschrieben, folgt aus der unterschiedlichen Konstruktion: Markus schreibt »Wahrhaftig, dieser Mann war Sohn Gottes (›hyiòs theoû‹)«, Matthäus hat »Wahrhaftig; Gottes Sohn (›theoû hyiòs‹) [war] dieser«.

112 ›Díkaion ándra‹ für den ›gerechten Mann‹; ›dyssebestérois‹ für die gottlosen Menschen. Aischylos, ›Sieben gegen Theben‹, 597-598. Vgl. zur engen Beziehung der Gerechtigkeit zur Frömmigkeit auch Plato, ›Eutyphron‹ 12, c-e.

113 Das griechische Wort, das hier für das ›Kommen‹ in das Königreich gebraucht wird, ›érchomai‹, heißt eigentlich ›zurückkommen‹, ›wiederkommen‹ und entspricht damit dem aramäischen Idiom, das der Mann im Original verwendet haben dürfte. G. Dalman schlug vor, daß hier nicht an einen Ort als Königreich gedacht, sondern, aramäisch, die Macht Jesu selbst gemeint ist: ›b^{e}malkûtak‹, als König (G. Dalman, Die Worte Jesu mit Berücksichtigung des nachkanonischen, jüdischen Schrifttums und der aramäischen Sprache, Leipzig [2]1930). Die richtige griechische Lesart, ›en tê basileîa sou‹ (bezeugt u. a. in den Codices Sinaiticus und Alexandrinus und der Mehrzahl anderer Textzeugen) gibt das genau in diesem Sinne wieder, auf deutsch etwa ›wenn du als königlicher Herrscher wiederkommen wirst‹. Den richtigen Text haben in heutigen Ausgaben des griechischen Neuen Testaments A. Merk, Novum Testamentum graece at latine, Rom [10]1992, J. M. Bover / J. O'Callaghan, Nuevo Testamento Trilingüe, Madrid [2]1988, Z. C. Hodges / A. L. Farstadt, The Greek New Testament according to the Majority Text, Nashville 1982. Die veränderte spätere Lesart, ›eis tên basileían sou‹, reflektiert eine frühchristliche Phase, in der man den aramäischen Hintergrund nicht mehr verstand und sich ein räumliches Königreich vorstellte statt der Königsherrschaft des Messias Jesus. Leider haben sich die Herausgeber der beiden am weitesten verbreiteten griechischen Textausgaben, Nestle-Alend und UBS, für diese Variante entschieden.

114 Ein ganz ähnlicher Paradiesesgedanke, der die Wirklichkeit der Verheißung und die Unbeschreibbarkeit des Vorgangs (und des Ortes) verbindet, findet sich im 2. Brief des Paulus an die Korinther (12,2-4).

115 Für den Rest des Abschnitts folgen die Pilatusakten dem Lukasevan-

gelium. Zu den Pilatusakten s. o. S. 240; zum deutschen Text der Stelle F. Scheidweiler, ›Nikodemusevangelium, Pilatusakten und Höllenfahrt Christi‹, in: W. Schneemelcher (Hrsg.), Neutestamentliche Apokryphen, Bd. I, Tübingen [5]1987, 395–424, hier 406.

116 Auch in der Zeit der Kreuzzüge ahnte man das noch und nannte die dort angelegte Wehrburg, deren guterhaltenen Bauteile zur Zeit restauriert werden, ein wenig verballhornt »La / Le Toron des Chevaliers«.

117 Zum Verhalten seiner Familie siehe Markus 3, 20-21; Johannes 7,2-5.

118 Die meisten alten Handschriften des Markusevangeliums verändern die Anrede zu ›Eloi‹, wohl in der Absicht, den aramäischen Satz auch mit der klassisch-aramäischen Anredeform beginnen zu lassen. Wie wir heute wieder wissen, ist das nicht nötig: »Eli« kann auch in aramäischen Texten gebraucht werden. Der »Targum« des 22. Psalms, die erhaltenene aramäische Fassung also, hat es so. Einig sind sich die beiden Evangelisten auch darin, daß Jesus eben nicht hebräisch spricht, sondern die Volkssprache benutzt. Mit anderen Worten, er zitiert den Psalm hier intimer, privater – so, wie man in den Familien untereinander sprach. Und das ist sicher nicht ohne Absicht, denn so holt er das Zitat aus der feierlichen Anredeform doch wieder in die Gemeinschaft mit seinem Vater hinein und läßt auch die Zuhörer, die ihn richtig verstehen, daran Anteil haben.

119 Der Spott bezieht sich auf das absichtliche Mißverstehen, Jesus habe nicht Eli = Gott, sondern Elija angerufen, und kann kaum von wirklich frommen Juden gekommen sein, die gewußt hätten, daß keine Prophetie eine solche Tat der Rettung vor dem sicheren Tod mit Elia verbindet. Man darf nicht vergessen, daß unter den Gegnern Jesu am Kreuz nun einmal auch solche waren, die der Gekreuzigte zuvor als »Heuchler« bezeichnet hatte. Hier kommen sie noch einmal zu Wort. Die Geste des mit Essig getränkten Schwamms hat dagegen nichts Ironisches oder Böswilliges: Schon in den alttestamentlichen Schriften 4. Mose / Numeri 6,3 und Ruth 2,14 wird saurer Weinessig als Erfrischungstrunk erwähnt. Soldaten wußten, daß er Durst schneller und wirksamer stillte als Wasser (vgl. auch Plutarch, ›Cato Maior‹ 1,13). Auch gegen Wunden und Krankeiten half Essig. Ein Kienholz in Essig lobt beispielsweise der verwöhnte Trimalchio bei Petronius, ›Satyrica‹ 47,2, gegen Magenbeschwerden. Auch die von Petronius in den ›Satyrica‹ erzählte Geschichte der ›Witwe von Ephesus‹ bietet hier Anschauungsmaterial, das – nach einer gut begründeten These von Ilaria Ramelli – von seiner Kenntnis des Markusevangeliums beeinflußt sein könnte. (Petronius, der 66 n. Chr. von Nero zum Selbstmord ge-

zwungen wurde, kann das nach heutigem Wissensstand vor 55 n. Chr. in Rom entstandene Markusevangelium gekannt haben; siehe dazu u. a. G. Zuntz, ›Wann wurde das Evangelium Marci geschrieben?‹, in: H. Cancik (Hrsg.), Markus-Philologie, Tübingen 1984, 47–71; J. A. T. Robinson, Wann entstand das Neue Testament?, Paderborn / Wuppertal 1986, 95–126; C. P. Thiede, Ein Fisch für den römischen Kaiser. Juden, Griechen, Römer: Die Welt des Jesus Christus, München 1998, 110–121. Vgl. zu Petronius u. a. J. Colin, ›Il soldato della Matrona d'Efeso e l'aceto dei crucifissi‹, in: Rivista di Filologica istruzione classica 31 (1953), 97–128; I. Ramelli, I romanzi antichi e il Cristianesimo: contesto e contatti, Madrid 2001, 163–192.

7 Epilog: »Weh mir, ich glaube, ich werde ein Gott!«

1 Der Obelisk auf dem Petersplatz war von Gaius Caligula, dem Nachfolger des Tiberius und Sohn von Germanicus, des Adoptivsohns des Tiberius, nach Rom gebracht worden (vgl. Plinius d. Ä., ›Naturgeschichte‹ 16,201-202). Er hatte ihn im ›Circus des Gaius‹ aufgestellt, dem späteren ›Circus des Nero‹, in dem nach der Überlieferung 67 n. Chr. der Apostel Petrus hingerichtet wurde. Vom Circus ist heute nichts mehr zu sehen, er erstreckte sich vom linken Seitenschiff der heutigen Peterskirche über den ›Camposanto Teutonico‹ (an dessen Eingang eine entsprechende Inschrift angebracht ist) bis östlich über den Bereich der Kolonnaden Berninis. Die Weiheinschrift an die beiden ›Augusti‹ und Götter Augustus und Tiberius hatte Caligula selbst anbringen lassen. Der antike Standort ist heute markiert durch eine Bodenplatte auf der Piazza dei Protomartiri Romani. Durch seinen Architekten Domenico Fontana ließ Papst Sixtus V. den Obelisken in einer technisch aufwendigen Aktion an seinen heutigen Standort bringen; dort wurde die zweite der oben zitierten Inschriften eingefügt, die nur mittags bei Sonnenlicht gut zu lesen ist.
Der Papsttitel ›Pontifex Maximus‹, wörtlich ›höchster Wegbahner‹ (nicht, wie weithin geglaubt wird, ›Brückenbauer‹), war ursprünglich die Bezeichnung für den ranghöchsten Priester im Römischen Reich, dem die Aufsicht über das Priesterkollegium und alle sakralen Handlungen unterstand. Augustus wurde am 6. März 12 v. Chr. zum Pontifex Maximus gewählt, Tiberius am 10. März 15 n. Chr. Die lateinischen Texte lauten: (a) Divo Caesari Divi Iulii F[ilio] Augusto / Ti[berio] Caesari Divi Augusti F[ilio] Augusto / Sacrum; (b) Sanctissi-

mae Cruci / Syxtus Pont[ifex] Max[imus] / Sacravit / E priore sede / Avulsum / Et Caess Aug[usto] Ac Tib[erio] / I[ure] L[icito] Ablatum / MDLXXXVI.

2 Kaiserliches Vorgehen gegen Grabraub in Galiläa ist durch die sogenannte »Nazarethinschrift« bezeugt, in der ein namentlich leider nicht genannter Kaiser die Zerstörung von Gräbern und die Entfernung von Leichnamen wegen Störung der Totenruhe unter die Anklage auf Kapitalverbrechen stellt, also die Todesstrafe fordert. Ob sich diese Inschrift auf die Botschaft vom leeren Grab Jesu bezieht oder eher allgemeine Vorkommnisse meint, wie sie bis heute nicht nachgelassen haben, ist ebenso umstritten wie die Datierung und der ursprüngliche Aufstellungsort. Siehe dazu ausführlich E. Grzybek / M. Sordi, ›L'Édit de Nazareth et la politique de Néron à l'égard des chrétiens‹, in: Zeitschrift für Papyrologie und Epigraphik 120 (1998), 279–291.

3 Philo, ›Gesandtschaft an Gaius‹ 38; einer seiner Nachfolger, der Prokurator Antonius Felix, hoffte darauf, von Paulus bestochen zu werden (Apostelgeschichte 24,26).

4 Es gab nur eine einzige Ausnahme von dieser strikten Regel: die Verletzung der Hoheit des Tempels, vgl. Josephus, ›Jüdischer Krieg‹ 6,124-126, wo der römische Kommandant der Belagerungstruppen vor Jerusalem 70 n. Chr., der spätere Kaiser Titus, ausdrücklich auf dieses alte Recht hinweist. Zwei griechischsprachige Steintafeln mit der Androhung dieser Todesstrafe sind erhalten, eine vollständige (heute in Istanbul), eine fragmentarische (heute in Jerusalem): ›Daß kein Fremder eintrete innerhalb der Absperrung und Einfriedung des Heiligtums. Jeder, der ergriffen wird, ist selbst verantwortlich für den darauf folgenden Tod‹ (Abbildung des vollständigen Steins, griechischer Text und deutsche Übersetzung in: K. Jaroš, In Sachen Pontius Pilatus, Mainz 2002, 37–38); vgl. Josephus, ›Jüdische Altertümer‹ 15,417; ›Jüdischer Krieg‹ 5,193-195.

5 Apostelgeschichte 21,27-36. Siehe dazu Anm. 4.

6 Zum Datum und zum Ablauf des bei Philo, ›Gesandtschaft an Gaius‹ 299-305, mit spürbarer Verärgerung geschilderten Ereignisses siehe H. K. Bond, Pontius Pilate in history and interpretation, Cambridge 1998, 36–46. Bond unterstreicht, daß der Bericht Philos, für den es bei Josephus keine Parallele gibt, in den historischen Details glaubwürdig ist: Philo war ein Freund Agrippas I., und vier Verwandte Agrippas waren bei dem Vorfall anwesend, er hatte also Zugang zu Augenzeugenberichten. Ferner hatte er einen guten Kontakt zu römischen Informationsquellen; sein Bruder Alexander war in der Provinz Ägypten

der ›Alabárchês‹, der oberste Zollkontrolleur des Tiberius (vgl. Josephus, ›Jüdische Altertümer‹ 18,259); ein Sohn dieses Bruders heiratete Berenike, eine Tochter Agrippas I. (›Jüdische Altertümer‹ 19,276). Eine nachweisbare Verfälschung oder gar eine Erfindung des gesamten Geschehens hätte Philos Ziel unterlaufen, Kaiser Tiberius positiv gegen Pilatus abzuheben. Daß er dabei Pilatus teilweise überzeichnend so negativ wie möglich darstellt, steht auf einem anderen Blatt; vgl. K. Jaroš, In Sachen Pontius Pilatus, Mainz 2002, 47.

7 So bei A. Demandt, Hände in Unschuld. Pontius Pilatus in der Geschichte, Köln / Weimar / Wien 1999, 856.

8 Darauf weist H. K. Bond hin, Pontius Pilate in history and interpretation, wie Anm. 6, 39, mit dem Verweis auf die Inschriften im Corpus Inscriptionum Latinarum (CIL) 113, 152, 153, 155, 156, 159, 160, 164, 5818, 5829, 5829 a.

9 Anders als Flavius Josephus und Tacitus erwähnt Philo die Kreuzigung Jesu nicht; es wäre hier wenig sinnvoll gewesen, denn Philo schreibt über Pilatus in einem Bericht über die Gesandtschaft, die er selbst nach Rom führte, um sich vor Kaiser Gaius Caligula für das Bürgerrecht der Juden Alexandrias einzusetzen. Eine Erwähnung der Kreuzigung, die von der jüdischen Hierarchie Jerusalems unterstützt worden war, hätte seine Kritik an Pilatus nicht gefördert, sondern abgeschwächt; folglich übergeht er das Ereignis.

10 ›Gesandtschaft an Gaius‹ 305. Das ist Teil eines langen Briefes von Agrippa an Caligula, um ihn davon abzubringen, seine Statue im Jerusalemer Tempel aufstellen zu lassen. Er wird in Philos ›Gesandtschaft an Gaius‹ 276-329 wiedergegeben. Viele Forscher halten ihn in der vorliegenden Form für eine teilweise oder vollständige Erfindung Philos.

11 Vgl. die ausführliche Beschreibung bei Plinius d. Ä., ›Naturgeschichte‹ 35,1-13.

12 In diese Richtung argumentiert H. K. Bond, Pontius Pilate in history and interpretation‹, wie Anm. 6, 44.

13 Schön ist das bei Velleius Paterculus, ›Römische Geschichte‹ 2,123.2; 124,3 formuliert: »Unter dem Konsulat von Pompeius und Apuleius gab Augustus im 76. Lebensjahr seine himmlische Seele an den Himmel zurück. […] Nachdem sein Vater zum Himmel zurückgekehrt und sein Körper die menschlichen Ehren, sein göttlichs Wesen göttliche Ehren erhalten hatte, war die erste Aufgabe seines [des Tiberius] Prinzipats die Neuordnung der Wahlversammlungen, wie sie der göttliche Augustus in einem eigenhändigen Schriftstück hinterlassen hatte.«

14 Erst gegen Ende des Jahrhunderts ließ sich Kaiser Domitian im Ge-

spräch und in Briefen als »Dominus et Deus noster«, »unser Herr und Gott«, anreden (Sueton, ›Domitian‹ 13,2).

15 Es handelte sich bei dem Raum, der heute von Massadabesuchern besichtigt werden kann, offenbar nicht nur um den Aufbewahrungsort der heiligen Schriften für die synagogalen Lesungen, sondern um eine Art Studienbibliothek. Neben Fragmenten von 5. Mose / Deuteronomium und 3. Mose / Leviticus und Teilen aus dem Buch der Psalmen wurden beschriftete Tonscherben (Ostraca) und Bruchstücke der essenischen ›Gesänge der Sabbatheiligung‹ und des apokryphen Buches ›Jesus Sirach‹ (Ekklesiastikus) gefunden. Einige Fragmente wurden auch außerhalb des Synagogenbereichs entdeckt. Die Massadanationalisten nahmen sich in ihrem Freiheitskampf immer noch die Zeit zum Studium.

16 Von diesem Unglauben wußten natürlich auch Jesus und die Jünger: Markus 12,18-27; vgl. Matthäus 22,23-33; Lukas 20,27-40; Apostelgeschichte 4,1-2. Der Apostel Paulus, selbst ein Pharisäer, stritt darüber mit Sadduzäern und hatte die Pharisäer auf seiner Seite (Apostelgeschichte 23,6-9). Vgl. Josephus, ›Jüdische Altertümer‹ 18,16.

17 Mischna ›Sanhedrin‹ 10,1

18 Zur Entdeckung der Familiengrabanlage des Kaiaphas und zur Geschichte der Ossuarien vgl. C. P. Thiede, Ein Fisch für den römischen Kaiser. Juden, Griechen, Römer: Die Welt des Jesus Christus, München 1998, 141–148.

19 Dazu ausführlicher C. P. Thiede, Die Messias-Sucher. Die Schriftrollen vom Toten Meer und die jüdischen Ursprünge des Christentums, Stuttgart 2002, 27–29; 248–254.

20 Hippolyt, ›Widerlegung aller Häresien‹ 9,27

21 Auch andere Qumrantexte unterstreichen diesen Glauben; u. a. die ›Loblieder‹ (Hodajot) 1QH: ›Du [Gott] hast den Menschen von Sünde gereinigt, so daß er für dich heilig sein möge, ohne abscheuliche Unreinheit und ohne schuldhafte Verrufenheit, auf daß er eins sein möge mit den Kindern deiner Wahrheit und das Los teilen möge mit deinen Heiligen, so daß die von den Würmern zernagten Knochen aus dem Staube auferstehen mögen, zum Rat deiner Wahrheit‹ (1QH 19,10-14). Von den Pharisäern sind zwar aus der Zeit Jesu keine Originalquellen erhalten, doch sind die Mischna, die beiden Talmude und andere Sammlungen pharisäischen Ursprungs und gehen zumindest teilweise auch auf Überlieferungen früherer Jahrhunderte zurück. Alle mit dem Pharisäertum verbundenen Schriften, die sich dazu äußern, betonen emphatisch den Glauben an die (körperliche) Auferstehung. Hier seien stellvertretend neben dem oben bereits erwähnten Mischna-

Text ›Sanhedrin‹ (dort auch 90a mit 91a/b) nur die Traktate ›Sabbat‹ 88b und ›Taanit‹ 2a/b erwähnt. Auch in zur Zeit Jesu vielgelesenen jüdischen Schriften, die nicht zum hebräischen Kanon gehören, ist dieser Gedanke deutlich ausgesprochen; z. B. 2. Makkabäer 7,9; 7,14. In den Dreizehn Grundsätzen des Rambam (Moses Maimonides, 1135–1204), die noch heute unter frommen Juden für verbindlich gelten, lautet der letzte: ›So setzen wir voraus, daß die Auferstehung der Toten geschehen wird.‹

22 Jesaja 53,1-12, u. a. m.

23 Zur Leitungsfunktion des Jakobus siehe v. a. M. Hengel, ›Jakobus der Herrenbruder – der erste »Papst«?‹, in: E. Gräßer / O. Merk (Hrsg.), Glaube und Eschatologie. Festschrift für Werner Georg Kümmel, Tübingen 1985, 71–104; zur Echtheit des Jakobusbriefs u. a R. Bauckham, Jude and the Relatives of Jesus in the Early Church; Edinburgh 1990, 128–133; P. H. Davids, The Epistle of James. A Commentary on the Greek Text, Exeter 1982, 2–22.

24 Es ist müßig, darüber zu spekulieren, ob Paulus unter der allgemeinen Bezeichnung »Apostel« (15,7) angesichts der Tatsache, daß er an anderer Stelle eine Frau, Junias, als Apostel bezeichnet (Römer 16,7), auch Frauen verstand. Er nennt hier jedenfalls, anders als die Evangelien, keine Namen.

25 Vgl. u. a. die Belege bei M. Hengel, ›Maria Magdalena und die Frauen als Zeugen‹, in: O. Betz / M. Hengel / P. Schmidt (Hrsg.), Abraham unser Vater. Festschrift für Otto Michel, Leiden 1963, 243–256, hier v. a. 246; s. a. S. Byrskog, Story as History – History as Story: The Gospel Tradition in the Context of Ancient Oral History, Tübingen 2000, 73–75.

26 Origenes, ›Gegen Kelsos‹ 2,55

27 Josephus, ›Jüdische Altertümer‹ 20,200. In der ›Apostelgeschichte‹ des Lukas wird von diesem dramatischen Einschnitt in die Struktur der Urkirche nicht berichtet, ebensowenig wie von den Tötungen des Paulus und Petrus in Rom (65–67 n. Chr.). Nicht nur aus diesem Grund ist das Buch auf die Zeit des letzten darin erwähnten Geschehens zu datieren, den Hausarrest des Paulus in Rom 59–60 n. Chr. oder kurz danach. Viele Theologen schrecken noch davor zurück, weil demnach auch das Evangelium des Lukas sowie jene des Markus und Matthäus bereits in die fünfziger Jahre geraten. Daß dagegen nichts spricht, ist jedoch oft genug gezeigt worden. Zum Methodischen vgl. U. Victor, ›Warum und wann entstanden die Evangelien und die Apostelgeschichte?‹, in: U. Victor / C. P. Thiede / U. Stingelin (Hrsg,), Antike Kultur und Neues Testament, Basel [6]2003, Einleitung, 13–29, hier 16–21.

28 »… tòn adelphòn Iêsoû toû legoménou Christoû, Iákôbos ónoma autô.«

29 Manche Übersetzungen geben das als »der sogenannte Christus« wieder und interpretieren die Aussage dementsprechend als Distanzierung. Doch ist das nicht der übliche Sprachgebrauch des Josephus; selbst ein Evangelist wie Matthäus kann ›ho legómenos Christós« schreiben (1,16) und meint damit selbstverständlich keine kritische Distanzierung. Später war es ein fester Beiname, den auch Menschen benutzen konnten, die keine Anhänger waren (vgl. auch Matthäus 27,17 im griechischen Text).

30 Josephus, ›Jüdische Altertümer‹ 18, 63-64

31 Origenes, ›Matthäus-Kommentar‹ 10,17; ›Gegen Kelsos‹ 1,47.

32 Euseb, ›Kirchengeschichte‹ 1,11,7-8; ›Demonstratio evangelica‹ 3,5; 105.

33 Wie bei so vielen antiken Autoren gehen auch bei Josephus die ältesten noch erhaltenen Handschriften nicht über das Mittelalter zurück, im Fall der ›Jüdischen Altertümer‹ ins 10. Jahrhundert. Dennoch ist die handschriftliche Überlieferung breit gestreut und erlaubt das Urteil, daß eine spätere Einfügung dieses Abschnitts aus der Textüberlieferung nicht nachgewiesen werden kann.

34 Zum Sprachgebrauch bei Philo und Josephus ausführlich: D. S. du Toit, THEIOS ANTHROPOS. Zur Verwendung von theîos ánthrôpos und sinnverwandten Ausdrücken in der Literatur der Kaiserzeit, Tübingen 1997, 349–399.

35 A. Harnack, ›Der jüdische Geschichtsschreiber Josephus und Jesus Christus‹, in: Internationale Monatsschrift für Wissenschaft Kunst und Technik 7 (Nr. 9, Juni 1913), 1037–1068, hier v. a. 1054–1056. Harnack argumentiert insgesamt für die Echtheit des ›Testimonium Flavianum‹; wäre er gelesen worden, hätte man sich über neunzig Jahre des spekulativen Herumkorrigierens am Text ersparen können. Richtig gesehen hat immerhin auch noch Franz Dornseiff, der die entscheidenden Argumente für die unverfälschte Echtheit des Textes sauber herausarbeitet, von der nachfolgenden Generation der Neutestamentler aber ebenso ignoriert wird wie Harnack: F. Dornseiff, ›Zum Testimonium Flavianum‹, in: ›Zeitschrift für die neutestamentliche Wissenschaft und die Kunde der älteren Kirche‹ 46 (1955), 245–250.

36 Josephus berichtet selbst darüber im ›Jüdischen Krieg‹ 3,399-408.

37 ›Jüdischer Krieg‹ 3,399; deutsch nach O. Michel / O. Bauernfeind (Hrsg.), De Bello Judaico / Jüdischer Krieg, Bd. I, München [3]1982, 376–377. Josephus betont, er habe auch aus anderem Anlaß schon zutreffend vorausgesagt (3,406-407).

38 ›Jüdischer Krieg‹ 6, 312-315

39 Im Neuen Testament bezieht der Hebräerbrief genau diese Stelle auf Jesus (Hebräer 7,14).

40 Tacitus, ›Historien‹ 5,13,1-2; Sueton, ›Divus Vespasianus‹ 4,5.

41 Daß Josephus als Abtrünniger und Verräter galt und gilt, ist die eine Seite; die andere ist, daß er teilweise schlicht ignoriert wird. So gibt es z. B. in der ›Encyclopedia of Judaism‹ (hrsg. v. G. Wigoder, Jerusalem 1989) noch nicht einmal einen Artikel über ihn.

42 ›Er [Gott] macht uns lebendig nach zwei Tagen, er wird uns am dritten Tage aufrichten, daß wir vor ihm leben werden‹ (Hosea 6,2) – solche und andere Stellen kannte er längst, ehe ihn seine christlichen Informanten auf die Beziehung zu Jesus hinwiesen.

43 Wie wenig der Kreis um Jesus unmittelbar nach der Kreuzigung mit der Erfüllung von Prophezeiungen rechnete, die das Leiden mit einer triumphalen Auferstehung verbanden, betont ausdrücklich Lukas in der Emmausgeschichte (Lukas 24, 25-27).

44 Vgl. C. P. Thiede, Die Messias-Sucher. Die Schriftrollen vom Toten Meer und die jüdischen Ursprünge des Christentums, Stuttgart 2002, 232–248.

45 Siehe vor allem die Qumrantexte 4Q 161 und 4Q 285.

46 Jesus verdeutlichte im Beten des 22. Psalms am Kreuz, daß ein siegreicher Messias nach Jesaja 11 und ein leidender Messias nach Jesaja 53 keinen Widerspruch darstellten, sondern im Gegenteil zusammengehören; Sieg bedeutete eben nicht den militärischen Triumph. Daß Jesus darüber hinaus biographisch durch seine Mutter Maria sowohl von Aaron als auch von David abstammte und die davidische Abstammung nach der Adoption durch Joseph bestätigt wurde, sahen wir oben.

47 Damaskusschrift CD 6,11

48 Vgl. das Qumranfragment 1Q 28b 5,20-26 und dazu O. Betz, ›Kontakte zwischen Christen und Essenern‹, in: B. Mayer (Hrsg.), Christen und Christliches in Qumran?, Regensburg 1992, 157–175, hier v. a. 172–173.

49 Siehe Kapitel 1.

50 Sueton, ›Divus Vespasianus‹ 23,4: ›Vae, inquit, puto deus fio.‹

51 Flavius Sabinus stammte aus Reate, dem heutigen Rieti. In der römischen Provinz Asia war er der amtierende Steuereinnehmer und – ein interessanter Kontrast zum Ruf der Zollpächter in Galiläa und Judäa – offenbar unbestechlich und hochgeachtet, denn man errichtete ihm dort Statuen, die ihn als den »rechtschaffenen Zollpächter« rühmten (›kalôs telônêsanti‹). Anschließend, so berichtet Sueton (›Divus Ves-

pasianus‹ 1,3), machte er ein Vermögen als Geldverleiher bei den Helvetiern.

52 Vgl. Tertullian, ›Apologeticum‹ 21,24. Auch der Traum der Frau des Pilatus noch vor der Verurteilung (Matthäus 27, 19) hat viele Gedankenspiele freigesetzt.

53 »consillis et astu res externas moliri«; Tacitus, ›Annalen‹ 6,32,1.

54 Textausgabe: R. W. Thomson (Hrsg.), Moses Khorenats'i, History of the Armenians, Cambridge (Mass.) / London 1978. Es ist heute nicht mehr festzustellen, welche Aspekte der verschiedenenen Abgargeschichten, deren Anfänge noch bei Euseb von Caesarea berichtet werden, reine Legende sind oder im Kern auf die eine oder andere Tatsache zurückgehen. In der Forschung wird heute pauschal von der »Abgarlegende« gesprochen (zu der auch ein – angeblicher – Briefwechsel zwischen Jesus und Abgar gehört). Siehe zusammenfassend H. W. Drijvers, ›Abgarsage‹, in: W. Schneewelcher (Hrsg.), Neutestamentliche Apokryphen I, Tübingen [5]1987, 389–395; vgl. aber auch I. Ramelli, ›Edessa e i Romani fra Augusto e i Severi: Aspetti del regno di Abgar V e di Abgar IX‹, in: Aevum 73 (1999), 107–143. Tacitus kennt diesen Abgar als ›Acbarus‹ und zeichnet kein positives Bild von ihm (›Annalen‹ 12,12,2-3).

55 Josephus (›Jüdische Altertümer‹ 18, 90-95, betont das gute Verhältnis zwischen dem Legaten Vitellius und den Juden seiner Provinz. Als Vitellius im Auftrag des Tiberius Jerusalem besuchte, stellte er einige alte Privilegien wieder her und setzte Kaiaphas erst am Ende des Besuchs ab. Gegen die Juden im allgemeinen gingen weder Vitellius noch Tiberius vor; das Gegenteil trifft historisch zu.

56 Seine griechischen Werke sind ausnahmslos verloren, die lateinischen nicht besonders gut überliefert. Das ›Apologeticum‹ wurde als die erste lateinische Apologie viel gelesen, auch noch nachdem er sich 207 von der Kirche getrennt hatte und zur Sekte der Montanisten gewechselt war.

57 Der Abschnitt wird von vielen Forschern für eine freie Erfindung Tertullians gehalten. Die Bestreiter argumentieren jedoch an der eigentlichen Sache vorbei; das gilt leider auch für den ansonsten verdienstvoll die Quellen über römische Christenverfolgungen zusammenstellenden Beitrag von T. D. Barnes, ›Legislation Against the Christians‹, in: Journal of Roman Studies 58 (1968), 32–50. Zur Glaubwürdigkeit Tertullians siehe u. a. M. Sordi, I Cristiani e l'Impero Romano, Mailand [2]1991, 25–28, sowie jüngst, mit neuem Belegmaterial, M. Sordi / I. Ramelli, ›Il Senatoconsulto del 35 contro i cristiani in un frammento porfiriano‹, in: Aevum 78 (2004), *im Druck.*

58 ›Apologeticum‹ 4,3-13

59 Vgl. M. Sordi, I Cristiani e l'Impero Romano, Mailand [2]1991, 27; J. P. Lemonon, Pilate et le gouvernement de la Judée, Paris 1981, 238.

60 Siehe S. 321 zu Josephus, ›Jüdische Altertümer‹ 20,200.

61 Zur Flucht nach Pella siehe Euseb, ›Kirchengeschichte‹ 3,5,3; zur weiteren Bezeugung und ihrer Echtheit sowie zu den positiven Folgen der Flucht für die christlichen Juden vgl. u. a. B. Wander, Trennungsprozesse zwischen Frühem Christentum und Judentum im 1. Jahrhundert n. Chr., Tübingen / Basel 1994, 267–270; B. Pixner, Wege des Messias und Stätten der Urkirche, Gießen [3]1996, 303–306, 360–363.

Personen- und Ortsregister

Die Anmerkungen wurden nicht berücksichtigt.